व्यापक अर्थशास्त्र

व्यापक अर्थशास्त्र

(Comprehensive Economics)

डॉ॰ मनोज कुमार

अर्जुन पब्लिशिंग हाउस

व्यापक अर्थशास्त्र

प्रथम संस्करण : 2011

ISBN 978-81-8330-287-6

प्रकाशक :

अर्जुन पब्लिशिंग हाऊस

4831/24, प्रह्लाद गली

अंसारी रोड, दरियागंज

नई दिल्ली–110002

फोन : 23272541, 23257835

फैक्स : 91-011-23257835

e-mail : arjunbooks2001@gmail.com

टाइपसेटिंग :

डिम्पल कम्प्यूटर्स

दिल्ली

प्रिन्टर्स :

रोशन आफसेट प्रिंटर्स

दिल्ली - 53

प्रस्तावना

अर्थशास्त्र के क्षेत्र में घटित हो रहे निरन्तर विकास ने अर्थव्यवस्था को अत्यन्त व्यापकता प्रदान की है। किसी राष्ट्र की अर्थव्यवस्था का क्षेत्र वर्तमान में उस राष्ट्र की भौगोलिक सीमा तक सीमित न रहकर अन्तर्राष्ट्रीय हो गया है। निःसन्देह इससे अर्थव्यवस्था को व्यापकता प्राप्त हुई है।

व्यापक अर्थशास्त्र विषय पर प्रस्तुत इस पुस्तक की विषय-सामग्री में मौद्रिक व्यवस्था, काल श्रेणी का विश्लेषण, मुद्रा मूल्य उच्चावचन, समंक संग्रहण, साख सृजन, अदृश्य बेरोजगारी और पूँजी निर्माण, महात्मा गाँधी के आर्थिक विचार, आर्थिक नियन्त्रण, विनिमय नियन्त्रण, बजट नीति एवं बजट निर्माण, बेरोजगारी एवं रोजगार सिद्धान्त का विस्तृत उल्लेख किया गया है।

इस पुस्तक के अध्यायों का चयन विभिन्न विश्वविद्यालयों के पाठ्यक्रमों को ध्यान में रखकर किया गया है। आशा है यह पुस्तक विषय के विद्यार्थियों के लिए अत्यन्त उपयोगी सिद्ध होगी।

लेखक

विषय-सूची

1

मौद्रिक व्यवस्था
[Monetary System]

वर्तमान अर्थव्यवस्था मौद्रिक अर्थव्यवस्था है। आज के भौतिकवादी युग में मुद्रा के बिना अर्थव्यवस्था की क्या दशा होगी, इसकी कल्पना भी नहीं की जा सकती। मुद्रा आर्थिक जगत का प्रमुख आविष्कार है। **क्राउथर** का यह कथन भी है कि "ज्ञान की प्रत्येक शाखा के अपने-अपने मूल अनुसन्धान हैं, जैसे—यन्त्रकला में चक्र, विज्ञान में अग्नि, राजनीति शास्त्र में वोट। इसी प्रकार अर्थशास्त्र तथा मनुष्य के सामाजिक जीवन के व्यापारिक पक्ष में मुद्रा आवश्यक आविष्कार है, जिस पर अन्य बाते आधारित हैं।"[1] मनुष्य एक विवेकशोल प्राणी है। वह प्रारम्भ से ही ऐसी वस्तुओं की खोज में संलग्न रहा है, जो उसकी ऐसी समस्याओं का समाधान प्रस्तुत कर सकें। मुद्रा का आविष्कार भी मनुष्य के इन्हीं प्रयत्नों का परिणाम है।

मुद्रा का आविष्कार कब, कैसे व किन परिस्थिति में हुआ, यह कहना कठिन है। प्रारम्भ में वस्तु-विनिमय प्रणाली प्रचलन में थी, जिसके अन्तर्गत एक वस्तु का दूसरी वस्तु के साथ विनिमय हुआ करता था, किन्तु वस्तु विनिमय में कुछ कठिनाइयाँ अनुभव की गईं। वस्तु विनिमय की कठिनाइयों से बचने के लिये ही मुद्रा का आविष्कार हुआ।

अर्थशास्त्रियों द्वारा मुद्रा आपूर्ति के सिद्धान्त का विभिन्न प्रकार से वर्णन प्रस्तुत करने का प्रयास किया गया है। मुद्रा आपूर्ति का प्राचिन स्वरूप मुद्रा को अत्यन्त सामान्य अर्थ में प्रयुक्त करता है। उच्च शक्ति अथवा उच्च बल युक्त मुद्रा की विचारधारा को भली भाँति

---

1. "Every branch of knowlede has its fundamental discovery. In mechanics it is the wheel, in science fire, in politics the vote. Simillarly, in economics, in the whole commercial side of man's social existance, money is the essential invention on which all the rest is based." —*G. Crowther* : An outline of Money, p. 4.

समझने के लिए यह आवश्यक है कि मुद्रा पूर्ति की विभिन्न धारणाओं का विस्तार से अध्ययन किया जाए। सन् 1977 से रिजर्व बैंक ने मुद्रा की पूर्ति की चार धारणाएँ प्रतिपादित की हैं। /इस वर्गीकरण में मुद्रा की पूर्ति के विश्लेषणात्मक तथा क्रियात्मक दोनों पक्षों को ध्यान में रखा गया है। मुद्रा की पूर्ति से सम्बन्धित विभिन्न धारणाओं का उल्लेख मुद्रा की पूर्ति नामक अध्याय में किया जा चुका है। मुद्रा की आपूर्ति को चित्र –1 से भी समझा जा सकता है।

सन् 1998 में Working Group on Money Supply की सिफारिश के अनुसार, रिजर्व बैंक ने तरलता समुच्चय से सम्बन्धित पांच नई धारणाएँ प्रस्तुत की हैं:

(1) NM_2 जनता के पास करेन्सी (Currency with the public) + मांग जमाएं (Demand Deposits) + रिजर्व बैंक के पास जमाएं अल्पकालीन अवधि जमाएं। (Short Term Time Deposits)

(2) $NM_3 = NM_2$ + दीर्घकालीन अवधि में जमाएं (Long Term Time Deposits) + वित्तीय संस्थाओं से अल्पकालीन /अवधि फण्ड (Call/Term Funding from Financial Institutions)

(3) $L_1 = NM_3$ + डाकखानों की जमायें (Postal Deposits)

(4) L_2 = समय अवधि मौद्रिक प्राप्तियाँ (Term Money Borrowings) + जमाओं के प्रमाण पत्र (Certificates of Deposits) + समय अवधि जमा (Term Deposits)।

(5) $L_3 = L_2$ + गैर बैंकिंग वित्तीय संस्थाओं के पास जमाएँ (Public Deposits with NBFC's)

भारत में मुद्रा पूर्ति में निम्नलिखित तत्व शामिल किये जाते है :

(1) जनता के पास करेन्सी नोट एवं सिक्के (राजकीय कोष में जमा राशि, अनुसूचित (Scheduled) तथा गैर-अनुसूचित (Non-scheduled) बैंकों तथा राज्य सहकारी बैंकों की करेन्सी को निकाल कर)

(2) अनुसूचित तथा गैर-अनुसूचित बैंकों और राज्य सहकारी बैंकों की मांग जमा (अन्तर बैंक मांग जमा (Inter Bank Deposits) को निकाल कर) तथा समय जमा (Time Deposits)।

(3) रिजर्व बैंक के अन्य जमा खातों की राशि (अन्तर्राष्ट्रीय मुद्रा कोष के खाते में जमा राशि को छोड़कर)

(4) डाकखानों के बचत बैंकों में जमा तथा कुल जमा।

वर्ममान में मुद्रा पूर्ति के निर्धारक तत्त्वों की व्याख्या उसके मौद्रिक आधार को लेकर की जाती है। इस मौद्रिक आधार को ही शक्तिशाली मुद्रा अथवा उच्च शक्ति मुद्रा कहते हैं।

व्यापारिक बैंकों के पास रिजर्व की मात्रा तथा लोगों के पास मुद्रा (नोटों की मात्रा एवं सिक्के) की जो मात्रा होती है, उसके योग को ही शक्तिशाली मुद्रा कहते है।

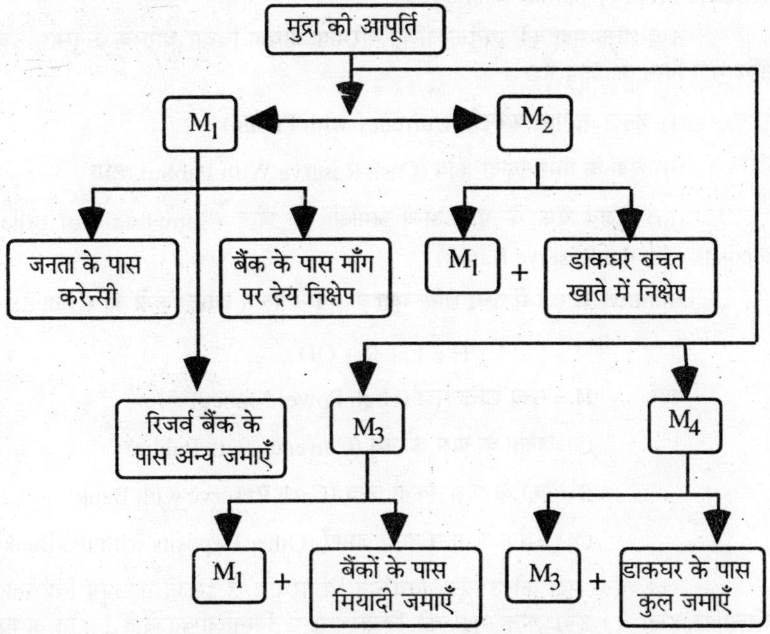

M_1 = जनता के पास करन्सी + बैंकों की माँग जमा + रिजर्व बैंक के पास अन्य जगा

M_2 = जनता के पास करन्सी + बैंकों की मांग जमा + रिजर्व बैंक के पास अन्य जमा + डाकखानों के बचत बैंकों में जमा

M_3= जनता के पास करन्सी + बैंकों की मांग जमा + रिजर्व बैंक के पास अन्य जमा + बैंकों की सावधि जमा (Time Deposits)

M_4 = जनता के पास करन्सी + बैंकों की मांग जमा + रिजर्व बैंक के पास अन्य जमा + बैंकों की सावधि जमा + डाकखानों की कुल जमा

उच्च शक्ति मुद्रा का निर्गमन रिजर्व बैंक तथा सरकार द्वारा किया जाता है, किन्तु जिसे जनता और बैंक अपने पास रखते हैं। इस मुद्रा का अधिकांश भाग रिजर्व बैंक द्वारा नोटों के रूप में निर्गमित किया जाता है तथा केवल कुछ ही भाग सरकार द्वारा सिक्कों या एक रूपये के नोटों के रूप में जारी किया जाता है। हाई पावर मनी को संरक्षित मुद्रा (Reserve Money) या आधार मुद्रा (Base Money) भी कहा जाता है।

परिभाषा

(Definition)

हाई पावर मनी या उच्च शक्ति मुद्रा वह मुद्रा है जिसका निर्गमन देश के मौद्रिक अधिकारियों (Monetary Authorities) द्वारा किया जाता है तथा जिसे जनता और बैंक अपने पास रखते हैं।[1] भारत के सन्दर्भ में भारतीय रिजर्व बैंक तथा भारत सरकार द्वारा उच्च शक्ति मुद्रा का सृजन किया जाता है। रिजर्व बैंक द्वारा उच्च शक्ति मुद्रा को आरक्षित मुद्रा (Reserve Money) भी कहा जाता है।

उच्च शक्ति मुद्रा की उपर्युक्त वर्णित परिभाषा अथवा विचार धारा के अनुसार, उच्च शक्ति मुद्रा निम्न का जोड़ हैङ

(i) जनता के पास करेन्सी (Currency with Public)

(ii) बैंक के पास नकदी कोष (Cash Reserve With Public), तथा

(iii) रिजर्व बैंक के पास अन्य जमाओं का जोड़ (Sum totals of other deposits with the Reserve Banks)

समीकरण के रूप में उच्च शक्ति मुद्रा को निम्न प्रकार व्यक्त कियां जा सकता है:

$$H = C + R + OD$$

यहाँ H = उच्च शक्ति मुद्रा (High Power Money)

C =जनता के पास करेन्सी (Currency with Public)

R=बैंकों के पास नकदी कोष (Cash Reserve with Bank)

OD =बैंक के पास अन्य जमाएँ (Other Deposits with the Bank)

उच्च शक्ति मुद्रा की उपर्युक्त विवेचित विचारधारा से इसकी कतिपय विशेषताएँ परिलक्षित होती है। उच्च शक्ति मुद्रा की विचारधारा में निम्नलिखित बातें निहीत अथवा संकुचित मुद्रा (M_1) तथा उच्च शक्ति मुद्रा (H) में निम्न समानताएँ होती है।

M_1 तथा H दोनों ही में

(अ) जनता के पास करेन्सी (C) तथा

(ब) रिजर्व बैंक के पास अन्य जमाएँ (OD) सम्मिलित रहती है।

उपर्युक्त वर्णित जनता के पास करेन्सी तथा रिजर्व बैंक के पास अन्य जमाओं में दोनों तत्व एक समान है। इनमें मुख्य अन्तर यह है कि M_1 में बैकों की माँग जमा DD सम्मिलित की जाती है जबकि उच्चव शक्ति मुद्रा (H) में बैकों के नकद कोष (R) सम्मिलित किये जाते है।

---

1 High Powered Money is issued by Reserve Bank and held by the Public and the Bank.

बैंकों द्वारा साख निर्माण के अध्याय में इस बात की विस्तृत चर्चा प्रस्तुत की गई है कि बैंक अपने नकद कोषों के आधार पर किस प्रकार साख का निर्माण कर माँग जमाओं में कई गुना वृद्धि करने में सफल होते हैं। यह मुद्रा गुणांक (Money Multiplier) पर निर्भर करती है।

उदाहरण के लिये मुद्रा गुणांक यदि 10 करोड़ रूपये है तथा मुद्रा या साख गुणांक 10 है तो उनकी माँग जमा में 100 करोड़ रूपये की वृद्धि होगी। अतएव मुद्रा की पूर्ति उच्च शक्ति मुद्रा की मात्रा पर निर्भर करती है। इनमें किसी प्रकार के परिवर्तन का प्रभाव मुद्रा की पूर्ति पर पड़ता है।

उच्च शक्ति मुद्रा का अभिप्राय ऐसी मुद्रा से भी लगाया जाता है जिसे व्यापारिक बैंक रिजर्व बैंक की सम्पत्ति के रूप में रखते हैं। इसे उच्च शक्तिशाली इसलिए कहा जाता है। यदि बैंक इसे रिजर्व कोष (a) के समान रखते हैं तो इसके फलस्वरूप कुल जमाओं या निक्षेपों में (1/a) mरूपयों के समान वृद्धि हो जाती है।

उच्च शक्तिशाली मुद्रा का निर्धारण
(Determination of High Power Money)

बैंकों में जमा राशि का आधार यही उच्च शक्ति मुद्रा होती है, इसका अभिप्राय यह है कि यदि लोग बैंकों में अधिक राशि जमा करते हैं तो बैंक की जमा राशियां बढ़ जाती है तथा इसी आधार पर बैंक अधिक साख का निर्माण करते हैं। अन्य शब्दों में यह भी कहा जा सकता है कि साख निर्माण का आधार भी शक्तिशाली मुद्रा है । मौद्रिक आधार और मुद्रा की पूर्ति में प्रत्यक्ष सम्बन्ध होता है अर्थात् शक्तिशाली मुद्रा में वृद्धि से मुद्रा की पूर्ति में भी वृद्धि होती है किन्तु रिजर्व अनुपात का मुद्रा की पूर्ति में विपरीत सम्बन्ध होता है अर्थात् रिजर्व अनुगात में वृद्धि होने पर मुद्रा की पूर्ति कम हो जाती है।

उच्च शक्तिशाली मुद्रा का प्रयोग
(Use of High Powered Money)

उच्च शक्तिशाली मुद्रा का प्रयोग, उसकी मांग में निहित रहती है। उच्च शक्ति शाली मुद्रा की माँग निम्न कारणों से उत्पन्न होती है। शक्तिशाली मुद्रा की मांग तीन कारणों से की जाती है :

1. व्यापारिक बैंकों द्वारा शक्तिशाली मुद्रा की मांग देश के केन्द्रीय बैंक में अपनी वैधानिक सीमा अथवा निर्धारित रिजर्व को बनाए रखने के लिए की जाती है।

2. उपरोक्त (1) में वर्णित के साथ ही अतिरिक्त रिजर्व के लिए भी श.क्तिशाली मुद्रा की मांग, व्यापारिक बैंकों द्वारा की जाती है।

3. इससे लोगों द्वारा नकद मुद्रा की मांग की जाती है।

बैंकों द्वारा रिजर्व की मांग

(Banks's Demand for Reserves)

एक व्यापारिक बैंक द्वारा रिजर्व की मांग, उसकी जमाओं पर निर्भर रहती है। बैंक सामान्यत: निर्धारित सीमा से अधिक मात्रा में रिजर्व रखते हैं और कानूनी सीमा से कम मात्रा में अग्रिम देते हैं जिससे वे किसी अप्रत्याशित या आकस्मिक मद्रा की मांग की पूर्ति कर सकें। इसीलिए बैंकों को अतिरिक्त मात्रा में रिजर्व रखने की आवश्यकता होती है। इस प्रकार मुद्रा पूर्ति का निर्धारण व्यापारिक बैंकों के निर्धारित रिजर्व अनुपात और अतिरिक्त रिंजर्व अनुपात के द्वारा होता है तथा ये दोनों ही अनुपात जमा की मात्रा पर निर्भर रहते है।

शक्तिशाली मुद्रा का तीसरा निर्धारक तत्व है लोगों द्वारा रखी जानी वाली नकद मुद्रा की मात्रा। सिक्कों एवं नोटों की मांग, बैंकों की जमा राशि, के एक अंश में होती है। इसे हम निम्न सूत्र द्वारा व्यक्त कर सकते हैं

$$C_r = C/D$$

जहाँ C_r =मुद्रा का अनुपात

C= मुद्रा

D = जमा राशि

मुद्रा अनुपात कई कारणों द्वारा प्रभावित होता है जैसे लोगों के आय स्तर में परिवर्तन लोगों द्वारा साख मुद्रा प्रयोग तथा आर्थिक क्रियाओं की अनिश्चितता आदि ।

मुद्रा की पूर्ति तथा शक्तिशाली मुद्रा में सम्बन्ध

(Relation between the Money Supply and High Powered Money)

जहां तक मुद्रा की पूर्ति का प्रश्न है, इसके निर्धारण में दो तत्वों का योगदान होता है, एक व्यापारिक बैंकों की जमा राशि और दूसरा, लोगों द्वारा रखी जाने वाली मुद्रा (Currency) की मात्रा। इसे निम्न सूत्र द्वारा व्यक्त कर सकते हैं:

$$M = D + C$$

जहां M= मुद्रा की मात्रा, D = बैंकों की जमा राशि, एवं C = लोगों के पास मुद्रा क्री मात्रा

पूर्व विवेचन में यह भली भाँति स्पष्ट किया जा चुका है कि शक्तिशाली मुद्रा तीन तत्वों से निर्धरित होती हैं – लोगों द्वारा नकद मुद्रा की मांग, बैंकों द्वारा रिजर्व अनुपात की मांग एवं बैंकों द्वारा अतिरिक्त रिजर्व की मांग। इसका सूत्र इस प्रकार है:

$$H = C + R + OD$$

उपरोक्त दोनों सूत्रों को दृष्टि में रखकर मुद्रा की पूर्ति एवं शक्तिशाली मुद्रा में सम्बन्ध निम्न प्रकार व्यक्त किया जा सकता है।

$$\frac{M}{H} = \frac{D+C}{C+R+OD}$$

शक्तिशाली मुद्रा की पूर्ति जितनी अधिक होगी, मुद्रा की पूर्ति भी उतनी ही अधिक होगी। मुद्रा अनुपात (Currency Ratio), निर्धारित रिजर्व अनुपात तथा अतिरिक्त रिजर्व अनुपात जितना कम होता है, मुद्रा की पूर्ति उतनी ही अधिक होती है तथा इनके अधिक होने पर मुद्रा की पूर्ति कम होती है अर्थात् इनमें विपरीत सम्बन्ध होता है।

सामान्य मुद्रा तथा उच्च शक्ति मुद्रा में अन्तर

सामान्य मुद्रा तथा उच्च शक्ति मुद्रा में मूलभूत अन्तर M_1 में माँग पर देय राशि (DD) तथा उच्च शक्ति मुद्रा (H)में बैंकों के पास नकदी कोष की मात्रा से है। यद्यपि बैंक माँग पर देय राशि (Demand Deposits-DD) के उत्पादक होते हैं किन्तु, इस सम्बन्ध में बैंकों द्वारा अनियन्त्रित शक्तियों के प्रयोग की छूट नहीं होती, अर्थात बैंकों द्वारा माँग पर देय राशि के सम्बन्ध में कतिपय सीमा में भी है। वस्तुत: बैंक को, माँग पर देय राशि उत्पन्न करने हेतु निर्धारित नकद कोष रखना आवश्यक होता है। मौद्रिक अधिकारियों को आरक्षित नकद (Cash Reserve) निर्धारित करने का अधिकार प्राप्त होता है, जिसके आधार पर बैंक माँग पद देय जमाओं का उत्पादन करते है। आरक्षित नकद मद्रा उधार देने में सहायता प्रदान करता है। अत: आरक्षित नकद में से, मुद्रा का उत्पादन उच्च शक्ति मुद्रा कहलाता है।

शक्तिशाली मुद्रा के निर्धारण में क्या अतिरिक्त रिजर्व को शामिल किया जाय?

कुछ अर्थशास्त्रियों द्वारा यह विचार व्यक्त किया गया है कि शक्तिशाली मुद्रा एवं मुद्रापूर्ति के निर्धारण में अतिरिक्त रिजर्व को सम्मिलित नहीं किया जाना चाहिए। इसके विपरीत मौद्रिक अर्थशास्त्री अतिरिक्त रिजर्व को शामिल करने के पक्षधर है, इसके पिछे इन अर्थशास्त्रियों का यह तर्क है कि बैंकिंग कार्यकलापों में अनिश्चितता के कारण, बैंक सदैव अतिरिक्त रिजर्व की मात्रा रखते है। यद्यपि अतिरिक्त रिजर्व की कितनी मात्रा रखी जायगी, यह दो बातों या दो प्रकार की लागतों पर निर्भर रहता है, *प्रथम* यह कि अतिरिक्त रिजर्व रखने की लागत क्या वहन करनी पड़ती है? वस्तुत: यह बाजार की ब्याज दर पर निर्भर रहती है। *द्वितीय* यह कि लागत बैंक दर है अर्थात् केन्द्रीय बैंक की ब्याज की दर है जो उन व्यापारिक बैंकों से दण्ड स्वरूप वसूल की जाती है जो वैधानिक निर्धारित रिजर्व अनुपात को नही बनाए रख पाते। अतिरिक्त रिजर्व अनुपात की बैंक दर के साथ प्रत्यक्ष सम्बन्ध होता है जबकि बाजार ब्याज दर के साथ विपरीत सम्बन्ध होता है, अर्थात् बैंक दर बढ़ने से अतिरिक्त रिजर्व अनुपात में भी वृद्धि होती है विपरित: बाजार ब्याज दर घटने से अतिरिक्त रिजर्व अनुपात घटता है। इसके अतिरिक्त जहां तक मुद्रा पूर्ति का प्रश्न है, उसका अतिरिक्त रिजर्व अनुपात के साथ विपरीत सम्बन्ध होता है, जैसे ही अतिरिक्त रिजर्व अनुपात में कमी होती है, मुद्रा की पूर्ति बढ़ जाती है एवं रिजर्व अनुपात में वृद्धि होने से, मुंद्रा की पूर्ति घट जाती है।

उपरोक्त विवेचन से यह स्पष्ट है कि मुद्रा पूर्ति के निर्धारण में शक्तिशाली मुद्रा की महत्वपूर्ण भूमिका है। इसके साथ ही चलन/मुद्रा अनुपात (Currency Ratio), निर्धारित रिजर्व अनुपात और बैंक दर तथा बाजार की ब्याज की दर की भी मुद्रा पूर्ति निर्धारित करने में निर्णायक भूमिका वहन करती है।

उच्च शक्तिशाली मुद्रा में परिवर्तन के स्त्रोत

(Sources of Changes in HPM)

उच्च शक्ति मुद्रा में परिवर्तन इसके स्त्रोतों में परिवर्तन के कारण घटित होता है। उच्च शक्तिशाली मुद्रा के निम्नलिखित स्रोत हैं:

1. सरकार को दी जाने वाली भारतीय रिजर्व बैंक की निवल ऋण राशि । इसके अन्तर्गत विशेष प्रतिभूतियाँ भी सम्मिलित होती हैं।
2. बैंकों को भारतीय रिजर्व बैंक की ऋण राशि। इसमें नाबार्ड पर किये गये दावें भी सम्मिलित होते हैं।
3. वाणिज्यक क्षेत्र को भारतीय रिजर्व बैंक की ऋण राशि। इसके अन्तर्गत नाबार्ड की स्थापना से बैंक को दिये जाने वाले भारतीय रिजर्व बैंक के पूर्नवित्त की राशि सम्मिलित नहीं है।
4. भारतीय रिजर्व बैंक की निवल विदेशी मुद्रा परिसम्पत्तियाँ।
5. जनता के लिए सरकार की मुद्रा देनदारियों।
6. भारतीय रिजर्व बैंक की निवल गैर-मौद्रिक देनदारियाँ।

उच्च शक्तिशाली मुद्रा को प्रारक्षित मुद्रा भी कहा भी जाता है।

प्रारक्षित मुद्रा स्त्रोतों में महत्वपूर्ण परिवर्तन घटित हुए है। इन स्त्रोतों में (1) सरकार को दी जाने वाली रिजर्व की निवल ऋण राशि, (2) रिजर्व बैंक की निवल विदेशी मुद्रा परिसम्पत्तियों, (3) जनता के लिए सरकार की मुद्रा देनदारीयों में निरन्तर वृद्धि, जबकि (4) बैंकों को रिजर्व बैंक की ऋण राशि, (5) वाणिज्य क्षेत्र को रिजर्व बैंक की ऋण राशि, तथा (6) रिवर्ज बैंक की गैर-मौद्रिक देनदारियों में कमी हुयी है। इनमें से रिजर्व बैंक की गैर मौद्रिक देनदारियों में हाल ही में वृद्धि का अनुभव किया गया है।

भारतीय बैंकिंग व्यवस्था

(Indian Banking System)

भारतीय बैंकिंग व्यवस्था वर्तमान सभी के लिए बैंकिंग सेवायें (Banking for all) प्रदान करने की स्थिति में पहुँच चुकि है। इस स्थिति के अन्तर्गत वाणिज्यिक, कृषि, उद्योग-बड़े एवं लघु, आयात-निर्यात आवास आदि विशिष्ट क्षेत्रों की विशिष्ट आवश्यकताओं को ध्यान में रखते हुए विशिष्ट बैंकों की स्थापना कि गयी है। वर्तमान में इन विशिष्ट बैंकों की सहायिकाओं, कार्यालयों, शाखा कार्यालयों का विस्तृत आकार सहित जाल सा फैल गया है। वर्तमान में भारतीय अर्थव्यवस्था के विभिन्न क्षेत्रों की विविध प्रकार की आवश्यकताओं की पूर्ति हेतु उपर्युक्त संख्या में वित्तीय संस्थाओं का जाल बिछा हुआ है। भारत की स्वतन्त्रता प्राप्ति के समय देश में यहाँ केवल कुछ ही वित्तीय मध्यस्थाएँ विद्यमान थीं जो अर्थव्यवस्था के विभिन्न क्षेत्रों की वित्तीय आवश्यकता पूर्ति में संलग्न थी। इन वित्तीय संस्थाओं में वाणिज्यिक बैंक तथा सहकारी बैंकों का महत्त्वपूर्ण स्थान था। 1935 में देश में भारतीय रिजर्व बैंक की स्थापना केन्द्रीय बैंक तथा मौद्रिक प्राधिकरण के रूप में भारत में की गयी। देशी बैंकर जिन्हें

भारत के विभिन्न भागों तथा वर्गों द्वारा विभिन्न नामों से जाना जाता है, के द्वारा भारतीय अर्थव्यवस्था में असंगठित क्षेत्र में कार्यशील बड़े आकार की जनसंख्या की आवश्यकता पूर्ति की जाती थी।

स्वतन्त्रता के पश्चात् भारतीय अर्थव्यवस्था को भारतीय नीति निर्माताओं की नीतियों के अनुसार शीघ्र ही अर्थव्यवस्था को आत्मनिर्भर बनाने की दृष्टि से प्रारम्भ हुए। कृषि, उद्योग परिवहन, विदेशी व्यापार आदि सभी क्षेत्रों में प्राथमिकता स्तर पर योजनाओं का क्रियान्वयन किया गया। उत्पादन तथा वितरण के आकार में वृद्धि के परिणाम स्वरूप विभिन्न क्षेत्रों में शीर्ष (Apex) तथा आधार स्तर (grass root level) पर विभिन्न वित्तीय संस्थाओं की स्थापना की आवश्यकता अनुभव कि गयी। इस स्थापना क्रम में सर्वप्रथम केन्द्रीय स्तर तथा राज्य स्तर पर विकास बैंकों की स्थापना की गयी। सम्बन्धित क्षेत्रों में प्रमुख वित्तीयन तथा समन्वयकारी अभिकरणों के रूप में बड़ी शीर्ष स्तर की बैंकों की स्थापना भी कि गयी। अब तक इन क्षेत्रों में शीर्ष बैंक की भूमिका का निर्वाह कर रही भारतीय रिजर्व बैंक के कार्यों का हस्तान्तरण सम्बन्धित क्षेत्रों के शीर्ष बैंकों स्थापना के पश्चात् हो गया। यद्यपि इसके बावजूद भी भारतीय रिजर्व बैंक, भारतीय बैंकिंग/वित्तीय प्रणाली में सर्वोच्च भूमिका है।

शीर्ष स्तर पर संस्थाएँ (बैंक)
(Institutions (Banks) at Apex Level)

भारत के वित्तीय ढाँचे में शीर्ष स्तर की संस्थाओं का विवेचन निम्न प्रकार प्रस्तुत किया जा सकता है:

भारतीय रिजर्व बैंक (Reserve Bank of India): केन्द्रीय अर्थात् शीर्ष स्तर पर भारतीय रिजर्व बैंक कि भारतीय वित्तीय प्रणाली में विशिष्ट भूमिका है। भारतीय रिजर्व बैंक द्वारा सरकार के बैंकर, बैंकों का बैंक, राष्ट्र के विदेशी विनिमय कोषों के संरक्षक, भारत में मुद्रा निर्गमन तथा साख नियन्त्रक की एक मात्र संस्था के रूप में महत्त्वपूर्ण वित्तीय कार्यों का सम्पादन किया जा रहा है। भारतीय रिजर्व बैंक पर भारत की केन्द्र सरकार का स्वामित्व है तथा तदनुसार इसका राष्ट्रीय आवास बैंक पर स्वामित्व है। राष्ट्रीय आवास बैंक भारतीय रिजर्व बैंक की एक सहायिका है। भारतीय रिजर्व बैंक द्वारा राष्ट्रीय कृषि एवं ग्रामीण विकास बैंक कि अंश पूँजी में 50 प्रतिशत धारणा है। भारतीय रिजर्व बैंक , सार्वजनिक क्षेत्र में भारत की सबसे बड़ी वाणिज्यक बैंक, भारतीय स्टेट बैंक में भी प्रमुख अंशधारी है। अन्य क्षेत्रों में स्थापित शीर्ष बैंकिंग संस्थाएँ, जिनका वर्णन इसी अध्याय में अगामी पेराग्राफ में किया जायेगा, भी ऋण तथा अग्रिमों की प्राप्ति हेतु भारतीय रिजर्व बैंक पर आश्रित है। भारतीय रिजर्व बैंक द्वारा इन शीर्ष संस्थाओं को ''राष्ट्रीय औद्योगिक साख (दीर्घकालीन परिचालन) कोष'' तथा राष्ट्रीय आवास साख (दीर्घकालीन संचालन) कोष से ऋणों तथा साख की स्वीकृति की जाती है। भारतीय रिजर्व बैंक को यह अधिकार प्राप्त है कि वह वित्तीय संस्थाओं से उनके परिचालन पर सूचनाएँ प्राप्त कर सके तथा उन्हें उनके द्वारा अनुशरण कि जाने वाली नीतियों तथा सम्पादित किये जाने वाले कार्यों के सम्बन्ध में निर्देश प्रदान कर सके। इस प्रकार अन्य शीर्ष वित्तीय संस्थाएँ, यद्यपि जिन्हें स्वतन्त्र वैधानिक अस्तीत्व प्राप्त है किन्तु वे सभी भारत की रिजर्व बैंक प्राधिकरण की सहायक संस्था के रूप में कार्य करती है।

भारतीय रिजर्व बैंक द्वारा अन्य अनेक वित्तीय संस्थाओं का भी प्रवर्तन किया गया है। जैसे : भारतीय जमा बीमा निगम (Deposit Insurance Corporation of India) तथा भारतीय बट्टा तथा वित्तीय गृह लि. (Discount and Finance House of India Ltd.).

विकास बैंक
(Development Banks)

वित्तीय संस्थाओं की दीर्घकालीन साख की व्यवस्था में विशिष्ट भूमिका स्वीकार की गयी है। जिन राष्ट्रों में सु-व्यवस्थित दिर्घकालीन ऋण बाजार विद्यमान नहीं होते जैसे भारत, वहाँ इनकी विशिष्ट भूमिका में विशेष वृद्धि हो जाती है। भारत में विकास बैंकिंग के विद्यमान संगठनात्मक ढाँचे को चार्ट में दर्शाया गया है। अखिल भारतीय वित्तीय संस्थाओं को प्रमुखत: तीन वस्तुत श्रेणीयों में वर्गीकृत किया जा सकता है।

(1) अखिल भारतीय वित्तीय संस्थाएँ (All India Financial Institutions) : वित्तीय संस्थाओं में अखिल भारतीय वित्तीय संस्थाओं की केन्द्रीय भूमिका है। इन संस्थाओं द्वारा धारित की गयी सम्पत्तियों तथा प्रदान कि जाने वाली सेवाओं के विस्तार से प्रभुत्वपूर्ण भूमिका है। अखिल भारतीय वित्तीय संस्थाओं के अन्तर्गत प्रमुख वित्तीय संस्थाएँ निम्नलिखित है:

(अ) अखिल भारतीय (All India)

(ब) राज्य स्तरीय (State Level)

(अ) अखिल भारतीय वित्तीय संस्थाएँ (All India Financial Institutions): इसके अन्तर्गत स्थापित कि गयी संस्थाओं का प्रमुख उद्देश्य औद्योगिक तथा व्यावसायिक इकाइयों को वित्तीय सहायता प्रदान करता है। इन संस्थाओं का संक्षिप्त परिचय निम्न प्रकार है:

1. भारतीय औद्योगिक विकास बैंक (Industrial Development Bank of India): भारतीय औद्योगिक विकास बैंक (आईडीबीआई) की स्थापना 1 जुलाई, 1964) को संसदीय अधिनियम के अधीन देश क उद्योगों के विकास के लिए प्रधान वित्तीय संस्था के रूप में हुई थी। आईडीबीआई मध्यम आकार के और बड़े उद्योगों की विस्तार और विस्थापन संबंधी आवश्यकताओं के लिए अपनी सेवाएं प्रदान करता है।

आईडीबीआई रूपया और विदेशी मुद्रा दोनों में मीयादी ऋण के माध्यम से प्रत्यक्ष वित्त सहायता प्रदान करता है। इसके अलावा यह शेयरों/डिबेंचरों में हामीदारी के माध्यम से और आस्थगित भुगतान गारंटियों के रूप में भी सहायता प्रदान करता है। यह राज्य स्तरीय संस्थाओं/बैंकों द्वारा मध्यम श्रेणी की इकाइयों को दिये गये मीयादी ऋयों पर भी पुनर्वित प्रदान करता है और मशीनरी तथा उपकरणों की बिक्री/खरीद के परिणामस्वरूप निर्मित विनिमय बिलों और वचनपत्रों की पुनर्भुनाई/भुनाई करता है। साथ ही, आईडीबीआई विभिन्न वित्तीय मध्यवर्तियों को ऋण प्रदान करता है और उनके शेयरों और बॉन्डों में निवेश भी करता है। उद्योग के विभिन्न घटकों की बढ़ती हुई आवश्यकताओं और वित्तीय क्षेत्र में लगातार हो रहे परिवर्तनों को ध्यान में रखते हुए आईडीबीआई ने अपनी व्यावसायिक रणनीति को नये सिरे से ढालने के लिए कइ कदम उठाये हैं और अपने उत्पादों तथा सेवाओं के दायरे को और

बढ़ाया है। आस्ति आधारित वित्तीय सहायता और उपकरण लीजिंग प्रदान करने के अलावा आईडीबीआई ग्राहकों की विविध आवश्यकताओं को पूरा करने के लिए मर्चेन्ट बैंकिंग, डिबेंचर ट्रस्टीशिप तथा फॉरेक्स सेवाएँ भी प्रदान करता है। बैंक ने विविध प्रकार की संवर्धनात्मक गतिविधियों को जारी रखा है। जिसमें नये उद्यमियों के लिए कार्यक्रम, लघु और मध्यम आकार के उद्यमों के लिए परामर्श सेवाएँ और अल्प सुविधाप्राप्त लोगों के आर्थिक उन्नयन के लिए मान्य स्वैच्छिक संस्थाओं के लिए तैयार किये गये कार्यक्रम सम्मिलित है। इसके पूर्ण स्वामित्ववाली सहायक संस्था भारतीय लघु उद्योग विकास बैंक (सिडबी), लघु उद्योग क्षेत्र को सहायता प्रदान करती है।

2. भारतीय औद्योगिक वित्त निगम (Industrial Finance Corporation of India): इंडस्ट्रियल फाइनैंस कॉर्पोरेशन ऑफ इण्डिया (आईएफसीआई) की स्थापना 1948 में आई एफ सी आई अधिनियम के अधीन औद्योगिक कंपनियों की मध्यावधि और दीर्घकालीन ऋण आवश्यकताओं को पूरा करने के लिए की गयी थी। 01 जुलाई 1993 को आईएफसीआई को निगम से इंडस्ट्रियल फाइनैंस कार्पोरेशन ऑफ इण्डिया लि. नामक कंपनी में परिवर्तित किया गया ताकि तेजी से बदलती वित्तीय व्यवस्था के स्वरूप में और अधिक परिचालनगत लचीलापन लाया जा सके और पूंजी बाजार में प्रवेश किया जा सके।

आईएफसीआई औद्योगिक क्षेत्र को रूपया और विदेशी मुद्रा ऋणों, शेयरों/डिबेंचरों की हामीदारी/प्रत्यक्ष अभिदान, गारंटी, आपूर्तिकर्त्ता/क्रेता क्रेडिट और उपकरण लीजिंग के जरिये वित्तीय सेवाएँ प्रदान करता है। आईएफसीआई मर्चेन्ट बैंकिंग सेवाएं एवं परियोजना संबंधी सलाह, निर्गम प्रबंधन, ऋण समूहन, वित्तीय पुन: संरचना, विलयन व अधिग्रहण और डिबेंचर ट्रस्टीशिप सेवाएं भी प्रदान करता है। आईएफसीआई औद्योगिकीकरण की गति में तेजी लाने के लिए संवर्धनात्मक क्रियाकलाप भी हाथ में लेता है। कारोबार के बदलते वातावरण में, अपने ग्राहकों की विविध आवश्यकताओं की पूर्ति के लिए आईएफसीआई ने हाल ही में कार्यशील पूँजी ऋण सुविधा स्वीकृत करने की एक योजना प्रारम्भ की है।

आईएफसीआई ने अपने कार्यकलापों के स्वरूप में और अधिक विविधता लाने के लिए मर्चेन्ट बैंकिंग, स्टॉक ब्रोकिंग और अनुषंगी सेवाओं के लिए आईएफसीआई फाईनैशियंल सर्विसेज लि., अपने ग्राहकों को कस्टोडियल सेवाएं देने के लिए आईएफसीआई कस्टोडियल सर्विसेज लि., तथा रजिस्ट्रेशन और अंतरण सेवाएं प्रदान करने के लिए आईएफसीआई इन्वेस्टर सर्विसेज लि. का गठन किया है। विभिन्न ऋण लिखतों की रेटिंग के लिए इन्वेस्टमेंट इन्फॉरमेशन एण्ड क्रेडिट रेटिंग एजेंसी (इकरा) की भी इसने स्थापना की है। बुनियादी ढाँचा परियोजनाओं को वित्तीय सहायता प्रदान करने के लिए स्थापित इन्फ्रास्ट्रक्चर डेवलपमेंट फाइनैंस कंपनी लि. के मुख्य सह-प्रवर्तकों में आईएफसीआई भी सम्मिलित है।

3. भारतीय औद्योगिक ऋण एवं निवेश (Industrial Credit and Investment Corporation of India): **भारतीय औद्योगिक ऋण एवं निवेश निगम लि.** (आईसीआईसीआई) की स्थापना 5 जनवरी 1955 को भारत सरकार, विश्व बैंक एवं

भारतीय उद्योग जगत के प्रतिनिधियों की पहल से एक पब्लिक लिमिटेड कंपनी के रूप में की गयी थी। आईसीआईसीआई की स्थापना का मुख्य उद्देश्य औद्योगिक परियोजनाओं को विदेशी मुद्रा ऋण प्रदान करना और निजी क्षेत्र के उद्योगों को बढ़ावा देना हैं। इसका मुख्य कारोबार रूपये और विदेशी मुद्रा ऋणों, शेयरों/डिबेंचरों की हामीदारी और उनमें अभिदान तथा उपकरण आपूर्तिकर्ताओं और विदेशी ऋणदाताओं को गारंटियों के माध्यम से सहायता प्रदान करना है। तथापि विगत वर्षों में ने इसने अनेक क्रियाकलापों में अपना विस्तार किया है तथा अब वह सीधे या अपनी सहायक और समूह कंपनियों के जरिए आईसीआईसीआई, वाणिज्यिक बैंकिंग, आस्ति प्रबंधन, निवेश बैंकिंग, निवेशक सेवाओं तथा दलाली जैसे नए व्यवसायों में प्रवेश कर चुका है तथा विदेशी व घरेलू संस्थागत निवेशकों की आवश्यकताओं की पूर्ति के लिए इसने अपने कामकाज को कस्टोडियल सेवाओं सहित विभिन्न शुल्क एवं कमीशन आधारित सेवाओं में फैलाया है। आईसीआईसीआई विविध प्रौद्योगिकी संवर्धन हेतु कार्यक्रम (पैक्ट), वाणिज्यिक ऊर्जा अनुसंधान संवर्धन कार्यक्रम (पेसर), प्रायोजित अनुसंधान एवं विकास कार्यक्रम (स्प्रेड), पर्यावरण सेवाएँ और प्रौद्योगिकी व्यापार (टेस्ट) तथा कृषि वाणिज्यीकरण और उद्यम कार्यक्रम (ऐस) एवं प्रौद्योगिकी संस्था (टीआई) के माध्यम से प्रौद्योगिकी के विकास के लिए वित्तीय सहायता प्रदान करते हुए यूएसएड तथा विश्व बैंक निधियों का प्रबंधन भी करता है।

अभी हाल ही में एक संशोधन के अन्तर्गत इस बैंक को इसकी सहायिका ICICI बैंक के साथ सविलयन कर दिया गया है।

4. भारतीय औद्योगिक निवेश बैंक (Industrial Bank of India): भारतीय औद्योगिक पुनर्निर्माण बैंक (आईआरबीआई) की स्थापना 1984 में आईआरबीआई अधिनियम, 1984 के अधीन रूग्ण और बंद पड़ी औद्योगिक इकाइयों के पुनर्वास में सहायता प्रदान करने के लिए एक प्रमुख ऋण तथा पुनर्निर्माण एजेंसी के रूप में की गई थी। तथापि पुनर्वास प्रक्रिया के समन्वय एवं उत्प्रेरण तथा संबंधित वित्तीय संस्थाओं/बैंकों द्वारा अपने पोर्टफोलियों में रूग्ण इकाइयों के पोषण की दृष्टि से, औद्योगिक एवं वित्तीय पुर्निर्माण बोर्ड (बीआईएफआर) की स्थापना से औद्योगिक पुनर्निर्माण एवं पुनर्वास हेतु प्रमुख एजेन्सी के रूप में आईआरबीआई की भूमिका, कालान्तर में, अप्रासंगिक हो गई। इसके परिणामस्वरूप, भारत सरकार ने आईआरबीआई को स्वयंपूर्ण सर्व प्रयोजन विकास वित्तपोषण संस्था में परिवर्तन करने का निश्चय किया। तद्नुसार आईआरबीआई एक सरकारी कंपनी के रूप में परिवर्तित हो गई और 17 मार्च 1997 को भारतीय औद्योगिक निवेश बैंक लिमिटेड (आईआईबीआई) के रूप में निगमित किया गया जिसे उसे पर्याप्त परिचालन लचीलापन और कार्य स्वायत्तता प्रदान हो सके।

5. जोखिम पूँजी तथा प्रौद्योगिकी वित्त निगम (Risk Capital and Technology Finance Corporation Ltd.): जोखिम पूँजी और प्रौद्योगिकी वित्त निगम लि. (आरसीटीसी) की स्थापना आईएफसीआई द्वारा पूर्ववर्ती जोखिम पूंजी संस्था का पुनर्गठन करके जनवरी 1988 में की गई थी। यह पहली पीढ़ी के टैक्नोक्रेटों और व्यवसायिक उद्यमियों को जोखिम पूंजी सहायता उपलब्ध करती है ताकि मझोली परियोजनाओं में प्रवर्तको

की इक्विटी में होने वाली कमी पूरी की जा सके। आरसीटीसी इस समय दो योजनाएँ अर्थात जोखिम पूंजी योजना और उद्यम पूंजी योजना (वीसीएस) परिचालित करता है। वीसीएस को आरंभ करने के साथ 1988 में शुरू की गयी प्रौद्योगिकी वित्त और विकास योजना के अंतर्गत पात्र परियोजनाओं पर वीसीएस के अंतर्गत विचार किया जाता हैं, चूंकि दोनों योजनाओं का उद्देश्य समान है।

6. भारतीय प्रौद्योगिकी विकास और सूचना कंपनी (Technological Development and Information Company of India): आईसीआईसीआई और यूनिट ट्रस्ट ने टीडीआईसीआई की स्थापना कंपनी अधिनियम के अंतर्गत जुलाई 1988 में की गयी और अगस्त 1988 में देश की पहली उद्यम पूँजी वित्त कंपनी ने परिचालन आरम्भ किया। इसने आईसीआईसीआई के उद्यम पूंजी परिचालनों का कार्य हाथ में लिया। टीडीआईसीआई मुख्यत: तकनीकी विशेषज्ञ उद्यमों द्वारा तैयार की गयी मझोले उद्योगों को परियोजना ऋण, इक्विटी में प्रत्यक्ष अभिदान और सशर्त ऋण नाम अर्ध-इक्विटी लिखतों के जरिए सहायता प्रदान करता है।

7. पूर्वोत्तर विकास वित्त निगम (North-Eastern Development Finance Corporation Ltd.) : पूर्वोत्तर विकास वित्त निगम लि. (नेडफी) की स्थापना 9 अगस्त 1995 को कंपनी अधिनियम के अन्तर्गत की गयी थी। इसकी प्राधिकृत पूंजी 500 करोड़ रूपये और प्रदत्त पूँजी 100 करोड़ रूपये है जिसमें आईडीबीआई, सिडबी, आईएफसीआई, आईसीआईसीआई, यूटीआई, एलआईसी, जीआईसी और उसकी सहायक कंपनियों तथा भारतीय स्टेट बैंक ने अंशदान किया है। नेडफी का मुख्य उद्देश्य उत्तर पूर्वी क्षेत्र में औद्योगिक तथा बुनियादी परियोजनाओं के संवर्धन, विस्तार और आधुनिकीकरण के लिए वित्त तथा अन्य सुविधाएँ प्रदान करना है। इसका लक्ष्य पहली पीढ़ी के उद्यमियों को उनकी परियोजनाओं के कार्यान्वयन तथा प्रारंभिक परिचालन चरणों में सहायता प्रदान करना भी है

8. नाबार्ड (NABARD): देश में ग्रामीण क्षेत्रों की संपन्नता व समन्वित ग्रामीण विकास को बढ़ावा देने के लिए ग्रामीण ऋण के क्षेत्र में शीर्षस्थ विकास बैंक के रूप में नाबार्ड कृषि, लघु उद्योग, कुटीर एवं ग्रामीण उद्योगों, हस्तशिल्प और अन्य ग्रामीण हस्तकला और अन्य संबद्ध आर्थिक कार्यकलापों को प्रोत्साहित करने के लिए महत्त्वपूर्ण प्रयास कर रहा है। नाबार्ड कृषि और कृषित्तर क्षेत्रों को अल्पावधि, मध्यावधि और दीर्घावधि पुनर्वित प्रदान करता है। विभिन्न अनुमोदित कृषि व संबद्ध गतिविधियों जैसे लधु सिंचाई, वृक्षारोपण व बागवानी, भूमि विकास, फार्म मशीनीकरण, कृषि उपकरण, पशुपालन, मत्स्य पालन आदि को निवेश ऋण के बदले वाणिज्य बैंकों, राज्य सहकारी बैंकों, क्षेत्रीय ग्रामीण बैंकों, राज्य सहकारी कृषि व ग्रामीण विकास बैंकों को नाबार्ड पुनर्वित सहायता देता है।

9. तकनीकी परामर्श संगठन (Technical Consultancy Organisation): अखिल भारतीय वित्तीय संस्थाओं ने राज्य स्तरीय वित्तीय/विकास संस्थाओं तथा वाणिज्य बैंकों के सहयोग से सातवें तथा आठवें दशक में तकनीकी परामर्श संगठनों (तप संगठन) के तंत्र की स्थापना की थी ताकि लघु तथा मझोले उद्योगों और नये उद्यमियों की परामर्श आवश्यकताओं को पूरा किया जा सके। इस समय देश के विभिन्न राज्यों में 17 तप संगठन कार्यरत है। जिनमें से कुछ तप संगठन एक से अधिक राज्यों में कार्यरत हैं, इसके अलावा

कर्नाटक में एक राज्य प्रायोजित तप संगठन अर्थात कर्नाटक तकनीकी परामर्श सेवा संगठन (टेकसॉक) कार्यरत है।

विनियोग बैंक (संस्थाएँ)

(Investment Banks (Institutions))

विनियोग बैंकिंग ऐसी व्यवस्था है जिसके अन्तर्गत बैंकिंग संस्थाएँ व्यापार तथा उद्योग के लिए दीर्घकालीन कोषों की व्यवस्था करते हैं। विनियोग बैंक उद्योगों तथा व्यापार के लिये वित्त प्रदान कर्त्ता तथा अभिगोपक, दोनों भूमिकाओं का निर्वाह करते है।

1. बीमा कम्पनीयाँ (Insurance Companies) : भारत में पूर्व समय से ही बीमा व्यवसाय तथा बीमा कम्पनीया बीमा व्यवसाय में संलग्न रही है। भारत की स्वतन्त्रता प्राप्ति से पूर्व अनेक बीमा कम्पनियों बीमा क्षेत्र की महत्वपूर्ण सेवाओं का संचालन तथा महत्वपूर्ण आकार का व्यवसाय कर रही थी। बीमा क्षेत्र में महत्त्वपूर्ण घटना पूर्व में संचालित अनेक बीमा कम्पनियों का राष्ट्रीयकरण तथा एकीकरण कर दो महत्वपूर्ण सरकारी स्वामित्व में स्थापित बीमा निगमों की स्थापना किया जाना है। भारतीय जीवन बीमा निगम इनके द्वारा सरकारी तथा अर्द्ध सरकारी संस्थाओं को तथा साधारण बीमा निगम की स्थापना भारतीय बीमा व्यवसाय की अविस्मरणीय घटना है। भारतीय साधारण बीमा निगम की अभी हाल ही तक चार सहायिकाएँ भी विद्यमान थी जो साधारण बीमा के कार्य में संलग्न रही। प्रारम्भिक रूप से बीमा संस्थाओं का प्रमुख कार्य लोगों के जीवन तथा उनकी सम्पत्तियों के बीमा करने से सम्बन्धित रहा है।

भारत में कार्यशील प्रमुख विनियोग बैंक निम्नलिखित है * :

(1) **भारतीय जीवन बीमा निगम** (Life Insurance Corporation of India)

(2) **भारतीय साधारण बीमा निगम**
(General Insurance Corporation of India)

(3) **भारतीय यूनिट ट्रस्ट** (Unit Trust of India)

(4) **नवीन बीमा कम्पनीयाँ** (New Insurance Companies)

भारत में बीमा क्षेत्र में सुधार के परिणामस्वरूप जीवन तथा सामान्य बीमा के क्षेत्र में निजी क्षेत्र को बीमा व्यवसाय करने का अवशर प्राप्त हुआ। निजी क्षेत्र में बीमा व्यवसाय विकसित करने हेतु बीमा विनियामक तथा विकास प्राधिकरण (Insurance Regulatory and Development Authority—IRDA) का गठन 19 अप्रैल 2000 को किया गया। इस प्राधिकरण का प्रमुख कार्य भारत में बीमा व्यवसाय करने वाली कम्पनियों का पंजीयन करना है। नवीनतम प्राप्त जानकारी के अनुसार इस प्राधिकरण द्वारा अब तक 16 नवीन भारतीय बीमा कम्पनियों को व्यवसाय संचालित करने हेतु पंजीयन का प्रमाण पत्र निर्गमित किया है। जिनमें से दस [1] जीवन बीमा क्षेत्र में छ: [2] साधारण बीमा क्षेत्र से सम्बन्धित है।

---

* इन विनियोग बैंकों की विस्तृत व्याख्या "विकास एवं विनियोग बैंक" अध्याय में प्रस्तुत की गयी है।

1 **NEWLY Registered Insurers**
Life Insurance
1. Allianz Bajaj Life Insurance Company Limited.
2. Birla Sun-Life Insurance Company Limited
3. HDFC Standard Life Insurance Company Limited

विशिष्ट विकास बैंक

(Specialised Development Banks)

उपर्युक्त वर्णित विकास बैंकों द्वारा, यद्यपि समस्त प्रकार की औद्योगिक परियोजनाओं की वित्तीय आवश्यकता पूर्ति हेतु परियोजना वित्त प्रदान किया जाता है। इसके बावजूद यह आवश्यकता अनुभव कि गयी की विशिष्ट क्षेत्रों हेतु विशिष्ट विकास बैंकों स्थापना की जाय। इन बैंकों/निगमों के द्वारा सम्बन्धित क्षेत्र के विनियोग प्रस्ताव का मूल्यांकन करने हेतु विशिष्ट दक्षता का विकास कर लिया गया है। भारत में विशिष्टकृत विकास बैंकों का संगठनात्मक ढाँचा निम्न प्रकारें दर्शाया गया है:

भारत में संचालित विभिन्न विशिष्टिकृत विकास बैंकों का संक्षिप्त विवरण निम्न प्रकार है:

1. भारतीय रेल वित्त निगम लि.

(Indian Railway Finance Corporation Ltd.)

भारतीय रेल वित्त निगम की स्थापना दिसम्बन 1986 में कि गयी। इसकी स्थापना का प्रमुख उद्देश्य भारतीय रेल की विकास योजनाओं की आवश्यकता पूर्ति हेतु वित्तीय व्यवस्था करना है। भारतीय रेल एक विभागीय संगठन है जोकि अपनी वित्तीय आवश्यकताओं की पूर्ति हेतु स्वयं पूँजी बाजार से संसाधन का संग्रहण नहीं कर सकता। अत: निगम द्वारा विभिन्न दिर्घकालीन स्त्रोतों से वित्तीय संसाधनों का संग्रहण करता है।

संसाधन (Resources): इस निगम की प्रदत्त पूँजी 232 करोड़ रूपये है तथा इस सम्पूर्ण राशि को केन्द्रीय सरकार द्वारा प्रदान किया गया है। 31 मार्च, 2002 को इस निगम का संचयी कोष तथा आधिक्य 1863.93 करोड़ रूपये था जिसकी रचना निगम द्वारा अर्जीत लाभ से हुई। इन कोषों का एक महत्वपूर्ण भाग (1688.93 करोड़ रूपये) बॉण्ड परिशोधन कोष के रूप में चिन्हित किया गया है।

प्रमुख कार्य (Main Function): भारतीय रेल वित्त निगम का प्रमुख कार्य भारतीय रेल को लीज आधार पर रोलींग स्टाक की आपूर्ति करना है। इस प्रकार प्रदत्त लीज

---

4. ICICI Purdential Life Insurance Company Limited
5. ING Vysya Life Insurance Company Limited
6. Max New York Life Insurance Company Limited
7. Metlife Insurance Company Limited
8. Om Kotak Mahindra Life Insurance Company Limited
9. SBI Life Insurance Company Limited.
10. TATA AIG Life Insurance Company Limited.

2 **General Insurance**

1. Bajaj Allianz General Insurance Company Limited.
2. ICICI Lombard General Insurance Company Limited.
3. IFFCO-Tokio General Insurance Company Limited.
4. Reliance General Insurance Company Limited.
5. Royal Sundaram Alliance Insurance Company Limited.
6. TATA AIG General Insurance Company Limited.

की अवधि इस निगम द्वारा उगाये गये दिर्घकालीन ऋणों की औसतन अवधि पर निर्भर करती है।

परियोजना वित्तीयन (Project Financing): हाल ही में निगम द्वारा अपनी गतिविधियों के विविधिकरण के परिणामस्वरूप रेल परियोजनाओं को भी समान रूप से वित्त प्रदान करना प्रारम्भ किया है।

2. पावर वित्त निगम

(Power Finance Corporation Ltd.)

पावर वित्त निगम लि. एक विकासात्मक वित्तीय संस्थान जिसका कार्य भारतीय शक्ति परियोजनाओं के वित्तीयन तथा विकास को पूर्णत: समर्पित है। इसकी स्थापना भारतीय कम्पनी अधिनियम 1956 के अन्तर्गत 16 जुलाई 1986 को एक सीमित दायित्व वाली कम्पनी के रूप में कि गयी। अगस्त 1990 में भारतीय कम्पनी अधिनियम 856 के अन्तर्गत इसे एक सार्वजनिक वित्तीय संस्थान घोषित किया गया। यह भारत सरकार की एक पूर्णत: स्वामित्व वाली वित्तीय संस्था है।

पावर वित्त निगम का प्रमुख उद्देश्य राज्यों द्वारा प्रदान कि जाने वाली सेवाओं को वित्तीय तथा संस्थागत सुधार से जुड़े हुए कोषों को प्रदान कर वित्तीय सशक्तिकरण प्रदान करना है। निगम द्वारा निजी क्षेत्र की विद्युत परियोजना कोष तथा गैर-कोष आधारित प्रोत्साहन प्रदान करना है। विद्युत वित्त निगम निम्न के लिए वित्त प्रदान करता है।

(1) थर्मल तथा हाइड्रोइलेक्ट्रिक दोनों विद्युत उत्पादन परियोजनाओं के लिए;

(2) विद्युत संचारण तथा वितरण व्यवस्था के लिए;

(3) विद्युत संयत्रों के नवीनिकरण तथा आधुनिकीकरण के लिए;

(4) संयत्र सुधार तथा ऊर्जा संरक्षण योजना के लिए;

(5) विद्युत परियोजनाओं के सर्वे तथा परिविक्षण के लिए; तथा

(6) परामर्श/अध्ययन के लिए

विनियोग योग्य कोषों का एक महत्वपूर्ण भाग विद्युत क्षेत्र हेतु केन्द्रीय तथा राज्य विद्युत सेवाओं का आंबटित किया जाता है। इसका आशय यह है कि विद्युत वित्त निगम द्वारा कोष आधारित तथा गैर-कोष आधारिक आवश्यकताओं की पूर्ति की जाती है। यह आवश्यकता पूर्ति निम्न रूपों में कि जाती है:

(1) विद्युत परियोजनाओं के निर्माण, नवीनिकरण आधुनिकीकरण, ऊर्जा संरक्षण योजनाओं आदि के लिए आवधिक ऋण।

(2) वित्तीय गारण्टि

(3) लीज वित्तीयन

(4) बिल बट्टा

(5) कार्यशील पूँजी

(6) ऋण सीडिकेशन

संसाधन (Resources): केन्द्रीय सरकार द्वारा धारित निगम की सम्पूर्ण प्रदत्त पूँजी मार्च 2002 के अन्त तक 1030.45 करोड़ रूपये थी निगम के कोष तथा आधिक्य इसी समय 3367.62 करोड़ रूपये थे। निगम कोषों का प्रमुख स्त्रोत सुरक्षित तथा गैर-सुरक्षित ऋण है, जो कि 31 मार्च, 2002 को क्रमश: 730 करोड़ रूपये तथा 10,251.82 करोड़ रूपये थे।

कार्य निष्पादन (Performance): निगम द्वारा वर्ष 2001-02 में 4,398 करोड़ रूपये तथा 2000-01 में 2230 करोड़ रूपये के कोषों का संग्रहण किया गया। इसमें से 1390 करोड़ रूपये गैर सुरक्षित कर योजना बाण्डों के निर्गमन द्वारा संग्रहित किये गये जबकि 1225 करोड़ रूपये बैंक तथा वित्तीय संस्थाओं से दीर्घकालीन/मध्यकालीन अवधि ऋण प्राप्त करके किये गये।

3. भारतीय पर्यटन वित्त निगम लि.

(Tourism Finance Corporation of India Ltd. —TFCI)

वित्तीय संस्थानों की श्रृंखला में भारतीय पर्यटन वित्त निगम लि. एक अन्य महत्वपूर्ण वित्तीय संस्था है। निगम द्वारा 1 फरवरी 1989 से अपना कार्य प्रारम्भ किया गया। अर्थव्यवस्था में पर्यटन विकास के महत्व को स्वीकार कर भारतीय औद्योगिक वित्त निगम लि. द्वारा अन्य अखील भारतीय वित्तीय संस्थाओं तथा बैंकों के साथ सम्मिलित प्रयास के फलस्वरूप भारतीय पर्यटन वित्त निगम लि. की स्थापना कि गयी। इस निगम की स्थापना का प्रमुख उद्देश्य पर्यटन उद्योग तथा सम्बन्धित गतिविधियों, सुविधाओं तथा सेवाओं की विशिष्ट आवश्यकताओं को पूरा करना है।

इस निगम की कार्यप्रणाली की यह विलक्षण विशेषता है यह केवल स्वयं अथवा अन्य वित्तीय संस्थाओं तथा बैंकों के साथ संयुक्त रूप से पर्यटन तथा उससे सम्बन्धित परियोजनाओं का वित्तीय करता है। भारतीय पर्यटन निगम द्वारा ऐसी परियोजनाओं का वित्तीय स्वीकार किया जाता है। जिनकी परियोजना लागत 3 करोड़ रूपये अथवा इससे अधिक हो। उन परिस्थितियों में जबकि परियोजना की पूँजी लागत 1 करोड़ रूपये से 3 करोड़ रूपये के बीच हो तो भारतीय निगम द्वारा केवल यदि कोई हो तो, अन्तर के बराबर ही वित्तीयन स्वीकार किया जाता है।

4. आधारभूत विकास वित्त कम्पनी लि.

(Infrastructure Development Finance Company Ltd.)

आधारभूत विकास वित्त कम्पनी लि. की स्थापना 1997 में एक विशिष्ट वित्तीय मध्यस्थ संस्था के रूप में कि गयी। यह कम्पनी भारत में आधारभूत क्षेत्र के विकास की वित्तीय आवश्यकता की पूर्ति करती है। इस कम्पनी में भारत सरकार हित 20 प्रतिशत है इस कम्पनी के संचालन का प्रमुख उद्देश्य निम्नलिखित है:

(1) वाणिज्यक रूप से व्यवहार्य (Commercially) आधारभूत परियोजना विकास हेतु निजी पूँजी व्यवसाय में प्रमुख भूमिका का निर्वाह करना;

(2) उपर्युक्त वर्णित प्रयोजन की प्राप्ति में भारत सरकार ठोस नीतिगत परामर्श प्रदान करना; तथा

(3) बाजार तथा संस्थाओं के जुड़ाव में आधारभूत परियोजनाओं को विकसित तथा प्रम्मोन्नत करना।

आवास वित्तीय संस्थाएँ

(Housing Finance Institutions)

भारतीय वित्तीय प्रणाली की एक अन्य महत्त्वपूर्ण किन्तु उभरती हुई भुमिका आवासीय वित्त प्रदान करने वाली संस्थाओं की स्थापना तथा विकास का जमघट है। इस क्षेत्र कार्यरत शेष संस्था (Apex Institution) राष्ट्रीय आवास बैंक की स्थापना 1988 में कि गयी। विगत वर्षों में आवासीय वित्त के क्षेत्र में अनेक नवीन वित्तीय संस्थाओं द्वारा प्रवेश कर इस क्षेत्र में प्रतिस्पर्धा तथा प्रदान कि जाने वाली सेवाओं का रोचक रूप में विकास हुआ है। इस क्षेत्र में सहकारी तथा वाणिज्यिक क्षेत्र के बैंकों द्वारा भी निर्णायक भूमिका स्वीकार कि गयी है। इन सभी संस्थाओं को निम्न प्रकारें दर्शाया गया है:

साहस पूँजी कोष/कम्पनियाँ

(Venture Capital Fund/Companies)

वित्तीय संस्थाओं तथा बैंकों के लिए आवासीय वित्त निरन्तर एक लाभदायक व्यवसाय बनता जा रहा है। यही प्रमुख कारण है कि विगत वर्षों में अपने सामान्य बैंकिंग काम-काज के अतिरिक्त प्रत्येक वित्तीय संस्था द्वारा उत्साहपूर्वक आवास वित्त के क्षेत्र में प्रवेश किया गया है। साहस पूँजी कोष/कम्पनियों का भारतीय वित्तीय प्रणाली में प्रवेश अपेक्षाकृत नवीन है। इन संस्थाओं द्वारा निर्वाह कि जा सकने वाली सम्भावित महत्वपूर्ण भूमिका को स्वीकार करते हुए, भारतीय प्रतिभूति विनिमय बोर्ड को इन कोषों को विनियामित करने हेतु अधिकृत किया गया। बोर्ड द्वारा साहस पूँजी कोष विनियमन का निर्गमन 1996 में किया गया। इसके पश्चात् भारत भूमि पर बड़ी संख्या में साहस पूँजी कोषों की स्थापना वित्तीय संस्थानों द्वारा निजी क्षेत्र में हुयी।

वाणिज्यिक बैंक

(Commercial Banks)

अर्थव्यवस्था के प्रत्येक क्षेत्र को अपने उद्देश्यों तथा कार्यो के अनुरूप वित्त प्रदान करने वाली संस्थाओं में वाणिज्यक बैंकों की आधारस्तर पर महत्वपूर्ण भूमिका है। वाणिज्यक बैंक भारतीय रिजर्व बैंक द्वारा विनियन्त्रित होती है। भारत में वाणिज्यक बैंकों का विनियमन बैंकिंग विनियमन अधिनियम 1949 के प्रावधानों के अन्तर्गत होता है। भारत में स्थापित वाणिज्यक बैंकों पर भारतीय रिजर्व बैंक अधिनियम 1934 के भी कतिपय प्रावधान लागू होते हैं। इसके अतिरिक्त भारत में कार्यरत सार्वजनिक क्षेत्र के 27 बैंक संसद के उस अधिनियम के प्रावधानों से शासीत होते है जिसके अन्तर्गत इनकी स्थापना हुई है। भारतीय वाणिज्यक क्षेत्र में सार्वजनिक क्षेत्र के बैंकों का प्रभुत्व है।

भारत में वाणिज्यक बैंकों द्वारा अपनी स्थिति को एकीकरण तथा वित्तयन की प्रक्रिया द्वारा मजबूत तथा संशक्त बनाया गया है। इस दिशा में अभी हाल ही में एक प्रमुख

विकास बैंक नामित आई सी आई सी आई लि. का इसी की सहायिका आई सी आई सी आई बैंक लि. के साथ मार्च 2000 में विलय महत्त्वपूर्ण निर्णय है। वर्तमान में आई सी आई सी आई लि. भारत का प्रथम यूनवीर्सल बैंक बन गया है। इसी प्रकार निजी क्षेत्र के कमजोर सिद्ध हुए ग्लोबल ट्रस्ट बैंक का सशक्त बैंक आरियन्टल बैंक ऑफ इण्डिया के साथ विलय करने का निर्णय किया गया है।

भारत में कार्य प्रमुखत वाणिज्यक बैंकों द्वारा केन्द्र एवं राज्य सरकारों के साथ मिलकर भी बैंकों को प्रायोजित किया गया है। जिन्हें क्षेत्रीय ग्रामीण बैंक कहते है। वर्तमान में इस प्रकार के 196 बैंक ग्रामीण तथा अर्द्ध शहरी क्षेत्रों में कार्यरत है।

सहकारी बैंक

(Co-operative Banks)

बैंकिंग क्षेत्र में, भारत में स्थापित सहकारी बैंक प्राचीनतम संस्थान है। राज्य सहकारी बैंक तथा शहरी सहकारी बैंक का अशत: भारतीय रिजर्व बैंक द्वारा विनिन्त्रितण होता है। ये बैंक सम्बन्धित राज्य सरकार के नियन्त्रण तथा अणुविक्षण में कार्य करते है। भारत में सहकारी बैंकों का विद्यमान संगठनात्मक ढाँचा चित्र में दर्शाया गया है:

गैर-बैंकिंग वित्त कत्पनियाँ

(Non-Banking Finance Companies)

उपर्युक्त वर्णित विभिन्न क्षेत्रों में स्थापित बैंकों के अतिरिक्त, भारत में बड़ी संख्या में गैर-बैंकिंग वित्त कम्पनियों की स्थापना कि गयी है। गैर-बैंकिंग वित्त कम्पनियाँ प्रमुखत: लीजिंग, ऋण एवं विनियोग कम्पनियों के रूप में संचालित होती है। इन कम्पनियों पर भी अशत: भारतीय रिजर्व बैंक का नियन्त्रण है।

विनियन्त्राक प्राधिकरण

(Regulatory Authorities)

स्वतन्त्रता के पश्चात अर्थव्यवस्था के विभिन्न क्षेत्रों की विशिष्ट आवश्यकताओं की पूर्ति हेतु विशिष्ट बैंकों की स्थापना कि गयी है। इन बैंकों के सुव्यवस्थित विकास हेतु प्रत्येक बैंक के पृथक विनिमन्त्राक अभिकरण है। भारत में स्थापित प्रमुख बैंकों (वित्तीय संस्थाओं के) विनिमयान्त्रक प्राधिकरण का उल्लेख निम्न विवेचन में किया गया है:

(1) भारतीय रिजर्व बैंक (Reserve Bank of India): वाणिज्यक बैंक-दोनों ही भारतीय तथा विदेशी, रिजर्व बैंक के अनुविक्षण में आने वाले राज्य सहकारी बैंक। इसके अतिरिक्त वित्तीय संस्थाओं तथा गैर-बैंकिंग कम्पनियों का नियन्त्रण भी भारतीय रिजर्व बैंक के अधिकार क्षेत्र में होता है। भारतीय मुद्रा बाजार तथा विदेशी विनिमय बाजार में जितने भी व्यवहार सम्पन्न होते है। उनके लिए भारतीय रिजर्व बैंक एक मात्र रूप से विनियामक प्राधिकरण है।

(2) भारतीय प्रतिभूति एवं विनिमय बोड सेबी (Securities & Exchange Board of India-SEBI): यह भारत में पूँजी बाजार प्राथमिक तथा द्वितीयक दोनों ही की, की प्रमुख विमियान्त्रक संस्था है। भारत में संचालित पारस्परिक निधियों तथा साहस पूँजी कोष की भी यह विनिमन्त्राक संस्था है।

(3) बीमा विनियमन्त्राक तथा विकास प्राधिकरण (Insurance Regulatory & Development Authority·): इसकी स्थापना 1990 में भारत में संचालित समस्त बीमा कम्पनियों की विनिमन्त्राक संस्था के रूप में कि गयी जिनमें भारतीय जीवन बीमा निगम भी सम्मिलित है। इसका प्रमुख कार्यालय हैदराबाद में स्थित है।

बैंकिंग की आधुनिक प्रवृत्तियाँ
(Recent Trends in Indian Banking)

स्वतन्त्रता प्राप्ति के पश्चात् तीव्र गति से आर्थिक विकास हेतु भारतीय बैंकों को विशेष उत्तरदायित्व सौंपा गया। इन बैंकों से यह अपेक्षा की गयी कि वे अपने वित्तीय साधनों में वृद्धि तथा अपनी नीतियों में क्रान्तिकारी परिवर्तन कर आर्थिक विकास हेतु पर्याप्त वित्तीय साधनों की उपलब्धि करने में सक्षम होंगे। भारतीय बैंकों ने स्वतन्त्रता प्राप्ति के पश्चात् प्रमुख रूप से प्रमुख बैंकों के प्रथम 1969 में तथा तत्पश्चात् 1980 में राष्ट्रीयकरण के पश्चात् इस भूमिका को निभाने में महत्वपूर्ण उपलब्धियाँ अर्जित की हैं। इन उपलब्धियों में उपेक्षित क्षेत्रों को ऋण तथा समाजवादी लक्ष्यों की प्राप्ति हेतु अन्य अनेक योजनाओं का क्रियान्वयन महत्वपूर्ण है। भारतीय बैंकों द्वारा विगत वर्षों में की गयी प्रगति से इनका संगठन पहले से अधिक मजबूत हो गया तथा विकास का नवीन मार्ग प्रशस्त हुआ है।

भारतीय बैंकिंग गठन
(Composition Of Indian Banking)

भारतीय बैंकिंग प्रणाली का संगठन अनुसूचित तथा गैर अनुसूचित बैंकों से मिलकर हुआ है। गैर अनुसूचित बैंकों की संख्या अपने नगण्य है जबकि अनुसूचित बैंको की संख्या वर्तमान में 297 है। अनुसूचित बैंकों को तीन वर्गों में विभाजित किया जा सकता है, विदेशी बैंक जिनकी संख्या वर्तमान में 45 है, सार्वजनिक क्षेत्र के बैंक जिनकी संख्या वर्तमान में 27 है तथा पुराने व नये निजी क्षेत्र के बैंक जिनकी संख्या वर्तमान में 34 है। सार्वजनिक बैंको के अन्तर्गत प्रारम्भिक रूप से 20 जो बाद में घटकर 19 हो गये, क्षेत्रीय ग्रामीण बैंक जिनकी संख्या वर्तमान में 196 हैं तथा एक स्टेट बैंक ऑफ इण्डिया है। स्टेट बैंक ऑफ इण्डिया की 7 सहायक बैंके हैं। राष्ट्रीयकृत बैंकों में 20 बैंकें वे है जिनका की जुलाई 1969 में राष्ट्रीयकरण किया गया था। तथा 5 अन्य बैंक (न्यू बैंक ऑफ इण्डिया को छोड़कर) वे हैं जिनका 15 अप्रेल 1980 में राष्ट्रीयकरण किया गया था। वर्तमान में भारतीय बैंकिंग प्रणाली में शाखा विस्तार जमा संग्रहण तथा साख विस्तार में सार्वजनिक क्षेत्र के बैंको का महत्वपूर्ण स्थान है। सार्वजनिक क्षेत्र की बैंकिंग प्रणाली में क्षेत्रीय ग्रामीण बैंक भी सम्मिलित है जो मुख्य रूप से ग्रामीण क्षेत्रों में छोटे ऋण लेने वाले व्यक्तियों को और अधिक ऋण देने के

उद्देश्य से स्थापित किये गये है। सार्वजनिक क्षेत्र के शेष 27 बैंक नियमित वाणिज्यिक बैंक है। और वे हर प्रकार का वाणिज्यिक बैंकिंग कारोबार करते है।

सरकारी क्षेत्र के बैंकों में भारतीय स्टेट बैंक ग्रुप (अपने 7 सम्बद्ध बैंकों सहित) सबसे बड़ा है। जिसके देश में 13,492 कार्यालय है, जिसकी जमाएँ 2,20,121 करोड़ रूपये तथा अग्रिम 1,52,132 करोड़ है। स्टेट बैंक और उसके सहयोगी बैंको का हिस्सा एक ग्रुप के रूप में सरकारी क्षेत्र के बैंको द्वारा किये गये कुल कारोबार का 34.3 प्रतिशत है। और समुचित बैंकिंग प्रणाली के कुल कारोबार के 26.6 प्रतिशत के आस-पास है।

भारतीय बैंकिंग की आधुनिक प्रवृत्तियां निम्न प्रकार हैं :

(1) भारतीय बैंकों की शाखाओं में विगत वर्षो के दौरान अप्रत्याशित वृद्धि हुई है। राष्ट्रीयकरण के पश्चात् सार्वजनिक क्षेत्र के बैंकों ने दूर-दराज के भागों में अपनी शाखाएँ स्थापित कर ग्रामीण क्षेत्रों की बचतों को आकर्षित करने में महत्वपूर्ण भूमिका अदा की है। अ-बैंकिंग क्षेत्रों में अधिक से अधिक शाखाएँ खोलकर जनता की बचत भावना में वृद्धि तथा पूंजी निर्माण में महत्वपूर्ण योगदान दिया है। जहाँ सन् 1951 में देश में सभी व्यापारिक अनुसूचित बैंकों की कुल शाखाएँ 4,115 थी, वह बढ़कर जून 1969 में 8,262 हो गयी। जून 2003 तक इनकी संख्या बढ़कर 66535 हो गयी। जून 1969 से जून 30, 2003 तक की अवधि के दौरान वाणिज्य बैंकों द्वारा 58273 नये कार्यालय खोले गये।

अत्यधिक कम्प्यूटराजेशन तथा e-बैंकिंग की सुविधा के विस्तार के साथ-साथ बैंकों द्वारा शाखा विस्तार पर विगत वर्षो में अधिक जोर नहीं किया गया है।

(2) स्वतन्त्रता प्राप्ति के बाद भारत में व्यापारिक बैंकों के राष्ट्रीयकरण की प्रवृत्ति अधिक प्रबल हुई है। 1948 में रिजर्व बैंक का राष्ट्रीयकरण किया गया, 1955 में इम्पीरियल बैंक का राष्ट्रीयकरण कर स्टेट बैंक की स्थापना की गयी। जुलाई 1969 में 14 बड़े व्यापारिक बैंकों का राष्ट्रीयकरण किया गया इससे कुल जमाओं का 85 प्रतिशत भाग सार्वजनिक क्षेत्र के बैंकों के अन्तर्गत आना सम्भव हुआ। अप्रैल 1980 में 6 अन्य बैंकों का राष्ट्रीयकरण किये जाने से कुल राष्ट्रीयकृत बैंकों की संख्या 20 हो गयी। स्पष्ट है कि विगत कुछ वर्षो के दौरान बैंकों के राष्ट्रीयकरण की प्रवृत्ति अधिक प्रबल रही है।

(3) विगत वर्षो में अनेक छोटी छोटी बैंको का बड़ी बैंकों में या तो विलीनीकरण किया जाना या उनमें परस्पर एकीकरण की बढ़ती हुई प्रवृत्ति भी आधुनिक बैंकिंग व्यवस्था की एक महत्वपूर्ण उपलब्धि है। इसके फलस्वरूप न केवल देश के व्यापारिक बैंकों के आकार में वृद्धि हुई है वरन् वे बैंकिंग संकटों का मुकाबला करने में पहले से अधिक सक्षम हो गये है। एकीकरण तथा विलीनीकरण की बढ़ती हुई प्रवृत्ति से निःसंदेह बैंक कार्यालयों की संख्या में कमी हुयी है किन्तु उनके शाखा कार्यालयों में निरन्तर वृद्धि का क्रम दृष्टिगत हुआ है। बैंकों के एकीकरण से परस्पर प्रतियोगिता समाप्त हो जाती है, तथा बैंकों की कार्यक्षमता में वृद्धि होती है।

(4) वित्तिय क्षेत्र में सुधार की दृष्टि से गठित नरसिंहम अध्ययन दल की सिफारिश को स्वीकार बैंकों के लिए अपनी शाखा प्रारम्भ करने से पूर्व रिजर्व बैंक ऑफ इण्डिया की पूर्व अनुमति प्राप्त करने के बन्धन को समाप्त कर दिया गया है। सार्वजनिक क्षेत्र के बैंक अपने

वाणिज्यिक विवेक के आधार पर शाखा स्थापित करने हेतु स्वतन्त्र है। यह बन्धन अब केवल निजी क्षेत्र तथा विदेशी बैंकों के शाखा विस्तार के सम्बन्ध में लागू रहेगा।

(5) एक लम्बे समय तक भारत में बैंकिंग का विस्तार केवल शहरी क्षेत्रों तक ही सीमित था। ग्रामीण क्षेत्रों में बैंकिंग विकास नगण्य था। किन्तु अब प्रमुख रूप से 1969 में बैंकों के राष्ट्रीयकरण के पश्चात् इस प्रवृत्ति में महत्वपूर्ण परिवर्तन आया है। जून 1969 में कुल बैक शाखाओं का केवल 22.4 प्रतिशत भाग ही ग्रामीण क्षेत्रों में था वह बढ़कर जून 1984 में 55.6 हो गया। यद्यपि वर्तमान में ग्रामीण क्षेत्रों में बैंक शाखाओं के विस्तार पर विराम लग गया है। 30 जून 1999 को कुल बैंक शाखाओं का प्रतिशत 50.5 प्रतिशत से गिरकर जून 30, 2000 को 50.2 प्रतिशत रह गया। वैसे गिरावट का क्रम सभी क्षेत्रों में हुआ जिसके कारण का उल्लेख किया जा चुका है। जून 1969 में ग्रामीण क्षेत्रों में बैंकों की केवल 1,832 शाखाएं थी जो निरन्तर बढ़ते हुए जून 2003 में 32,303 हो गयी।

(6) भारत में विदेशी मुद्रा के आगमन की सम्भावनाओं को बढ़ाने, भारत के विदेशी व्यापार में उन्नति किये जाने और विदेशों में संयुक्त उद्यम स्थापित करने में भारतीय उद्यमियों को सहायता पर जोर देने की नीति को बैंको द्वारा अपनाया गया है। इस उद्धेश्य की पूर्ति के लिए भारतीय बैंकों द्वारा विगत वर्षो की तरह ही विदेशी केन्द्रो पर अपने कार्यालय खोलने सम्बन्धी नीति को जारी रखा है। जून 2003 के अन्त में भारतीय वाणिज्य बैंकों की 32 देशो में 94 शाखाएँ तथा 14 प्रतिनिधि कार्यालय थे ।

(7) भारतीय व्यापारिक बैंकों द्वारा जमाओं के क्षेत्र में भी नवीन किर्तीमान स्थापित किये गये है। बैंकों की शाखा विस्तार योजना के सम्बन्ध में जागरूकता के कारण लोगों में बचत करने की आदत का विकास सम्भव हो सका है। जून 1969 में प्रमुख 14 व्यापारिक बैंको के राष्ट्रीयकरण के समय निक्षेपों की कुल राशि 4,646 करोड़ रूपये थी जो बढ़कर जून 2004 में 1139214 करोड़ रूपये हो गई।

(8) बैंकों की जमाओं में वृद्धि के साथ साथ बैंक साख में भी तदनुसार वृद्धि संभव हुई है। अनुसूचित बैंकों के अग्रिम (Advances) की राशि जून 1969 में 3599 करोड़ रूपये थी जो बढ़कर जून 2004 में 619660 करोड़ रूपये हो गयी। बैंकों के राष्ट्रीयकरण के पश्चात् ऋणों तथा अग्रिमों में अप्रत्याशित वृद्धि का प्रमुख कारण बैंकों द्वारा छोटे एवं फुटकर व्यापारियों, लघु उद्योगपतियों, स्वविनियोजकों को अधिक ऋण दिया जाना है।

(9) व्यापारिक बैंकों द्वारा राष्ट्रीयकरण के पश्चात प्राथमिक वं उपेक्षित क्षेत्रों को अधिक से अधिक ऋण सुविधायें प्रदान कर राष्ट्रीयकरण के उद्धेश्यों की सार्थकता सिद्ध की है। राष्ट्रीयकृत बैंकों द्वारा विगत वर्षो में बड़े बड़े संगठित उद्योगों के साथ साथ लघु उद्योगों व कृषि को भी अधिक अधिक ऋण प्रदान कर प्राथमिक तथा उपेक्षित क्षेत्रों के हित में अपनी ऋण नीति में महत्वपूर्ण परिवर्तन किये है। इसका पता इस बात से चलता है कि जहां जून 1969 में बैंकों द्वारा प्रथमिक प्राप्त क्षेत्रों को प्रदत्त ऋणों की राशि 441 करोड़ रूपये थी जो बढ़कर दिसम्बर 2000 में 1,34,107 करोड तथा रूपये हो गयी। जून 2003 में प्राथमिकता प्राप्त क्षेत्रों को दिये जाने वाले अग्रिमों का अंश 37.1 प्रतिशत था। कुल बैंक ऋण में प्राथमिकता वाले क्षेत्रों का अंश जून 1969 में केवल 14.9 प्रतिशत था।

बैंकों द्वारा प्राथमिकता प्राप्त ऋणों के अन्तर्गत टैक्सी, स्कूटर और ऑटो रिक्शा चलाने वाले तथा किश्ती और नौका चलाने वाले अनुसूचित जातियों, अनुसूचित जनजातियां और समाज के कमजोर वर्गो को घर बनाने के लिए ऋण प्रदान किये गये है। भारतीय रिजर्व बैंक ने 20-सूत्री कार्यक्रम को लागू करने में बैंकों की भूमिका सम्बन्धी कार्यकारी दल की सिफारिशे कतिपय संशोधनों के साथ स्वीकार कर ली थी।

(10) निक्षेपों की संरचना में परिवर्तन (Change in Composition of Deposits)- बैंकों की शाखाओं एवं निक्षेपों में ही वृद्धि नहीं हुई वरन् इनके निक्षेपों की संरचना में भी महत्वपूर्ण परिवर्तन हुए है।

बैंकिंग क्षेत्र में प्रत्यक्ष विदेशी निवेश (Direct Foreign Investment in Banking Sector)-सरकार ने मार्च, 2004 में गैर-सरकारी क्षेत्र के बैंकों में प्रत्यक्ष विदेशी निवेश की सीमा स्वत: 49 प्रतिशत से बढ़ाकर 74 प्रतिशत करने की घोषणा कर दी है। इससे भारत में स्थिति विदेशी बैंकों द्वारा अनुषंगी बैंक स्थापित करने और साथ ही गैर-सरकारी क्षेत्र के बैंकों में निवेश आमन्त्रित करने में सहायता मिलेगी।

(11) बैंकों की विनियोग संरचना में भी महत्वपूर्ण परिवर्तन परिलक्षित हुए है। पूर्व में बैंकों के कुल विनियोग का 88 प्रतिशत भाग सरकारी प्रतिभूतियों में विनियोजित था। उस समय बैंकों के पास इस प्रकार की व्यवस्था नहीं थी कि वह विनियोगों की सुरक्षा के सम्बन्ध में पूर्णत आश्वस्त हो सकें। अत: यह समझा जाता था कि सरकारी प्रतिभूतियों में विनियोग सबसे अधिक सुरक्षित है। किनतु अब इस प्रवृति में परिवर्तन आया है। अब बैंकों द्वारा अधिक लाभप्रद प्रतिभूतियों में विनियोग प्रारम्भ कर दिया गया। सरकारी तथा अन्य अनुमोदित प्रतिभूतियों में विनियोजन की राशि जून 1969 में 1361 करोड़ रूपये थी जो मार्च 2000 के अन्त में बढ़कर 3,13,421 करोड़ रूपये हो गयी।

(12) आधुनिक वाणिज्यिक बैंकों द्वारा पूर्ण तैयारी के साथ बड़े स्तर पर मर्चेन्ट बैंकिंग सेवाएँ उपलब्ध करवाने के क्षेत्र में प्रवेश किया गया है। इन सेवाओं के अन्तर्गत बैंकों द्वारा प्रमुख रूप से इक्विटी और डिबेंचरों के सार्वजनिक निर्गमों की व्यवस्था हामिदारी और वैकल्पिक सहायता प्रदान करना, मियादी जमा राशियों का प्रबन्धन और विविध अनिवासी इक्विटी/डिबेंचरस निर्गमों को सुचित बद्ध करना है। इसके अतिरिक्त बैंकों द्वारा म्युच्युल फंड स्थापित करने लिजींग और अन्य वित्तीय सेवाओं के लिये अनुसंगी स्थापित करने का प्रयास किया गया है।

(13) अपने असंख्य ग्राहकों को दी जाने वाली सेवाओं में गुणात्मक सुधार लाने के लिये बैंक संगठित रूप से प्रयास करने की दिशा में प्रयत्नशील है। परिचालन के विभिन्न क्षेत्रों में व्यवहारिक क्षमता बढ़ाने के लिये बैंकों द्वारा अनेक महत्वपूर्ण कदम उठाये गये है। इनमें से प्रमुख निम्नलिखित है। ग्राहक सेवा समितियों का गठन, शिकायत सुझाव पेटियों की व्यवस्था, विलम्ब से वसूली के लिये ब्याज का भुगतान, पेंशन भोगियों का बेहतर सेवाओं की व्यवस्था आदि।

(14) कार्य जीवन की गुणवत्ता में सामान्य सुधार और उत्पादकता वृद्धि के लिये बैंको द्वारा क्वालिटी - सर्कलों का गठन किया गया है। क्वालिटी-सर्कलों की प्रगति के अनुप्रवर्तन के लिये सतर्कता समिति का गठन किया गया है।

(15) हाल के वर्षो में बैंक ने प्राथमिकता प्राप्त क्षेत्रों और समाज के अन्य कमजोर वर्गो की सहायता की प्रमात्रा और विविधता दोनों ही में यथेष्ट प्रसार किया है। बैंक ने अपने कार्पोरेट दर्शन के रूप में यह स्वीकार किया है कि अपने पास उपलब्ध मानवीय और वित्तीय संसाधनों का संवर्धनात्मक उपयोग सामाजिक दायित्वों के निर्वाह के लिए किया जाना चाहिए। और इसी के अनुरूप उसने अपनी सामुदायिक बैंकिंग की गतिविधियों का प्रसार भी किया है और इस उद्धेश्य को पूरा करने के लिए बैंक ने वित्तीय, प्रबन्धकीय और तकनीकी पहलूओं पर परामर्शन सेवाएँ प्रदान करने के अलावा सामुदायिक विकास की उभरती आवश्यकताओं को पूरा करने के लिए वित्तपोषण की अनेक योजनाएँ बनाई है।

(16) व्यापारिक बैंकों में जमाकर्त्ताओं द्वारा जमा करायी गयी राशि को संरक्षण प्रदान करने के उद्धेश्य से जमा बीमा योजना को लागू किया गया। जमा बीमा अधिनियम 1961 के अन्तर्गत 1 जनवरी 1962 को जमा बीमा निगम की स्थापना की गयी। निक्षेप बीमा और प्रत्यय गारण्टी निगम (नि. बी. प्र.गा. नि.) ने अपने दोहरे उद्धेश्य (अ) बैंकों में कम राशि जमा कराने वालों को बीमा रक्षा प्रदान करना और, (ब) कतिपय श्रेणियों के छोटे ऋणकर्त्ताओं, विशेषकर, समाज के कमजोर वर्ग के ऋणकत्ताओं को ऋण देने वाली ऋण संस्थाओं द्वारा दी गयी ऋण सुविधा को गारण्टी समर्थन देना, को पूर्ण रूप से जारी रखा है इस योजना के अन्तर्गत किसी बैंक के फैल हो जाने पर बीमा निगम एक निश्चित राशि तक के भुगतान का दायित्व स्वयं लेता है। इस पर बीमा प्रीमियम की दर प्रति सौ रूपये पर 4 पैसा है।

(17) पूर्व में गठित बैंकिंग सेवा मण्डल का वर्ष 2001 में अन्त कर दिया गया है। इस मण्डल की स्थापना बैंक में कर्मचारी नियुक्ति के प्रयोजनार्थ कि गयी थी। बैंकिंग प्रतिस्पर्धा की बढ़ती हुई प्रवृत्ति को दृष्टिगत रखते हुए इस मण्डल का अन्त कर बैंकों को यह स्वतन्त्रता प्रदान कि गयी है कि वित्तीय क्षेत्र में बढ़ती हुयी प्रतियोगिता का सामाना करने हेतु अपने आवश्यकता के अनुरूप सर्वथा अनुकूल कर्मचारियों का चयन कर सके।

(18) **बैंकों का बीमा क्षेत्र में प्रवेश** (Entry in Insurance Sector) - बीमा नियामक और विकास प्राधिकरण अधिनियम में संशोधन के पश्चात् बैंकों का बीमा क्षेत्र में प्रवेश प्रारम्भ हो गया है। भारतीय रिजर्व बैंक की पूर्व अनुमति प्राप्त कर कोई भी बैंक अब बीमा क्षेत्र की सुविधाएँ प्रदान करने हेतु स्वतन्त्र है।

(19) बैंकों की बकाया ऋण राशि जिसे अब गैर-निष्पादक अस्तियां कहकर पुकारा जाता है के आकार में विगत वर्षो के दौरान सभी बैंक समूहों में सकल और निवल गैर निष्पादक आस्तियों में महत्वपूर्ण कमी हुई।

(20) भारत में व्यापारिक बैंकों के ठोस एवं सुव्यवस्थिति विकास का श्रेय रिजर्व बैंक ऑफ इण्डिया को है। सन् 1949 के बैंकिंग कम्पनीज एक्ट के अन्तर्गत रिजर्व बैंक को वाणिज्य बैंकों पर नियन्त्रण के सम्बन्ध में प्राप्त अधिकारों में अनेक संशोधनों के

फलस्वरूप वृद्धि हुई है। राष्ट्रीयकरण के पश्चात् व्यापारिक बैंकों पर रिजर्व बैंक द्वारा नियन्त्रण की प्रवृत्ति और भी अधिक प्रबल हुयी है।

(21) बैंकिंग ओमबड्समैन योजना वर्ष 1995 से परिचालन में है। यह योजना भारतीय रिजर्व बैंक के नियन्त्रण एवं पर्यवेक्षण के तहत कार्य करती है। बैंकिंग ओमबड्समैन एक स्वतन्त्र निकाय है। जिसके पास विवादों को तेजी से और मितव्ययी तरीके से निपटाने हेतु कानूनी शक्तियां हैं। भारतीय रिजर्व बैंक ने पूरे देश में 15 बैंकिंग ओमबड्समैन नियुक्त किए हैं। यह प्रणाली इस तरह से तैयार की गई है, जिससे शिकायतों का सन्तोषजनक समाधान सामान्यतः यथाशीघ्र होना सुनिश्चित हो सके। कोई भी ग्राहक, जिसकी शिकायत का समाधान बैंक (बैंकों) द्वारा उसके सन्तोष के अनुसार न किया गया हो, बैंकिंग ओमबड्समैन के पास जा सकता है। भारतीय रिजर्व बैंक ने भारत सरकार के परामर्श से इस योजना में संशोधन कर दिया है, जिसके अनुसार विवाचन एवं समाधान प्रक्रिया में महत्तवपूर्ण संशोधन किया गया है, जिससे बैंकिंग ओमबड्समैन को विवाचक के रूप में कार्य करने की शक्ति प्राप्त होती है। इस योजना को लोकप्रिय बनाने के लिए दैनिक समाचार पत्रों में समय-समय पर विज्ञज्ञपन जारी किए जाते हैं, ताकि ग्राहकों को योजना के बारे में जागरूक बनाया जा सके। बैंकों के मुख्य कार्यपालकों से यह सुनिश्चित करने का अनुरोध किया गया है कि बैंकिंग ओमबड्समैन के अधिनिर्णय बिना अनावश्यक आपत्तियों के लागू किए जाएं। प्राप्त प्रतिसूचना से यह पता लगा है कि योजना सन्तोषजनक ढंग से कार्य कर रही है।

(22) भारत में साख के नियन्त्रण हेतु भारतीय रिजर्व बैंक को व्यापक अधिकार प्रदान किये गये है। इस उद्धेश्य की प्राप्ति हेतु रिजर्व बैंक अनेक विधियों का प्रयोग करता है। रिजर्व बँक द्वारा इन विधियों के प्रयोग में बदलाव आया है। विगत कुछ वर्षो तक बैंक साख नियन्त्रण की परम्परागत विधियों बैंक दर में परिवर्तन व खुले बाजार की क्रियाओं का अधिक प्रयोग करता था। इधर हाल के वर्षो मे आरक्षण अनुपात में परिवर्तन (Change in Reserve Ratio), गुणात्मक साख नियन्त्रण (Selective Credit Control) तथा अनुसूचित बैंकों के ऋण तथा जमानत के रूप में रखी जाने वाली धरोहरों के मध्य न्यूनतम अन्तर में परिवर्तन आदि विधियों पर अधिक जोर देना प्रारम्भ किया गया है। इनमें से सर्वाधिक गुणात्मक साख नियन्त्रण की विधि का प्रयोग किया जाता है।

(23) व्यावसायिक बैंकों द्वारा जमाकर्त्ताओं की बचत को आकर्षित करने के उद्धेश्य से अनेक नवीन आकर्षक योजनाओं जैसे अवयस्क बचत योजना, व्यक्तिगत ऋण योजना, उपहार योजना, चलते फिरते बैंक, क्रेडिट कार्ड, स्वचालित भुगतान प्रणाली फ्लेक्सि स्थायी जमा खाता, सुविधा जमा खाता आदि योजनाओं को प्रभावपूर्ण ढंग से लागू किया हे।

(24) यह एक अत्यन्त ही महत्वाकांक्षी योजना है जिसके अन्तर्गत अलग अलग बैंकों को अलग अलग क्षेत्र सौंप कर उन पर विकास का उत्तरदायित्व डाला गया है। क्षेत्र विशेष का अग्रणी बैंक सम्बन्धीत जिले का सर्वेक्षण कर वहाँ की साख आवश्यकताओं निक्षेप-क्षमता, शाखा विस्तार तथा सामान्य विकास की सम्भावनाओं का पता लगाकर विकास योजनायें तैयार करता है।

(25) क्षेत्रीय ग्रामीण बैंकों ने विगत वर्षो के दौरान शाखा विस्तार जमा राशियों में वृद्धि और ऋण विस्तार के सम्बन्ध में उल्लेखनीय प्रगति की है। क्षेत्रीय ग्रामीण बैंकां के 156

कार्यालयों द्वारा 2003-04 तक 25057 करोड़ रूपये के अग्रिम तथा 53390 करोड़ रूपये की जमा राशियां सग्रहित कि गयी। कमजोर वर्गो की वित्तीय आवश्यकताओं को पूरा करने के लिए ही क्षेत्रीय ग्रामीण बैंकों को विशेष रूप से स्थापित किया गया था। क्षेत्रीय ग्रामीण बैंकों को विशेष अनुदेश दिये गये हैं कि वे 20-सूत्री कार्यक्रम के अन्तर्गत आने वाले हिताधिकारियों को राहत देने में वृद्धि करने के लिए हर सम्भव प्रयत्न करें और इस तरह की योजनाएँ तैयार करे जिनसे यह सुनिश्चित किया जा सके कि उनसे बड़ी मात्रा में लोगों को राहत पहुँचायी जा सके।

(26) बैकों द्वारा विगत वर्षो में अर्थव्यवस्था तथा समाज के विभिनन वर्गो के सर्वथा अनूकुल निम्नांकित ऋण योजनाओं को क्रियान्वित कर महत्वपूर्ण उपलब्धियाँ अर्जित की है:

(i) **विभेदक ब्याज दर योजना** (Differential Rate of Interest Scheme)- विभेदक ब्याज दर योजना, सरकारी क्षेत्र के बैंकों के वित्तीयन का प्रमुख आधार रही है। इस योजना के अन्तर्गत सरकारी क्षेत्र के बैंकों को पाबन्द किया गया है कि प्रत्येक वर्ष अपने द्वारा स्वीकृत कुल ऋणों का कम से कम 1 प्रतिशत भाग समाज में कमजोर वर्ग को 4 प्रतिशत ब्याज पर स्वीकृत करें। योजना के अन्तर्गत ग्रामीण क्षेत्रों 6400 रूपये प्रति वर्ष तथा शहरी क्षेत्रों में 7200 रूपये प्रतिवर्ष आय वाले इस योजना के अन्तर्गत ऋण लेने के पात्र है। मार्च 2000 के अन्त तक इस योजना के अन्तर्गत सार्वजनिक क्षेत्र के बैंकों के 432.82 करोड़ रूपये बकाया थे। विभेदक ब्याज दर योजना के अनतर्गत् अनुसूचित जातियों और अनूसचित जन जातियों के उधारकत्ताओं को शामिल करने से और सुधार हुआ है।

(ii) **ऋण प्राधिकीकरण योजना** (Credit Authorisation Scheme)- ऋण प्राधिकरण योजना 1965 से लागू है। यह योजना प्राथमिकताओं के अनुसार सरकारी और निजी क्षेत्र के बड़े ऋणकर्त्ताओं को बैंक ऋण देने, निगरानी रखने और ऋण मूल्यांकन तकनीकों को सुधारने में सहायता देने में अपनी उपयोगिता सिद्ध की है।

(iii) **रूग्ण औद्योगिक उपक्रम** (Sick Industrial Undertakings)-अप्रेल 1982 मे भारत सरकार के आदेश पर बैंकों से यह कहा गया था कि वे औद्योगिक इकाइयों की रूग्णता का शुरू के दौर में ही पता लगाने में लिए कदम उठाये और इसकी सूचना सम्बन्धीत मन्त्रालय को दे दे। बैंकों ने अपनी इस भूमिका भलि भाँति निर्वाह किया है।

(iv) **आवासीय वित्त** (Housing Finance)- आवास ऋण बैंक ऋण पोर्टफोलियों का महत्वपूर्ण भाग बन चुके है। अनेक सार्वजनिक क्षेत्र के बैंकों जैसे पंजाब नैशनल बैंक, बैंक ऑफ बड़ोदा द्वारा अपनी पृथक सहायक कम्पनी के रूप में आवास ऋण कम्पनियों स्थापित की है। कुछ समय पूर्व बैंकों से ऋण प्राप्त करना, प्रमुखतः आवास ऋण आदि, एक सपना था अथवा अन्य अनेक पेचिदगियों से परिपूर्ण था, वहाँ इसमें महत्वपूर्ण बदलाव आया है।

(27) सार्वजनिक क्षेत्र के बैंकों के वित्तीय सहायता प्राप्त क्षेत्रों में ग्रामीण विकास कार्यक्रम प्रारम्भ से ही प्राथमिकता प्राप्त क्षेत्र रहा है। पूर्व में बैंकों द्वारा एकीकृत ग्रामिण विकास कार्यक्रमों की सफलता में विशेष रूचि का प्रदर्शन किया गया। इस कार्यक्रम के स्थान

पर वर्ष 1999-2000 में स्वर्ण जयंती स्वरोजगार योजना लागु कि गयी है। 2000-2001 इस योजना क्रियान्विती का द्वितीय वर्ष था। इस योजना के अन्तर्गत फरवरी 2001 तक बैंकों द्वारा 6,52,337 स्वरोजगारियों को 86,860 लाख रूपये की बैंक साख उपलब्ध करवाई गयी जिसमें 42,363 रूपये अनुदान राशि वितरित कि गयी।

(28) ग्राम अंगीकरण योजना (Village Adoption Scheme)- इस योजना के अन्तर्गत बैंक किसी ग्राम विशेष के सम्पूर्ण विकास का दायित्व अपने पर ले लेता है।

(29) अध्ययन दल/समितिया (Study Temas/Committees)- हाल ही के वर्षो में अनेक अध्ययन दल तथा समितियों का गठन किया गया है जिससे क्षेत्र विशेष को वित्त प्रदान की योजनाओं में सुधार हो सकेगा

भारतीय बैंकिंग की विगत वर्षो में अर्जित की गयी उपर्युक्त वर्णित उपलब्धियों के अध्ययन से यह भली भाँति स्पष्ट है कि बैंकों ने राष्टीयकरण के अनेक उद्धेश्यों की प्राप्ति हेतु विशेष प्रयास किये है। राष्ट्रीयकरण के पश्चात व्यापारिक बैंकों के विशाल साधनों का राष्ट्रीय आवश्यकताओं एवं प्राथमिकताओं के अनुरूप प्रयोग किया जाना अत्यन्त ही सराहनीय रहा है। बैंकों की उपयुक्त वर्णित प्रवृत्तियां का सजगतापूर्वक अवलोकन करने से इस बात का सहज ही आभास होता है कि भारत के पिछड़े एवं ग्रमीण क्षेत्रों के विकास का सपना पूरा होने में अब अधिक विलम्ब नहीं है। यह सपना साकार हो जाने से ही बैंक राष्ट्रीय नीति के महत्वपूर्ण उपकरण बन सकेंगे।

बैंकिंग व्यवस्था की समस्याएँ
(Problems of Banking System)

राष्ट्रीयकरण के पश्चात बैंकिग प्रणाली ने राष्ट्रीय विकास में अत्यधिक सकारात्मक भूमिका निभाई। परन्तु समय के साथ साथ बैंकिग प्रणाली में कमियां दृष्टिगोचर होने लगी और बैंकिग प्रणाली की लाभदायकता एवं दक्षता में ह्रास होना आरम्भ हो गया। बैंकों की समस्याओं के लिए आन्तरिक व बाह्य समष्टि कारण उत्तरदायी हैं। बैंकिग प्रणाली की समस्याओं के लिए निम्नलिखित कारणों को स्वीकार किया गया है:

1. बैंकों की आय पर निर्देशित निवेश व निर्देशित साख कार्यक्रमों ने विपरीत प्रभाव डाला है। निर्देशित निवेश संवैधानिक तरलता अनुपात व नकद आरक्षण अनुपात के माध्यम से होता है जिसके अन्तर्गत बैंकों को जमाओं का सुनिश्चित भाग (एस.एल.आर. व सी. सी.आर.आर. से निर्धारित) सरकारी प्रतिभूतियों में निवेशित करना होता है। इन निर्देशित निवेश पर बैंकों को कम ब्याज दर प्राप्त होती है। जिसके कारण उनकी लाभदायकता पर विपरीत प्रभाव पड़ता है। लाभदायकता पर विपरीत प्रभाव निर्देशित साख कार्यक्रमों के कारण भी पड़ा है। कमजोर वर्ग के व्यक्तियों को अल्पब्याज पर ऋण उपलब्ध कराने व ऋणों की समय पर अदायगी न होने या ऋणों के अप्राप्य हो जाने के कारण बैंकों की आय पर नकारात्मक प्रभाव पड़ा है।

2. नकद आरक्षण अनुपात को उच्च स्तर पर निश्चित करने से भी बैंकों की आय कम हुई है क्योंकि भारतीय रिजर्व बैंक अल्प ब्याज अदा करती है।

3. राष्ट्रीयकरण (1969) के पश्चात बैंकों की शाखाओं का विस्तार ग्रामीण क्षेत्र में अत्यधिक हुआ है। (विशेषकर लीड बैंक योजना लागू होने के पश्चात)। नवीन शाखाओं के द्वारा ग्रामीण क्षेत्र में कृषि एवं लघु उद्योगों को अल्प ब्याज पर ऋण उपलब्ध कराया गया। इस कारण ऋण प्रशासन की लागत अधिक आई।

4. राष्ट्रीयकृत बैंकों को, प्राथमिक क्षेत्र को सामान्य ब्याज से कम दर पर ऋण देने का निर्देश दिया गया। बैंकों को जमाओं का सुनिश्चित प्रतिशत प्राथमिकता क्षेत्रों को उपलब्ध कराना था। जिसके कारण अन्य क्षेत्रों को सामान्य ब्याज दर पर बैंक ऋण नहीं उपलब्ध करा सके व आय वृद्धि का सुनिश्चित अवसर उन्हें त्यागना पड़ा। दूसरे प्राथमिकता क्षेत्रों को ऋण की मात्रा में, ऋण राशि पर ब्याज के ऋण राशि में जुड़ने व ऋण के भुगतान न किये जाने से वृद्धि हुई व प्राथमिकता क्षेत्र को प्रदत्त ऋण की राशि स्वमेव बढ़ती गयी।

5. बैंकों के ऋण पोर्टफोलियों की गुणवत्ता में कमी का कारण, बैंक की ऋणनीति में राजनैतिक व प्रशासनिक हस्तक्षेप भी है। बैंकों को अनेक बार सरकारी प्राधिकारियों ने ऋण प्राप्त करने वाले व्यक्ति की आवश्यकता व ऋण चुकाने की क्षमता के संदर्भ में निर्णय लेने में अवरोध उत्पन्न किया व अनेक बार बैंकों को सूची में नामोल्लेखित व्यक्तियों को ऋण प्रदान करने का निर्देश दिया गया। इसके साथ ही ऋणों की माफी ने भी बैंकिंग व्यवस्था को क्षति पहुंचाई। राजनैतिक कारणों से उद्योगों व कृषि क्षेत्र को प्रदत्त ऋण का एक बड़ा भाग अप्राप्य हो गया एवं उसकी वसूली के लिए प्रभावी कानून नहीं बनाये गये।

6. बैंकों की लाभदायकता, बैंकों के बढ़ते व्यय से भी प्रभावित हुई है। सावधि बैंक जमाओं की ओर जमाकर्त्ताओं का रूझान बढ़ा है। जिससे बैंकों का ब्याज भुगतान मद में व्यय बढ़ा है। साथ ही साथ शाखा विस्तार के कारण भी बैंकों के व्यय में भारी वृद्धि हुई है। ग्रामीण क्षेत्र में शाखा विस्तार अधिक हुआ है, जहां ऋण प्रशासन की लागत अधिक है।

बैंकों के शाखा विस्तार में बैंकों में कर्मचारियों की संख्या सभी स्तरों पर बढ़ी है। शीघ्र पदोन्नति से बैंकों के निरीक्षण व प्रबंधन की गुणवत्ता में गिरावट आई है। इसके अतिरिक्त शक्तिशाली ट्रेड यूनियन, कर्मचारियों के उचित-अनुचित हितों की रक्षा के लिए कटिबद्ध है जिसके कारण बैंकों में अनुशासन व कार्य-संस्कृति उत्पादकता से असम्बद्ध है, इससे वेतन वृद्धि का समस्त भार बैंकिंग व्यवस्था को उठाना पड़ता है। दूसरी ओर बैंकों के व्यवसाय में तो विस्तार हुआ है परन्तु प्रौद्योगिकी उन्नयन (बैंकिंग का कम्प्यूटरीकरण आदि) की दिशा में अधिक कार्य नहीं किया गया है।

नरसिंहम समिति की रिपोर्ट

भारतीय वित्तीय प्रणाली के ढांचे, कार्यों एवं कार्य प्रणाली से सम्बद्ध समस्त आयामों की जांच के लिए भारत सरकार ने भारतीय रिजर्व बैंक के पूर्व गवर्नर श्री एम. नरसिंहम की अध्यक्षता में एक समिति का गठन किया, जिसने नवम्बर 1991 में अपनी रिपोर्ट सरकार को सौंपी। समिति ने बैंकों की गिरती लाभदायकता पर चिंता प्रकट करते हुए वित्तीय क्षेत्र को बिना बाह्य हस्तक्षेप के व्यावसायिक मानदण्डों के अनुसार साख एवं निवेश सम्बन्धि निर्णय लेने देने की छूट प्रदान करने की वकालत की। इसके साथ ही सुधारों को वित्तीय क्षे:

में लागू कर प्रतिस्पर्द्धा में वृद्धि की अनुशंसा की एवं प्रतिस्पर्द्धा का सामना करने के लिए बैंकों के स्वस्थ और लाभप्रद होने की वकालन की।

नरसिंहम समिति की प्रमुख सिफारिशें निम्नलिखित थी :

1. वित्तीय क्षेत्र में सुधार के प्रति समिति का दृष्टिकोण यह सुनिश्चित करना था कि वित्तीय सेवा उद्योग का परिचालन लोचपूर्ण ढंग से हो एवं इसे कार्यात्मक स्वायत्ता प्राप्त हो जिससे उसकी कार्यशीलता, दक्षता एवं लाभदायकता में वृद्धि हो सके।

2. बैंकों की लाभदायकता में कमी की पृष्ठभूमि में उच्च संवैधानिक तरलता अनुपात को एक कारण के रूप में स्वीकार करते हुये समिति का विचार था कि इसे आगामी पांच वर्षों में 25 प्रतिशत के संवैधानिक न्यून स्तर पर लाने की आवश्यकता है।

3. बैंकों के आरक्षित नकदी निधि अनुपात को भी समिति ने उच्च माना। समिति ने सी. आर.आर. में क्रमिक रूप से कमी करने की अनुशंसा की। समिति ने सी. आर. आर. को मौद्रिक नियन्त्रण के लिए सिर्फ आपात स्थितियों में ही प्रयोग करने की अनुशंसा की। समिति का विचार था कि ब्याज दर के विनियमन से खुले बाजार की क्रियाएं प्रभावी मौद्रिक नियन्त्रण उपकरण साबित होंगी।

4. समिति ने प्राथमिक क्षेत्र के लिए कुल साख के 40 प्रतिशत को निर्धारित करने की आलोचना की एवं इसे कम कम 10 प्रतिशत करने सिफारिश की। साथ ही प्राथमिक क्षेत्र को पुन: परिभाषित कर इसमें लघु व सीमांत किसानों, अति लधु उद्योगों लघु व्यापारियों एवं ट्रान्सपोर्टरों, ग्रामीण व कुटीर उद्योगों, ग्रामीण दस्तकारों व अन्य कमजोर वर्ग के लोगों को शामिल करने की वकालत की। समिति रियायती ब्याज दरों की व्यवस्था समाप्त करने एवं उभरती बाजार परिस्थितियों के अनुसार ब्याज दरें निर्धारित करने के लिए ब्याज दर व्यवस्था को और छूट प्रदान करने की पक्षधर थी।

5. भारतीय वित्तीय संस्थाओं एवं बैंकों की पूंजी जोखिम भारित परिसम्पत्तियों के सम्बन्ध में अपर्याप्त है। बैंकों एवं वित्तीय संस्थानों को आगामी तीन वर्षों में इस अपर्याप्तता को दूर करना होगा।

6. अन्तराष्ट्रीय लेखांकन मानदण्डों के अनुसार बैंकों एवं वित्तीय संस्थानों को बैंलेस शीट व आय वक्तव्य जारी करने में समस्त सूचनाएँ प्रदान करनी चाहिए और सम्पूर्ण पारदर्शिता का निर्वहन होना चाहिए।

7. समिति के अनुसार बैंकों की परिसम्पत्ति को मानक, उप-मानक, संशयात्मक एवं अप्राप्य की चार श्रेणियों में विभाजित करना चाहिए व इसी के अनुरूप प्रावधान भी किये जाने चाहिए। इसी के साथ-साथ समिति ने बैंकों को निर्देश दिया कि जो बैंक उपार्जन आधार

पर कार्य करते हैं, वे ''गैर-निष्पादनकारी परिसम्पत्तियों'' पर आय अभिज्ञान न लें। समिति ने उन परसम्पत्तियों को माना जिन पर विगत छः माह से ब्याज प्राप्त नहीं हुआ है।

8. समिति ने ऋणों की वसूली के लिए विशेष न्यायाधिकरण स्थापित करने की अनुशंसा की जिससे वसूली का कार्य तीव्र गति से हो सके।

9. समिति ने परिसम्पत्ति निधि की स्थापना का सुझाव दिया जो बैंकों से बट्टे पर उनके संशयात्मक व अप्राप्य ऋण ले कर बाद में ऋण प्राप्तकर्त्ता से वसूलेगा।

10. समिति ने सरकार से भविष्य में राष्ट्रीयकरण न करने की घोषणा करने का सुझाव दिया। समिति का मानना था कि निजी क्षेत्र को बैंकिंग क्षेत्र में भारतीय रिजर्व बैंक की सामान्य आवश्यकताओं की पूर्ति के पश्चात प्रवेश की अनुमति प्रदान कर देनी चाहिए। शाखा विस्तार पर आरोपित समस्त अवरोध समाप्त किये जाने चाहिए एवं विदेशी बैंकों के सन्दर्भ में अधिक उदारता बरतनी चाहिए। बैंकों के आन्तरिक संगठन के सन्दर्भ में निर्णय लेने का अधिकार बैंकों के प्रबन्धकों पर छोड़ देना चाहिए और क्लर्क स्तर के अतिरिक्त अन्य सभी स्तरों पर संयुक्त परीक्षा को समाप्त किया जाना चाहिए।

11. समिति ने बैंकिंग क्षेत्र पर वित्त मंत्रालय के बैंकिंग प्रभाव व भारतीय रिजर्व बैंक के दोहरे नियन्त्रण का विरोध करते हुये भारतीय रिजर्व बैंक को बैंकिंग व्यवस्था के नियमन के लिए प्राथमिक तौर पर उत्तरदायी बनाने के पक्ष में निर्णय दिया।

नरसिंहम समिति की रिपोर्ट-II – छः वर्षों की बैंकिग सुधार यात्रा की प्रगति की समीक्षा के लिए भारत सरकार ने एन. नरसिंहम की अध्यक्षता में नरसिंहम समिति का गठन किया जिसने 23 अप्रैल, 1998 को अपनी रिपोर्ट प्रस्तुत की। समिति को भावी सुधारों के लिए भी सुझाव प्रदान करने थे। समिति ने वित्तीय क्षेत्र में सुधार के लिए क्रान्तिकारी सुझाव दिये। इन सुझावों में सरकारी व अनुमोदित प्रतिभूतियों के लिए जोखिम भार का प्रावधान करना, सरकार व भारतीय रिजर्व बैंक की बैंकों में अंशधारिता कम करना एवं अन्तर बैंक कॉल और सावधि मुद्रा बाजार को बैंकों व प्राथमिक डीलरों तक सीमित रखना इत्यादि शामिल थे। समिति के अन्य सुझाव निम्नलिखित हैं:

1. भारतीय रिजर्व बैंक को 91 दिनों के ट्रेजरी बिल बाजार से बाहर निकल जाना चाहिए।

2. भारतीय रिजर्व बैंक के निदेशकों को बैंक बोर्डों से बाहर निकल आना चाहिए।

3. राष्ट्रीयता बैंकों में सरकार और भारतीय रिजर्व बैंक की अंश धारिता को 33 प्रतिशत तक सीमित किया जाना चाहिए।

4. सरकार व अनुमोदित प्रतिभूतियों के लिए 5 प्रतिशत का बाजार जोखिम भारित किया जाना चाहिए और सरकार द्वारा गारन्टी किया अग्रिम यदि दीर्घावधि से प्राप्त नहीं हुआ हो तो उसे गैर-निष्पादनकारी परिसम्पत्ति मानना चाहिए।

5. बैंकों को वर्ष 2000 तक 9 प्रतिशत और वर्ष 2002 तक 10 प्रतिशत पूंजी पर्याप्तता अनुपात प्राप्त कर लेना चाहिए।

6. ब्याज एक्रूअल (आय अभिज्ञान के सन्दर्भ में) को वर्तमान 180 दिनों के पश्चात लेने के व्यवहार के स्थान पर ऐसा 90 दिनों के पश्चात किया जाना चाहिए।

7. विदेशी बैंक के लिए न्यूनतम आरम्भिक पूंजी को 10 मिलियन डालर से बढ़ा कर 25 मिलियन कर देना चाहिए एवं पूंजी एकमुश्त लाना अनिवार्य कर देना चाहिए। साथ ही विदेशी बैंकों को संयुक्त उद्यम या अनुषंगी कम्पनी खोलने की अनुमति देनी चाहिए तथा ऐसे बैंकों को निजी बैंकों के समान दर्जा दिया जाना चाहिए।

8. निजी क्षेत्र में नया बैंक स्थापित करने के लिए न्यूनतम आरम्भिक निवेश को 100 करोड़ कर देना चाहिए।

ई-बैंकिंग
(e-Banking)

बैंकिंग व्यवहारों में ई बैंकिंग विचारधारा का प्रयोग अत्यन्त नवीन है किन्तु इसके द्वारा अल्प समय में ही बैंकिंग जगत में एक क्रान्ति का उदय हुआ है। कोई चाहे या ना चाहे अब ई बैंकिंग से मुँह मोड़ना किसी भी स्थिति में संभव नहीं है। यह आधुनिक बैंकिंग व्यवस्था का एक अभिन्न हिस्सा बन चुका है। बैंकिंग क्षेत्र में व्यवहारों के संचालन खातों, के सेटलमेंट, खातों तथा पुस्तकों के रख-रखाव तथा सम्बन्धीत कार्यो के संचालन में इलेक्ट्रोनिक्स तकनिक का प्रयोग अपरिहार्य हो चुका है। ई-बैंकिंग का आश्य बैंकिंग सेवाओं का इन्टरनेट के माध्यम संचालित होने से है। निरन्तर बढ़ती गति से लगभग समस्त बैंकिंग व्यवहार इलेक्ट्रोनिक्स होते जा रहे है। अब बैंकों द्वारा शाखा विस्तार पर कम-से-कम ध्यान दिया जाता है क्योंकि इन्टरनेट आदि के माध्यम से अधिक से अधिक लेन-देन एवं व्यवहार कम्प्यूटर पर ही सम्पन्न हो जाते है।

क्या कोई यह कल्पना भी कर सकता है कि कम्प्यूटर माउस के क्लिक मात्र से लाखो रूपये कितनी ही दूर भेजे जा सकते है। किन्तु ऐनिवेहर बैंकिंग ने पलक-झपकते ही बैंकिंग को ई-बैंकिंग के माध्यम से ही यह सम्भव कर दिखाया है।

ई-बैंकिंग तकनिक का लाभ उठाने की दृष्टि से बैंकिंग उद्योग द्वारा शाखा कार्यकलापों में कम्प्यूटरादइजेसन को त्वरित किया गया है। इस समय देश में पूर्ण कम्प्यूटराइज्ड शाखाओं का जाल सा बिछ चुका है। नकद आधारित व्यवहार से कागज आधारित व्यवहार की दिशा में भारी परिवर्तन ई-बैंकिंग की ही देन है। ई-बैंकिंग के कारण न केवल बैंकिंग सेवाएँ त्वरित ही नहीं हुई है, वरन् बैंकों द्वारा प्रदान कि जाने वाली सेवाओं में

भी परिवर्तन परिलक्षित हुए है। स्वचालित ट्रेलर मशीन (ऐ.टि.एम) ऐनीवेयर बैंकिंग आदि ई-बैंकिंग के प्रमुख उत्पादों के रूप में उभरने के कारण बैंकिंग सेवाएँ सुखदायक बन गयी है।

विगत कुछ वर्षो से प्रारम्भ हुये अभियान के अन्तर्गत बैंकों द्वारा कंप्यूटरीकरण और मशीनीकरण की प्रक्रिया पर अधिक ध्यान दिया गया है। कंप्यूटरीकरण ने बैंकों में अपना विशेष महत्व प्राप्त कर लिया है और इस दिशा में बैंकों ने महत्वपूर्ण प्रगति की है। प्रत्येक बैंक के विभिन्न स्तरों पर स्थापित कार्यालयों एवं बैंकिंग शाखाओं को बड़े स्तर पर कंप्यूटराइज्ड किया गया है। वर्तमान में अनेक बैंकों की अनेक ऐसी शाखाएँ है जो पूर्णतया कंप्यूटराइज्ड हैं।

अधिकांश बैंकों की अधिकांश शाखाओं में चालू खाता, नगदी ऋण तथा ऑवरड्राफ्ट मोड्यूल्स प्रयोग करना प्रारम्भ कर दिया है। रोकड़ बही और महा बही के मोड्यूल्स कार्यान्वित किये जा चुके है। विभिन्न परिचालनों के लिये आवश्यक अधिकांश सोप्टवेयर पेकेज बैंक के इलेक्ट्रोनिक्स ऑकड़ा अभिकरण कक्षों द्वारा आन्तरिक रूप से तैयार करके अंचल कंप्यूटर केन्द्रों को उपलब्ध करा दिये गये है।

अधिकांश बैंकों के प्रशिक्षण कॉलेजों/केन्द्रों द्वारा ''ऑन द जॉब'' प्रशिक्षण देने के उद्धेश्य से ''पर्सनल कम्पूटर'' उपलब्ध कराये जाते है इसके अतिरिक्त कार्यपालकों और अधिकारियों के लाभार्थ नियमित रूप से कंप्यूटर-गुणग्रहण कार्यक्रम आयोजित किये जाते है। बड़ी संख्या में कार्यपालकों और अधिकारियों को कंप्यूटरीकरण संवर्ग सम्बन्धि प्रशिक्षण प्रदान किया गया है।

बैंकों के विभिन्न अंचल कार्यालय तथा प्रधान कार्यालय के मध्य संपर्क स्थापित करने के उद्धेश्य से मेसेज स्विच्चिंग नेटवर्क की स्थापना अधिकांश बैंकों द्वारा करली गयी है।

नवोन्मेष बैंकिंग
(Innovative Banking)

विगत कुछ वर्षो के दौरान वाणिज्यिक बैंकों द्वारा अपने व्यवसायिक संचालन में नवोन्मेष बैंकिंग की व्यूहरचना का प्रयोग प्रारम्भ किया गया है। नवोन्मेष बैंकिंग का आशय नवीन तकनीकों, नवीन विधियों एवं अनुठी योजनाओं का जमा संग्रहण, बैंक साख का क्रियान्वयन एवं बैंक प्रबन्ध में प्रयोग से है। बैंकों द्वारा अधिक से अधिक जमा राशि आकर्षित करने की दृष्टि से विगत वर्षो में अनेक आकर्षक जमा योजनाओं को लागू किया गया है। इन योजनाओं में प्रमुख है। शिक्षा जमा योजना, निरन्तर पेंशन योजना, अवकाश प्राप्त योजनाएँ, संचयी जमाएँ योजनाएँ, ऋण से जुड़ी संचयी जमा योजना, अक्षय निधि योजना आदि है। विस्तृत बिखरे हुए क्षेत्रों से जमा संग्रहण हेतु चलते फिरते बैंक शाखाओं की स्थापना, अनेक बैंकों द्वारा प्रारम्भ की गयी है। अनेक बैंकों द्वारा सायंकालीन शाखाओं की स्थापना भी की गयी है। इसके अतिरिक्त रविवार को खुलने वाली शाखाएँ अथवा 24 घंटे कार्य करनें वाली बैंक शाखाओं की स्थापना की गयी है। ग्राहकों को सुविधाजनक रकम

निकालने की सुविधा प्रदान करने हेतु टेलर तथा ए. टी. एम. सुविधा का भी लगभग सभी बैंकों द्वारा जाल सा बिछा दिया गया है।

जमा संग्रहण के समान ही ऋण प्रदान के क्षेत्र में नवोन्मेष बैंकिंग का प्रयोग किया गया है। बैंकों द्वारा विगत वर्षो में अनेक अनुठी ऋण योजनाओं को प्रारम्भ किया गया है। जिनमें प्रमुख है: शिक्षा ऋण योजना, ट्रेक्टर एवं पम्पसेट ऋण योजना, नकद साख/क्रेडिट कार्ड, गृह ऋण, पैंकिंग साख, जहाजपूर्व लदान साख (निर्यात वित्त भी), लीजिंग, उपभोक्ता साख, म्युचुअल फण्ड आदि प्रमुख है।

इसके अतिरिक्त बैंकों के दिन प्रतिदिन के कार्यो में आधुनिकीकरण तथा कम्प्युटराइजेशन का बड़े पैमाने पर उपयोग प्रारम्भ हुआ है। यह कहना अतिश्योक्ति नही होगा कि नवोन्मेष बैँकिंग की सफलता का बहुत हद तक श्रेय कम्प्युटराइजेशन तथा तकनीकीकरण को जाता है।

नवोन्मेष बैंकिंग से सामाजिक क्षेत्र भी अप्रभावित नहीं रहा है। सामाजिक अपेक्षाओं, विशेषकर आम आदमी की बैंकों से बढ़ती हुई आंकाक्षाओं का पूरा करने के उद्धेश्य से, बैंकों द्वारा 1975 में नवोन्मेष बैंकिंग विचारधारा का सुत्रपात किया गया है। नवोन्मेष बैंकिंग के अन्तर्गत बैंकों द्वारा विकंलागों को अग्रिम, प्राकृतिक आपदाओं से पीड़ित व्यक्तियों को राहत एवं पूनर्वास, भुतपूर्व सैनिकों के कल्याण के लिए योजनाओं का संचालन, रक्तदान शिविरों, स्वास्थ्य प्रशिक्षण शिवीरों, पशुचिकित्सा शिविरों आदि का आयोजन करने के लिये वित्तीय सहायता प्रदान की जाती है।

इसके अतिरिक्त बैकों द्वारा समाज कल्याण की अन्य अनेक योजनाओं जैसे वृक्षारोपण अभियान, प्रोढ़ शिक्षा कक्षाओं का आयोजन और इसी प्रकार की सामाजिक हितों से सम्बन्धीत विभिन्न कार्यो में सक्रिय रूप से भाग लिया जाता है।

प्रश्न

(1) मुद्रा एक अच्छी सेविका है, किन्तु बुरी स्वामिनी है।

Money is a good servent but a bad master.

अथवा

"मुद्रा जो कई कारणों से मानव के लिये वरदान सिद्ध होती है, नियन्त्रण के अभाव में संकट व अशान्ति का कारण बन जाती है।" **रॉबर्टसन**

इस कथन की विवेचन कीजिये।

"Money which is a source of so many blessings to mankind becomes, also unless we control it, a source of perilant confusion."

—Robertson

(2) उच्च शक्तिशाली मुद्रा से आप क्या समझते है। सामान्य मुद्रा तथा उच्च शक्तिशाली मुद्रा में क्या अन्तर है।

What do you mean by High Power Money. What is different between High Power Money and Normal Money.

(3) उच्च शक्ति मुद्रा एवम् मुद्रा गुणक को परिभाषित कीजिये। करेंसी जमा अनुपात, रिजर्व जमा अनुपात तथा उच्च शक्ति मुद्रा का मुद्रा पूर्ति पर क्या प्रभाव पड़ता है। समीकरण एवम् चित्र से समझाइये।

Define High powered Money and Money Multiplier. Discuss the effect of currency-deposit ratio, Reserve-deposit ratio and High powered Money on Money Supply. Use diagrames and equations to support your answer.

(4) उच्च शक्तिशाली मुद्रा में परिवर्तन के विभिन्न स्रोतों की संक्षेप में व्याख्या कीजिए।

What are the main sources of chainge in High Power Money. Explain briefly.

(5) शीर्ष स्तर बैंकिंग से आप क्या समझते है। भारत में स्थापित विभिन्न शीर्ष स्तरीय बैंकिंग व्यवस्था का वर्णन कीजिये।

What do you mean by Apex Banking. Discuss various apex level banking in India.

(6) विनियोग तथा विकास बैंकिंग व्यवस्था की व्याख्या कीजिये।

Discuss investment and development banking.

(7) विभिन्न क्षेत्रों में स्थापित शीर्ष बैंकों तथा उनके सहायिकाओं की विस्तृत व्याख्या प्रस्तत कीजिये।

Explain detail explanation of apex banks establishment in various sectors.

□□□

2

काल श्रेणी का विश्लेषण
(Analysis of Time Series)

आर्थिक समस्याओं के अध्ययन में समय या काल का अत्यन्त महत्वपूर्ण स्थान है। यह सर्वविदित है कि समय के साथ प्रकृति में भी परिवर्तन होता रहता है। कुछ क्षेत्रों में यह परिवर्तन बहुत अधिक और कुछ क्षेत्रों में बहुत कम होता है।

आज के इस प्रतिद्वन्द्वात्मक युग में भूतकालीन तथ्यों का वैज्ञानिक अध्ययन, प्रत्येक क्षेत्र में सफलता के लिए आवश्यक है। एक अर्थशास्त्री इनकी सहायता से सही नीति निर्धारण कर देश के विकास में योंगदान प्रदान कर सकता है। एक व्यवसायी इनकी सहायता से सर्वोत्तम निर्णय लेकर अपने व्यवसाय का विकास कर सकता है। इस प्रकार समय के आधार पर दिये गये भूतकालीन तथ्यों का अध्ययन समाज के प्रत्येक वर्ग के लिए उपयोगी सिद्ध हो सकता है। इन तथ्यों का अध्ययन काल श्रेणियों की सहायता से किया जाता है।

काल श्रेणी का अर्थ (Meaning of Time Series)

काल से तात्पर्य एक ऐसी श्रेणी से है जिसके दो चरों (यथा स्वतन्त्र एवं आश्रित) में से एक चर समय से सम्बन्धित होता है, जिस स्वतन्त्र चर कहते हैं। यह समय की छोटी-से-छोटी इकाई से लेकर बड़ी से बड़ी इकाई तक हो सकता है, जैसे-सेकण्ड, मिनिट, घण्टे, माह, वर्ष आदि। श्रेणी का दूसरा चर आश्रित चर होता है जो कि अध्ययनकर्त्ता की आवश्यकतानुसार हो सकता है, जैसे - विभिन्न वर्षों में भारत की जनसंख्या, किसी रोगी का प्रतिघण्टा तापक्रम, किसी क्षेत्र विशेष का खाद्यान्न उत्पादन, डेयरी दूध की बिक्री इत्यादि। इस प्रकार जब समय पर आधारित तथ्यों को संख्यात्मक रूप में व्यवस्थित ढंग से प्रस्तुत किया

जाता है तो उन्हें काल श्रेणी के ना से जाना जाता है। इसी सन्दर्भ में फैफनबर्गर एवं पैटरसन ने कहा कि "एक काल श्रेणी ऐसे सांख्यिकीय समंकों का समूह है, जिन्हें काल क्रमानुसार संग्रहित, अभिलेखित किया जाता है।" बर्नर हर्श ने काल श्रेणी के दोनों चरों के सम्बन्धों को दृष्टिगत रखते हुए काल श्रेणी को निम्न प्रकार परिभाषित किया है, "समय के क्रमिक बिन्दुओं के तद्नुरूप उसी चर के मूल्यों का व्यवस्थित अनुक्रम ही काल श्रेणी कहलाता है।" फैफनबर्गन एवं पैटरसन की परिभाषा के अनुरूप ही क्राक्सटन एवं क्राउडन ने भी कहा है कि "काल श्रेणी, काल क्रमानुसार व्यवस्थित समंकों का समूह है।"

उपर्युक्त परिभाषाओं से स्पष्ट है कि सांख्यिकीय तथ्यों का कालक्रम में व्यवस्थित ढंग से प्रस्तुतीकरण ही काल श्रेणी कहलाता हे।

काल श्रेणी का विश्लेषण (Analysis of the Time Series)

काल श्रेणी विश्लेषण व्यावसायिक पूर्वानुमान की एक महत्त्वपूर्ण तकनीक है। इसके लिए भूतकालीन तथ्यों के आधार पर भविष्य के लिए ऐसे गणितीय प्रारूपों को तैयार किया जाता है, जिससे भविष्य के लिए पूर्वानुमान लगाने में सुविधा रहती है। हर्ष के शब्दों में, "काल श्रेणी विश्लेषण का मुख्य उद्देश्य आर्थिक तथ्यों में परिवर्तन को समझना, निर्वचन करना तथा उनका मूल्यांकन इस आशय से करना है जिससे भविष्य की घटनाओं का यथोचित पूर्वानुमान किया जा सके।"

काल श्रेणी विश्लेषण का महत्त्व (Importance of Time Series Analysis)

वर्तमान युग में काल श्रेणी विश्लेषण का व्यापक महत्त्व है। इसका महत्त्व केवल अर्थशास्त्रियों अथवा व्यापारियों तक ही सीमित नहीं है अपितु वैज्ञानिक , समाजशास्त्री जीव-विज्ञानवेत्ता, आदि के लिए भी है। काल श्रेणी विश्लेषण महत्त्व को निम्न प्रकार समझा जा सकता है–

(1) पूर्वानुमान में सहायक – इसके द्वारा भूतकालीन परिणामों के आधार पर भविष्य के लिए पूर्वानुमान लगाये जा सकते हैं अर्थात् यह ज्ञात किया जा सकता है कि सामान्य परिस्थितियों से सम्बन्धित तथ्यों का भविष्य में क्या स्वरूप होगा। ऐसा करने से बहुत लाभ हो सकते हैं, जैसे – जनसंख्या, उत्पादन, योजना व्यय, आदि का पूर्वानुमान।

(2) समस्या के स्वरूप को समझने में सहायक – आँकड़ों के विश्लेषण के द्वारा किसी समस्या के स्वरूप को स्पष्टतया समझने में सहायता मिलती है। उदाहरणार्थ, माध्यमिक शिक्षा बोर्ड के विभिन्न वर्षों के परीक्षा परिणामों के विश्लेषण के आधार पर यह ज्ञात करना सम्भव होता है कि अंग्रेजी विषय या अन्य विषयों में छात्रों की प्रगति किस ओर है, जिससे कि इसके लिए सुधारात्मक कार्यवाही की जा सके।

(3) नीति निर्धारण में सहायक - काल श्रेणी विश्लेषण के फलस्वरूप महत्त्वपूर्ण विषयों के सम्बन्ध में नीति निर्धारित की जा सकती है। उदाहरणार्थ, मूल्य नीति, मुद्रा नीति, आदि का निर्धारण।

(4) मौसमी उच्चावचनों के अध्ययन में सहायक - व्यवसाय एवं उद्योग मौसमी उच्चावचनों से प्रभावित होते हैं। काल श्रेणी विश्लेषण के द्वारा इनका अध्ययन कर व्यवसायी लाभ उठा सकते हैं। एक फल विक्रेता, फलों की माँग का विश्लेषण करके यह ज्ञात कर सकता है कि वर्ष के कौन-कौन से महीनों में विभिन्न फलों की माँग में अधिक वृद्धि होती है जिससे कि वह विभिन्न प्रकार के फल खरीद कर शीत भण्डार (Cold Storage) में रख सकता है। इस प्रकार व्यापारी मौसमी उच्चावचनों के ज्ञात से फलों का उचित समय पर दाम बढ़ा कर अधिक लाभ कमा सकता है।

(5) विभिन्न इकाइयों के तुलनात्मक अध्ययन में सहायक - इसकी सहायता से सम्बन्धित काल श्रेणियों की आपस में तुलना करके कई महत्त्वपूर्ण निर्णय प्राप्त किये जा सकते हैं। उदाहरणार्थ, दो कागज के कारखानों की कार्यशील पूँजी का तुलनात्मक अध्ययन करके यह ज्ञात किया जा सकता है कि किस कारखाने की शोधन क्षमता अपेक्षाकृत अच्छी है। इसके आधार पर वित्तीय ढाँचे में सुधार के लिए आवश्यक कदम उठाये जा सकते हैं।

(6) व्यापार चक्रों का अनुमान - व्यापार में समय समय पर तेजी मन्दी आती रहती है। इसका कारण व्यापार चक्र होते हैं। चक्रीय उच्चावचनों की सहायता से व्यापार में होने वाले इन उच्चावचनों का सही अनुमान लगाया जा सकता है तथा इन पर समुचित नियन्त्रण कर सम्भावित हानि से बचा जा सकता है।

(7) समस्या की प्रवृत्ति की पहचान - सम्बन्धित तथ्यों के विश्लेषण से यह अनुमान लगाया जा सकता है कि समस्या दीर्घकालीन है अथवा अल्पकालीन।

काल श्रेणी के संघटक (Components of Time Series)

काल श्रेणी के संघटकों का तात्पर्य अवलोकित समंकों के विभिन्न अवयवों से हैं जिन्हें विश्लेषण की दृष्टि से अलग-अलग करके अध्ययन किया जाता है इनके आधार पर वास्तविक समंकों में होने वाले विभिन्न परिवर्तनों की जानकारी प्राप्त की जाती है। ये परिवर्तन दो प्रकार से हो सकते हैं: दीर्घकालीन अथवा अल्पकालीन। व्यापारी एवं उद्योगपति इनके द्वारा समस्याओं का अध्ययन कर, भविष्य में उत्पन्न होने वाली जोखिमों से अपने आपको सुरक्षित रख सकते हैं। काल श्रेणी में होने वाले परिवर्तनों का उच्चावचन के नाम से भी जाना जाता है तथा ये उच्चावचन जलवायु, रीति-रिवाज, व्यापार चक्र एवं अन्य आकस्मिक घटनाओं के कारण उत्पन्न होते हैं। विश्लेषण हेतु काल श्रेणी के संघटकों का वर्गीकरण निम्न प्रकार किया जा सकता है-

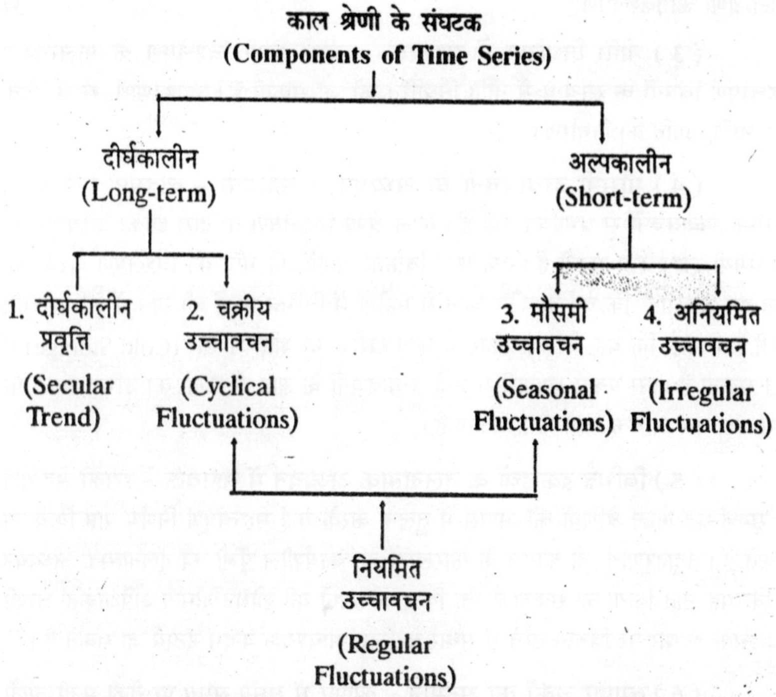

(1) दीर्घकालीन प्रवृत्ति अथवा उपनति (Long-term Trend or Secular Trend)- प्रवृत्ति अथवा उपनति से आशय, काल श्रेंणी में होने वाले परिवर्तनों की सामान्य दिशा तथा स्वरूप से हैं। ''काल श्रेणी दीर्घकालीन प्रवृत्ति अथवा उपनति एक निष्कोण घटक (Smooth Component) है जो कि बढ़ी हुई समयावधि में काल श्रेणी में सामान्य दीर्घकालीन विकास या अवनति को प्रदर्शित करती है।''

प्रवृत्ति को व्यक्त करने के लिए, काल श्रेणी के अन्तर्गत दीर्घकालीन अवधि जिसका तातर्य सामान्यत: 10 से 15 वर्ष हो सकता है, का अध्ययन किया जाता है। किसी भी काल श्रेणी का विश्लेषण करने पर यह तथ्य सामने आते हैं कि किस समय तो मूल्यों में कमी हुई है तथा किस समय मूल्यों में वृद्धि हुई है, इस कमी एवं वृद्धि के उपरान्त भी मूल्यों में एक प्रकार की प्रवृत्ति अवश्य पायी जाती है जो कि या तो मूल्यों में वृद्धि की ओर होती है अथवा कमी की ओर। उदाहरणार्थ, यदि पिछले 20 वर्षों में खाद्यान्नों के मूल्यों का अध्ययन करें तो यह पायेंगे कि प्राय: इनके मूल्यों में वृद्धि हुई हैं, हालांकि कुछ वर्ष ऐसे भी अवश्य थे जिनमें पूर्व वर्ष की तुलना में मूल्यों में कमी हुई थी, लेकिन फिर भी खाद्यान्न मूल्यों में वृद्धि की प्रवृत्ति दृष्टिगोचर हुई है। यही प्रवृत्ति दीर्घकालीन प्रवृत्ति कहलाती है। वास्तविक समंकों में से यदि अल्पकालीन उच्चावचनों को अलग अलग कर दिया जाय तो शेष दीर्घकालीन प्रवृत्ति होगी।

2. चक्रीय उच्चावचन (Cyclical Fluctuations)- चक्रीय उच्चावचन दीर्घकाल में एक नियमित परिवर्तन को प्रदर्शित करते हैं। इनकी अवधि एक वर्ष से अधिक अर्थात 10 से 12 वर्ष तक के बीच होती है। प्रत्येक चक्रीय परिवर्तन के चार चरण (Phases) होते हैं। समृद्धि (Prosperity), प्रतिसार (Recession), अवसाद (Depression) तथा पुनरूत्थान (Recovery)।

प्रत्येक व्यापारी अपने व्यापार में समृद्धि (Prosperity) एवं अवसाद (Depression) के समय से अच्छी तरह परिचित रहता है जो कि एक दूसरे के बाद क्रम से आते रहते हैं। समृद्धि के चरण में व्यापार की प्रगति बहुत अधिक होती है क्योंकि माँग अधिक होती है, माँग अधिक होने के कारण मूल्य भी अधिक होते हैं और मूल्य अधिक होने के कारण लाभ भी अधिक अर्जित किये जाते हैं। शनैः शनैः चूँकि मुद्रा की आवश्यकता अधिक होने लगती है फलस्वरूप माँग में कमी आने लगती है तो मूल्यों में गिरावट लाने के सम्बन्ध में सोचा जाने लगता है जिससे कि रोकड़ शीघ्रताशीघ्र सुलभ हो सके। इससे ग्राहकों में इस बात की सम्भावना बढ़ जाती है कि अभी मूल्यों में गिरावट और आयेगी। इन सम्भावनाओं के फलस्वरूप व्यापारिक गतिविधियाँ शिथिल होने लगती है, इस प्रतिसार (Recession) का चरण कहते हैं। धीरे-धीरे उत्पादन बन्द होने की स्थिति आने लगती है, जिससे मूल्यों में बहुत कमी आ जाती है, मजदूरी एवं रोजगार बहुत कम रह जाते हैं। इसे अवसाद की स्थिति (Depression) कहते हैं, धीरे धीरे मुद्रा की फिर एकत्रित होने लगती है, तत्पश्चात सुधार की स्थिति आती है जिसे पुनरूत्थान की स्थिति कहते हं और यह पुनरूत्थान (Recovery) का चरण कालान्तर में पुनः समृद्धि (Prosperity) तक पहुँचा देता है। समृद्धि के समय उत्पादन बहुत होता है, उत्पादित माल की बिक्री ज्यादा होती है, रोजगार के अवसर ज्यादा होते हैं, फलस्वरूप हर तरह की व्यापारिक गतिविधियों में बढ़ोतरी होती है, यह क्रम निरन्तर चलता रहता है।

3. मौसमी अथवा आर्तव उच्चावचन (Seasonal Fluctuations)-फैफनबर्गन एवं पैटरसन के अनुसार, ''मौसमी परिवर्तन एक काल श्रेणी में ऐसे नियतकालिक प्रतिमान (Periodic Patterns) हैं जो एक वर्ष की अवधि में समाप्त हो जाते हैं तथा आगे आने वाले वर्षों में अपने नियतकालिक प्रतिमानों को उसी के अनुरूप दोहराते हैं।'' व्यापारिक व आर्थिक क्रियाएँ वर्ष के मौसमों में नियमित रूप से परिवर्तित होती रहती है, इसी कारण इनको सामयिक नियमित परिवर्तन (Regular Variation) भी कहा जता है, जैसे-गेहूँ की फसल के समय गेहूँ के भाव कम हो जाते हैं जबकि वर्ष के अन्य समय गेहूँ के भाव अपेक्षाकृत अधिक रहते हैं। इसी तरह गर्मी में पंखे, कुलर एवं ठण्डे पेय पदार्थों की माँग बढ़ जाती है तथा सर्दी में गर्म कपड़े व गर्म पेय पदार्थों की माँग बढ़ जाती है। बरसात में छातों, बरसातियों, आदि की माँग एवं मूल्य बढ़ जाते हैं। अतः व्यावसायिक प्रतिष्ठानों के लिए मौसमी उच्चावचनों का अध्ययन अत्यन्त आवश्यक है।

मौसमी अथवा आर्तव उच्चावचनों का अर्थ यह कदापि नहीं लिया जाना चाहिए कि यह केवल मौसमी उद्योगों से सम्बन्धित ही होते हैं। वास्तव में मौसमी उच्चावचन प्रत्येक

उद्योग एवं व्यवसाय में व्यापक रूप से प्रभावी होते हैं, लेकिन सामान्यत: ये दृष्टिगोचर नहीं होते। मौसम का सामान्य अर्थ गर्मी, सर्दी अथवा बरसात से ही नहीं है बल्कि वर्ष के उन भागों से भी है जिनमें वस्तु विशेष की माँग अथवा उत्पादन में वर्ष के उन भागो से भी है जिनमें वस्तु विशेष की माँग अथवा उत्पादन में वर्ष के उन भागों की अपेक्षा अन्तर होता है।

मौसमी उच्चावचन की अनुपस्थिति से तात्पर्य है कि वर्ष के प्रत्येक भाग में समान रूप से समंक वितरित है। उदाहरण के लिए, यदि किसी व्यवसाय की बिक्री 24,000 रु. प्रतिवर्ष है, तो मौसमी उच्चावचनों की अनुपस्थिति में प्रत्येक माह की बिक्री 2,000 रु. प्रतिमाह होनी चाहिए जबकि व्यवहार में ऐसा नहीं पाया जाता। यही कारण है कि प्रत्येक संस्था, व्यवसाय एवं उद्योग में आर्तव एवं विचरण उपस्थित रहते हैं तथा इनकी जानकारी के आधार पर स्टॉक नियोजन तथा सामान्य नीति निर्धारण में बहुत सहायता मिलती है।

आर्तव परिवर्तन एवं चक्रीय परिवर्तन में अन्तर

(Difference between Seasonal Variation and Cyclical Variation)

यद्यपि आर्तव परिवर्तन एवं चक्रीय परिवर्तन दोनों ही काल श्रेणी के नियमित उच्चावचन को इंगित करते हैं तथापि इनमें निम्न अन्तर पाये जाते हैं –

4. अनियमित उच्चावचन (Irregular Fluctuations)– ये परिवर्तन आकस्मिक, असामान्य एवं अनियमित घटनाओं से घटित होने के कारण उत्पन्न होते हैं, जैसे – बाढ़, सूखा, आगजनी, महामारी, तथा युद्ध आदि। एक काल श्रेणी में अनियमित परिवर्तन ऐसी अनावर्तक एवं कदाचित शक्तियों के कारण उत्पन्न होते हैं जिन्हें उपनति, चक्रीय अथवा मौसमी उच्चावचनों के अन्तर्गत नहीं रखा जा सकता है।

अन्तर का आधार	आर्तव परिवर्तन	चक्रीय परिवर्तन
1. अवधि	प्राय: इनकी अवधि 1 वर्ष से कम होती है। ये परिवर्तन वर्ष के मध्य में निश्चित समय में होते रहते हैं।	इनमें 1 वर्ष से अधिक अवधि होती है। सामान्यत: चक्र की अवधि 10 से 12 वर्ष तक होती है।
2. प्रकृति	आर्तव परिवर्तन, प्रत्येक व्यवसाय के लिए अलग-अलग होते हैं।	चक्रीय परिवर्तन एक उद्योग के अन्तर्गत प्रत्येक व्यवसाय के लिए एक से होते हैं तथा इन्हें समान रूप से प्रभावित करते हैं।
3. कारण	ये परिवर्तन मौसम, जलवायु रीति-रिवाज, फैशन, आदत आदि में परिवर्तनों के कारण उत्पन्न होते हैं।	ये माँग में परिवर्तन मुद्रा-प्रसार भीषण बेरोजगारी, सरकारी नीतियाँ, आदि के कारण उत्पन्न होते हैं।

4. नियमितता	ये परिवर्तन अल्पकालीन लेकिन नियमित रूप से होते हैं।	चक्रीय परिवर्तन भी नियमित होते हैं लेकिन दीर्घकालीन होते हैं।

काल श्रेणी का विघटन (Decomposition of Time Series)

जब काल श्रेणी के विभिन्न घटकों का अलग-अलग अध्ययन किया जाता है तब इसे काल श्रेणी का विघटन कहते हैं। इसके द्वारा यह पता लगाया जाता है कि मूल समंकों में दीर्घकालीन प्रवृत्ति या अल्पकालीन परिवर्तन कितने हैं और ये परिवर्तन कितने नियमित हैं तथा कितने अनियमित। नियमित परिवर्तनों में मौसमी उच्चावचन कितने तथा चक्रीय उच्चावचन कितने हैं? काल श्रेणी के विघटन के लिए निम्नलिखित दो गणितीय निदर्श (Mathematical Models) प्रयोग में लाये जाते हैं:

1. योग निदर्श (Additive Model),
2. गुणात्मक निदर्श (Multiplicative Model)।

1. योग निदर्श (Additive Model)- इस निदर्श में यह मान्यता है कि वास्तविक समंक, काल श्रेणी के विभिन्न घटकों का योग हैं।

सूत्र के रूप में,

$O = T + S + C + I$

यहाँ O वास्तविक समंक (Original Data)

T = प्रवृत्ति या उपनति (Trend)

S = आर्तव परिवर्तन (Seasonal Variations)

C = चक्रीय परिवर्तन (Cyclical Variations)

I = अनियमित परिवर्तन (Irregular Fluctuations)

उपर्युक्त निदर्श से काल श्रेणी के किसी भी घटक को ज्ञात किया जा सकता है। उदाहरणार्थ,

$O - T = S + C + I$ or $O - T - S = C + I$, or $O - T - S - C = I$

2. गुणात्मक निदर्श (Multiplicative Model)- काल श्रेणी के गुणात्मक निदर्श में वास्तविक समंकों (O) को विभिन्न संघटकों का गुणनफल (T x S x C X I) माना जाता है अर्थात्

$(O = T \times S \times C \times I = TSCI$

इसके आधार पर जिस घटक की जानकारी प्राप्त करनी हो उसके लिए निम्न प्रकार से गणनाएँ की जा सकती है-

$$\frac{O}{T} = SCI, \text{ या } \frac{O}{T \times C} = SI, \text{ या } \frac{O}{T \times S \times C} = I$$

योग निदर्श व गुणात्मक निदर्श में बहुत अन्तर है। योग निदर्श के अन्तर्गत वास्तविक समंक सभी संघटकों का योग होते हैं, जबकि गुणात्मक निदर्श में उनका गुणनफल। योग निदर्श में संघटक वास्तविक समंकों की इकाई में व्यक्त किये जाते हैं। जबकि गुणात्मक निदर्श में केवल प्रवृत्ति, मूल समंकों की इकाई में होती है शेष घटक प्रवृत्ति के अनुपात के रूप में ही हो सकते हैं। अत: गुणात्मक निदर्श का प्रयोग करते समय आर्तव, चक्रीय एवं अनियमित उच्चावचन सूचकांकों के रूप में ही परिकलित किये जाते हैं।

दीर्घकालीन प्रवृत्ति का मापन (Measurement of Secular Trend)

काल श्रेणी में दीर्घकालीन प्रवृत्ति या उपनति को मापने के मुख्य रूप से तीन उद्देश्य है। प्रथम, प्रवृत्ति विश्लेषण से एक श्रेणी की ऐतिहासिक वृद्धि या ह्रास का पता चलता है। द्वितीय, प्रवृत्ति विश्लेषण से भावी पूर्वानुमान लगाये जा सकते हैं, जो कि व्यावसायिक नियोजन में सहायक होते हैं। तृतीय, प्रवृत्ति विश्लेषण के द्वारा इन्हें अन्य घटकों से पृथक करना सम्भव होता है जिससे चक्रीय तथा अल्पकालीन उच्चावचनों का अलग से अध्ययन और विश्लेषण किया जा सकता है।

रीतियाँ (Methods)

प्रवृति का मापन निम्न रीतियों में से किसी भी रीति के द्वारा किया जा सकता है-

1. मुक्त हस्त वक्र रीति (Freehand Curve Method),
2. अर्द्ध माध्य रीति (Semi-Average Method),
3. चल माध्य रीति (Moving Average Method),
4. न्यूनतम वर्ग रीति (Method of Least Squares):

(1) सीधी रेखा पद्धति (Straight Line Method),

(2) द्विधातीय परवलयिक वक्र विधि (Second Degree Parabola Curve Method)

1. मुक्त हस्त वक्र रीति (Freehand Curve Method)

यह एक बिन्दु रेखीय विधि है। इस विधि के अनुसार वास्तविक समंकों को ग्राफ पर अंकित किया जाता है। इसके पश्चात् समंकों के उतार चढ़ाव को ध्यान में रखते हुए उच्चावचनों के लगभग मध्य से एक उपयुक्त सरलित वक्र (Smoothend Curve) खींचा जाता है। यही मुक्त हस्त प्रवृत्ति वक्र (Freehand Trend Curve) कहलाता है।

गुण दोष

यह रीति बहुत सरल है। ग्राफ द्वारा प्रदर्शित किये जाने के कारण आकर्षक तथा शीघ्र समझ में आने योग्य भी है। लेकिन इसका सबसे बड़ा दोष यह है कि इसके अनुसार प्रवृत्ति को दिखाने के लिए जो वक्र खींचा जाता है उसके लिए कोई सामान्य व निश्चित नियम नहीं है। अलग-अलग व्यक्तियों के द्वारा एक ही काल श्रेणी के लिए अलग-अलग वक्र खीचे जा सकते हैं। मुक्त ह्रस वक्र रीति के अन्तर्गत व्यक्ति पक्षपात के अधिक अवसर होते हैं। अतः इसका प्रयोग केवल तभी किया जाना चाहिए जब प्रवृत्ति का मापन करने के लिए विश्लेषक को केवल प्रवृत्ति की दिशा का ज्ञान ही प्राप्त हो, न कि पूर्ण शुद्धता के आधार पर प्रवृत्ति का यथार्थ मूल्य।

उदाहरण 1.

गैजीबो कम्पनी के उत्पादन से सम्बन्धित निम्नलिखित आँकड़े हैं

The following data related to production of a Gazibo Co.:

Years	1989	1990	1991	1992	1993	1994	1995	1996	1997	1998
Production (Cost in lakh of Rs.)	10	15	18	15	20	25	30	28	35	40

मुक्त हस्त वक्र रीति द्वारा उपनति, ग्राफ पर दर्शाइये।

Plot trend value by Freehand Curve Method on graph paper.

Solution

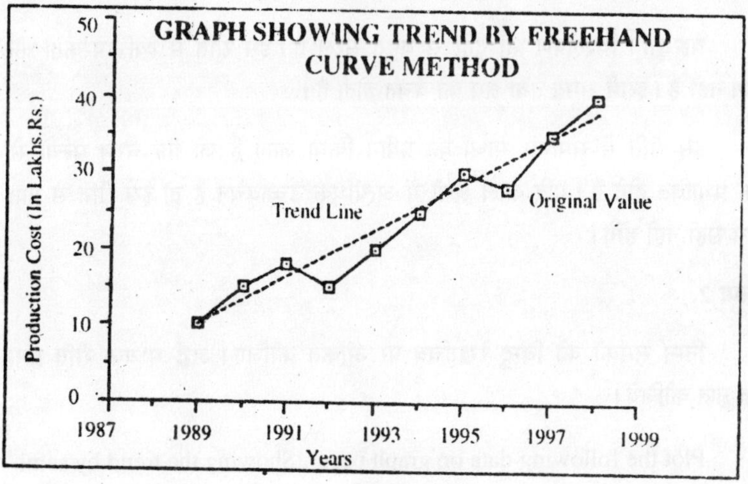

चित्र

2. अर्द्ध माध्य रीति (Semi Average Method)

इस रीति में समान्तर माध्य $\bar{X}$ का प्रयोग किया जाता है। इसके अन्तर्गत काल श्रेणी के दिये गये समय को दो बराबर भागों में बाँट दिया जाता है तथा दोनों भागों के लिए अलग-अलग समान्तर माध्य ज्ञात कर लिये जाते हैं और इन माध्यों को ग्राफ पर सम्बन्धित भागों के मध्य में अंकित कर दिया जाता है। इन दोनों माध्यों को प्रवृत्ति का बिन्दु मानते हुए मिला दिया जाता है। इससे जो वक्र बनता है वही दीर्घकालीन प्रवृत्ति होती है। वास्तविक आँकड़ों को भी ग्राफ पेपर पर अंकित कर दिया जाता है। यदि मूल्यों की संख्या विषम हो तो समंकमाला के ठीक बीच के समंक को छोड़ दिया जाता है तथा शेष क्रिया पूर्ववत् रहती है। उदाहरणार्थ, अर्द्ध मध्यक रीति द्वारा 15 वर्ष के मूल्यों की उपनति ज्ञात करने के लिए आठवें (केन्द्रीय) मूल्य को छोड़कर पहले 7 और बाद के 7 मूल्यों के माध्यों को ग्राफ पर अंकित करके उपनति रेखा खेंचे। उपनति रेखा खींचने के लिए पहले समान्तर माध्य को प्रथम 7 वर्षों के मध्य में (अर्थात् चौथे वर्ष पर) अंकित करना होगा, इसी प्रकार दूसरे समान्तर माध्य को अगले सात वर्षों के मध्य में (अर्थात् बारहवें वर्ष पर) अंकित करना होगा। इस प्रकार ग्राफ पर दोनों अर्द्ध माध्यों (Semi Averages) को अंकित करने के बाद दोनों बिन्दुओं को मिलाते हुए एक सीधी रेखा खींची जायेगी। यह सीधी रेखा ही प्रवृत्ति को दर्शायगी। पूर्वानुमान करने के लिए सीधी रेखा को उसी दिशा में आगे बढ़ा दिया जाता है तथा लम्बा डालकर पूर्वानुमान वाले वर्ष के लिए मूल्य ज्ञात कर लिया जाता है। जबकि वर्षों की संख्या सम होने की स्थिति में श्रेणी को दो भागों में विभक्त करने में कोई कठिनाई नहीं होती।

गुण व दोष

यह रीति विश्लेषण की दृष्टि से बहुत सरल है। इस रीति में व्यक्तिपरकता का समावेश नहीं है। इसमें समय तथा श्रम की बचत होती है।

इस रीति में समान्तर माध्य का प्रयोग किया जाता है जो कि चरम मूल्यों से अधिक प्रभावित होते हैं। यदि काल श्रेणी में अत्यधिक उच्चावचन है तो इस रीति से प्राप्त परिणाम सही नहीं होंगे।

उदाहरण 2.

निम्न समंकों को बिन्दु रेखाचित्र पर अंकित कीजिए। अर्द्ध मध्यक रीति द्वारा उपनति ज्ञात कीजिये।

Plot the following data on graph paper. Showing the trend by semi-average method.

Years	Sales (in lakh Rs.)	Years	Sales (in lakhs Rs.)
1988	10	1994	11
1989	13	1995	13
1990	9	1996	18
1991	12	1997	12
1992	11		
1993	15		

Solution

प्रश्न में वर्षों की संख्या 11 है। यह संख्या विषम है इसलिए बीच के वर्ष (1993) के मूल्यों को छोड़कर प्रथम 5 वर्षों और बाद के 5 वर्षों के मूल्यों के आधार पर अलग-अलग दो समान्तर माध्य ज्ञात किये जायेंगे और उन्हें इन अवधियों के मध्य में क्रमशः 1990 और 1996 पर अंकित किया जायेगा।

Years	Sales (in lakhs Rs.)	Total	Semi Average	Average Year
1998	10			
1989	13			
1990	9	55	$\bar{X}^1 = \frac{55}{5} = 11$	1990
1991	12			
1992	11			
1993	15	X		
1994	11			
1995	13			
1996	18	70	$\bar{X}^2 = \frac{70}{5} = 14$	1996
1997	12			
1998	16			

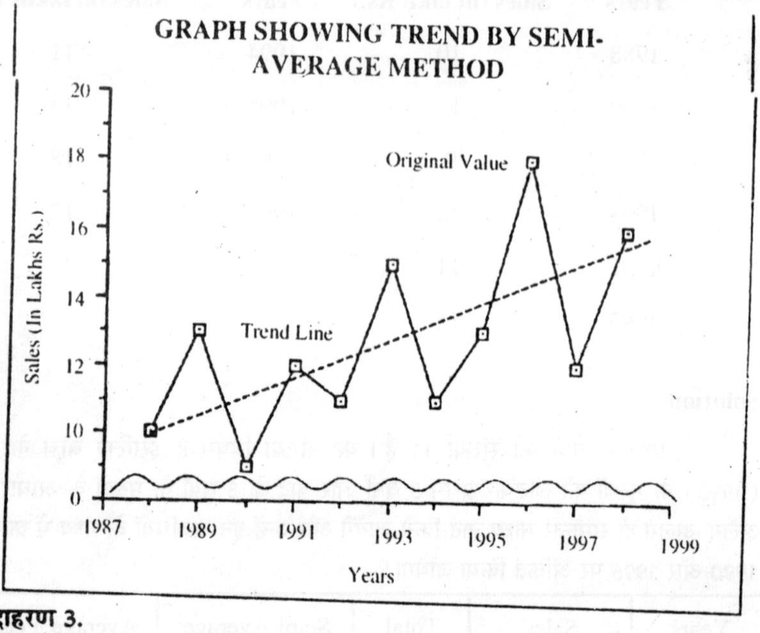

उदाहरण 3.

निम्नलिखित समंकों से अर्द्ध मध्यक रीति द्वारा उपनति मूल्य निर्धरित कीजिए इन्हें ग्राफ पेपर पर अंकित कर उपनति बिन्दु रेखा से 2000 के निर्यात का अनुमान लगाइये:

Plot the following data on graph paper showing the trend value by semi-average method and estimate the export for 2000.

Years	Exports (in crores of Rs.)
1991	22
1992	25
1993	23
1994	26
1995	25
1996	30
1997	33
1998	40

Solution

Years	Exports in crores	of Rs.) year	Semi-Average
1991	22		
1992	25		
		1992.5	$\bar{X}^1 = \frac{96}{4} = 24$
1993	23		
1994	26		
1995	25		
1996	30		
		1996.5	$\bar{X}^2 = \frac{128}{4} = 32$
1997	33		
1998	40		

उपर्युक्त उदाहरण में वर्षों की संख्या सम है अतः किसी भी वर्ष को छोड़ा नहीं जायेगा।

माध्य निकालने के लिए 4 – 4 वर्षों के दो भाग बनेंगे। उनके माध्य को 4 वर्षों के मध्य अर्थात दूसरे व तीसरे वर्ष एवं छठे व सातवें वर्ष के मध्य में दिखायेंगे।

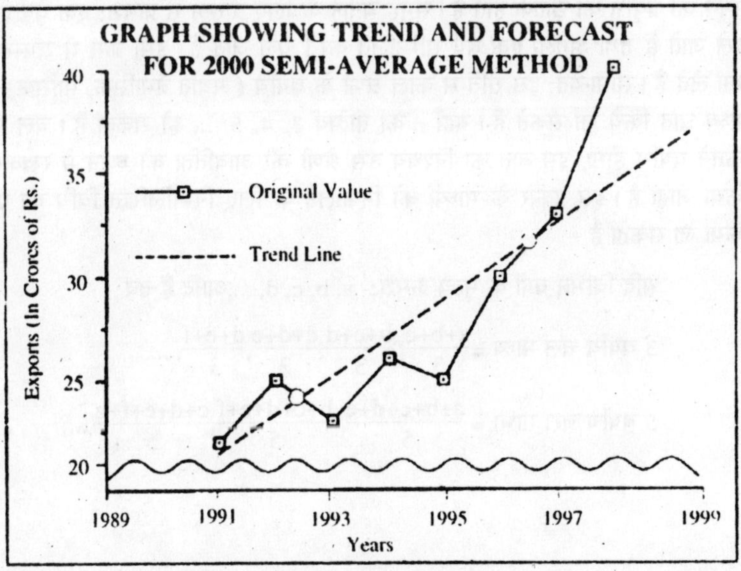

सत्यापन Verification)- रेखाचित्र द्वारा अनुमानित किये गये मूल्य को अंकगणितीय विधि से भी परिकलित किया जा सकता है। उक्त रेखाचित्र द्वारा वर्ष 2000 का अनुमानित निर्यात 39 करोड़ रु. है। इस मूल्य की सत्यता की जाँच करने के लिए निम्न विधि प्रयोग में लायी जा सकती है।

यह ज्ञात है कि वर्ष 1996-97 के मध्य के लिए अर्द्ध माध्य = 32 करोड़ रुपये

जबकि वर्ष 1992-93 के मध्य के लिए अर्द्ध माध्य = 24 करोड़ रुपये

4 वर्ष में कुल अन्तर राशि = 8 करोड़ रुपये

वार्षिकवृद्धि अन्तर = $\frac{8}{4}$करोड़ रुपये = 2 करोड़ रुपये

क्योंकि 1996-97 के मध्य उपनति मूल्य 32 करोड़ रुपये (अर्द्ध माध्य) है। अत: निर्यात में अर्द्ध वार्षिक वृद्धि 1 करोड़ रुपये होगी अर्थात् 1997 वर्ष के लिए उपनति 33 करोड़ रुपये होगी, क्योंकि वार्षिक वृद्धि 2 करोड़ रुपये है। 2000 में अर्थात् तीन वर्षों में उपनति में (2 × 3 =) 6 करोड़ रुपये की अभिवृद्धि होनी चाहिए। इस प्रकार स्पष्ट है कि वर्ष 2000 का अनुमानित निर्यात अर्द्ध माध्य विधि के द्वारा (33 + 6 =) 39 करोड़ रुपये ही होगा जैसा कि रेखाचित्र द्वारा भी प्रकट है।

3. चल माध्य रीति (Moving Average Method)

दीर्घकालीन प्रवृत्ति ज्ञात करने के लिए अधिकांशत: 'चल माध्य रीति' का प्रयोग किया जाता है। इसमें चल माध्य निकालने के लिए प्रथम वर्ष से प्रारम्भ करते हुए निश्चित वर्षों के चल समूह बना लिये जाते हैं और इन चल समूहों के समान्तर माध्य निकाल लिये जाते हैं। इन माध्यों को सम्मिलित समय-मूल्यों के मध्य में रख देते हैं। ये चल माध्य ही उस समय की प्रवृत्ति का द्योतक होते हैं। समूह बनाने के लिए प्रारम्भ से क्रमश: एक वर्ष छोड़ते चले जाते हैं तथा अगला एक वर्ष सम्मिलित करते चले जाते हैं। इसी क्रम से समस्त वर्ग बना लेते हैं। सामान्यत: इस रीति से काल श्रेणी के वर्षीय (अर्थात त्रैमासिक, मासिक) चल माध्य ज्ञात किये जा सकते हैं। यहाँ n का तात्पर्य 3, 4, 5 .... हो सकता है। चल माध्य कितने वर्षीय होगा, इस बात का निश्चय उस श्रेणी की आवर्तिता को ध्यान में रखकर ही किया जाता है। इस प्रकार के माध्यों को निकालने के लिए निम्नलिखित विधि का प्रयोग किया जा सकता है -

यदि विभिन्न वर्षों के मूल्य क्रमश: a, b, c, d, ...आदि हैं तब

3 वर्षीय चल माध्य = $\frac{a+b+c}{3}, \frac{b+c+d}{3}, \frac{c+d+e}{3}, \frac{d+e+f}{3}, \ldots$

5 वर्षीय चल माध्य = $\frac{a+b+c+d+e}{5}, \frac{b+c+d+e+f}{5}, \frac{c+d+e+f+g}{5}, \ldots$

यदि प्रकार जितने वर्षीय चल माध्य निकालने होते हैं उतने ही वर्षों के मूल्यों को जोड़कर उतनी ही संख्या से भाग दे दिया जाता है।

गुण दोष

यदि सरल तथा लगभग सभी मूल्यों पर आधारित होती है। इसका प्रयोग प्राय: दीर्घकालीन प्रवृत्ति के लिए किया जाता है लेकिन इसकी सहायता से अल्पकालीन उच्चावचनों का भी ज्ञात हो सकता है। इस प्रणाली का सबसे बड़ा दोष यह है कि श्रेणी के पहले व अन्त के कुछ वर्षों की प्रवृत्ति का पता नहीं चल पाता है।

उदाहरण 4.

निम्न काल श्रेणी के लिए त्रिवर्षीय चल माध्य निकालिये और उन्हें बिन्दु रेखीय चित्र पर मूल संख्याओं के साथ प्रांकित कीजिए:

Calculate three yearly moving average from the following time series and plot them on graph paper with original data:

Years	**Sales (in '000 Rs.)**
1987	5
1988	8
1989	6
1990	10
1991	11
1992	15
1993	16
1994	19
1995	24
1996	20
1997	29
1998	35

Solution

Computation of Three-yearly Moving Average

Years (i)	Sales (in '000 Rs.) (ii) (O)	Three-yearly Moving Totals (iii)	Moving Average (iii) ÷3 (iv) (I)
1987	5	-	-
1988	8	(5+8+6) = 19	6.33
1989	6	(8+6+10)=124	8.00
1990	10	(6+10+11) = 27	9.00
1991	11	(10+11+15)=36	12.00
1992	15	(11+15+16) = 42	14.00
1993	16	(15+16+19) = 50	16.67
1994	19	(16+19+24)=59	19.67
1995	24	(19+24+20)=63	21.00
1996	20	(24+20+29)=73	24.33
1997	29	(20+29+35)=84	28.00
1998	35	-	-

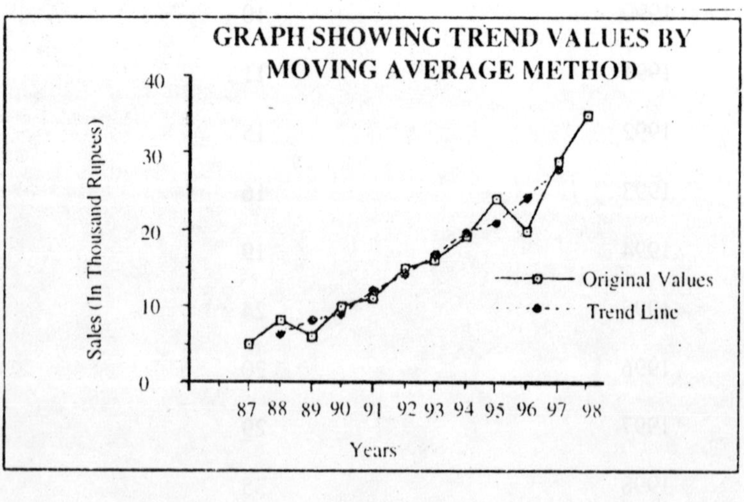

चित्र

चल माध्यों को केन्द्र में लाना (Centring the Moving Average)- जब मूल्य सम संख्याओं, अर्थात् (4, 6, 8, 10 वर्षों, तिमाहियों या महीनों आदि) के रूप में दो रखे हों तो चल माध्यों को केन्द्र में लाना पड़ता है। इसका कारण यह है कि सम मूंल्यों की स्थिति में किसी समय विशेष पर माध्य को स्थित करना असम्भव होता है। जैसे 4 वर्षीय चल माध्य की स्थिति में प्रश्न उठता है कि चल माध्य को कहाँ पर स्थित किया जाये? वास्तव में, इस मूल्य को दूसरे एवं तीसरे वर्ष के मध्य में स्थित करना होगा, परिणामस्वरूप यह चल माध्य किसी भी वर्ष की उपनति (Trend) को नहीं प्रदर्शित कर पायेगा।

अत: ऐसी स्थिति में किसी निश्चित वर्ष के लिए उपनति ज्ञात करने हेतु निम्न प्रक्रिया अपनायी जाती है। सर्वप्रथम 4 - 4 मूल्यों के योग को ज्ञात कर दूसरे व तीसरे वर्ष के मध्य में स्थित कर देते हैं, यही प्रक्रीया आगे भी अपनायी जाती है। इसके पश्चात् किसी निश्चित वर्ष से सम्बन्धित करने के लिए पुन: दो-दो के जोड़े (pair) बनाकर तथा इन्हें जोड़कर केन्द्रित योग ज्ञात कर लिये जाते हैं जिन्हें उन वर्षों के मध्य काल में स्थित कर दिया जाता है।

ऐसा करने से मूल्य सम्बन्धित वर्ष के सामने आ जाते हैं। इसके बाद इन केन्द्रित योगों (Centred totals) को जितने वर्षों का चल माध्य ज्ञात करवाया गया है उसके दुगने से भाग देकर चल माध्य ज्ञात कर लिये जाते हैं। 4 वर्षीय चल माध्यों की स्थिति में केन्द्रित योगों को 8 से तथा 6 वर्षीय चल माध्यों की स्थिति में केन्द्रित योगों को 12 से भाग दे दिया जाता है।

उदाहरण 5

निम्न समंकों की काल श्रेणी से चार वर्षीय चल माध्य ज्ञात कीजिए:

Find the four yearly moving average from the following time series:

Years:	1991	1992	1993	1994	1995	1996	1997	1998
Production (in Tonnes)	30.1	45.4	39.3	31.4	42.2	46.4	46.6	49.2

Solution

Calculation of 4 yearly Moving Average

Year	Production (in Tonnes)	4-yearly Moving Totals	Central Totals	4-yearly Moving Average
(1)	(2)	(3)	(4)	(5) (4÷8)
1991	30.1	-	-	
1992	45.4	-	-	
		156.2		
1993	39.3		156.2+168.3=324.5	40.6
		168.3		
1994	41.4		168.3+169.3=337.6	42.3
		169.3		
1995	42.2		169.3+176.6=345.9	43.2
		176.6		
1996	46.4		176.6+184.4=361.0	45.1
		184.4		
1997	46.6	-	-	-
1998	49.2	-	-	-

4. न्यूनतम वर्ग रीति (Least Square Method)

प्रवृत्ति ज्ञात करने की यह रीति सर्वोत्तम रीति है। इस रीति के द्वारा ज्ञात प्रवृत्ति से वास्तविक समंकों के विचलनों के वर्गों का योग सबसे कम होता है। अतः इसे न्यूनतम वर्ग रीति (Least Square Method) कहते हैं। यह रीति कुछ निश्चित कसौटियों के आधार पर सर्वोचित उपनति मूल्यों को बताती है, साथ ही कुछ महत्त्वपूर्ण गणितीय विशेषताओं (Mathematical Properties) के कारण इस रीति को न्यूनतम वर्ग रीति की संज्ञा दी गयी है। इस रीति में वास्तविक मूल्यों (y) तथा उपनति मूल्यों (y_c) के विचलनों का योग शून्य होता है। न्यूनतम वर्ग रीति के द्वारा प्रवृत्ति पता लगाने के लिए या तो सरल रेखा (Straight line) बनती है अथवा परवलयिक वक्र (Parabolic Curve) बनता है।

(1) सीधी रेखा पद्धति (Straight Line Method)- न्यूनतम वर्ग रीति की सीधी रेखा पद्धति के अन्तर्गत वास्तविक समंकों के आधार पर एक सीधी रेखा खींची जाती है। इस सीधी रेखा को सीधी रेखा उपनति (Straight Line Trend) कहा जाता है। इस सीधी रेखा की निम्न विशेषताएँ होती हैं-

(अ) इस रीति के आधार पर प्राप्त उपनति मूल्यों (y_c) तथा वास्तविक मूल्यों (y) का योग समान होता है। दूसरे शब्दों में, उपनति मूल्यों के योग तथा वास्तविक मूल्यों के योग में अन्तर शून्य होता है। प्रतीकात्मक रूप में $\sum y = \sum y_c$ or $\sum(y - y_c) = 0$

(ब) इस रीति के आधार पर प्राप्त उपनति मूल्यों तथा वास्तविक मूल्यों में अन्तर $\sum(y-y_c)^2$ न्यूनतम होता है। यहाँ न्यूनतम का तात्पर्य है कि इस रीति के अलावा किसी अन्य प्रकार से यदि वास्तविक समंकों के लिए कोई भी सीधी रेखा खींची जायेगी तो उससे प्राप्त उपनति मूल्यों तथा वास्तविक मूल्यों में अन्तर के वर्गों का योग अपेक्षाकृत अधिक होगा। यही कारण है कि इस विधि को सर्वोत्तम रेखा विधि (Line of the best fit) के नाम से भी जाना जाता है।

सीधी रेखा उपनति अथवा एक घातीय उपनति ज्ञात करने के लिए निम्न आधारभूत समीकरण का प्रयोग किया जाता है -

$y_c = a + bx$

किसी रेखा को प्रदर्शित करने के लिए दो तत्त्वों की आवश्यकता होती है -

(1) मूलबिन्दु, जहाँ से ये रेखा आरम्भ हो, तथा

(2) इसकी ढाल (Slope)।

उपर्युक्त समीकरण में a मूल बिन्दु है क्योंकि यह x = 0 पर y के मूल्य को बताता है, इस समीकरण में उक्त रेखा की ढाल (slope) है, जिसका तात्पर्य एक इकाई x में अन्तर आने पर y के मूल्य में हाने वाला परिवर्तन है।

उक्त समीकरण में प्रयुक्त संकेतों का अभिप्राय इस प्रकार है -

y_c = प्रवृत्ति मूल्य (Trend Value),

x = समय इकाई (Unit of Time);

a, b = अचर (Constants)

a, b अचर मूल्यों को ज्ञात करने के लिए निम्नलिखित विधि अपनायी जाती है-

(अ) प्रत्यक्ष रीति (Direct Method) - इस रीति से उपनति मूल्य ज्ञात करने की प्रक्रिया निम्न प्रकार है:

(1) सर्वप्रथम स्वतन्त्र चर मूल्यों अर्थात् समय - बिन्दुओं (x) को प्राकृतिक संख्याओं जैसे 1, 2, 3, 4, ... संकेताक्षर दिया जाता है। तत्पश्चात् इनका योग $\sum x$ ज्ञात किया जाता है।

(2) इन x मूल्यों के वर्ग निकाले जाते हैं तथा उनका योग ($\sum x^2$) प्राप्त किया जाता है।

(3) X मूल्यों को तत्सम्बन्धित Y मूल्यों से गुणा करके गुणनफलों का योग ($\sum xy$) ज्ञात किया जाता है।

(4) y मूल्यों का योग ($\sum y$) ज्ञात किया जाता है।

(5) उपर्युक्त के पश्चात निम्न सामान्य युगपत समीकरणों (Normal Simultaneous Equations) के द्वारा उक्त संख्याओं को आदिष्ट करके, दोनो अचरों 'a' or 'b' का मान निकाला जाता है।

$$\sum y = Na + b\sum x$$

$$\sum xy = ax + b\sum x^2$$

'a' और 'b' ज्ञात करने के पश्चात् सरल रेखा के आधारभूत समीकरण ($y_c = a+bx$) का प्रयोग करके प्रवृत्ति मूल्य (Trend Values) ज्ञात कर लिये जाते हैं।

उदाहरण 6.

निम्नलिखित समंकों को न्यूनतम वर्ग रीति द्वारा सरल रेखा उपनति प्रदान कीजिए:

Fit a straight line trend to the following data by the least square method:

Year :	1994	1995	1996	1997	1998
Values	8	10	15	13	14

Solution

Calculation of Trend Values (Direct Method)

Years	Values y	x	Deviation Squared x^2	Product of Deviation Values xy	Trend Values $y_c = a + bx$
1994	8	1	1	8	7.5+1.5(1) = 9.00
1995	10	2	4	20	7.5+1.5(2) = 10.50
1996	15	3	9	45	7.5+1.5(3) = 12.00
1997	13	4	16	52	7.5+1.5(4) = 13.50
1998	14	5	25	70	7.5+1.5(5) = 15.00
N=5	$\sum y = 60$	$\sum x = 15$	$\sum x^2 = 55$	$\sum xy = 195$	$\sum y_c = 60.00$

a और b के मान ज्ञात करने हेतु दो समीकरण बनाने होंगे :

$\sum y = Na + b\sum x$ ..(i)

$\sum xy = a\sum x + b\sum x^2$ ..(ii)

उपर्युक्त दोनों समीकरणों में मान रखने पर,

$60 = 5a + 15b$ ..(i)

$195 = 15a + 55b$ ..(ii)

समीकरण (i) को 3 से गुणा करने पर एवं दोनों समीकरणों को आपस में घटाने पर,

$180 = 15a + 45b$

$195 = 15a + 55b$

- - -

$15 = -10b$

or $b = \frac{15}{10}$ or $b = 1.5$

b का मान (i) समीकरण में रखने पर,

$60 = 5a + 1.5 \times 1.5$

$60 - 22.5 = 5a$

$37.5 = 5a$

$a = \frac{37.5}{5} = 7.5$

(ब) लघु रीति (Short- cut Method) – लघु रीति से उपनति मूल्य ज्ञात करने में गणना कार्य बहुत सरल हो जाता है। इस रीति से उपनति मूल्य ज्ञात करने के लिए अग्रलिखित प्रक्रिया अपनायी जाती हैं–

(1) दिये गये वर्षों के, मध्य वर्ष को आधार मानकर विभिन्न वर्षों से विचलन निकाले जाते हैं, इन सभी विचलनों का योग शून्य होता है। विषम वर्षों की स्थिति में यह रीति बहुत सरल होती है। क्योंकि इसमें मध्य वर्ष के आधार पर लिये गये विचलनों का योग शून्य होता है लेकिन वर्षों की संख्या सम होने की स्थिति में कोई भी वर्ष श्रेणी के ठीक मध्य में स्थित नहीं होता। इस स्थिति में दो वर्षों के अर्द्ध वर्ष को आधार माना जाना चाहिए, जैसे 1980 से 1987 तक के 8 वर्षों के मूल्यों की स्थिति में 1983 व 1984 के मध्य को अर्थात् 1983.5 को आधार माना जाना चाहिए। इस प्रकार वर्षों की संख्या सम होने पर मूलबिन्दु दो मध्य वर्षों के मध्य में स्थित होगा। मूलबिन्दु से पहले वाले मूल्यों का विचलन -.5, +5;,

+2.5, ... तथा बाद वाले मूल्यों का विचलन +.5, +1.5, +2.5, आदि होंगे। गणना कार्य सरल करने की दृष्टि से इन विचलनों को 2 से गुणा किया जा सकता है जिससे विचलन −1, −3, −5,... तथा +1, +3, +5... हो जायेंगे।

(2) Σy, Σxy तथा Σx^2 ज्ञात करने के पश्चात निम्न दो समीकरणों में इन संख्याओं की प्रविष्ट करके 'a' तथा 'b' के मान ज्ञात किये जायेंगे।

$$a = \frac{\Sigma y}{N};\ b = \frac{\Sigma xy}{\Sigma x^2}$$

(3) यदि 'Σx' का मूल्य 0 नहीं आता है तो प्रत्यक्ष रीति के द्वारा ही 'a' तथा 'b' अचरों का मूल्य ज्ञात किया जायेगा।

पूर्व में दिये गये उदाहरण संख्या 6 को लघु रीति से हल करने पर,

Calculation of Trend Values by Short-Cut Method

Years	Values y	Deviation from 1996 x	Deviation Squared x^2	Product of Deviation Values xy	Trend Values $y_c = a + bx$
1994	8	-2	4	-16	7.5+1.5(1) = 9.00
1995	10	-1	1	-10	7.5+1.5(2) = 10.50
1996	15	0	0	0	7.5+1.5(3) = 12.00
1997	13	-1	1	13	7.5+1.5(4) = 13.50
1998	14	-2	4	28	7.5+1.5(5) = 15.00
N=5	$\Sigma y = 60$	$\Sigma x = 0$	$\Sigma x^2 = 10$	$\Sigma xy = 15$	$\Sigma y_c = 60.00$

a = \f(Σy,N) \f)60,5) = 12; b = \f(Σxy,Σx^2) = \f(15,10) = 1.5

उदाहरण 7.

निम्न से न्यूनतम वर्ग रीति से प्रवृत्ति (उपनति) मूल्य ज्ञात कीजिये :

Find trend values by method of least squares from the following:

Years	:	1994	1995	1996	1997	1998
Price	:	107	110	114	114	115

Solution

Calclation of Trend Values by Least Square

(Short-cut Method)

Years	Price y	Time Deviation from 1996 x	x^2	xy	$y_c = a + bx$
1994	107	-2	4	-16	112+(2 x-2)=108
1995	110	-1	1	-10	112+(2 x-1)=110
1996	114	0	0	0	112+(2 x 0)=112
1997	114	-1	1	13	112+(2 x 1) = 114
1998	115	-2	4	28	112+(2 x 2) = 116
N=5	$\Sigma y= 560$	$\Sigma x = 0$	$\Sigma x^2 = 10$	$\Sigma xy = 15$	$\Sigma y_c = 560$

$$a = \frac{\Sigma y}{N} = \frac{560}{5} = 112$$

$$b = \frac{\Sigma xy}{\Sigma x^2} = \frac{20}{10} = 2$$

उदाहरण 8.

निम्न सारणी से न्यूनतम वर्ग रीति द्वारा उपनति मूल्य ज्ञात कीजिए तथा 2000 के लिए उपनति मूल्य का अनुमान भी लगाइए:

From the following table find out the trend values by the method of least squares and estimate the trend value of 2000.

Year:	1991	1992	1993	1994	1995	1996	1997	1998
Values:	380	400	650	720	690	600	870	930

Solution

Calculation of Trend Values by Least Square

(by Short-cut Method)

Years	Values y	Time Deviation from 1994.5	Unit $\frac{1}{2}$ Year x	x^2	xy	$y_c = a + bx$
1991	380	- 3.5	- 7	49	-2660	655 + 35.83 x - 7 = 404.19
1992	400	- 2.5	- 5	25	-2000	655 + 35.83 x - -5= 475.85
1993	650	- 1.5	- 3	9	-1950	655 + 35.83 x - 3=547.51
1994	720	- .5	- 1	1	-720	655 + 35.83 x - 1=619.17
1995	690	+.5	+ 1	1	+690	655 + 35.83 x 1 = 690.83
1996	600	+1.5	+ 3	9	+1800	655 + 35.83 x 3 = 762.49
1997	870	+ 2.5	+ 5	25	+ 4350	655 + 35.83 x 5 = 834.15
1998	930	+ 3.5	+ 7	49	+ 6510	655 + 35.83 x 7 = 905.81
N=8	Σy= 5240		Σx = 0	Σx^2 = 168	Σxy = 6020	Σy_c = 5240.00

$$a = \frac{\Sigma y}{N}$$

$$a = \frac{5240}{8} = 655$$

$$b = \frac{\Sigma xy}{\Sigma x^2} \qquad b = \frac{6020}{168} = 35.83$$

उपर्युक्त उदाहरण में 2000 का उपनति मूल्य ज्ञात करवाया गया है अत: 2000 के का मूल्य 11 होगा इसलिए उपनति मूल्य (a + bx) = (655 + 35.83 x 11) = (655 + 394.13) = 1,049.13 होगा।

(2) द्विघातीय परवलय-वक्रीय रीति (Second Degree Parabola Method)

एक श्रेणी की उपनति की माप के लिए अंकगणितीय सरल रेखा उचित हैं, क्योंकि श्रेणी में समान निरपेक्ष मात्रा (absolute quantity) से वृद्धि या ह्रास होने पर किसी उद्योग के दीर्घकालीन विकास का विवरण प्राप्त नहीं हो सकता। उद्योग का आकार बढ़ने पर ऐसे उपनति वक्र को चुना जाना चाहिए जो कि सम्पूर्ण श्रेणी की प्रवृत्ति को स्पष्ट कर सके तथा यथासम्भव प्रत्येक वक्र (cycle) के केन्द्र से होकर गुजरे। ऐसी दशा में प्रवृत्ति निकालने के लिए निश्चित घात (द्वितीय, तृतीय या चतुर्थ आदि) का एकेन्द्रिक वक्र खींचना पड़ता है। यहाँ हम केवल द्विघात के परवलयिक वक्र या द्विघातीय प्रवृत्ति (Parabolic Curve of the Second degree or Quardratic Trend) की व्याख्या करेंगे। इस वक्र का आधारभूत समीकरण इस प्रकार है –

$$Y_c = a + bX + cX^2$$

उपर्युक्त समीकरण में a, b, c अचर (Constants) है, जिनका मूल्य निम्नलिखित तीन सामान्य समीकरणों की सहायता से ज्ञात किया जा सकता है–

प्रत्यक्ष रीति

$$\Sigma Y = Na + b\Sigma X + c\Sigma X^2 \quad \text{(i)}$$

$$\Sigma XY = a\Sigma X + b\Sigma X^2 + c\Sigma X^3 \quad \text{(ii)}$$

$$\Sigma X^2Y = a\Sigma X^2 + b\Sigma X^3 + c\Sigma X^4 \quad \text{(iii)}$$

उपयुक्त तीनों सामान्य समीकरणों में 'X' प्रथम वर्ष से लिये गये विचलन के लिए प्रयोग किया गया है।

लघु रीति

यदि विचलन, मध्य समय से लिये जायें तो ΣX तथा ΣX^3 का मूल्य शून्य होगा। अत: उपर्युक्त समीकरण निम्न प्रकार हो जायेंगे:

$$\Sigma y = Na + c\Sigma X^2 \quad \text{(i)}$$

$$\Sigma XY = b\Sigma X^2 \quad \text{(ii)}$$

$$\Sigma X^2Y = a\Sigma X^2 + c\Sigma X^4 \quad \text{(iii)}$$

टिप्पणी : गणना की कठिनाई से बचने के लिए व्यवहार में विचलन, मध्य समय से लेकर लघु रीति का प्रयोग करना उचित रहता है।

उदाहरण 9.

निम्नलिखित समंकों से द्विघातीय उपनति आसंजित कीजिए:

Fit second degree trend to the following data:

Years :	1994	1995	1996	1997	1998
Railway Luggage:	180	192	195	204	202

(in lakh tonnes)

Solution:

Calculation of Trend Values

Years	Railway Luggage (in lakh tonnes) Y	Origin 1996 (X)	X^2	X^3	X^4	X^2Y	XY	Trend Values
1994	180	-2	4	-8	16	720	-360	180.26
1995	192	-1	1	-1	1	192	-192	190.57
1996	195	0	0	0	0	0	0	197.74
1997	204	1	1	1	1	204	204	201.77
1998	202	2	4	8	16	808	404	202..66
N = 5	$\Sigma Y =$ 973	$\Sigma X=0$	ΣX^2 =10	ΣX^3 =10	ΣX^4 =34	$\Sigma X^2 Y =$ 1924	ΣXY =56	$\Sigma Y_c=9$73.00

Trend values $Y_c = a + bX + cX^2$

$\Sigma Y = Na + c\Sigma X^2$ (i)

$\Sigma XY = b\Sigma X^2$ (ii)

$\Sigma X^2Y = a\Sigma X^2 + c\Sigma X^4$ (iii)

समीकरण में विभिन्न ज्ञात मूल्या प्रतिस्थातिप करने पर,

$973 = 5a + 10c$ (i)

$56 = 10b$ (ii)

$1924 = 10a + 34c$ (iii)

समीकरण (ii) के अनुसार

$$b = \frac{56}{10} = 5.6$$

समीकरण (i) को दो से गुणा करने व (iii) में से घटाने पर,

$1924 = 10a + 34c$ (iii)

$1946 = 10a + 20c$ (i)

- - -

$-22 = 14c$

$$C \frac{-22}{14} = -1.57$$

C का मूल्य समीकरण (i) में रखने पर,

$973 = 5a + 10x(-1.57)$

or $973 = 5a - 15.7$

$$a = \frac{988.7}{5} = 197.74$$

इस प्रकार $Y_c = a+bX+cX^2$ के लिए विभिन्न वर्षों का उपनति मूल्य ज्ञात करने के लिए निम्न समीकरण में X के X^2 मान रखेंगे :

$$Y_c = 197.74 + 5.6X - 1.57X^2$$

उपनति समीकरण के आधार पर परिवर्तन (Shifting the Trend Origin)

काल श्रेणी का विश्लेषण करते समय कई बार उपनति के आधार वर्ष में परिवर्तन की आवश्यकता होती है। परिवर्तन करने की प्रक्रिया को समझने के लिए एक उदाहरण लें। माना कि 1996 के आधार पर उपनति समीकरण निम्न हैं –

$$Y_c = a + bX$$

$$Y_c = 50 + 2X$$

उपर्युक्त समीकरण में 'a' का मान है, अर्थात् वर्ष 1996 के लिए उपनति मूल्य 50 हैं तथा प्रतिवर्ष परिवतन की दर 'b' का मान 2 हैं। अर्थात् 1997 के लिए उपनति का मान 50 + 2 × 1 – 52 होगा। यदि 1999 के आधार पर उपर्युक्त उपनति समीकरण को परिवर्तित करना हो, तो 1999 के लिए उपनति मूल्य 50 × (2 × 3) = 56 होगा। यहाँ यह ध्यान

रखना चाहिए कि का मूल्य आधार वर्ष के लिए उपनति मूल्य को बताता है। क्योंकि अब आधार वर्ष 1999 हो गया है अत: a का मूल्य 1999 के आधार वर्ष हो जाने से 56 हो जायेगा। जबकि वार्षिक वृद्धि दर (b) के मान में कोई अन्तर नहीं होगा, अत: 1999 वर्ष के लिए उपनति समीकरण Y_c (1999) = 56 + 2X होगा। इस समीकरण के आधार वर्ष 1 जुलाई किस प्रकार हो गया? किसी भी वर्ष का उपनति मूल्य उस वर्ष के मध्य में स्थित माना जाता है। इसलिए 1999 वर्ष के लिए दिया गया उपनति समीकरण भी 1 जुलाई 1999 (वर्ष 1999 के मध्य) स्थिति माना जायेगा।

वार्षिक उपनति मूल्यों का त्रैमासिक अथवा मासिक मूल्यों में परिवर्तन (Conversion of Annual Trend Values into Quarterly and Monthly Trend Values)

वार्षिक उपनति समीकरण को त्रैमासिक अथवा मासिक मूल्यों में परिवर्तित करने के लिए 'a' में क्रमश: 4 अथवा 12 का भाग लगाना होगा। इस प्रकार (a)

त्रैमासिक = \f(a(वाषिक),4) तथा मासिक = \fa (वार्षिक),12)

अत: किस भी वार्षिक समीकरण के स्थिरांक को त्रैमासिक अथवा मासिक रूप में परिवर्तित उक्त प्रकार से किया जा सकता है।

bX को त्रैमासिक रूप में परिवर्तित करने के लिए 'b' तथा 'X' दोनों को 4 से भाग देना होगा अर्थात् $\frac{b}{4} . \frac{X}{4}$ या $\frac{bX}{16}$

उदाहरणार्थ

$Y_c = 2000 + 32X$ को त्रैमासिक उपनति में बदलने के लिए \f(200,4) = 50 तथा $\frac{32X}{4 \times 4}$ या $\frac{32X}{16} = 2X$ अत: उपनति समीकरण $Y_c = 50 + 2X$ करना होगा,

जबकि $Y \frac{200}{4} + \frac{32x}{4} X$ या $Y = 50 + 8X$ में b का मान 8 है जिसका अर्थ है कि इस वर्ष से सम्बन्धित त्रैमासिक (Quarter) से अगले वर्ष के उसी त्रैमासिक (Quarter) का अन्तर 8 है जो कि एक निरन्तर त्रैमासिक उपनति मूल्य परिवर्तन नहीं है। अत: वार्षिक उपनति समीकरण को पूर्णत: त्रैमासिक आधार पर लाने के लिए Y_c = तथा पूर्णत: मासिक आधार पर लाने के लिए $Y_c = \frac{a}{12} + \frac{bX}{12 \times 12}$ या $Y_c = \frac{a}{12} + \frac{bX}{144}$ करना होगा।

उदाहरण 10.

एक कम्पनी की वार्षिक बिक्री का उपनति समीकरण निम्नलिखित हैं -

$Y_c = 240 + 72X$

(आधार वर्ष 1998, X इकाई = 1 वर्ष, Y इकाई = वार्षिक बिक्री)

उपर्युक्त समीकरण को मासिक तथा त्रैमासिक उपनति समीकरण में परिवर्तित कीजिए।

The trend of annual sales of a company is described by the following equation:

$$Y_c = 240 + 72X$$

(Origin year 1998; X Unit = 1 year, Y Unit = Annual Sales Convert the above equation to monthly and quarterly trend equations.

Solution

(1) मासिक उपनति समीकरण ज्ञात करने के लिए a में 12 तथा bX में 144 का भाग देना होगा।

$$\text{अत:}\ Y_c = \frac{240}{12} + \frac{72X}{144}$$

$$Y_c = 20 + 0.5X$$

(2) त्रैमासिक उपनति समीकरण ज्ञात करने के लिए a में 4 का तथा bX में (4 x 4) = 16 का भाग देना होगा।

$$Y_c = \frac{240}{4} + \frac{72X}{16}$$

$$Y_c = 60 + 4.5X$$

उदाहरण 11.

वर्ष 1997 के आधार पर एक वस्तु की वार्षिक बिक्री से सम्बन्धित उपनति समीकरण $Y_c = 36,000 + 14400X$ है। इस समीकरण के आधार पर जनवरी 1998 को आधार (Origin) मानते हुए मासिक उपनति समीकरण ज्ञात कीजिए तथा अप्रैल 1998 के लिए उपनति की गणना कीजिए।

The trend equation for annual sales of a commodity with year 1997 as origin $Y_c = 36000 + 14400X$. On the basis of this equation, determine the trend equation to give monthly trend values with Jan. 1998 as origin and calculate the trend for April, 1998.

Solution

वार्षिक उपनति समीकरण $Y_c = 36000 + 14400X$ को मासिक उपनति समीकरण में बदलने पर,

$$Y_c = \frac{36000}{12} + \frac{14400X}{144}$$

या $Y_c = 3000 + 100X$

उक्त मासिक समीकरण 1997 वर्ष के मध्य में स्थिति, 1 जुलाई, 1997 के आधार (Origin) पर है। इसके अनुसार विक्रय में प्रतिमाह वृद्धि 100 रुपये हैं। इस समीकरण को जनवरी, 1998 के आधार पर लाने के लिए $6\frac{1}{2}$ माह आगे जाना होगा, क्योंकि जनवरी माह आधार (Origin) का अर्थ 15 जनवरी, 1998 हैं।

अतः $Y_c = 3000 + 100 \times 6.5$

या $Y_c = 3000 + 650$

या $Y_c = 3650$

जनवरी, 1998 के लिए a का मूल्य 3,650 रु. होगा क्योंकि मासिक परिवर्तन की दर में इस कारण कोई परिवर्तन नहीं होगा, अतः यह 100 रुपये प्रति माह ही रहेगा। इस प्रकार जनवरी, 1998 के लिए उपनति समीकरण निम्न प्रकार होगा:

$Y_c = 3650 + 100X$

अप्रेल 1998 के लिए उपनति मूल्य की गणना करने के लिए उपर्युक्त समीकरण में X का मान 3 होगा अत:

$Y_c = 3650 + 100 \times 3$

या $Y_c = 3650 + 300$

या $Y_c = 3950$ रुपये

अल्पकालीन उच्चावचनों की माप (Measurement of Short Time Fluctuations)

एक काल श्रेणी विभिन्न संघटकों तथा उपनति, चक्रीय तथा अल्पकालीन उच्चावचनों से प्रभावित होती है। चल माध्य रीति अथवा न्यूनतम वर्ग रीति से प्राप्त उपनति मूल्यों को ज्ञात करने के बाद अल्पकालीन उच्चावचनों को ज्ञात किया जा सकता है। इन उपनति मूल्यों को मूल समंकों में से घटाने के पश्चात् जो शेष बचता है उन्हें अल्पकालीन उच्चावचन कहते हैं। अल्पकालीन उच्चावचन ज्ञात करने की यह विधि योगात्मक निदर्श पर आधारित है। इसकी मान्यता यह है कि अवधि का चुनाव, यह मानकर किया जाता है कि समंकों पर चक्रीय उच्चावचनों का प्रभाव नहीं है।

उदाहरण 12.

निम्न काल श्रेणी में एक फैक्ट्री के औसत कर्मचारियों की संख्या वर्ष 1987 से वर्ष 1998 तक के लिए दी गई है। त्रिवर्षीय चल माध्य का प्रयोग करते हुए अल्पकालीन उच्चावचन ज्ञात कीजिए।

In the following time series average number of workers in an Industry during the years 1987 to 1998 is given. Calculate the short time fluctuations using 3-yearly moving average.

Years	**No. of Workers**
1987	433
1988	465
1989	449
1990	451
1991	483
1992	464
1993	463
1994	498
1995	488
1996	484
1997	510
1998	500

Solution

Calculation of Short Time Fluctuations

Years (1)	No. of Workers (2) (O)	3 Years Moving Total (3)	Moving Average Trend (4) (T)	Short Time Fluctuations (5) (O - T)
1987	433	-	-	-
1988	465	1347	449	+ 16
1989	449	1365	455	- 6
1990	451	1383	461	- 10
1991	483	1398	466	+ 17
1992	464	1410	470	- 6
1993	463	1425	475	- 12
1994	498	1449	483	+ 15
1995	488	1470	490	- 2
1996	484	1482	494	- 10
1997	510	1494	498	+ 12
1998	500	-	-	-

आर्तव उच्चावचनों को मापने की रीतियाँ
(Methods of Measuring Seasonal Variations)

एक काल श्रेणी में दिये गये मूल्य, प्रवृत्ति के अतिरिक्त अन्य कारणों से भी प्रभावित होते हैं। मौसमी अथवा आर्तव उच्चावचन भी एक काल श्रेणी का महत्त्वपूर्ण संघटक है। यदि वार्षिक मूल्य दिये गये हों तो मौसमी उच्चावचनों के सम्बन्ध में जानकारी प्राप्त की जा सकती हैं, अतः मौसमी उच्चावचनों के बारे में ज्ञात प्राप्त करने के लिए काल श्रेणी के समंक वर्ष के विभिन्न उपभागों यथा दिनों, सप्ताहों, महीनों, तिमाहियों अथवा गर्मी, सर्दी बरसात आदि के रूप में होने चाहिए।

ये परिवर्तन या उच्चावचन मौसम तथा उपभोक्ताओं की आदतों के कारण उत्पादकों, वितरकों तथा उपभोक्ताओं के व्यवहारों पर पड़ने वाले प्रभावों के कारण होते हैं।

अल्पकालीन पूर्वानुमान एवं नियोजन में सहायता देने के लिए इनका अध्ययन किया जाना वांछनीय है।

आर्तव उच्चावचनों को पृथक करने में सामान्यतः निम्नलिखित रीतियों का प्रयोग किया जाता है –

(1) आर्तव विचरण सूचकांक अथवा आर्तव माध्य रीति (Seasonal Variation Index or Seasonal Average Method)

(2) चल माध्यों द्वारा आर्तव विचरणों की माप (Measurement of Seasonal Variation through Moving Average)

(3) उपनति से अनुपात रीति (Ratio to Trend Method)

(4) चल माध्य से अनुपात रीति (Ratio to Moving Average Method)

(5) श्रृंखला मूल्यानुपात रीति (Link-Relatives Method)

(1) आर्तव विचरण सूचकांक अथवा आर्तव माध्य रीति (Seasonal Variation Index or Seasonal Average Method)

इस विधि के अन्तर्गत सर्वप्रथम विभिन्न वर्षों के प्रत्येक मौसम (यथा महीने या तिमाहियों) के औसत ज्ञात किये जाते हैं तत्पश्चात् इन सभी मौसमों के औसतों का औसत अथवा सामान्य औसत (General Average) ज्ञात कर लिया जाता है। सामान्य औसत को 100 मानकर विभिन्न मौसमों के औसत का प्रतिशत ज्ञात करते हैं। यही आर्तव विचरण सूचकांक कहलाता है। सूत्र के रूप में,

$$\text{Seasonal Index} = \frac{\text{Seasonal Average}}{\text{General Average}} \times 100$$

उदाहरण 13.

निम्नलिखित समंकों से आर्तव माध्य रीति द्वारा आर्तव विचरण सूचकांक ज्ञात कीजिए:

From the following data find out Seasonal Variation Indices by seasonal average method:

Years	Quarters			
	I	II	III	IV
1995	20	44	90	41
1996	35	56	130	70
1997	46	58	72	60
1998	50	100	70	80

Solution

सर्वप्रथम आर्तव माध्य (Seasonal Average) ज्ञात किये जायेंगे:

$\bar{X}^1$ प्रथम त्रैमासिक आर्तव माध्य $\left(\frac{20+35+46+50}{4}\right) = 37.75$

$\bar{X}^2$ द्वितीय त्रैमासिक आर्तव माध्य $\left(\frac{44+56+58+100}{4}\right) = 64.5$

$\bar{X}^3$ तृतीय त्रैमासिक आर्तव माध्य $\left(\frac{90+130+72+70}{4}\right) = 90.5$

$\bar{X}^4$ चतुर्थ त्रैमासिक आर्तव माध्य $\left(\frac{41+70+60+80}{4}\right) = 62.75$

General Average or Average of Averages

$$(\bar{X}) = \left(\frac{\bar{X}^1+\bar{X}^2+\bar{X}^3+\bar{X}^4}{4}\right)$$

$$\text{or } \bar{X} = \left(\frac{37.75+64.5+90.5+62.75}{4}\right) = 63.875$$

$$\text{Seasonal Index} = \frac{\text{Seasonal Average}}{\text{General Average}} \times 100$$

प्रथम त्रैमासिक आर्तव माध्य $= \frac{37.75}{63.875} \times 100 = 59.1$

द्वितीय त्रैमासिक आर्तव माध्य $= \frac{64.5}{63.875} \times 100 = 101.0$

तृतीय त्रैमासिक आर्तव माध्य $= \frac{90.5}{63.875} \times 100 = 141.7$

चतुर्थ त्रैमासिक आर्तव माध्य $= \frac{62.75}{63.875} \times 100 = 98.2$

Total 400.0

2. चल माध्यों द्वारा आर्तव विचरणों की माप

(Measurement of Seasonal Variation through Moving Averages)

इस विधि द्वारा आर्तव विचरण निकालने के लिए सर्वप्रथम चल माध्य निकाल लिये जाते हैं। तत्पश्चात वास्तविक समंकों में से उनके चल माध्यों को घटाकर अल्पकालीन परिवर्तन ज्ञात किये जाते हैं। विभिन्न वर्षों के अल्पकालीन परिवर्तनों को मौसम के अनुसार एक तालिका में रखकर औसत ज्ञात कर लिये जाते हैं। यही औसत आर्तव उच्चावचन (S)

कहलाते हैं। यदि अनियमित परिवर्तन भी ज्ञात करने हों तो इन आर्तव उच्चावचनों को अल्पकालीन परिवर्तनों में से घटा देते हैं, शेष अनियमित उच्चावचन कहलाते हैं।

उदाहरण 14.

भारत में कोयले के उत्पादन की निम्नलिखित अंक राशि का विश्लेषण करके ज्ञात कीजिए (अ) आर्तव विचरण, (ब) दैव या अनियमित उच्चावचन।

Analysing the following figures of coal production in India find out (a) Seasonal Variations (b) Random or Irregular Fluctuations:

Coal Production (in mil. tonnes) Quarterly Period

Years	I	II	III	IV
1994	108	112	122	119
1995	110	116	128	132
1996	114	121	131	141
1997	128	132	109	150
1998	139	151	161	149

Solution

Calculation of Average Seasonal Variations (S)

(From Short Time Fluctuations)

Years	Quarters			
	I	II	III	IV
1994	-	-	+ 7	+ 3
1995	- 7	- 4	+ 6	+ 9
1996	- 10	- 5	+ 3	+ 9
1997	- 2	+ 3	- 22	+ 15
1998	- 5	+ 1	-	-
Total	- 24	- 5	- 6	+ 36
Average	- 6	- 1	- 2	+ 9

टिप्पणी - 1. इन औसतों को सम्बन्धित अवधि के सामने विश्लेषण तालिका में रख देगें तत्पश्चात अल्पकालीन उच्चावचन में से मौसमी विचरण घटा देंगे तो अनियमित उच्चावचन प्राप्त हो जायेंगे।

2. गणना भिन्नों (Fractions) में नहीं की गयी हैं।

3. काल श्रेणी विश्लेषण तालिका अगले पृष्ठ पर है। उपरोक्त टेबिल, विश्लेषण तालिका के (iv) column आधार पर बनायेंगे।

काल श्रेणी का विश्लेषण

(Calculation of Seasonal Fluctuations and Irregular Fluctuations)

Years	Quar-ters	Coal production (in mil.tonnes) (o)	Total of 4 quart-ers	Total of 8 quart-ers	Four quarterty moving average (T)	Short time Fluctu-ations (ii-v) (O - T)	Seasonal Varia-tion	Irregular Fluctions (vi-vii) (I)
	(i)	(ii)	(iii)	(iv)	(v)	(vi)	(vii)	(viii)
1994	I	108	-	-	-	-	-	-
	II	112	-	-	-	-	-	-
			461					
	III	122		924	115	+ 7	- 2	+ 9
			463					
	IV	119		930	116	+ 3	+ 9	- 65
			467					
1995	I	110		940	117	- 7	- 6	- 1
			473					
	II	116		959	120	+ 4	- 1	- 3
			486					
	III	128		976	122	+ 6	- 2	+ 8
			490					
	IV	132		985	123	+ 9	+ 9	0
			495					

1996	I	114		993	124	- 10	- 6	- 4
			498					
	II	121		1005	126	- 5	- 1	- 4
			507					
	III	131		1028	128	+ 3	- 2	+ 5
			521					
	IV	141		1053	132	+ 9	+ 9	0
			532					
1997	I	128		1042	130	- 2	- 6	+ 4
			510					
	II	132		1029	129	+3	- 1	+ 4
			519					
	III	109		1049	131	- 22	- 2	- 20
			530					
	IV	150		1079	135	+ 15	+ 9	+ 6
			549					
1998	I	139		1150	144	- 5	+6	+ 1
			601					
	II	151		1201	150	+ 1	- 1	+ 2
			600					
	III	161	-	-	-	-	-	-
	IV	149	-	-	-	-	-	-

3. उपनति की अनुपात रीति (Ratio to Trend Method)

यह रीति गुणात्मक निदर्श (Multiplicative Model) पर आधारित है तथा उपनति को उचित महत्त्व प्रदान करती है। इस रीति में यह मान्यता होती है कि किसी माह या तिमाही में जो आर्तव परिवर्तन होते हैं, वह उपनति मूल्य का समान अंश (Constant Fraction) होते हैं। इसके द्वारा आर्तव सूचकांक परिकलन करने की प्रक्रिया निम्नलिखित हैं –

सर्वप्रथम न्यूनतम वर्ग रीति से (माह या तिमाही) के लिए उपनति मूल्य ज्ञात किये जाते हैं। यदि त्रैमासिक समंक दिये हों तो प्रत्येक वर्ष के तिमाही समंकों का समान्तर माध्य

(इन्हें प्रश्न में y के रूप में लिया जाता है) निकाल कर प्रवृत्ति समीकरण का प्रयोग करना चाहिए। ये वार्षिक प्रवृत्ति मूल्य होंगे जिन्हें त्रैमासिक प्रवृत्ति मूल्यों में बदलने के लिए

पिछले पृष्ठ पर दी गयी सारणी को माध्यम से * Seasonal Variations (S) ज्ञात किये गये हैं।

वार्षिक परिवर्तन दर (b) को चार से भाग देकर पहले त्रैमासिक वृद्धि दर निकाली जायेगी। फिर प्रथम वर्ष के प्रवृत्ति मूल्यों में से त्रैमासिक दर का आधा घटाकर एवं आधा जोड़कर क्रमशः पहले वर्ष की दूसरी व तीसरी तिमाही के उपनति मूल्य निकाले जायेंगे। इसके बाद इस दर के आधार पर सभी त्रैमासिक अवधियों के प्रवृत्ति समंक प्राप्त किये जायेंगे।

इस प्रकार अब प्रत्येक वास्तविक समंक के लिए एक प्रवृत्ति मूल्य भी होगा। प्रत्येक वास्तविक मूल्य में प्रवृत्ति मूल्य का भाग देकर 100 से गुणा किया जायेगा अर्थात् $\frac{O}{T} \times 100$ इन वास्तविक समंकों की उपनति मूल्यों से प्रतिशत को एक सारणी में मौसमानुसार (Seasonwise) जोड़कर प्रत्येक मौसम के लिए औसत ज्ञात कर लिया जायेगा। इन औसतों का योग त्रैमासिक समंक होने पर 400 तथा मासिक समंक होने पर 1200 होना चाहिए। इस प्रकार प्राप्त औसतों के योग को त्रैमासिक समंक होने पर 400 करने की आवश्यकता आर्तव सूचकांक ज्ञात करने के लिए होती है।

$$\text{अतः Seasonal Index} = \frac{\text{Seasonal Average}}{\text{Total of the Seasonal Average}} \times 100$$

मासिक समंक होने की स्थिति में 1200 से गुणा करना होगा। शेष प्रक्रिया वही रहेगी।

गणन क्रिया कठिन होने के कारण इस रीति का प्रयोग बहुत कम किया जाता है।

उदाहरण 15.

निम्न समंकों से प्रवृत्ति अनुपात रीति द्वारा आर्तव सूचकांक ज्ञात कीजिए।

Calculate Seasonal Indices by the ratio to trend method from the following data:

Years	Quarters				Total
	I	II	III	IV	
1994	15	20	18	17	70
1995	17	26	25	22	90
1996	20	29	27	24	100
1997	27	38	34	31	130
1998	40	46	43	41	170

Solution

सर्वप्रथम दिये गये त्रैमासिक (तीन महीनों के आधार पर) समंकों का योग लेकर वार्षिक स्थिति ज्ञात की जायेगी। वार्षिक उपनति औसत समंकों से $Y_c = a + bX$ द्वारा ज्ञात की जायेगी।

Calculation of Trend Analysis by Least Square Method

Years	Total	Average (Y)	Origin 1996 (X)	(XY)	X^2	Trend Value $Y_c = a + bX$ $Y_c = 28 + 6X$
1994	70	17.5	- 2	- 35	4	16
1995	90	22.5	- 1	- 22.5	1	22
1996	100	25.0	0	0	0	28
1997	130	32.5	1	32.5	1	34
1998	170	42.5	2	85	4	40
N = 5	560	$\Sigma Y = 140$	$\Sigma X = 0$	$\Sigma XY = 60$	$\Sigma X^2 = 10$	$\Sigma Y_c = 140$

लघु रीति द्वारा

$$\Sigma Y = Na$$

$$\Sigma XY = b\Sigma X2$$

$$a = \frac{\Sigma Y}{N} = \frac{140}{5} = 28$$

तथा $b = \frac{\Sigma XY}{\Sigma X2} = \frac{60}{10} = 6$

इस प्रकार a व b का मूल्य क्रमश: 28 व 6 होगा।

वार्षिक वृद्धि दर (b) = 6

त्रैमासिक वृद्धि दर $= \frac{6}{4} = 1.5$

त्रैमासिक वृद्धि दर के आधार पर त्रैमासिक उपनति मूल्य ज्ञात किये जायेंगे। 1994 के लिए उपनति मूल्य 16 है जो द्वितीय व तृतीय तिमाही के मध्य स्थित होगा। निम्न सारणी में त्रैमासिक वृद्धि दर 1.5 है अत: 1994 के द्वितीय तिमाही का उपनति मूल्य $16 - \frac{1.5}{2}$ या

16 − 0.75 = 15.25 व तृतीय तिमाही का उपनति मूल्य $16 + \frac{1.5}{2} = 16.75$ होगा। इस प्रकार वार्षिक उपनति 6 के वृद्धि दर में से त्रैमासिक वृद्धि 1.5 को द्वितीय व तृतीय तिमाही में समायोजित करने के बाद शेष वृद्धि दर (6 − 1.5) = 4.5 को प्रथम व अन्तिम तिमाही में समायोजित कर दिया जायेगा। प्रथम तिमाही का उपनति मूल्य $16 - \frac{4.5}{2} = 13.75$ व अन्तिम तिमाही का उपनति मूल्य $16 + \frac{4.5}{2} = 18.25$ होगा। इस प्रकार अन्य सभी वर्षों के उपनति मूल्य को समायोजित करके त्रैमासिक उपनति मूल्य ज्ञात किये जायेंगे −

Quarterly Trend Values

Years	I	II	III	IV	V
1994	13.75	15.25	16.75	18.25	64.00
1995	19.75	21.25	22.75	24.25	88.00
1996	25.75	27.25	28.75	30.25	112.00
1997	31.75	33.25	34.75	36.25	136.00
1998	37.75	39.25	40.75	42.25	160.00
					560.00

सभी त्रैमासिक प्रवृत्ति मूल्यों को जोड़ त्रैमासिक मूल समंकों के कुल जोड़ के बराबर होना चाहिए। इससे इस बात की जांच हो जाती है कि प्रवृत्ति ठीक प्रकार से ज्ञात की गयी है या नहीं।

Calculation of Ratio to Trend & Seasonal Index

$$\left(\frac{O}{T \times 100}\right)$$

Years	Quarters			
	I	II	III	IV
1994	109.1	131.1	107.5	93.2
1995	86.1	122.4	109.5	90.7
1996	77.7	106.4	93.9	79.3
1997	85.0	114.3	97.8	85.5
1998	106.0	117.2	105.5	97.0
Total	463.9	591.4	514.6	445.7
Average	92.78	118.28	102.92	89.14
Seasonal Index	92.1	117.4	102.1	88.4

1. प्रत्येक तिमाही का प्रवृत्ति अनुपात निम्न सूत्र ही सहायता से ज्ञात किया गया है:

Ratio to Trend = $\frac{O}{T} \times 100$

प्रश्न में प्रत्येक तिमाही के मूल्य समंक दिये गये हैं उन समंकों में प्रत्येक तिमाही के का भाग दिया जायेगा।

1994 की प्रथम तिमाही का Ratio to trend

$= \frac{15}{13.75} \times 100 = 109.09 = 109.1$ approx.

इसी प्रकार से आगे की तिमाहियों के Ratio to trend ज्ञात कर लिये जायेंगे।

2. प्रवृत्ति अनुपातों का सामान्य माध्य :

$= \frac{92.78 + 118.28 + 102.92 + 89.14}{4} = \frac{403.12}{4} = 100.78$

3. Seasonal Index for Quarter I = $\frac{92.78}{100.78} \times 100$

$= 92.06 = 92.1$ approx.

इसी प्रकार आगे की तिमाहियों के Seasonal Index ज्ञात किये जायेंगे।

4. चल माध्य अनुपात रीति (Ratio to Moving Average Method)

यह रीति काल श्रेणी में गुणात्मक निदर्श पर आधारित है। आर्तव परिवर्तनों को मापने की यह सर्वाधिक प्रचलन रीति मानी जाती है। इस रीति के अन्तर्गत निम्नलिखित प्रक्रिया अपनाते हैं -

(1) महीनों की स्थिति 12 मासिक चल माध्य तथा तिमाहियों की स्थिति में 4 त्रैमासिक चल माध्यों की गणना की जाती है।

(2) प्रत्येक तिमाही या माह के मौलिक मूल्य (O) को तत्सम्बन्धित चल माध्य (T) से भाग दे दिया जाता है तथा अनुपातों को प्रतिशत में व्यक्त किया जाता है - $\left(\frac{O}{T} \times 100\right)$

(3) त्रैमासिक अथवा मासिक रूप से ज्ञात चल माध्यों से अनुपातों को मौसम के आधार पर तालिका में रखा जाता है।

(4) अन्त में उपर्युक्त (iv) के अन्तर्गत ज्ञात समान्तर माध्यों का फिर समान्तर माध्य ज्ञात किया जायेगा, तत्पश्चात ज्ञात समान्तर माध्य को 100 मानकर सभी समान्तर माध्यों को सूचकांकों के रूप में व्यक्त किया जायेगा। ये सूचकांक ही आर्तव सूचकांक (Seasonal Indices) कहलाते हैं।

उदाहरण 16.

चल माध्य अनुपात विधि द्वारा निम्न समंकों से आर्तव सूचकांक ज्ञात कीजिए :

Find the Seasonal Indices from the following table by ratio to moving average method:

Quarters	1994	1995	1996	1997	1998
I	40	42	41	45	44
II	35	37	35	36	38
III	38	39	38	36	38
IV	40	38	42	41	42

Solution :

Calculation of Seasonal Indices by Ratio to Moving Average Method

Years	Quarterly period	Original data (O)	Four Quarterly Moving Totals	Centered Total (v)	Moving Average Column (v÷8)	Moving Average ratio $\left(\frac{O}{T}\times100\right)$	Seaso-nal Index
(i)	(ii)	(iii)	(iv)	(v)	(vi)	(vii)	(viii)
1994	I	40	-	-	-	-	-
	II	35	-	-	-	-	-
			153				
	III	38		308	38.50	98.70	96.46
			155				
	IV	40		312	39.00	102.56	102.23
			157				
1995	I	42		315	39.28	106.65	108.96
			158				
	II	37		314	39.25	94.27	92.35
			156				

	III	39		311	38.88	100.31	96.46
			155				
	IV	38		308	38.50	98.70	102.23
			153				
1996	I	41		305	38.12	107.56	108.96
			152				
	II	35		308	38.50	90.91	92.35
			156				
	III	38		316	39.50	96.20	96.46
			160				
	IV	42		321	40.12	104.69	102.23
			161				
1997	I	45		320	40.00	112.50	108.26
			159				
	II	36		317	39.62	90.86	92.35
			158				
	III	36		315	39.38	91.42	96.46
			157				
	IV	41		316	39.50	103.80	102.23
			159				
1998	I	44		320	40.00	110.00	108.96
			161				
	II	38		323	40.38	94.11	92.35
			162				
	III	38	-	-	-	-	-
	IV	42	-	-	-	-	-

विभिन्न त्रैमासिक अवधियों से सम्बन्धित चल माध्य अनुपातों के अंक गणितीय माध्य अग्र प्रकार ज्ञात किये जायेंगे –

Seasonal Indices by the Method of Ratio to Moving Average

Years	Quarterly Period			
	I	II	III	IV
1994	-	-	98.70	102.56
1995	106.65	94.27	100.31	98.70
1996	107.56	90.91	96.20	104.69
1997	112.50	90.86	91.42	103.80
1998	110.00	94.11	-	-
Total	436.71	370.15	386.63	409.75
Average	109.18	92.54	96.66	102.44
Seasonal Index	108.96	92.35	96.46	102.23

माध्यों का योग = 109.18 + 92.54 + 96.66 + 102.44 = 400.82 है, जबकि यह 400 होना चाहिए अत: आर्तव सूचकांक ज्ञात करने के लिए इन्हें $\frac{440}{440.82}$ = 0.99795 से गुणा करेंगे, ताकि इनका योग 400 हो जाये।

109.18 x .99795 = 108.96

92.54 x .99795 = 92.35

96.66 x .99795 = 96.46

102.44 x .99795 = 102.23

400.00

5. श्रृंखला मूल्यानुपात रीति (Link Relatives Method)

आर्तव परिवर्तनों को ज्ञात करने के लिए श्रृंखला मूल्यानुपात रीति का प्रयोग किया जाता है। इस रीति के प्रतिपादक कार्ल पियर्सन थे। आर्तव परिवर्तनों को मापने की यह सबसे जटिल रीति है। इस विधि के अनुसार –

(1) पहले सभी मूल्यों के श्रृंखलानुपात (Link Relatives) निकाले जाते हैं। इसकी गणना के लिए प्रत्येक तिमाही या मासिक मूल्य को पिछली तिमाही या मासिक मूल्य से भाग देकर 100 से गुणा कर दिया जाता है–

$$\text{Link Relative (L.R.)} = \frac{\text{Current Season Figure}}{\text{Previous Season Figure}} \times 100$$

इन प्रतिशतों को श्रृंखला मूल्यानुपात कहा जाता है। क्योंकि प्रत्येक तिमाही या माह की पिछली तिमाही या माह से भाग दिया जाता है।

(2) तत्पश्चात प्रत्येक मौसम के श्रृंखला मूल्यानुपातों का माध्य निकाला जाता है।

(3) इन माध्यों को प्रथम तिमाही के श्रृंखला मूलयानुपात को 100 मान कर श्रृंखला सूचकांक (Chain Relative Index) निम्न सूत्र की सहायता से ज्ञात किये जाते हैं :

$$\text{Current Season Chain Relative} = \frac{\text{Current Season Average Link Relative x Previous Season Chain Relative}}{100}$$

(4) प्रथम मौसम का संशोधित श्रृंखला सूचकांक, अन्तिम अवधि को आधार मनते हुए निम्न सूत्र की सहायता से ज्ञात किये जाते हैं

$$\text{Corrected Chain Relative Average of Ist Season} = \frac{\text{Link Relative of Ist Season x Chain Relative of last Season}}{100}$$

(5) पहले गणना किये गये श्रृंखला सूचकांक तथा संशोधित श्रृंखला सूचकांक के अन्तर को आवर्ततों की संख्या से भाग दे दिया जाता है, त्रैमासिक समंकों की स्थिति में भागफल को 1, 2 तथा 3 गुणा करे गुणनफलों को क्रमशः प्रथम, द्वितीय तथा तृतीय श्रृंखला सूचकांकों में से घटा दिया जाता है। ये संशोधित श्रृंखला सूचकांक कहलाते हैं।

(6) संशोधित श्रृंखला सूचकांकों का समान्तर माध्य निकाल कर तथा उसे आधार मानते हुए प्रत्येक संशोधित श्रृंखलानुपात को प्रतिशत में व्यक्त किया जाता है। वास्तव में यहाँ आर्तव सूचकांक कहलाता है।

उदाहरण 17.

निम्न समंकों की सहायता से श्रृंखला मूल्यानुपात विधि से आर्तव विचरण सूचकांक ज्ञात कीजिए:

Calculatte the seasonal index for the data given below by the Link Relative Method:

Years	Quarterly Period			
	I	II	III	IV
1994	4.5	5.4	7.2	6.0
1995	4.8	5.6	6.3	5.6
1996	4.9	6.3	7.0	6.5
1997	5.2	6.5	7.5	7.2
1998	6.0	7.0	8.4	6.6

Solution

Year	Quarters							
	I	L.R.	II	L.R.	III	L.R.	IV	L.R.
1994	4.5	-	5.4	120	7.2	133	6.0	83
1995	4.8	80	5.6	117	6.3	113	5.6	89
1996	4.9	88	6.3	129	7.0	111	6.5	93
1997	5.2	80	6.5	125	7.5	115	7.2	96
1998	6.0	83	7.0	117	8.4	120	6.6	79
1. Total L.R.		331		608		592		440
2. Average of L.R.		82.75		121.6		118.4		88
3. Chain Indices		100	$\frac{100 \times 121.6}{100}$ = 121.6		$\frac{121.6 \times 118.4}{100}$ = 144.0		$\frac{144 \times 88}{100}$ = 126.7	
4. Corrected Chain Indices		100	121.6 - 1.2 = 120.6		144.0 - 2.4 = 141.6		126.7 - 3.6 = 123.1	
5. Corrected Seasonal	$\frac{100}{121.3} \times 100$ = 82.5		$\frac{120.4}{121.3} \times 100$ = 99.3		$\frac{141.6}{121.3} \times 100$ = 116.7		$\frac{123.1}{121.3} \times 100$ = 101.5	

1. सर्वप्रथम तिमाहियों के Link Relatives निकालने पड़ेगे। 1994 की प्रथम तिमाही को आधार मानकर 1994 के ही द्वितीय तिमाही का L.R. ज्ञात करेंगे। L.R. निम्न प्रकार ज्ञात करेंगे:

$$\text{द्वितीय तिमाही का L.R.} = \frac{5.4}{4.5} \times 100 = 120$$

$$\text{तृतीय तिमाही का L.R.} = \frac{7.2}{5.4} \times 100 = 133 \text{ approx}$$

$$\text{चतुर्थ तिमाही का L.R.} = \frac{6.0}{7.2} \times 100 = 83 \text{ approx}$$

1995 की प्रथम तिमाही का L.R. = $\frac{4.8}{6.0}$ x 100 = 80

इसी प्रकार आगे की तिमाहियों का L.R. ज्ञात करेंगे। समस्त तिमाहियों के L.R. का योग ज्ञात कर लिया जायेगा।

2. सभी तिमाहियों का योग ज्ञात कर उनका औसत निकाला जायेगा। अर्थात् तिमाहियों के L.R. योग में 4 का भाग दे दिया जायेगा।

3. तत्पश्चात् Chain Indices निम्न सूत्र की सहायता से ज्ञात कर लिये जायेंगे। प्रथम तिमाही को 100 के बराबर मानेंगे।

Chain Indices for the 2nd Quarter =

$$\frac{\text{Chain Relative for the prev. season x L.R. of the current season}}{100}$$

इसी प्रकार तृतीय एवं चतुर्थक तिमाहियों के Chain Indices ज्ञात कर लिये जायेंगे।

4. इसके पश्चात Corrected Cian Indices ज्ञात किये जायेंगे। इनको ज्ञात करने के लिए Correction factor = ज्ञात किया जायेगा।

Correction factor =

$$\frac{\text{Average L.R. of Ist Season x C.I. of 4th Season}}{100}$$

$$\text{C.F.} = \frac{82.75 \times 126.6}{100} = 104.8$$

Correction factor एवं प्रथम तिमाही के Chain Indices का औसत अन्तर ज्ञात किया जायेगा = $\frac{104.8 - 100}{4} = \frac{4.8}{4} = 1.2$

प्रथम तिमाही के Corrected Chain Indices को 100 मानते हैं तत्पश्चात इस अन्तर को क्रमशः 1, 2, 3 से गुणा करके दूसरी, तीसरी एवं चौथी तिमाहियों के Chain Indices में से घटाकर Correction Chain Indices ज्ञात कर लिए जायेंगे।

अन्त में चारों तिमाहियों के Corrected Chain Indices का योग ज्ञात कर General Correct Chain Indices ज्ञात किया जायेगा।

$$\text{Avg. Corrected Chain Indices} = \frac{100 + 120 + 141.6 + 123.1}{4}$$

$$= \frac{485.1}{4} = 121.3$$

इसके आधार पर Corrected Seasonal Index ज्ञात किये जायेंगे।

प्रथम तिमाही का Corrected Seasonal Index =

$$\frac{\text{Corrected Chain Indices}}{\text{Avg.Corrected Chain Indices}} \times 100$$

$$\text{I Corrected Second Index} = \frac{100}{121.3} \times 100 = 82.5$$

$$\text{II. Corrected Second Index} = \frac{120.4}{121.3} \times 100 = 99.3$$

इसी प्रकार तृतीय एवं चतुर्थ तिमाहियों के Corrected Seasonal Indices ज्ञात किये जायेंगे।

चक्रीय उच्चावचनों की माप (Measurement of Cyclical Variations)

चक्रीय उच्चावचन विभिन्न व्यवसायों की प्रकृति व परिस्थितियों के अनुसार होते हैं। अतः काल श्रेणी के विश्लेषण के लिए इस प्रकार के परिवर्तनों की गणना अत्यन्त महत्त्वपूर्ण है। एक काल श्रेणी में चक्रीय परिवर्तनों को मापने का सर्वश्रेष्ठ तरीका परोक्ष ही है, जिसके अनुसार श्रेणी में से उपनति तथा आर्तव परिवर्तनों को पृथक कर दिया जाता है। जो शेष परिवर्तन बचे रहते हैं उन्हें चक्रीय तथा अनियमित परिवर्तन माना जाता है। यह गणना की अवशिष्ट विधि (Residual Method) कहलाती है।

अवशिष्ट विधि से चक्रीय उच्चावचन ज्ञात करने के लिए गुणात्मक निदर्श (Multiplicative Model) का प्रयोग किया जाता है, इन उच्चावचनों को ज्ञात करने के लिए पहले उपनति (T) तथा मौसमी (S) परिवर्तनों के सूचकांक ज्ञात कर लेते हैं। इसके पश्चात निम्न सूत्र का प्रयोग करके चक्रीय उच्चावचन ज्ञात करते हैं:

$$\frac{O}{T \times S} \times 100 = C \times 1$$

$$\text{or } \frac{T \times S \times C \times I}{T \times S} \times 100 = C \times I$$

यदि काल श्रेणी में अनियमित परिवर्तन दोनों ओर समान रूप से मान लिये जायें तो वे प्रभावहीन हो जाते हैं तब उपर्युक्त सूत्र से जो परिणाम आता है वह चक्रीय उच्चावचन का सूचकांक होता है।

उदाहरण 18

निम्नलिखित सारणी में एक कम्पनी का वार्षिक उत्पादन (लाख टनों में) उनके उपनति मूल्यों सहित दिया गया है:

The following table shows the annual production of a company in lakhs of tonnes, along with their trend values:

Years	Annual Production	Trend Value
1989	340	456
1990	462	478
1991	522	502
1992	534	526
1993	556	550
1994	604	574
1995	598	598
1996	596	622
1997	680	546
1998	546	668

यह मानते हुए कि अल्पकालीन उच्चावचन नहीं है चक्रीय उच्चावचनों की गणना उपनति अनुपात विधि से कीजिए।

Assuming there are no short time fluctuations, compute cyclical fluctuations by the method of trend ratio.

Solution

Calculation of Cyclical Fluctuations

Years	Annual Production (O)	Trend Value (T)	Trend Rations (O÷T) x 100	Cyclical Fluctuations
1989	340	456	(340÷456) x 100	74.6
1990	462	478	(462÷478) x 100	96.7
1991	522	502	(522÷502) x 100	104.0
1992	534	526	(534÷526) x 100	101.5
1993	556	550	(556÷550) x 100	101.1
1994	604	574	(604÷574) x 100	105.2
1995	598	598	(598÷508) x 100	100.0
1996	596	622	(596÷622) x 100	95.8
1997	680	546	(680÷646) x 100	105.3
1998	546	668	(546÷668) x 100	81.7

टिप्पणी- यदि प्रश्न के अनुसार अल्पकालीन उच्चावचनों के अभाव की मान्यता नहीं होती तो चक्रीय उच्चावचन (C) निकालने के पहले आर्तव उच्चावचन (S) निकालने पड़ते और तब प्रवृत्ति अनुपात $\left(\frac{O}{T} \times 100\right)$ को इससे भाग देने पर चक्रीय उच्चावचन प्राप्त हो सकते थे।

अनियमित परिवर्तनों की माप (Measurement of Irregular Variations)

काल श्रेणी में से उपनति, आर्तव तथा चक्रीय उच्चावचनों को पृथक करने के बाद शेष परिवर्तन, अनियमित परिवर्तन कहलाते हैं ये वे परिवर्तन होते हैं जो आकस्मिक, असामान्य व अनियमित कारणों से होते हैं। बाढ़, सूखा, आगजनी, महामारी तथा युद्ध स्थिति आदि के कारण काल श्रेणी के मूल्यों में होने वाले परिवर्तन इस प्रकार के परिवर्तन के उदाहरण है। इनकी गणना निम्न प्रकार की जा सकती है–

(1) गुणात्मक निदर्श (Multiplicative Model) द्वारा

$$I = \frac{O}{T \times S \times C} = \frac{TSCI}{TSC}$$

(2) योग निदर्श (Additive Model) द्वारा

$$I = O - T - S - C$$

विश्वविद्यालय प्रश्न

उदाहरण 19

निम्नलिखित समंकमाला में न्यूनतम वर्ग रीति द्वारा सरल प्रवृत्ति रेखा निर्धारित कीजिए:

Fit a straight line trend by the method of least squares to the following series:

Years:	1992	1993	1994	1995	1996	1997	1998
Production: ('000 Qnt)	80	90	92	83	94	99	92

Solution

Calculation of Trend Values by Least Square

Years x	Production ('000 Qnt) y	Time Deviation from Origin 1995 T	Deviation Squared X^2	Product of x & y	Trend Values $Y_c = a + bx$
1992	80	- 3	9	- 240	90 + (2 x -3) = 84
1993	90	- 2	4	- 180	90 + (2 x -2) = 86
1994	92	- 1	1	- 92	90 + (2 x -1) = 88
1995	83	0	0	0	90 + (2 x 0) = 90
1996	94	+ 1	1	+ 94	90 + (2 x 1) = 92
1997	99	+ 2	4	+ 198	90 + (2 x 2) = 94
1998	92	+ 3	9	+ 276	90 + (2 x 3) = 96
N = 7	$\Sigma y = 630$	$\Sigma y = 0$	$\Sigma x^2 = 28$	$\Sigma xy = 56$	$\Sigma y_c = 630$

$$a = \frac{\Sigma y}{N} = \frac{630}{7} = 90$$

$$b = \frac{\Sigma xy}{\Sigma x^2} = \frac{56}{28} = 2$$

उदाहरण 20

निम्न समंकोंसे न्यूनतम वर्ग रीति का प्रयोग करते हुए उपनति मूल्य ज्ञात कीजिए। वर्ष 2000 के लिए अनुमानित मूल्य भी ज्ञात कीजिए।

Find trend values from the following data using least square method. Also compute the estimated value for the year 2000.

Years:	1992	1993	1994	1995	1996	1997	1998
No. of Scooter Registration	160	350	340	580	770	910	650

Solution:

Calculation of Trend Values

Years	No. of Scooters Reg. Y	X (X - 1992)	X^2	XY	Trend Values $Y_c = a + bx$
1992	160	0	0	0	160 + 140 x 0 = 160
1993	350	1	1	350	160 + 140 x 1 = 300
1994	340	2	4	680	160 + 140 x 2 = 440
1995	580	3	9	1740	160 + 140 x 3 = 580
1996	770	4	16	3080	160 + 140 x 4 = 720
1997	910	5	25	4550	160 + 140 x 5 = 860
1998	950	6	36	5700	160 + 140 x 6 = 1100
N = 7	$\Sigma y = 4060$	$\Sigma x = 21$	$\Sigma x^2 = 91$	$\Sigma xy = 16100$	$\Sigma y_c = 4060$

सामान्य समीकरण

$$\Sigma Y = Na + b\Sigma X \quad \text{(i)}$$

$$\Sigma XY = a\Sigma X + b\Sigma X^2 \quad \text{(ii)}$$

मूल्य प्रतिस्थापित करने पर:

$$4060 = 7a + 21b \quad \text{(i)}$$

$$16100 = 21a + 91b \quad \text{(ii)}$$

(1) समीकरण को 3 से गुणा करके दूसरे समीकरण में घटाने पर –

$21a + 91b = 16100$

$21a + 63b = 12180$

\-   -   -

$28b = 3920$

or $b = \frac{-3920}{28} = 140$

b का मान प्रथम समीकरण में प्रतिस्थापित करने पर:

$7a + 21 \times 140 = 4060 =$ or $7a = 4060 - 2940$

or $7a = 1120$ or $a = 160$

अत: उपनति समीकरण Yc = 160 + 140X हुआ। इसी समीकरण में का मान रखकर विभिन्न वर्षों के उपनति मूल्य ज्ञात किए गए हैं।

2000 का अनुमान लगाने के लिए X का मूल्य 2000 = 8 होगा। X का मान उपनति समीकरण में रखने पर

Trend value for 2000 = 160 + 140 x 8 = 1280 स्कूटर रजिस्टर्ड होंगे।

प्रश्न

1. काल श्रेणी क्या है? दीर्घकालीन प्रवृत्ति, मौसमी परिवर्तनों तथा चक्रीय उच्चावचनों में अन्तर स्पष्ट कीजिए। किन्हीं दिये गये समंकों में दीर्घकालीन प्रवृत्ति का माप आप किस प्रकार करेंगे?

   What is a time series? Distinguish between scular trend, seasonal variations and cyclical fluctuations. How would you measure secular trend in any given data?

2. काल श्रेणी के कौन कौन से संघटक होते हैं? न्यूनतम वर्ग रीति द्वारा आप उपनति मूल्य कैसे ज्ञात करेंगे? संख्यात्मक उदाहरण देकर समझाइए।

   What are the components of a time series? How would you find out the trend values in a time series by the method of least squares? Illustrate your answer by a numerical example.

3. काल श्रेणी का विश्लेषण करने में चल माध्यों की महत्ता और परिसीमाओं पर प्रकाश डालिए।

   Bring out the significance of moving average in analysing a time series and point out its limitations.

4. एक काल श्रेणी के ऋतुनिष्ठ विचरण का क्या अर्थ हैं? उसे मूल्यांकित करने की विभिन्न रीतियों का वर्णन कीजिए और इन रीतियों के तुलनात्मक गुणों की समीक्षा कीजिए।

   What is seasonal variations of a time series? Describe the different methods to evaluate it and examine their relative merits.

5. उपनति से क्या तात्पर्य हैं? किस श्रेणी के दीर्घकालीन परिवर्तन में से मौसमी तथा चक्रीय तत्त्वों के प्रभाव को आप सांख्यिकीय रीति से कैसे दूर करेंगे?

   What is meant by 'Trend'? How would you statistically eliminate the influence of seasonal and cyclic factors on the long period movements of any series?

3

मुद्रा मूल्य उच्चावचन
[Money Value Fluctuation]

मुद्रा के मूल्य के अध्याय के अध्ययन से यह स्पष्ट है कि मुद्रा का मूल्य अथवा कीमत स्तर स्थिर नहीं रहता। इनमें निरन्तर परिवर्तन होते रहते हैं। पूँजीवादी अर्थव्यवस्था में परिवर्तन अधिक होते है। कभी मन्दी आती है तो कभी वृद्धि अर्थात् कभी कीमतें कम हो जाती है तो कभी बढ़ जाती है। इन परिवर्तनों का प्रभाव आर्थिक क्रियाओं के सभी पहलूओं पर पड़ता है। ये परिवर्तन व्यापार चक्रों की कार्यशीलता के कारण होते हैं। कीमत स्तर अथवा अथवा मुद्रा के मूल्य में परिवर्तन के निम्न चार रूप है:

(अ) मुद्रा स्फीति अथवा मुद्रा प्रसार

(ब) मुद्रा अवस्फीति अथवा मुद्रा संकुचन

(स) मुद्रा संस्फीति अथवा प्रत्यक्ष स्फीति

(द) मुद्रा अवस्फीति।

मुद्रा स्फीति अथवा मुद्रा प्रसार
(Inflation)

स्फीति अथवा प्रसार का अर्थ फैलने से होता है। अतः मुद्रा स्फीति का साधारण भाषा में अर्थ मुद्रा में वृद्धि से लगाया जाता है। प्रारम्भ में मुद्रा प्रसार का अर्थ यह समझा जाता था कि मुद्रा का विस्तार उसके पीछे रखे जाने वाले सुरक्षित कोष के अनुपात से अधिक हो गया है। परन्तु बाद में उसका यह अर्थ बदल गया है। विभिन्न देशों में जब विनियोग एवं सरकारी व्यय के कारण मौद्रिक आय में वृद्धि हो जाये लेकिन उत्पादन क्षमता सीमित होने के कारण वस्तुओं व सेवाओं की पूर्ति में वृद्धि न हो तो मुद्रा प्रसार न्यूनता की स्थिति उत्पन्न हो जाती है तो उस समय तक बनी रहती है जब तक कि यह न्यूनता समाप्त न हो जाय, फलस्वरूप मूल्यों में वृद्धि हो जाती है। इस प्रकार मुद्रा प्रसार उस स्थिति को बताया गया है,

जिसमें मौद्रिक आय, आय अर्जन प्रक्रिया के अनुपात में अधिक तेजी से बढ़ जाती है।[1] अर्थशास्त्रियों ने मुद्रा प्रसार की विभिन्न परिभाषायें व उनकी विशेषतायें निम्न प्रकार हैं :

क्राउथर की परिभाषा

क्राउथर के अनुसार विस्तार में मुद्रा प्रसार की सरलतम एवं सर्वाधिक उपयोगी परिभाषा यह हो सकती है कि मुद्रा प्रसार वह स्थिति है जिसमें मुद्रा का मूल्य गिरता है अर्थात् कीमतें बढ़ती हैं। मुद्रा प्रसार प्राय: बढ़ती हुई क्रियाशीलता तथा रोजगार से सम्बन्धित किया जाता है।"[2]

क्राउथर द्वारा दी गई यह परिभाषा बहुत सरल है किन्तु यह परिभाषा ठीक नहीं कही जा सकती। इस परिभाषा के अनुसार मुद्रा की मात्रा में प्रत्येक वृद्धि व बढ़ती हुई कीमतें मुद्रा प्रसार की स्थिति कही जाएगी। किन्तु यह सही नहीं है कि कीमत स्तर में प्रत्येक वृद्धि अथवा मुद्रा के मूल्य में प्रत्येक कमी को मुद्रा प्रसार ही कहा जाए। कीमत स्तर में प्रत्येक वृद्धि मुद्रा प्रसार नहीं होती एवं इसके बुरे प्रभाव भी नही पड़ते। उदाहरण के लिए मन्दी काल में जब मुद्रा की मात्रा बढ़ने से कीमतें बढ़ती है तो यह वृद्धि हानिकारक नहीं होती। इस वृद्धि को मुद्रा प्रसार भी नहीं कहा जा सकता। इस समय पर कीमतों की वृद्धि तो लाभप्रद होती है। देश की अर्थव्यवस्था पर इसका अच्छा प्रभाव पड़ता है। अत: क्राउथर की परिभाषा सही नहीं मानी जा सकती।

केमरर की परिभाषा

केमरर के विचार में यदि मुद्रा की मात्रा अधिक हो और वस्तुओं की मात्रा उत्पादन में कमी होने के कारण घट जाए तब ऐसी परिस्थिति को मुद्रा प्रसार की परिस्थिति कहते हैं।[3]

केमरर की उपरोक्त परिभाषा के अनुसार देश में व्यापार की तुलना में मुद्रा की मात्रा अधिक हो जाने पर मुद्रा प्रसार की स्थिति उत्पन्न हो जाती है इस स्थिति में व्यापार में मुद्रा की मात्रा बढ़ जाती है। इसके परिणाम स्वरूप कीमत स्तर बढ जाता है। किन्तु केमरर की उत्तम परिभाषा भी सही नहीं कही जा सकती। देश में केवल कीमत स्तर की वृद्धि को ही मुद्रा प्रसार नहीं कहा जा सकता। केमरर के अनुसार मुद्रा की मात्रा बढ़ने व उत्पादन कम होने पर ही मुद्रा प्रसार की स्थिति कही जाएगी। यदि जनसंख्या की वृद्धि के कारण मुद्रा की वृद्धि में कीमतें बढ़ती है तो इसे मुद्रा प्रसार नहीं कहा जाएगा।

---

1 "Inflation is a situation in which money income is expanding more than in proportion to income earning activity."
-*A.C.Pigou*: Types of War Inflation, Economic Journal, December 1941.

2 "Inflation is a state in which the value of money is falling, i.e. prices are falling" - *Crowther* : An Outline of Money.

3 "Inflation is too much money and deposit currency in relation to the physical volume of business being done" *Kemmerer* : ABC of Inflation. p.6.

इस प्रकार केमरर की परिभाषा अस्पष्ट है। यह परिभाषा यह बताती है कि मुद्रा की पूर्ति मांग से अधिक हो जाने पर मुद्रा प्रसार की स्थिति उत्पन्न हो जाती है। किन्तु मुद्रा प्रसार उनके अनुसार मुद्रा की मात्रा में प्रत्येक वृद्धि मुद्रा प्रसार की स्थिति उत्पन्न नहीं करती। उदाहरण के लिए व्यापार या जनसंख्या में वृद्धि होने के परिणाम स्वरूप मुद्रा की पूर्ति में वृद्धि होती है तो यह मुद्रा प्रसार नहीं माना जाएगा।

इसी प्रकार केमरर की यह परिभाषा यह नहीं बताती कि मुद्रा की मांग व पूर्ति किस प्रकार निर्धारित होती है। ऐसा कोई साधन भी नहीं है जिससे यह नापा जा सके कि मुद्रा की पूर्ति मांग की तुलना में बढ़ी है अथवा नहीं। केवल वस्तुओं व सेवाओं की कीमतों के आधार पर ही यही कहा जा सकता है कि मुद्रा की पूर्ति माँग की तुलना में अधिक है या नहीं। यदि वस्तुओं व सेवाओं की कीमते बढ़ जाती हैं तो यह कहा जा सकता है कि मुद्रा की पूर्ति मांग से ज्यादा है व कीमतें कम हो जाने पर यह कहा जा सकता है कि मुद्रा की पूर्ति मांग में कम है । यदि कीमत बढ़ गई है तो यह कहा जा सकता है कि देश में मुद्रा प्रसार की स्थिति है। किन्तु कुछ अर्थशास्त्रियों का कहना है कि मूल्य स्तर में परिवर्तन से मुद्रा की मांग व पूर्ति के बारे में निश्चय करना उचित नहीं है। सामान्य कीमत स्तर बढ़ने से यह अनुमान लगा लेना उचित नहीं है कि मुद्रा की पूर्ति बढ़ गई है। यह भी सम्भव है कि औसत लागतों में वृद्धि से सामान्य कीमत स्तर बढ़ जाए। इसी प्रकार सामान्य कीमत स्तर में वृद्धि के अनेक कारण हो सकते है। अत: कीमत स्तर में वृद्धि से ही मुद्रा की पूर्ति में वृद्धि का निश्चय अवैज्ञानिक है। इसी प्रकार मुद्रा की मांग व पूर्ति का सही सही अनुमान लगा लेना भी कठिन है। अत: उनकी तुलना भी सही ढंग से नहीं हो सकती। अत: केमरर की परिभाषा भी उचित व सही नहीं कही जा सकती।

हाट्रे के अनुसार, "आर्थिक जीवन की वह दशा जिसमें चलन का अत्यधिक निर्गमन हो, मुद्रा प्रसार है।

हॉट्रे की यह परिभाषा भी अस्पष्ट है। इस परिभाषा में यह स्पष्ट नहीं किया गया है कि अत्यधिक निर्गमन से क्या तात्पर्य हैं। यह अत्यधिक निर्गमन मुद्रा की मांग की तुलना में है अथवा इसका अन्य कोई आधार है, यह इस परिभाषा में स्पष्ट नहीं किया गया है। यदि इसका तात्पर्य मुद्रा की मांग की तुलना में अधिक होता है। तो केमरर की परिभाषा के दोष इस परिभाषा में कहे जा सकते हैं।

पीगू की परिभाषा पीगू ने मुद्रा प्रसार के सम्बन्ध में अलग दृष्टिकोण अपनाया हैं पीगू के विचार में मुद्रा प्रसार की स्थिति तब होती है जब मौद्रिक आय उत्पादन की तुलना में अधिक बढ़ रही हो। इसे स्पष्ट करते हुए, उन्होने एक अन्य स्थान पर लिखा है कि "मुद्रा प्रसार की स्थिति उस समय उत्पन्न होती है जबकि उत्पादक साधनों जिनकों भुगतान के रूप में मौद्रित आय प्रास होती है, द्वारा किये गए काम की तुलना में मौद्रिक आय अधिक तेजी के साथ बढ़ रही होती है।[4]

---

4 "Inflation takes place when money income is expanding relatively to the output of work done by the productive agents for which it is the payment."

- *Pigou* : Viel of Money, p. 34

पीगू की उपरोक्त परिभाषा से यह स्पष्ट है कि मुद्रा प्रसार की स्थिति उस समय उत्पन्न होती है जब देश में वस्तुओं तथा सेवाओं के उत्पादन में वृद्धि की तुलना में लोगों की मौद्रिक आय अधिक बढ़ जाती है। मुद्रा की पूर्ति में वृद्धि होने से मौद्रिक आय बढ़ती है। इसके परिणामस्वरूप उपयोग की वस्तुओं और सेवाओं की मांग बढ़ती है तथा उत्पादन को प्रोत्साहन मिलता है। कुछ समय बाद धीरे धीरे उत्पादन की वृद्धि तथा मौद्रिक आय में साम्य स्थापित हो जाता है। इस बिन्दु के आगे मौद्रिक आय में वृद्धि होने पर उत्पादन में वृद्धि नहीं होती वरन् वस्तुओं की कीमतों में वृद्धि होने लगती है यही स्थिति मुद्रा प्रसार की स्थिति होती है।

इस कीमत स्तर में प्रत्येक वृद्धि को पीगू मुद्रा प्रसार की स्थिति स्वीकार नहीं करते। पीगू के अनुसार निम्न पाँच दशाओं में कीमतों में वृद्धि मुद्रा प्रसार की स्थिति कही जा सकती है :

1. मौद्रिक आय में वृद्धि हो रही है व उत्पादन की मात्रा स्थिर हो।
2. मौद्रिक आय स्थिर हो व उत्पादन की मात्रा में कमी हो रही हो।
3. मौद्रिक आय में वृद्धि हो रही हो व उत्पादन की मात्रा में कमी हो रही हो।
4. मौद्रिक आय व उत्पादन दोनों में ही वृद्धि हो रही हो किन्तु मौद्रिक आय में वृद्धि की दर उत्पादन की मात्रा में वृद्धि की दर से अधिक हो।
5. मौद्रिक आय व उत्पादन की मात्रा दोनों में ही कमी हो रही हो किन्तु उत्पादन की मात्रा में कमी की दर मौद्रिक आय की मात्रा में कमी की दर से अधिक हो।

इस प्रकार पीगू की मुद्रा प्रसार की धारणा मौद्रिक आय व उत्पादन से जुड़ी हुई है।

कीन्स की परिभाषा

कीन्स ने मुद्रा स्फीति को पूर्ण व अर्द्ध मुद्रा स्फीति में बांटा है। कीन्स के मतानुसार पूर्ण रोजगार के बिन्दु से पूर्व मुद्रा की मात्रा में विस्तार करने पर उसका एक भाग तो रोजगार का विस्तार करेगा व दूसरा भाग उत्पादन लागत में वृद्धि करके कीमतों को बढ़ायेगा। अत: मुद्रा की मात्रा का कीमतों पर कम प्रभाव पड़ेगा। अत: कीन्स ने पूर्ण रोजगार के पूर्व की इस अवस्था को अर्द्ध मुद्रा स्फीति कहा है। पूर्ण रोजगार का बिन्दु प्राप्त कर लेने के पश्चात् मुद्रा की मात्रा में होने वाली प्रत्येक वृद्धि कीमतों में वृद्धि करती है। कीन्स ने ऐसी स्थिति को पूर्ण मुद्रा स्फीति की संज्ञा दी है। कीन्स के इस विचार को निम्न रेखाचित्र से स्पष्ट किया जा सकता है:

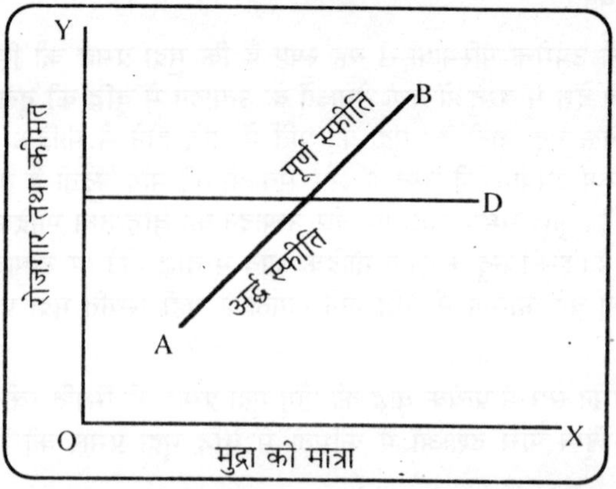

उक्त रेखाचित्र में D रेखा पूर्ण रोजगार को दर्शाती है। कीमतों में D रेखा तक वृद्धि अर्द्ध मुद्रा स्फीति होगी। D रेखा से आगे कीमत स्तर में वृद्धि होने पर इसे पूर्ण स्फीति कहा जाएगा।

आधुनिक अर्थशास्त्री प्राय: कीन्स के विचारों को स्वीकार करते हैं, किन्तु यह विचार भी देश रहित नहीं है। पूर्ण रोजगार की स्थिति यथार्थ न होकर काल्पनिक है। पूर्ण रोजगार की स्थिति की कल्पना के आधार पर प्रकट किया गया मत सैद्धान्तिक रूप से तो उचित हो सकता है, किन्तु व्यावहारिक रूप से नहीं। इस विचार को स्वीकार कर लेने पर अधिकांश देशों में जहाँ पूर्ण विकास नहीं हुआ है, अर्द्ध मुद्रा स्फीति की स्थिति ही मानी जायेगी। किन्तु प्राय: यह देखा जाता है कि अर्द्ध विकसित देशों में केवल मुद्रा स्फीति विकास को प्रोत्साहित नहीं कर पाती व देश में अस्थिरता की स्थिति उत्पन्न हो जाती है। अत: यह कहना अधिक उपयुक्त होगा कि मुद्रा की प्रचलित मात्रा में क्रय के लिए उपलब्ध वस्तुओं और सेवाओं की तुलना में तीव्र वृद्धि होना मुद्रा स्फीति की स्थिति उत्पन्न करता है।

कीन्स का स्फीतिक अन्तर का सिद्धान्त
(Keynes' Concept of Inflationary Gap)

मुद्रा स्फीति की व्याख्या करने के लिए कीन्स ने स्फीतिक अन्तर के सिद्धान्त का प्रतिपादन किया है। कीन्स के मतानुसार, "मुद्रा स्फीति (और मुद्रा अवस्फीति) का आधारभूत कारण विनिमय साध्य वस्तुओं के प्रवाह की तुलना में कुछ मौद्रिक व्यय का परिवर्तन होता है।"

कीन्स ने उक्त स्फीतिक अन्तर के सिद्धान्त में मुद्रा स्फीति की विवेचना समाज की कुल आय और कुल व्यय तथा वस्तुओं और सेवाओं की उपलब्ध मात्रा के सम्बन्ध में की है। कीन्स के अनुसार जब देश में मुद्रा की मात्रा बढ़ती है, तब लोगों की मौद्रिक आय भी बढ़ती है। मौद्रिक आय बढ़ने में व्यय भी बढ़ जाता है। इससे कीमत स्तर में वृद्धि होती है। साथ ही व्यय बढ़ने से उत्पादन में भी वृद्धि होती है। कुल व्यय योग्य मौद्रिक आय व कुल उत्पादन के अन्तर को स्फीतिक अन्तर कहा जाता है। यदि व्यय योग्य मौद्रिक आय, वस्तुओं व सेवाओं की पूर्ति एक ही अनुपात में होती है तो कीमत स्तर में वृद्धि नहीं होगी। यदि व्यय योग्य

मौद्रिक आय की तुलना में वस्तुओं व सेवाओं की मात्रा में कम वृद्धि होती है तो कीमत स्तर में वृद्धि होगी। अत: जब तक देश में उत्पादन के साधन बेकार रहते हैं तब तक मुद्रा की मात्रा में वृद्धि का कीमत स्तर पर कुछ भी प्रभाव नहीं पड़ता। किन्तु जब उत्पादन के सभी साधन कार्य में लग जाते हैं, तो मुद्रा की मात्रा में वृद्धि से कीमत स्तर में वृद्धि होती है, किन्तु उत्पादन में कोई वृद्धि नहीं होती।

उदाहरण के लिए मान लीजिए देश में कुल उत्पादन का मूल्य 1200 करोड़ रूपये है। इसमें से यदि 200 करोड़ रूपये का उत्पादन सरकार करों के रूप में ले लेती है, तो जनता के लिए 1000 करोड़ रूपये का उत्पादन व्यक्तिगत उपभोग के लिए बचा रहता है। यदि जनता की कुल आय भी 1000 करोड़ रूपये है तो उत्पादन व आय बराबर होने के कारण कोई स्फीतिक अन्तर उत्पन्न नहीं होता। अत: मूल्य स्तर भी स्थिर रहेगा। अब यदि मान लीजिए आय बढ़कर 1100 करोड़ रूपये हो जाती है और उत्पादन 1000 करोड़ रूपये ही रहता है तो 100 करोड़ रूपये का स्फीतिक अन्तर उत्पन्न हो जाता है। अत: कीमत स्तर में वृद्धि होगी। अत: कीन्स के अनुसार मुद्रा स्फीति का कारण स्फीतिक अन्तर उत्पन्न होना है। इस अन्तर को समाप्त कर मुद्रा स्फीति को रोका जा सकता है। स्फीतिक अन्तर को रोकने के लिए उत्पादन में वृद्धि की जाय अथवा जनता की व्यय योग्य मौद्रिक आय को करों अथवा ऋणों द्वारा घटा दिया जाय।

कीन्स के स्फीतिक अन्तर की धारणा को निम्न रेखाचित्र के माध्यम से स्पष्ट किया जा सकता है।

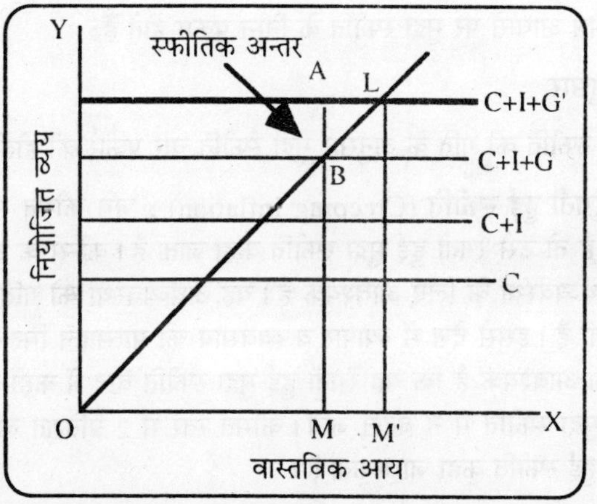

अग्रांकित रेखाचित्र में OX पर वास्तविक आय व OY पर नियोजित व्यय दिखाया गया है। C रेखा द्वारा उपभोग, C + I द्वारा उपभोग व विनियोग, C + I + G द्वारा उपभोग, विनियोग व सरकारी व्यय तथा C + I + G द्वारा बढ़े हुए सरकारी व्यय को दिखाया गया है। आय के OM स्तर पर उपभोग, विनियोग व सरकारी व्यय (C + I + G) कुल आय OM के बराबर ही है। इस बिन्दु पर वर्तमान कीमतों के आधार पर पूर्ण रोजगार की स्थिति है। यहाँ आय व व्यय बराबर हैं। यदि किसी कारणवश सरकारी व्यय बढ़ जाता है तो कुल व्यय C +

I + G हो जायेगा। अत: वास्तविक आय में भी OM' तक वृद्धि होना आवश्यक है, अन्यथा असन्तुलन की स्थिति उत्पन्न हो जायेगी व कीमत स्तर में अन्तर होगा। सरकारी व्यय बढ़ने से जो पहले वाले व्यय व नए व्यय में अन्तर रह गया है, यही स्फीतिक अन्तर है। आय बढ़ने पर स्फीतिक अन्तर समाप्त हो जाएगा व कीमतों का बढ़ना रूक जाएगा।

मुद्रा स्फीति की जांच : स्फीतिक अन्तर की धारणा के अनुसार मुद्रा की मात्रा में प्रत्येक वृद्धि अथवा कीमतों में होने वाली प्रत्येक वृद्धि को मुद्रा स्फीति नहीं कहा जाता है। जब मुद्रा की पूर्ति मांग की तुलना में बढ़ जाती है तो मुद्रा स्फीति की दशा उत्पन्न हो जाती है। जब देश में उत्पादन लागत बढ़ने में कीमत स्तर में वृद्धि होती है तो इसे मुद्रा स्फीति नहीं कहा जायेगा। इसी प्रकार जब व्यापार चक्र में मन्दी के बाद उद्धार काल (Recovery Stage) में कीमत स्तर में वृद्धि होती है तो इसे भी मुद्रा स्फीति नहीं कहा जा सकता।

इसके विपरीत कीमत स्तर में वृद्धि न होने पर भी मुद्रा स्फीति की दशा उत्पन्न हो सकती है। मुद्रा की अतिरिक्त मात्रा के साथ साथ उत्पादन में वृद्धि होने पर कीमत स्तर में वृद्धि नहीं होगी। अत: पूर्ण रोजगार की स्थिति तक मुद्रा की मात्रा में वृद्धि कीमत स्तर में वृद्धि नहीं करती। किन्तु पूर्ण रोजगार के बिन्दु के बाद मुद्रा की मात्रा में प्रत्येक वृद्धि कीमत स्तर में वृद्धि कर मुद्रा स्फीति की स्थिति उत्पन्न करती है। इस प्रकार कीन्स के अनुसार वास्तविक मुद्रा स्फीति पूर्ण रोजगार के बिन्दु के उपरान्त होती है।

मुद्रा स्फीति के विभिन्न रूप
(Types of Inflation)

विभिन्न आधारों पर मुद्रा स्फीति के निम्न प्रकार होते हैं:

1. गति के अनुसार

मुद्रा स्फीति की गति के अनुसार मुद्रा स्फीति चार प्रकार की होती है:

1. रेंगती हुई स्फीति (Creeping Inflation) : जब कीमत स्तर में वृद्धि बहुत धीरे धीरे होती है तो उसे रेंगती हुई मुद्रा स्फीति कहा जाता है। कीन्स के अनुसार हल्की सी मुद्रा स्फीति अर्थव्यवस्था के लिए आवश्यक है। यह अर्थव्यवस्था को गतिशील बनाये रखने में सहायक होती है। इससे देश में व्यापार व व्यवसाय को प्रोत्साहन मिलता है। किन्तु यहाँ यह ध्यान रखना आवश्यक है कि यह रेंगती हुई मुद्रा स्फीति बाद में कहीं चलती, दौड़ती व सरपट दौड़ती मुद्रा स्फीति में न बदल जाये। कीमत स्तर में 2 प्रतिशत वार्षिक से कम की वृद्धि को रेगती हुई स्फीति कहा जा सकता है।

2. चलती हुई स्फीति (Running Inflation) : कीमत स्तर में 2 से 10 प्रतिशत तक वार्षिक वृद्धि होने पर मुद्रा स्फीति को चलती हुई स्फीति कहा जाता है। इस प्रकार की स्फीति रेंगती हुई स्फीति पर नियन्त्रण न रख पाने के कारण उत्पन्न होती है। इस प्रकार की स्फीति धीरे धीरे जनता के लिए कष्टदायक बन जाती है।

3. दौड़ती हुई मुद्रा स्फीति (Hyper Inflation) : चलती हुई मुद्रा स्फीति पर नियन्त्रण न होने पर यह दौड़ती हुई मुद्रा स्फीति हो जाती। इसके अन्तर्गत कीमतों में और भी तेजी से वृद्धि होने लगती है। इस स्थिति में कीमतों में 10 प्रतिशत वार्षिक से भी अधिक वृद्धि होती है।

4. सरपट दौड़ती अथवा अत्यधिक मुद्रा स्फीति : यदि दौड़ती हुई मुद्रा स्फीति पर भी नियन्त्रण न किया जाय तो अत्यधिक अथवा सरपट दौड़ती मुद्रा स्फीति की स्थिति आ जाती है। इस स्थिति में कीमतों में और भी तेजी से वृद्धि होती है। कीमतों की वृद्धि की कोई सीमा नहीं होती। कीमतों में कितनी वृद्धि होगी इसका अनुमान लगाना भी कठिन होता है। देश की अर्थव्यवस्था छिन्न भिन्न होने लगती है। कीमतों में प्रतिदिन वृद्धि होती है। जनता का मुद्रा से विश्वास हटने लगता है। युद्ध के पश्चात् जर्मनी में इसी प्रकार की मुद्रा स्फीति की दशा उत्पन्न हो गई थी।

मुद्रा स्फीति के उक्त प्रकारों को निम्न रेखाचित्र के माध्यम से समझा जा सकता है:

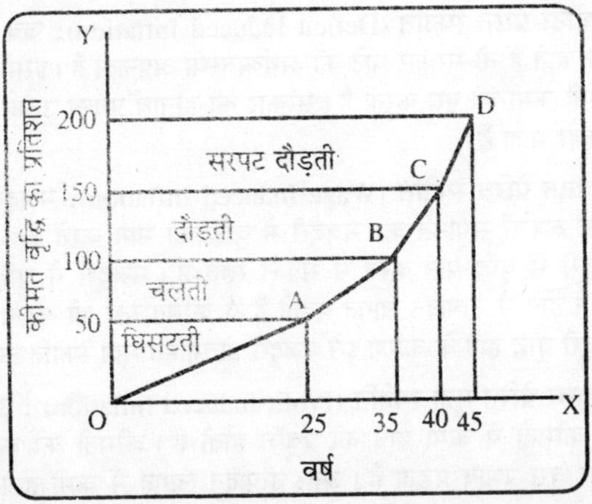

उक्त रेखाचित्र में OD रेखा मुद्रा स्फीति प्रदर्शित करती है। O बिन्दु से तक घिसटती, तक चलती, तक दौड़ती व तक सरपट दौड़ती मुद्रा स्फीति कही जाती है।

मुद्रा स्फीति का यह वर्गीकरण कीमतों में वृद्धि की गति के आधार पर किया गया है। रेंगती हुई मुद्रा स्फीति में 25 वर्ष में कीमतें 50 प्रतिशत बढ़ जाती है। 50 प्रतिशत की यह वृद्धि चलती हुई मुद्रा स्फीति में 10 वर्षों में, दौड़ती हुई मुद्रा स्फीति में 5 वर्षों में व सरपट दोड़ती स्फीति में 3 वर्षों में होती है।

2. परिस्थितियों के अनुसार मुद्रा स्फीति

देश में विभिन्न परिस्थितियों के आधार पर मुद्रा स्फीति निम्न प्रकार की होती है:

1. युद्धकालीन मुद्रा स्फीति : यद्धकाल में अनुत्पादक व्ययों में वृद्धि, वस्तुओं व सेवाओं की माँग में वृद्धि, उत्पादन के ढांचे में परिवर्तन आदि के कारण जो मुद्रा स्फीति होती है, उसे युद्धकालीन मुद्रा स्फीति कहते है।

2. युद्धोत्तर कालीन स्फीति : युद्ध के पश्चात देश की अर्थव्यवस्था के पुन: निर्माण के लिए भारी मात्रा में व्यय किया जाता है। इसके फलस्वरूप जो स्फीति उत्पन्न होती है, उसे युद्धोत्तर कालीन मुद्रा स्फीति कहा जाता है।

3. शान्तिकालीन अथवा विकास स्फीति : शान्तिकाल में सरकार देश के विकास व उत्पादन वृद्धि के लिए अधिक व्यय करती है। इस परिस्थिति में उत्पन्न मुद्रा स्फीति को शान्तिकालीन मुद्रा स्फीति कहा जाता है।

3. स्फीति प्रक्रिया की प्रकृति के अनुसार

इन क्रियाओं के आधार पर जिनके द्वारा स्फीति उत्पन्न होती है, स्फीति निम्न प्रकार की होती है:

1. घाटा प्रेरित स्फीति (Deficit Induced Inflation): जब सरकार के व्यय आय से अधिक होते हैं तो सरकार घाटे की अर्थव्यवस्था अपनाती है। इसमें सरकार नये नोट छापकर आय की कमी को पूरा करती है। सरकार की हीनार्थ प्रबन्ध उत्पन्न स्फीति को घाटा प्रेरित स्फीति कहा जाता है।

2. वेतन प्रेरित स्फीति (Wage Induced Inflation): मजदूर अपने आप को श्रमिक संघों के रूप में संगठित कर मजूदरी में वृद्धि की मांग करते हैं। अपने संगठन के कारण वे मजदूरी में वृद्धि प्राप्त करने में सफल रहते हैँ। मजदूरी में वृद्धि के अनुपात में उत्पादक वृद्धि न होने से उत्पादन लागत बढ़ती है व कीमत स्तर भी बढ़ता है। कीमत वृद्धि का कारण मजदूरी वृद्धि होने के कारण इसे मजदूरी प्रोत्साहित मुद्रा स्फीति कहते हैं।

3. लाभ प्रेरित मुद्रा स्फीति (Profit Induced Inflation) : उत्पादन लागत में कमी होने पर कीमतों में कमी होने की प्रवृत्ति होती है। कीमतों की कमी का देश की अर्थव्यवस्था पर बुरा प्रभाव पड़ता है। अत: उत्पादन लागत में कमी होने पर भी सरकार कीमतों को पहले के स्तर पर ही रोके रखने के लिए कृत्रिम उपाय करती है। ऐसी स्थिति को लाभ प्रेरित मुद्रा स्फीति कहा जाता है, क्योंकि इसमें उत्पादकों के लाभ में वृद्धि हो जाती है। ऐसी परिस्थिति में कीमतें बढ़ती तो नहीं हैं किन्तु उनको गिरने से रोका जाता है। कीन्स ने इसे लाभ स्फीति का नाम दिया है।

4. आकार के अनुसार

आकार के आधार पर मुद्रा स्फीति निम्न प्रकार की होती है:

1. व्यापक स्फीति (Comprehensive Inflation): जब देश में सभी वस्तुओं की कीमतों में वृद्धि होती है तो इसे व्यापक मुद्रा स्फीति कहा जाता है।

2. खण्डीय स्फीति (Sectional Inflation) : जब देश में कुछ विशेष वस्तुओं की कीमतों में ही वृद्धि होती है तो इसे खण्डीय स्फीति कहा जाता है। यह स्फीति अस्थायी होती है।

5. नियन्त्रण के अनुसार

वस्तुओं की कीमतों पर सरकार का नियन्त्रण है अथवा नहीं, इस आधार पर मुद्रा स्फीति निम्न दो प्रकार की हो सकती है:

1. खुली स्फीति (Open Inflation): जब देश में वस्तुओं की कीमतों पर सरकार का कोई नियन्त्रण नहीं होता व कीमतें स्वतन्त्र रूप से बढ़ती है तो इसे खुली स्फीति कहा जाता है। इसमें कीमतों में बेरोकटोक वृद्धि होती है।

2. छिपी स्फीति (Supressed Inflation): जब सरकार राशनिंग व मूल्य नियन्त्रण द्वारा मुद्रा की मात्रा में वृद्धि का प्रभाव कीमतों पर नहीं पड़ने देती तो इसे छिपी स्फीति कहा जाता है। इस प्रकार की स्फीति में सरकार मुद्रा की मात्रा में वृद्धि नहीं होने देती।

6. कारणों के अनुसार

कारणों के अनुसार मुद्रा स्फीति निम्न प्रकार की होती है:

1. चलन स्फीति (Currency Inflation): जब देश में कानूनी मुद्रा की मात्रा में वृद्धि के फलस्वरूप कीमतों में वृद्धि होती है तो इसे चलन स्फीति कहा जाता है। सरकार अपनी वित्तीय आवश्यकताओं को जब आय बढ़ाकर पूरा नहीं कर पाती है, तो चलन में वृद्धि कर इसे पूरा करती है जिससे मुद्रा स्फीति की दशा उत्पन्न हो जाती है।

2. साख स्फीति (Credit Inflation): वर्तमान समय में साख मुद्रा भी मुद्रा का ही कार्य करती है। जब साख मुद्रा में वृद्धि के कारण मुद्रा प्रसार की स्थिति उत्पन्न हो जाये तो इसे साख स्फीति कहा जाता है। सरकारी व्यय पूरा करने, किसानों को ऋण देने, उत्पादन में वृद्धि करने आदि के लिए साख की मात्रा में वृद्धि की जाती है।

3. वस्तु स्फीति (Commodity Inflation): जब कीमत स्तर में वृद्धि मुद्रा की मात्रा में वृद्धि होने के स्थान पर वस्तुओं की मात्रा में कमी होने से हो तो इसे वस्तु स्फीति कहा जाता है। वस्तुओं की मात्रा कम होने से मुद्रा की मात्रा पूर्ववत् रहने पर भी यह वस्तुओं की अपेक्षा अधिक रहती है, अतः कीमतों में वृद्धि होती है।

4. मांग प्रेरित स्फीति (Demand Push Inflation): मांग प्रेरित मुद्रा स्फीति वह है, जिसमें वस्तुओं व सेवाओं के लिए समर्थ मांग उत्पादन की तुलना में अधिक होती है। चलन व साख में वृद्धि होने के कारण क्रय शक्ति में वृद्धि, विनियोग में वृद्धि, मौद्रिक आय में वृद्धि, उपभोग प्रवृत्ति में परिवर्तन आदि के कारण ऐसा होता है।

5. लागत वृद्धि स्फीति (Cost Pull Inflation): उत्पादन के साधनों की उत्पादकता की तुलना में लागत बढ़ने अथवा उत्पादकता न बढ़ने पर भी लागत बढ़ने के कारण वस्तु की उत्पादन लागत बढ़ जाती है। अतः उस वस्तु की कीमतों में भी वृद्धि होती है। एक वस्तु की कीमत वृद्धि का प्रभाव अन्य वस्तुओं की कीमतों पर भी पड़ता है। अतः सामान्य कीमत स्तर बढ़ जाता है। यहाँ सामान्य कीमत स्तर में वृद्धि का कारण लागत वृद्धि है अतः इसे लागत वृद्धि स्फीति कहा जाता है।

व्यावहारिक रूप में मांग वृद्धि व लागत वृद्धि दोनों ही कीमतों की वृद्धि में एक साथ सहयोग देते है। मांग में वृद्धि के कारण कीमतें बढ़ने पर मजदूर व उत्पादन के अन्य

साधन अपना पारिश्रमिक बढ़ाने की माँग करते हैं। इसमें लागत में भी वृद्धि होती है। अत: माँग वृद्धि व लागत वृद्धि दोनों एक साथ ही मुद्रा स्फीति को जन्म देते है।

6. आयातित स्फीति (Imported Inflation): निर्यात अधिक होने पर उनके भुगतान के रूप में जब पर्याप्त पूंजी का आयात होता है व इससे स्फीति उत्पन्न होती है तो इसे आयातित स्फीति कहा जाता है। जब विदेशों से भुगतान प्राप्त होता है, तो इसे बैंकों में जमा कराया जाता है। बैंक इसे उधार देते हैं। अत: मुद्रा व साख दोनों में वृद्धि होती है एवं स्फीति की दशा उत्पन्न हो जाती है। पूँजी के आयात के कारण उत्पन्न होने से इसे आयातित स्फीति कहा जाता है।

7. अधिविनियोग स्फीति (Over Investment Inflation): जब देश में साहसी पूंजी का तीव्र गति से विनियोग करने लगते हैं तो देश में स्फीति की स्थिति उत्पन्न हो जाती है। विनियोग में वृद्धि पूंजी के बदले मशीने, कच्चा माल आदि क्रय किया जाता है। अत: बाजार में नकद रकम चलन से बढ़ जाती है व स्फीति की दशा उत्पन्न हो जाती है। विनिमय में वृद्धि से उत्पन्न होने के कारण इसे अधिविनियोग स्फीति कहा जाता है।

8. अवमूल्यन जनित स्फीति (Inflation Through Devaluation): जब किसी देश में मुद्रा का अवमूल्यन किया जाता है तो देश के निर्यात बढ़ने लगते हैं। निर्यात बढ़ने से देश में वस्तुओं की मात्रा में कमी आ जाती है। अत: कीमतों में वृद्धि होती है। कीमतों में यह वृद्धि अवमूल्यन के कारण होने से इसे अवमूल्यन जनित स्फीति कहा जाता है।

9. विदेशी व्यापार नियन्त्रण जनित स्फीति (Inflation Through Restriction on Foreign Trade): जब देश में आयात पर प्रतिबन्ध लगाये जाते हैं तो विदेशों का सस्ता माल देश में नहीं आने पाता तथा स्थानीय माल महंगा मिलता है। इसे विदेशी व्यापार नियन्त्रण जनित स्फीति कहा जाता है। जब विदेशी व्यापार पर नियन्त्रण की यह नीति अधिक लम्बे समय तक चालू रखी जाती है तो देशी उद्योगों में शिथिलता उत्पन्न हो जाती है जिसके फलस्वरूप सभी वस्तुओं की कीमतें बढ़ने लगती हैं।

7. अन्य प्रकार

मुद्रा स्फीति के अन्य प्रकार निम्न हैं:

1. पूर्ण व आंशिक स्फीति : पीगू व कीन्स के अनुसार पूर्ण रोजगार के पहले की स्फीति को आंशिक व पूर्ण रोजगार के बाद की स्फीति को पूर्ण स्फीति कहा जाता है। इसका कारण यह है कि पूर्ण रोजगार से पहले मुद्रा की मात्रा से वृद्धि के कारण कुछ तो कीमतों में वृद्धि होती है व कुछ उत्पादन व रोजगार में वृद्धि होती है। अत: पूर्ण रोजगार से पहले मुद्रा की मात्रा में वृद्धि का कीमत स्तर पर कम व रोजगार पर अधिक प्रभाव पड़ता है। किन्तु पूर्ण रोजगार के पश्चात् मुद्रा की मात्रा में प्रत्येक वृद्धि कीमत स्तर को ही प्रभावित करती है। क्योंकि पूर्ण रोजगार की स्थिति होने के कारण रोजगार व उत्पादन में और वृद्धि सम्भव नहीं होती। अत: कीमतों में अधिक तेजी से वृद्धि होती है। इस स्थिति को पूर्ण स्फीति कहा जाता है।

2. अल्पावधि, दीर्घावधि व चिरकालीन स्फीति : जब स्फीति का प्रभाव कुछ समय तक ही रहता है तो इसे अल्पावधि स्फीति कहा जाता है। जब स्फीति की स्थिति लम्बे समय तक चलती रहती हैं तो इसे दीर्घावधि स्फीति कहा जाता है। बहुत लम्बे समय तक चलने पर मुद्रा स्फीति को चिरकालीन स्फीति कहा जाता है।

3. स्टेगफ्लेशन : मुद्रा प्रसार की शब्दावली में यह एक नवीन वृद्धि है। यह स्टेगनेशन के स्टेग तथा इनफ्लेशन के फ्लेशन से बना है। अर्थशास्त्रियों द्वारा इस शब्द का प्रयोग उस स्फैतिक घटक को समझाने के लिए किया गया है जिसमें बढ़ती हुई कीमतें घटते हुए उत्पादन तथा वृद्धिशील बेरोजगारी के साथ जुड़ी हुई है। हाल के वर्षों में तेजी से बढ़ते हुए मुद्रा प्रसार को रोकने के लिए लागू की गई प्रतिबन्धात्मक वित्तीय नीतियों द्वारा रोजगार तथा उत्पादन में भारी कमी हुई है जबकि कीमतों पर उनका नगण्य प्रभाव हुआ है। संक्षेप में उत्पादन तथा रोजगार में भारी कमी कीमत तथा मज़दूरी प्रसार के साथ बनी रही है। मुद्रा प्रसार का यह रूप अब तक के अन्य रूपों से भिन्न है। गत वर्षों में भारत भी इस स्थिति का शिकार बना है। पिछले वर्षों में इन्जीनियरिंग वस्तुओं तथा अन्य उद्योगों ने बढ़ते हुए कीमत स्तर की उपस्थिति में भी उत्पादन घटाकर श्रमिक बेरोजगारी को प्रोत्साहित किया।

मुद्रा स्फीति की अवस्थाएं
(Stages of Inflation)

मुद्रा स्फीति भी क्षय रोग की भांति है। इसकी स्थिति प्रारम्भ में कम खराब होती है, किन्तु धीरे धीरे यह अर्थव्यवस्था के लिए भयंकर रोग बन जाता है। प्रथम अवस्था में वस्तुओं व सेवाओं की कीमतें बहुत ही धीरे धीरे बढ़ती है। इस स्थिति में स्फीति पर नियन्त्रण करना आसान होता है। किन्तु इस स्थिति में स्फीति पर नियन्त्रण करने में असफल होने पर दूसरी अवस्था में वस्तुओं व सेवाओं की कीमतें और भी तेजी से बढ़ने लगती हैं। कीमतों पर नियन्त्रण करना भी अब अपेक्षाकृत कठिन होता है। किन्तु कीमतों पर नियन्त्रण असम्भव नहीं होता। सरकार द्वारा प्रभावशाली कदम उठाने पर कीमतों पर नियन्त्रण भी सम्भव हैं। किन्तु यदि इस अवस्था में भी कीमतों पर नियन्त्रण न किया जा सके तो मुद्रा स्फीति की तीसरी अवस्था आ जाती है। इस अवस्था में मुद्रा स्फीति भयंकर रूप धारण कर लेती है। वस्तुओं और सेवाओं की कीमतें बहुत तेजी से बढ़ने लगती है। यह सरपट दोड़ने वाली मुद्रा स्फीति होती है। यहाँ तक कि दिन में कई कई बार वस्तुओं की कीमतें बढ़ जाती है। कीमतों पर नियन्त्रण करना असम्भव सा हो जाता है व देश की अर्थव्यवस्था अस्त व्यस्त हो जाती है।

मुद्रा स्फीति की उपरोक्त तीनों अवस्थाओं को मुद्रा की मात्रा व कीमतों में वृद्धि की दर से और अधिक स्पष्ट किया जा सकता है।

प्रथम अवस्था में मुद्रा की मात्रा में वृद्धि की अपेक्षा कीमतों में वृद्धि की दर कम होती है। उदाहरण के लिए यदि मुद्रा की मात्रा में 15 प्रतिशत वृद्धि हो व कीमत स्तर में केवल 10 प्रतिशत की ही वृद्धि हो तो यह मुद्रा स्फीति की प्रथम अवस्था कही जा सकती है।

गुद्रा स्फीति की दूसरी दशा में कीमतों में वृद्धि की दर मुद्रा की मात्रा में वृद्धि की दर के बराबर होती है। उदाहरण के लिए मुद्रा की मात्रा में 15 प्रतिशत वृद्धि होने पर कीमतों में भी 15 प्रतिशत की वृद्धि होगी।

मुद्रा स्फीति की तीसरी दशा में कीमतों में वृद्धि मुद्रा की मात्रा में वृद्धि की अपेक्षा अधिक होती है। इस अवस्था में मुद्रा की मात्रा में 15 प्रतिशत वृद्धि होने पर कीमतों में 20 या इससे भी अधिक वृद्धि होती है।

मुद्रा स्फीति की इन अवस्थाओं को निम्न भागों में बांटा जा सकता है:

1. पूर्ण रोजगार के पूर्व की अवस्था (Pre Full Employment Stage) : पूर्ण रोजगार के पहले की अवस्था में मुद्रा की मात्रा में वृद्धि की तुलना में कीमतों में वृद्धि कम होती है। ऊपर दिये गये उदाहरण के अनुसार मुद्रा की मात्रा में 15 प्रतिशत वृद्धि होने पर भी कीमत स्तर में वृद्धि केवल 10 प्रतिशत होती है। इसका कारण यह है कि कीमतों में वृद्धि से उत्पादन को प्रोत्साहन मिलता है व बाजार में इससे वस्तुओं व सेवाओं की मात्रा बढ़ जायेगी। वस्तुओं व सेवाओं की मात्रा बढ़ने के कारण कीमत स्तर में परिवर्तन मुद्रा की मात्रा में वृद्धि की अपेक्षा कम होगा।

इस प्रकार की स्थिति बहुत अधिक लम्बे समय तक चालू नहीं रह पाती। मुद्रा की मात्रा में लगातार वृद्धि से एक समय ऐसा आएगा जब वस्तुओं के उत्पादन में वृद्धि की दर मुद्रा की मात्रा में वृद्धि की अपेक्षा कम होने लगेगी। ऐसा उत्पादन के साधनों की पूर्ति कम होने से होता है। अत: उत्पादन वृद्धि की दर कम हो जायेगी।

2. पूर्ण रोजगार की अवस्था (Full Employment Stage): मुद्रा की मात्रा में लगातार वृद्धि से एक समय ऐसा आएगा जब उत्पादन के सभी साधनों को काम मिलने लग जाएगा। यह स्थिति पूर्ण रोजगार की स्थिति कहलाती है। अब उत्पादन बढा़ने के लिए उत्पादन के अतिरिक्त साधन उपलब्ध नहीं होते है। अत: अब उत्पादन में वृद्धि रूक जाती है। उत्पादन स्थिर रहने लगता है। अत: अब मुद्रा की मात्रा के अनुपात में ही कीमत स्तर में वृद्धि होती है।

3. पूर्ण रोजगार के बाद की अवस्था (Post Full Employment Stage): यदि पूर्ण रोजगार के बाद भी मुद्रा की मात्रा में वृद्धि होती रहती है तो मुद्रा स्फीति बड़ी ही खतरनाक बन जाती है। प्रारम्भ में कुछ समय तक तो कीमत स्तर में मुद्रा की मात्रा में वृद्धि के अनुपात में वृद्धि होती है, किन्तु धीरे धीरे कीमतों में वृद्धि की दर बढ़ने लगती है। मुद्रा की मात्रा में 15 प्रतिशत वृद्धि होने पर, कीमतों में वृद्धि की दर 20, 25, या 30 प्रतिशत तक पहुँच जाती है। जनता का मुद्रा से विश्वास उठने लगता है। कीमतों पर नियन्त्रण असम्भव सा हो जाता है। अन्तत: सरकार को विमुद्रीकरण करना पड़ता है। वस्तु विनिमय का प्रचलन भी इन दिनों बढ़ जाता है।

मुद्रा स्फीति के कारण
(Causes of Inflation)

मुद्रा स्फीति के कारणों को दो भागों में बांटा जा सकता है:

1. मुद्रा की पूर्ति बढ़ाने वाले कारण,
2. उत्पादन की मात्रा कम करने वाले कारण

1. मुद्रा की पूर्ति बढ़ाने वाले कारण

मुद्रा की मात्रा में वृद्धि के निम्न कारण मुद्रा स्फीति की दशा उत्पन्न करते हैं:

1. घाटे की अर्थव्यवस्था या हीनार्थ प्रबन्ध मुद्रा पूर्ति में वृद्धि का एक प्रमुख कारण है। जब सरकार के व्यय उसकी आय से अधिक होने लगते हैं तो सरकार इन्हें पूरा करने के लिए हीनार्थ प्रबन्ध करती है। हीनार्थ प्रबन्ध में सरकार अपने व्यय को नये नोट छापकर पूरा करती है। इससे देश में मुद्रा की मात्रा में वृद्धि हो जाती है व कीमत स्तर बढ़ जाता है।

2. मुद्रा पूर्ति हेतु अनेक प्राकृतिक कारण भी समान रूप से उत्तरदायी है। मुद्रा की पूर्ति कभी कभी प्राकृतिक कारणों से भी बढ़ जाती है। यह तब होता है जब देश धातुमान पर निर्भर हो। जब देश में धातुमान हो तो देश में सोने व चांदी अथवा दोनों ही धातुओं के सिक्के प्रचलन में होते है। सोने अथवा चांदी की नई खानों का पता चलने पर उनके उत्पादन में वृद्धि होती है। ऐसी स्थिति में मुद्रा की मात्रा भी बढ़ती है देश में मुद्रा स्फीति की स्थिति उत्पन्न हो जाती है। विश्व में अब सभी देश पत्र मुद्रा मान पर निर्भर है। अत: अब प्राकृतिक कारणों से मुद्रा की पूर्ति नहीं बढ़ सकती।

3. सरकार की मुद्रा व साख सम्बन्धी नीति मुद्रा पूर्ति में वृद्धि का एक पर्याप्त महत्वपूर्ण कारण है। कभी कभी सरकार देश में विकास के लिए केन्द्रीय बैंक को अत्यधिक मात्रा में कागज के नोटों का निर्गमन करने का निर्देश देती है। ऐसा करने का कारण युद्ध व्ययों की पूर्ति, अनुत्पादक व्ययों की पूर्ति, साख में वृद्धि आदि होता है। प्रारम्भ में यह मुद्रा स्फीति लाभप्रद प्रतीत होती है, किन्तु कालान्तर में नियन्त्रण के अभाव में यह भयंकर रूप धारण कर लेती है। इसी प्रकार सरकार के निर्देशानुसार केन्द्रीय बैंक ब्याज दर व खुले बाजार की क्रियाओं की नीति अपनाता है। बैंक दर कम करने व खुले बाजार में प्रतिभूतियों के खरीदने से बाजार में मुद्रा व साख बढ़ जाती है। इस प्रकार सरकार की मुद्रा व साख सम्बन्धी नीति भी देश में मुद्रा व साख की मात्रा में वृद्धि का कारण बन जाती है।

4. मुद्रा के संचालन वेग में वृद्धि से मुद्रा की मात्रा में वृद्धि होती है। देश में मुद्रा का संचलन वेग बढ़ने से भी मुद्रा की कुल पूर्ति बढ़ जाती है। मुद्रा का संचलन वेग भी कई तत्वों से प्रभावित होता है। जिनका वर्णन पहले ही किया जा चुका है। इन कारणों से जब मुद्रा का संचालन वेग बढ़ जाता है तो मुद्रा की प्रभावशील पूर्ति बढ़ जाती है तो अन्ततः मुद्रा स्फीति की दशा उत्पन्न कर कीमत वृद्धि का कारण बनती है।

5. व्यापारिक बैंकों की साख नीति मुद्रा की पूर्ति में वृद्धि का एक पर्याप्त कारण है। व्यापारिक बैंकों की साख नीति भी मुद्रा स्फीति को प्रोत्साहित करती हैं जब बैंक साख का अधिक निर्माण करते हैं तो देश में मुद्रा स्फीति की दशा उत्पन्न हो जाती है क्योंकि साख भी वर्तमान समय में मुद्रा की भाँति ही कार्य करती है। नकद कोषों का अनुपात कम करके, मार्जिन कम करके, व अन्य कई विधियों से बैंक अधिक साख निर्गमन करने में सफल हो जाते हैं।

6. दोषपूर्ण वित्तीय अव्यवस्था भी मुद्रा पूर्ति में वृद्धि करती है। सरकार द्वारा देश में लगाये गये करों की पूरी वसूली न होने पर देश में बिना हिसाब की मुद्रा की मात्रा बढ़ जाती है। यह बिना हिसाब की मुद्रा भी देश में मुद्रा स्फीति की दशा उत्पन्न करती है।

7. अनेक बार अधिक निर्यात भी मुद्रा की पूर्ति में वृद्धि करती है। देश में निर्यात अधिक मात्रा में होने पर उनके भुगतान में धातुएँ प्राप्त होने पर धातुमान की दशा में मुद्रा बढ़ जाती है।

2. उत्पादन की मात्रा कम करने वाले कारण

देश में मुद्रा की मात्रा में वृद्धि होने के अतिरिक्त उत्पादन कम होने से भी मुद्रा स्फीति की दशा उत्पन्न हो जाती है। निम्न कारणों में उत्पादन की मात्रा कम हो जाती है:

1. अनेक प्राकृतिक कारण भी मुद्रा पूर्ति में वृद्धि का कारण बनते हैं। कभी कभी देश में प्राकृतिक कारणों से उत्पादन कम हो जाता है। देश में सूखा, बाढ़, भूकम्प आदि प्राकृतिक विपदाओं के कारण उत्पादन कम हो जाता है। इन कारणों में कृषि का उत्पादन कम हो जाता है। कृषि जन्य कच्चा माल उपलब्ध न होने के कारण उद्योगों का उत्पादन भी कम हो जाता है। कभी कभी प्राकृतिक कारणों से उत्पादन हो जाने के बाद नष्ट हो जाता है। उत्पादन कम होने से मुद्रा स्फीति की दशा उत्पन्न हो जाती है।

2. यदि उत्पादन का ह्रास नियम के अन्तर्गत उत्पादन हो रहा है तो मुद्रा की मात्रा में वृद्धि हो जाती है। जब देश में उत्पादन क्रमागत उत्पत्ति ह्रास नियम के अन्तर्गत हो रहा हो तो उत्पादन बढ़ाने पर लागत बढ़ती है। अत: उत्पादन कम किया जाता है। इसके साथ ही लागत बढ़ने पर कीमतें भी बढ़ने लगती है। कृषि में उत्पादन ह्रास नियम शीघ्र ही लागू होने लगता है व उद्योगों में भी अन्तत: यही नियम लागू होने लगता है। उत्पादन बढ़ाने के अतिरिक्त साधन उपलब्ध नहीं होने पर भी यह नियम लागू होता है।

3. किसी राष्ट्र में निरन्तर औद्योगिक अशान्ति भी मुद्रा की पूर्ति में वृद्धि का पर्याप्त कारण सिद्ध होती है। जब देश में औद्योगिक अशान्ति हो तो उत्पादन में कमी आ जाती है। हड़तालों व तालबन्दियों से उत्पादन कार्य में रूकावटें उत्पन्न हो जाती है व उत्पादन कम हो जाता है। इससे मुद्रा स्फीति उत्पन्न हो जाती है।

4. शिल्प सम्बन्धित परिवर्तन भी मुद्रा पूर्ति में वृद्धि करती है। जब उत्पादन प्रणालियों में शिल्प सम्बन्धि परिवर्तन किये जाएं तो कुछ समय तक उत्पादन कार्य रूक जाता है अत: इस अवधि में उत्पादन कम हो जाता है परिणामत: इस अवधि में मुद्रास्फीति की दशा उत्पन्न हो जाती है।

5. अनेक बार दोषपूर्ण विदेशी व्यापार नीति भी मुद्रा की मात्रा में वृद्धि का कारण सिद्ध होती है। जब देश में वस्तुओं का बहुत अधिक निर्यात विदेशी विनिमय कमाने के लिए कर दिया जाए तो देश में वस्तुओं की उपलब्ध मात्रा कम हो जाती है निर्यात वस्तुओं की मात्रा कम हो जाने के कारण देश में मुद्रा स्फीति की स्थिति उत्पन्न हो जाती है।

6. सरकार की दोषपूर्ण तथा अविवेकशील कराधान नीति भी मुद्रा की मात्रा में वृद्धि करती है। जब सरकार वस्तुओं व सेवाओं पर बहुत अधिक कर लगाती है तो उनकी कीमतें बढ़ जाती है। कीमतें बढ़ने पर उनकी माँग कम हो जाती है। अत: उनका उत्पादन हतोत्साहित होता है। इसी प्रकार जब उद्योगों पर बहुत अधिक कर लगाये जाते हैं तो उनका

विकास रूक जाता है व उत्पादन में कमी हो जाती है। उत्पादन कम होने से देश में मुद्रा स्फीति की दशा उत्पन्न हो जाती है।

7. अर्द्धविकसित तथा विकासशील देशों में तीव्र गति से जनसंख्या में वृद्धि के कारण भी मुद्रा की पूर्ति में वृद्धि होती है। जब देश की जनसंख्या में वृद्धि होती है व उत्पादन उतनी ही तेजी से नहीं बढ़ता तो भी देश में मुद्रा स्फीति की दशा उत्पन्न हो जाती है।

8. उत्पादन वृद्धि तभी सम्भव होती है जब उसके लिए कच्चा माल पर्याप्त मात्रा में उपलब्ध हो चाहे इसे आन्तरिक स्रोतों से प्राप्त किया जाय अथवा आयात करके। कच्चे माल के अभाव में उत्पादन की मात्रा में कमी हो जाती है। इससे भी देश में स्फीति उत्पन्न हो जाती है।

9. अनेक बार उत्पादन का दोषपूर्ण ढांचा भी मुद्रा की पूर्ति में वृद्धि करता है। उत्पादन के ढांचे में असन्तुलन के कारण भी देश में मुद्रा स्फीति हो सकती है। देश में अनेक प्रकार की वस्तुएं उपभोक्ता वस्तुएं, आधारभूत उद्योगों की वस्तुएं आदि उत्पन्न की जाती है। यदि देश में उपभोग पदार्थों की अपेक्षा अन्य उत्पादनों को महत्व दिया जा रहा हो तो आय में तो वृद्धि होती है किन्तु आय के बदले प्राप्त होने वाली वस्तुओं की मात्रा कम होने के कारण कीमतें बढ़ जाती है। युद्धकाल में कीमतें बढ़ने का एक कारण उत्पादन के ढांचे में असन्तुलन भी होता है। विकासशील देशों में उपभोक्ता वस्तुओं की अपेक्षा आधारभूत उद्योगों के अधिक महत्व दिये जाने के कारण उत्पादन में असन्तुलन उत्पन्न हो जाता है। जिससे कीमतों में वृद्धि होती है।

मुद्रा स्फीति के प्रभाव
(Effects of Inflation)

मुद्रा स्फीति एक ऐसा रोग है जो पूरे देश को प्रभावित करता है। समाज के प्रत्येक वर्ग पर अपना प्रभाव डालता है। अधिकांश वर्गों पर मुद्रा स्फीति के बुरे प्रभाव पढ़ते है। इसी कारण सी. एन. वकील ने कहा है कि स्फीति एक डाकू के समान है। दोनों ही अपने अपने शिकारों को उनकी कुछ वस्तुओं से वंचित कर देते हैं। अन्तर बस इतना ही है कि डाकू दिखाई देता है स्फीति दिखाई नहीं देती। डाकू का शिकार केवल एक अथवा थोड़े से व्यक्ति होते है, स्फीति का शिकार सम्पूर्ण राष्ट्र होता है। डाकू को न्यायालय में घसीट कर लाया जा सकता है किन्तु स्फीति वैधानिक होती है।

मुद्रा स्फीति में वस्तुओं व सेवाओं की कीमतों में वृद्धि होती है। किन्तु यह वृद्धि सभी वस्तुओं व सेवाओं की कीमतों में समान नहीं होती। साथ ही समाज के सभी व्यक्तियों व वर्गों की मौद्रिक आय में समान रूप से वृद्धि होती है। अतः समाज के विभिन्न वर्गों पर मुद्रा स्फीति के विभिन्न प्रभाव पड़ते हैं। समाज के विभिन्न वर्गों पर मुद्रा स्फीति के निम्न प्रभाव पड़ते हैं :

1. उत्पादक वर्ग पर प्रभाव (Advantages to Producers): मुद्रा स्फीति के काल में उत्पादक वर्ग पर अच्छा प्रभाव पड़ता है व इन्हें इस काल में लाभ होता है। उत्पादक

वर्ग में किसानों, व्यापारियों व उद्योगपतियों को सम्मिलित किया जा सकता है। इस वर्ग को लाभ होने के तीन कारण होते हैं :

(अ) उत्पादन की लागते इतनी तेजी से नहीं बढ़ती हैं। अत: उत्पादक को अधिक लाभ प्राप्त होता हैं। इसका कारण यह है कि जिस समय कच्चा माल खरीदा जाता है व उतपादन का कार्य किया जाता है। उस समय उनकी कीमतें कम होती है किन्तु जब तक माल तैयार होता है तब तक इनकी कीमतें बढ़ जातीं है। उत्पादक ने क्योंकि ये वस्तुएँ कम कीमतों में खरीदी थी अत: उसे लाभ होता है।

(ब) मजदूरी भी उतनी तेजी से नहीं बढ़ती। जितनी तेजी से कीमतें बढ़ती है। इसमें भी उत्पादकों को लाभ होता है क्योंकि उन्होंनें मजदूरी कम दी थी जबकि कीमतें बहुत बढ़ चुकी है।

(स) मुद्रा स्फीति काल में कीमतें अधिक होते हुए भी वस्तुओं की मांग अधिक होती है। अत: उत्पादक का माल हाथो हाथ बिक जाता है। अत: उसकी पूँजी माल के रूप में अवरूद्ध नहीं होती तथा उसे चल पूँजी भी कम लगानी होती है।

इस प्रकार उत्पादकों के मुद्रा स्फीति काल में बहुत लाभ होता है।

2. उपभोक्ता वर्ग का प्रभाव (Advantages to Consumers): उपभोक्ता वर्ग के मुद्रा स्फीति काल में सदैव हानि होती है। इसका कारण वस्तुओं व सेवाओं की कीमतों में वृद्धि होना है कीमतें बढ़ने के साथ ही कुछ आवश्यक वस्तुओं का अभाव भी हो जाता है। जिन उपभोक्ताओं की आय निश्चित होती है उन्हें मुद्रा स्फीति में सबसे अधिक कठिनाई होती है क्योंकि वस्तुओं की कीमतें तो बढ़ जाती है किन्तु उपभोक्ताओं की आय नही बढ़ती। जिन उपभोक्ताओं की आय भी परिवर्तनशील है उन्हें कम कठिनाई होती है। इसका कारण कीमतों में वृद्धि के साथ-साथ उनकी आय भी बढ़ना है। यद्यपि कीमतों में वृद्धि की तुलना से आय में वृद्धि की दर कम होती है। अत: देश के समस्त उपभोक्ता वर्ग पर मुद्रा स्फीति का बुरा प्रभाव पड़ता है। जर्मनी में युद्ध के कारण उत्पन्न मुद्रा स्फीति का प्रभाव वहां के उपभोक्ताओं पर बहुत ही बुरा पड़ा था। वहां के एक निवासी के अनुसार, "पहले हम दुकानों पर अपनी जेब में मुद्रा रख कर ले जाते थे और खाद्य पदार्थों को टोकरियों में भर कर लाते थे। अब मुद्रा को टोकरियों में भर कर ले जाते हैं और खाद्य पदार्थों को अपनी जेबों में डालकर लाते है।"

3. निवेशकर्त्ता वर्ग पर प्रभाव (Impact on Investors): जो व्यक्ति उद्योग धन्धों में पूँजी लगाते हैं उन्हें निवेश कर्त्ता कहा जाता है। निवेश कर्त्ता भी दो प्रकार के होते है प्रथम ऐसे निवेशकर्त्ता जिन्हें अपने निवेशों से निश्चित आय प्राप्त होती है। इस प्रकार के निवेशकर्त्ता वर्ग पर स्फीति का बुरा प्रभाव पड़ता है क्योंकि इनकी अपने निवेशों से आय तो नही बढ़ती किन्तु कीमतों के बढ़ जाने के कारण मुद्रा की क्रय शक्ति कम हो जाती है। ऋण पत्र अधिमान अंश व सरकारी प्रतिभूतियां आदि में विनियोग करने वाले निवेशकर्त्ता इसी वर्ग में आते है।

दूसरे वर्ग में वे निवेशकर्त्ता सम्मिलित किये जाते है जिनकी निवेशों से प्राप्त आय भी परिवर्तनशील होती है। साधारण अंशों में विनियोग करने वाले निवेशकर्त्ता इसी वर्ग में

आते हैं। उत्पादकों को अधिक लाभ होने के कारण मुद्रा स्फीति में ऐसे निवेश कर्त्ताओं को अधिक लाभ प्राप्त होता है क्योंकि इनकी आय भी बढ़ जाती है।

4. वेतन भोगी वर्ग पर प्रभाव (Impacts on Salaried Class): वेतन भोगी वर्ग में वे व्यक्ति सम्मिलित किये जाते है जो मुद्रा के बदले अपनी सेवाओं का विक्रय करते है। कृषि अथवा उद्योगों में कार्य करने वाले मजदूर, कार्यालय कर्मचारी, अध्यापक, पेंशन प्राप्त करने वाले कर्मचारी आदि इसी वर्ग में सम्मिलित किये जाते हैं। वेतन भोगी वर्ग अधिकांशत: मध्यम वर्ग होता है। मुद्रा स्फीति का सबसे बुरा प्रभाव इसी वर्ग पर पड़ता है। मुद्रा स्फीति में कीमतों की वृद्धि की तुलना में इनकी आय पीछे रह जाती है। इस समय इनकी आय भी बढ़ती है किन्तु कीमतों में वृद्धि की तुलना में आय में वृद्धि कम होती है। अत: मौद्रिक आय बढ़ने पर भी इनकी वास्तविक आय नहीं बढ़ती वरन् कई बार कम हो जाती है।

वेतनभोगी वर्ग जो कुछ बचत करता है उसका मूल्य भी कम हो जाता है।

केमरर के शब्दों में, 'मध्यम वर्ग, जो अपने कड़े परिश्रम तथा बचत करने की आदत के द्वारा अपने बच्चों को शिक्षा देने व भविष्य में बीमारी तथा वृद्धावस्था का सामना करने के उद्देश्य से कुछ बचत का निश्चय करता है, स्फीति के दिनों में अपने को गम्भीर परिस्थिति में पाता है। आय की तुलना में रहन-सहन का व्यय अधिक बढ़ जाता है। समस्त बचत समाप्त हो जाती है तथा कठिन परिश्रम, स्वतन्त्रता व बचत करने की आदत झूठे देवता दिखाई पड़ते हैं। ऐसी परिस्थिति में मध्यम वर्ग में निराशा तथा असफलता की भावना के बादल छा जाते हैं।

किन्तु साथ ही मुद्रा स्फीति के समय इस वर्ग को लाभ भी होता है। मुद्रा स्फीति के समय उत्पादक वर्ग को लाभ होने के कारण उत्पादन कार्य प्रोत्साहित होता है अत: रोजगार के अवसरों में वृद्धि होती है।

ऋणी व ऋणदाता वर्ग (Impact of Debtor and Creditor): मुद्रा स्फीति से ऋणी वर्ग को लाभ होता है व ऋण दाता वर्ग को हानि। मुद्रा स्फीति के समय ब्याज दर स्थिर रहती है किन्तु मुद्रा का मूल्य कम हो जाता है। अत: ऋणी को इससे लाभ होता है क्योंकि उसे पुरानी दर से ब्याज देना पड़ता है। इसके अतिरिक्त जब उसने ऋण लिया था तब अधिक क्रय शक्ति प्राप्त की थी किन्तु जब वह ऋण लोटाता है तो कम क्रय शक्ति लोटाता है। इसके विपरीत ऋण दाता के स्फीति में हानि होती है। इसका कारण यह है कि जब उसने ऋण लिया था तब उस राशि से अधिक क्रय शक्ति थी। किन्तु जब मुद्रा स्फीति के काल में उसे वही राशि वापस मिलती है तो उसे कम क्रय शक्ति वापस मिलती हैं। अत: स्फीति काल में ऋणी को लाभ व ऋण दाता को हानि होती है।

मुद्रा प्रसार से कुल उत्पादन एवं रोजगार में वृद्धि रूक जाती है तथा समाज के विभिन्न वर्गों पर विभिन्न प्रभाव पड़ते हैं। समाज के विभिन्न वर्गों पर भिन्न भिन्न रूप से इसका असर पड़ता है। स्फीति का मुख्य प्रभाव यह पड़ता है कि लोग भविष्य में बचत नहीं कर पाते और उनका उत्साह भी कम हो जाता है। "प्राय: मुद्रा प्रसार का निम्न एवं स्थिर आय वर्ग पर

बुरा प्रभाव पड़ता है, जबकि ऊँचे एवं गतिशील आय वर्ग पर ऐसा नहीं होता।" मुद्रा प्रसार के आर्थिक नैतिक , सामाजिक एवं राजनैतिक प्रभाव निम्न प्रकार है:

मुद्रा स्फीति के आर्थिक प्रभाव (Economic Effects of Inflation): समाज के विभिन्न वर्गों के अतिरिक्त मुद्रा स्फीति के निम्न अन्य प्रभाव भी होते हैं :

1. मुद्रा स्फीति के अन्तर्गत रोजगार पर विपरीत प्रभाव पड़ता है। मुद्रा स्फीति में उत्पादकों को लाभ होता है। अत: वे उत्पादन का विस्तार करते हैं। इससे रोजगार में वृद्धि होती है। बेकार व्यक्तियों को रोजगार मिलने लगता है। इसी कारण कीन्स ने हल्की मात्रा में मुद्रा स्फीति के पूर्ण रोजगार की स्थिति प्राप्त करने के दौर में सहायक बताया है।

2. मुद्रा स्फीति के अन्तर्गत कराधान में असहनीय वृद्धि प्रारम्भ हो जाती है। मुद्रा स्फीति काल में सरकार अपनी आय बढ़ाने के लिए पुराने करों की दर बढ़ा देती है व नये नये प्रकार के कर लगताी है। अत: स्फीति काल में कराधान बढ़ जाता है। विशेष से परोक्ष करों में वृद्धि होती है।

3. मुद्रा प्रसार की स्थिति में सार्वजनिक ऋणों में वृद्धि होने लगती है। स्फीति काल में सार्वजनिक ऋणों में वृद्धि होती हैं क्योंकि सरकार अपने घाटे के करों में वृद्धि के अतिरिक्त सार्वजनिक ऋण से भी पूरा करती है।

4. मुद्रा प्रसार आर्थिक विषमता में वृद्धि को प्रोत्साहित करता है। स्फीति काल में आर्थिक विषमताओं में और भी वृद्धि होती है। धनी वर्ग, उद्योगपति, व्यापारी व परिवर्तनशील आय वाले निवेशकर्त्ताओं को लाभ होता है, जो कि वास्तव में पहले से ही धनी होते है। इसके विपरीत कम आय वाले उपभोक्ताओं को हानि होती है। अत: गरीब ओर गरीब हो जाते है व अमीर और अमीर बन जाते हैं। अत: आर्थिक विषमता में वृद्धि होती है।

5. मुद्रा स्फीति से कृषक वर्ग को लाभ प्राप्त होते हैं, परन्तु कृषकों को उद्योगपतियों एवं व्यापारियों की तुलना में कम लाभ प्राप्त होते हैं क्योंकि निर्मित पदार्थों की तुलना में कच्ची सामग्री के मूल्यों में अपेक्षाकृत कम वृद्धि होती है। इस प्रकार "मुद्रा स्फीति के समय प्राय: कृषकों को लाभ, कृषि पदार्थों के मूल्यों में वृद्धि होने से ही प्राप्त न होकर, उनके द्वारा भुगतान किये गये लागत व मूल्य (ब्याज एवं कर सहित) की अपेक्षा प्राप्त मूल्य की राशि से कम होने से प्राप्त होते हैं।"

6. मुद्रा प्रसार में आयातों में वृद्धि व निर्यातों में कमी होना प्रारम्भ हो जाती है। स्फीति काल में देश में आंतरिक कीमत स्तर बढ़ता है। अत: देश में आयात प्रोत्साहित होते है व निर्यात हतोत्साहित । अत: व्यापार कोष व भुगतान शेष प्रतिकुल हो जाता है।

7. मुद्रा प्रसार से मुद्रा में अविश्वास की प्रवृत्ति भी बलवती हो जाती है। कीमतें बढ़ने व मुद्रा मुल्य विस्तार गिरने के कारण जनता का मुद्रा से विश्वास कम हो जाता है। इसमें बचत भी हतोत्साहित होती है। अत: विनियोग भी कम होता है। हाट्रे के अनुसार, "मुद्रा स्फीति के कारण मुद्रा में अविश्वास उत्पन्न हो जाता है और इसके फलस्वरूप दीर्घकालीन ऋणों का देना या तो बिलकुल बन्द हो जाता है अथवा ऋणदाता मूल्य में हानि की जोखिम की क्षति के रूप में ब्याज की बहुत ऊँची दर माँगते हैं।

8. मुद्रा प्रसार की स्थिति बैंकिंग व बीमा का विकास को सम्भव बनाती है। स्फीति काल में जनता की मौद्रिक आय बढ़ने से बैंकों का विकास होने लगता है। नये नये बैंकों की स्थापना होने लगती है। बैंकों की जमा राशि भी बढ़ जाती है। बीमा व्यवसाय का भी विकास होने लगता है।

9. मुद्रा प्रसार से नियन्त्रित आर्थिक प्रणाली असफल हो जाती है। मुद्रा स्फीति काल में नियन्त्रित आर्थिक प्रणाली स्वतन्त्र आर्थिक प्रणाली का रूप ले लेती है। इस समय सरकार कई आर्थिक क्रियाओं पर नियन्त्रण लगाती है। राशनिंग, मूल्य नियन्त्रण, वितरण आदि पर सरकार प्रतिबन्ध लगाती है। सरकार इन उपायों से मुद्रा स्फीति पर नियन्त्रण का प्रयत्न करती है किन्तु व्यवहार में सरकार अपने उद्देश्यों की पूर्ति नहीं कर पाती क्योंकि इन नियन्त्रणों को पूर्ण रूप में लागू करना सम्भव नहीं होता। नियन्त्रित कीमतों वाली वस्तुओं का उत्पादन हतोत्साहित होता है। जिन वस्तुओं की कीमतें अधिक बढ़ रही हों, उनका उत्पादन प्रोत्साहित होता है। इसी कारण मिल्टन फ्रीडमेन ने कहा था कि नियन्त्रित स्फीति से खुली स्फीति कम हानि कारक होती है।

नैतिक प्रभाव
(Moral Impacts)

मुद्रा स्फीति की दशा में प्रत्येक व्यक्ति अपना हित देखता है। प्रत्येक व्यक्ति अपनी आय बढ़ाने का प्रयत्न करता है चाहे उसके लिए अनुचित साधन ही क्यों न अपनाना पड़े। अतः कालाबाजारी, मुनाफाखोरी, भ्रष्टाचार, रिश्वतखोरी आदि बुराइयों के मुद्रा स्फीति में प्रोत्साहन मिलता है। ह्वाइट ने फ्रांस में मुद्रा स्फीति के समय का वर्णन करते हुए लिखा है, "फ्रांस के प्रमुख शहरों में विलासिता व दुराचार, जो लूटने की अपेक्षा अधिक गम्भीर दोष थे, चारों और फैल गये थे। देश में जुए की भावना दिन प्रतिदिन बढ़ती जा रही थी। यह दुराचार केवल व्यापारियों तक ही सीमित नहीं था वरन् इसका श्राप उन उच्च सरकारी अधिकारियों व नेताओं में भी फैल गया था जो कुछ ही समय पूर्व विलासिता, बेईमानी तथा बेपरवाही के दोषों से दूर रहते थे।" गेलब्रेथ ने मुद्रा स्फीति पर बड़े व्यंगपूर्ण शब्दों में लिखा है, "मौद्रिक आय की दृष्टि से अगर विचार किया जाये तो जिस समाज में लगातार मुद्रा स्फीति है, उसमें निःसन्देह शिक्षक, धर्म गुरू, या पुलिस का कार्य करने की अपेक्षा सट्टेबाजी या वेश्यावृत्ति करना अधिक लाभदायक है।"

राजनैतिक प्रभाव
(Political Effects)

मुद्रा स्फीति के आर्थिक व नैतिक प्रभावों के साथ राजनैतिक प्रभाव भी होते है। मुद्रा स्फीति के समय जनता का सरकार में विश्वास कम जो जाता है। जनता में असन्तोष बढ़ता है। सरकार स्फीति के बुरे परिणामों के लिए सरकार को दोष देती है व सरकार बदलने की मांग करती है। स्फीति काल में भांति भांति के नियन्त्रण लगने के कारण असन्तोष और भी बढ़ता है।

मुद्रा स्फीति के उपरोक्त प्रभावों से स्पष्ट है कि यह एक रोग के समान है। मुद्रा स्फीति के प्रारम्भ में अच्छें प्रभाव हो सकते हैं, किन्तु अन्त में इसके प्रभाव इतने बुरे होते हैं

कि पूरी अर्थव्यवस्था अस्त व्यस्त हो जाती है। कीन्स ने उत्पादन को प्रोत्साहन देने व रोजगार वृद्धि के लिए हल्की सी मुद्रा स्फीति का समर्थन किया है। अमेरिका में सेमुअलसन व सोलों ने 1960 में अनुमान लगाया था कि वहाँ कीमतें स्थिर रहने पर 6 प्रतिशत बेरोजगारी में वृद्धि होगी। किन्तु मुद्रा स्फीति को किसी भी दशा में अच्छा कहना उचित न होगा। सामान्य जनता पर इसके बुरे प्रभाव पड़ने के कारण इसे स्वीकारा नहीं जा सकता। **केन्वी वाल्टरस्टोन** के अनुसार यह हमारी सबसे बड़ी भूल है कि हम यह विचारने लगते हैं कि थोड़ी सी स्फीति अच्छी होती है। परन्तु हम यह भूल जाते हैं कि इतनी थोड़ी सी स्फीति से भी जब मूल्यों में केवल 2 प्रतिशत की वृद्धि होती है तो कीमत स्तर केवल 35 वर्षों में दुगुना हो जाता है। यदि एक बार रेगती हुई स्फीति को समाज स्वीकार कर लेता है तो कुछ ही समय पश्चात् यह बच्चा रेंगना बन्द करके चलने, दौड़ने व कूदने लगता है।''

अतः मुद्रा स्फीति समाज के लिए अच्छी नहीं कही जा सकती। इससे समाज के कुछ वर्गों को लाभ होता है, किन्तु अधिकांश वर्गों को हानि होती है।

मुद्रा स्फीति को रोकने के उपाय
(Measures to Check Inflation)

यदि वास्तव में मुद्रा-स्फीति उत्पन्न हो गई है, तो राष्ट्रीय बचत को सन्तुलित किये बिना उसको ठीक करना कठिन होता है। इसे आय से ही सन्तुलित करना चाहिए, क्योंकि ऋण प्राप्त करना कठिन होगा, भारी करारोपण एवं व्यय में मितव्ययिता ही सुरक्षा के उपाय माने जाते हैं।'' मुद्रा स्फीति को रोकने के लिए निम्न उपाय अपनाये जा सकते है:

1. मौद्रिक उपाय
(Monetary Measures)

मौद्रिक उपायों में वे उपाय सम्मिलित किये जाते हैं, जो देश का केन्द्रीय बैंक अपनाता है। इसमें दो उपाय प्रयोग में लाये जा सकते है:

1. मुद्रा प्रसार का प्रमुख कारण मुद्रा की मात्रा में वृद्धि हो जाता है अतः मुद्रा की मात्रा को कम करना चाहिए। मुद्रा की मात्रा की अधिकता के कारण मुद्रा स्फीति होती है। अतः चलन में मुद्रा की मात्रा कम करके मुद्रा स्फीति को रोका जा सकता है। इसके लिए नई मुद्रा के निर्गमन पर रोक लगाई जा सकती है व पुरानी मुद्रा का विमुद्रीकरण किया जा सकता है। पुरानी मुद्रा को वापस लेकर उसे नई मुद्रा में कम दर पर बदला जा सकता है। प्रथम महायुद्ध के बाद रूस ने इसी उपाय को अपनाया था।

2. साख मुद्रा पर नियन्त्रण रखना भी मुद्रा प्रसार के नियन्त्रण हेतु एक प्रभावशाली उपाय है। मुद्रा स्फीति को साख मुद्रा से कमी करके भी नियन्त्रित किया जा सकता है। केन्द्रीय बैंक को चाहिए कि वह बैंकों के साख निर्माण पर नियन्त्रण रखे। बैंक दर नीति, खुले बाजार की क्रियाएँ, साख की राशनिंग, न्यूनतम नकद कोष में वृद्धि, मार्जिन में वृद्धि, प्रत्यक्ष कार्यवाही, उपभोक्ता साख का नियमन आदि उपायों के केन्द्रीय बैंक साख पर नियन्त्रण कर सकता है।

2. राजकोषीय उपाय

(Fiscal Measures)

राजकोषीय उपायों में वे समस्त उपाय सम्मिलित किये जा सकते हैं, जो बाजार में मुद्रा की मात्रा कम करने में सहायक होते हैं। इस वर्ग में निम्न उपाय सम्मिलित होते है:

1. करों में वृद्धि मुद्रा की मात्रा में वृद्धि को रोकने हेतु एक कारगर उपाय हो सकता है। मुद्रा स्फीति को रोकने के लिए सरकार को करों में वृद्धि करना चाहिए। पुराने करों की दरें बढ़ाई जा सकती हैं व नये कर भी लगाये जा सकते हैं। ऐसा करने से जनता की क्रय शक्ति का बहुत सा भाग सरकार के पास आ जायेगा व मुद्रा स्फीति रूक जायेगी।

2. मुद्रा की मात्रा को नियन्त्रित करने हेतु सार्वजनिक ऋण में वृद्धि कि जानी चाहिए। सार्वजनिक ऋणों में वृद्धि मुद्रा स्फीति को रोकने में दो प्रकार से सहायता करती है। प्रथम सरकार द्वारा अधिक सार्वजनिक ऋण लेने से जनता के हाथों में क्रय शक्ति कम हो जाती है। दूसरी ओर सार्वजनिक ऋण लेकर सरकार उत्पादन वृद्धि का भी प्रयत्न कर सकती है। इससे बाजार में मुद्रा की मात्रा कम हो जाती है व उत्पादन भी बढ़ जाता है।

3. मुद्रा की मात्रा को नियन्त्रित करने हेतु सार्वजनिक व्ययों में कमी की जानी चाहिए। मुद्रा स्फीति को रोकने के लिए सरकार को सार्वजनिक व्ययों में कमी करनी चाहिए। विशेषकर अनुत्पादक व्ययों में सरकार को कमी करना आवश्यक है। इससे बाजार में क्रय शक्ति अधिक नहीं बढ़ेगी।

4. मुद्रा की मात्रा को नियन्त्रित करने हेतु बचतों को प्रोत्साहन एवं अनिवार्य बचतें एक अत्यन्त कारगर उपाय है। मुद्रा स्फीति रोकने के लिए सरकार को उपभोग को हतोत्साहित करके बचतों को प्रोत्साहन देना चाहिए। इसके लिए ब्याज दर में वृद्धि करनी चाहिए। इससे जनता बचत के लिए प्रोत्साहित होगी। बचतों को प्रोत्साहन की नीति सफल न होने पर बचतों को अनिवार्य भी करना चाहिए।

5. मुद्रा की मात्रा को नियन्त्रित करने हेतु सन्तुलित बजट नीति अपनाया जाना अधिक उपयुक्त होता है। स्फीति काल में सरकार को सन्तुलित बजट बनाना चाहिए। इस अवधि में घाटे के बजट से बचना चाहिए। चूँकि घाटे के बजट होने पर सरकार को उस घाटे को पूरा करने के लिए अतिरिक्त मुद्रा का निर्गमन करना पड़ेगा अत: मुद्रा की मात्रा और भी बढ़ जाएगी व मुद्रा स्फीति और भी अधिक तीव्र हो जाएगी। अत: सरकार को हीनार्थ प्रबन्ध की नीति छोड़कर सन्तुलित बजट नीति अपनानी चाहिए।

6. मुद्रा की मात्रा को नियन्त्रित करने हेतु अतिमूल्यन भी एक प्रभावशाली अस्त्र है। मुद्रा के अतिमुल्यन द्वारा भी मुद्रा स्फीति को रोकने में सहायता मिलती है। अतिमूल्यन का अर्थ दूसरे देशों की मुद्राओं की तुलना में अपने देश को मुद्रा का मूल्य अधिक निर्धारित करना है। मुद्रा के अतिमूल्यन से निर्यात कम होंगे व आयात बढ़ेगे। इससे देश में मुद्रा की मात्रा कम होगी व वस्तुओं की मात्रा बढ़ेगी।

3. अन्य उपाय

(Other Measures)

मुद्रा स्फीति को रोकने के लिए निम्न उपाय और अपनाये जा सकते है:

1. मुद्रा की मात्रा में वृद्धि को उत्पादन के बराबर करने के लिए उत्पादन में वृद्धि करना चाहिए। जैसा कि पहले ही वर्णन किया जा चुका है मुद्रा स्फीति का कारण मुद्रा की मात्रा में कमी के साथ साथ उत्पादन की मात्रा में कमी होना भी है। अत: उत्पादन में वृद्धि कर मुद्रा स्फीति पर नियन्त्रण किया जा सकता है। इसके लिए सरकार को उत्पादन बढ़ाने के प्रयत्न करने चाहिये। उत्पादकों को सहायता, उत्पादन करों में कमी आदि के द्वारा उत्पादन बढ़ाया जा सकता है। यदि फिर भी निजी उत्पादक उत्पादन नहीं बढ़ाते तो सरकार को सार्वजनिक क्षेत्र में नये-नये उद्योग धन्धे स्थापित करने चाहिए।

2. मुद्रा की मात्रा को नियन्त्रण करने हेतु व्यापार व कीमतों पर नियन्त्रण किया जाना चाहिए। व्यापार व कीमतों पर नियन्त्रण कर भी मुद्रा स्फीति की तीव्रता को कम किया जा सकता है। सरकार को मुद्रा स्फीति पर नियन्त्रण के लिए कीमतों पर नियन्त्रण करना चाहिए। विशेषकर आवश्यक वस्तुओं की कीमतों पर सरकार को नियन्त्रण करना चाहिए। आवश्यक वस्तुओं का राशनिंग भी किया जा सकता है। साथ ही विदेशी व्यापार का नियमन करना भी आवश्यक है जिससे निर्यात अधिक न हो व बाजार में वस्तुओं की कमी न रहे तथा आवश्यक वस्तुओं की कमी आयात द्वारा पूरी की जा सके।

मुद्रा अवस्फीति अथवा मुद्रा संकुचन
(Deflation)

मुद्रा अवस्फीति मुद्रा स्फीति की बिल्कुल विपरीत दशा है। जहाँ एक ओर मुद्रा स्फीति में मुद्रा का मूल्य घटता है व वस्तुओं की कीमतें बढ़ती है वहाँ मुद्रा अवस्फीति में मुद्रा की कीमतें बढ़ती है व वस्तुओं की कीमतें कम होती है।

क्राउथर के अनुसार, ''मुद्रा अवस्फीति वह अवस्था होती है जिससे मुद्रा का मूल्य बढ़ता है अथवा कीमतें नीचे गिरती है।''

क्राउथर की उपरोक्त परिभाषा यह स्पष्ट करती है कि मुद्रा का मूल्य बढ़ने अथवा कीमतें घटने की स्थिति को मुद्रा अवस्फीति कहा जाता है। किन्तु क्राउथर की यह परिभाषा दोषपूर्ण है क्योंकि कभी कभी अन्य कारणों से भी कीमत स्तर नीचे गिरने लगता है। कीमतें कम होने की प्रत्येक स्थिति को मुद्रा अवस्फीति नही कहा जा सकता। उदाहरण के लिए स्फीति को रोकने के प्रयत्नों के परिणामस्वरूप जो कीमतों में कमी होती, उसे मुद्रा अवस्फीति न कहकर विस्फीति कहना उपयुक्त होगा।

कॉलबोर्न ने मुद्रा अवस्फीति को रोजगार से जोड़ा है। कॉलबोर्न के अनुसार, अनैतिक बेरोजगारी मुद्रा संकुचन की कसौटी है।'' कॉलबोर्न की यह परिभाषा भी उचित नहीं कही जा सकती है क्योंकि बेरोजगारी की प्रत्येक दशा मुद्रा अवस्फीति नहीं हो सकती।

मुद्रा अवस्फीति की सर्वोत्तम परिभाषा पीगू द्वारा दी गई है। पीगू के शब्दों में, ''मुद्रा अवस्फीति कीमत स्तर गिरने की वह अवस्था है जो उस समय उत्पन्न होती है, जबकि वस्तुओं और सेवाओं के उत्पादन मौद्रिक आय की तुलना में तेजी से बढ़ता है।'' पीगू की परिभाषा से यह स्पष्ट है कि कीमतें गिरने की प्रत्येक दशा मुद्रा अवस्फीति नहीं होती वरन् मौद्रिक आय की तुलना में वस्तुओं व सेवाओं का उत्पादन अधिक होने से जब कीमतें गिरती

हैं तो इसे मुद्रा अवस्फीति कहा जाता है। पीगू के अनुसार निम्न दशाओं में कीमतों की गिरावट मुद्रा अवस्फीति होती है:

1. यदि उत्पादन में वृद्धि होती है, किन्तु मौद्रिक आय में कोई परिवर्तन नहीं होता।

2. यदि मौद्रिक आय घटती है, किन्तु उत्पादन में कोई परिवर्तन नहीं होता।

3. यदि मौद्रिक आय व उत्पादन दोनों कम हो जाएँ किन्तु उत्पादन की तुलना में मौद्रिक आय अधिक तेजी से घटे।

4. यदि उत्पादन व मौद्रिक आय दोनों बढ़ रहे हो किन्तु मौद्रिक आय की तुलना से उत्पादन अधिक तेजी से बढ़ रहा है।

5. यदि उत्पादन की मात्रा बढ़ रही हो व मौद्रिक आय घट रही हो।

मुद्रा अवस्फीति के कारण

मुद्रा अवस्फीति के निम्न कारण हैं:

1. मुद्रा अवस्फीति मुद्रा की मात्रा में कमी के कारण उत्पन्न होती है। सरकार जब देश में मुद्रा की मात्रा में कमी करती है तो मुद्रा अवस्फीति की दशा उत्पन्न हो जाती है। ऐसा सरकार द्वारा विमुद्रीकरण के कारण से होता है।

2. अत्यधिक कराधान एवं अनिवार्य बचतें भी मुद्रा अवस्फीति को प्रोत्साहित करती है। जब सरकार देश में अत्यधिक कर लगा देती है तो जनता के पास क्रय शक्ति कम हो जाती है। अत्यधिक कर से सरकार के पास आय अधिक होने से उसके विनियोग द्वारा उत्पादन भी बढ़ता है। अत: अत्यधिक कराधान का मुद्रा अवस्फीति पर दोहरा प्रभाव पड़ता है। अनिवार्य बचतों से भी देश में मुद्रा की पूर्ति कम हो जाती है।

3. सरकार द्वारा अधिक सार्वजनिक ऋण की प्राप्ति मुद्रा अवस्फीति का कारण बनती है। अत्यधिक सार्वजनिक ऋण का मुद्रा अवस्फीति पर दोहरा प्रभाव पड़ता है। अधिक सार्वजनिक ऋण लेने से भी देश में मुद्रा की पूर्ति कम हो जाती है।

4. मुद्रा अवस्फीति धातुओं में कमी के कारण भी उत्पन्न होती है। धातु मुद्रामान वाले देशों में धातु कोषों में कमी के कारण भी मुद्रा की मात्रा कम हो जाती है अथवा उत्पादन की वृद्धि के अनुपात में मुद्रा की मात्रा में वृद्धि नहीं हो पाती। अब प्रत्येक देश में पत्र मुद्रा का प्रचलन होने से इस तत्व का कोई महत्व नहीं है।

5. साख मुद्रा में कमी मुद्रा अवस्फीति को प्रोत्साहित करती है। साख मुद्रा भी एक प्रकार से मुद्रा का ही कार्य करती है। अत: साख मुद्रा में कमी भी मुद्रा अवस्फीति उत्पन्न करती है। केन्द्रीय बैंक द्वारा बैंक दर में वृद्धि करने से बैंक भी अपनी ब्याज दरें बढ़ा देते हैं। अत: साख मुद्रा का प्रसार कम हो जाता है। इसी प्रकार केन्द्रीय बैंक द्वारा खुले बाजार की क्रियाओं में सरकारी प्रतिभूतियाँ बेचने से साख मुद्रा में कमी हो जाती है। नकद कोषों की मात्रा में वृद्धि, साख का राशनिंग, मार्जिन में वृद्धि आदि के कारण भी साख मुद्रा में कमी हो जाती है।

6. उत्पादन में वृद्धि भी मुद्रा अवस्फीति का कारण बनती है। देश में वस्तुओं व सेवाओं की मात्रा में अत्यधिक वृद्धि हो जाने पर मुद्रा की मात्रा में कोई परिवर्तन न होने पर

मुद्रा अवस्फीति की दशा उत्पन्न हो जाती है। अतिरिक्त उत्पादन से वैसे भी माँग व पूर्ति के नियम के अनुसार कीमतें गिरती है।

मुद्रा अवस्फीति के प्रभाव
(Effects of Deflation)

मुद्रा अवस्फीति के देश की सम्पूर्ण अर्थव्यवस्था व देश के प्रत्येक वर्ग पर प्रभाव पड़ते हैं। समाज के विभिन्न वर्गों पर मुद्रा अवस्फीति के निम्न प्रभाव पड़ते हैं:

1. मुद्रा अवस्फीति का उपभोक्ता वर्ग पर अच्छा प्रभाव पड़ता है। मुद्रा अवस्फीति में वस्तुओं व सेवाओं की कीमतें गिरती है। अतः उपभोक्ता अब अपनी पहले की आय में अधिक वस्तुयें व सेवायें प्राप्त कर सकते हैं। उपभोक्ता भी दो प्रकार के होते है। प्रथम निश्चित आय वाले उपभोक्ता व दूसरे अनिश्चित आय वाले उपभोक्ता। निश्चित आय वाले उपभोक्ताओं को मुद्रा अवस्फीति से अधिक लाभ होता है क्योंकि वस्तुओं की कीमतों में कमी होती है किन्तु उनकी आय में किसी प्रकार की कमी नहीं होगी। परिवर्तनशील आय वाले उपभोक्ताओं को मुद्रा अवस्फीति से हानि होती है, क्योंकि मुद्रा स्फीति से कीमतों में कमी के साथ साथ उनकी माँग में भी कमी हो जाती है। इससे उपभोक्ताओ की आय में कीमतों की तुलना से अधिक कमी होती है, अतः इन पर अवस्फीति का बुरा प्रभाव पड़ता है।

2. उत्पादक व व्यापारी वर्ग का मुद्रा अवस्फीति से सबसे अधिक हानि होती है। इस वर्ग को हानि होने के तीन कारण होते है:

(अ) उत्पादन की लागतें कीमतों की तुलना में कम घटती है। क्योंकि लागत, ब्याज, मजदूरी आदि को अधिक तेजी से नहीं घटाया जा सकता।

(ब) उत्पादक को कच्चा माल खरीदते समय जो कीमतें देनी पड़ती है उसकी तुलना के माल तैयार होने तक कीमतें और भी गिर जाती है। उत्पादक को उस समय प्रचलित कीमतों पर माल बेचना पड़ता है।

(स) अवस्फीति काल में मुद्रा की पूर्ति कम होने के कारण वस्तुओं की माँग भी घट जाती है। अतः उत्पादकों व व्यापारियों के पास स्टॉक जमा होता रहता है व उनकी पूँजी अवरूद्ध हो जाती है।

इस प्रकार मुद्रा अवस्फीति काल में उत्पादकों जिसमें कृषक व उद्योगपति सभी सम्मिलित है तथा व्यापारियों को हानि होती है। छोटे उत्पादकों व व्यापारियों को इस अवधि में अधिक हानि होती है।

3. अलग-अलग प्रकार के निवेशकर्त्ताओं पर मुद्रा अवस्फीति पर अलग-अलग प्रभाव पड़ता है। कुछ निवेशकर्त्ता निश्चित अथवा स्थिर आय वाले निवेशकर्त्ता होते है। इस वर्ग में सरकारी प्रतिभूतियों, अधिमान अंशों, ऋण पत्रों में निवेश करने वाले व्यक्ति सम्मिलित होते है। ऐसे निवेशकर्त्ताओं को अवस्फीति काल में लाभ होता है क्योंकि उनकी आय तो स्थिर रहती है किन्तु कीमत स्तर कम हो जाने से उनकी मौद्रिक आय की क्रय-शक्ति बढ़ जाती है। अतः अब वे अपनी आय से अधिक वस्तुयें व सेवायें क्रय कर सकते हैं। निवेशकर्त्ताओं के दूसरे वर्ग में अनिश्चित आय वाले निवेशकर्त्ता सम्मिलित किये जा सकतें

हैं। साधारण अंशों में विनियोगकर्त्ता इसी वर्ग के होते हैं। ऐसे निवेशकर्त्ताओं की अवस्फीति से हानि होती है क्योंकि उनकी आय भी कम हो जाती है।

4. वेतन भोगी कर्मचारियों व मजदूरों को अवस्फीति से लाभ होता है। इसका कारण यह है कि इनकी आय तो निश्चित रहती है, किन्तु कीमत स्तर कम होने से ये अपनी आय से अधिक वस्तुयें व सेवायें क्रय कर सकते हैं। वेतन अथवा मजदूरी से कटौती करना कठिन होता है। मजदूरी में कटौती का यह वर्ग तीव्र विरोध करता है।

किन्तु अन्तत: इस वर्ग को अवस्फीति से हानि होती है। अवस्फीति के कारण जब उत्पादकों को हानि होती है तो वे उत्पादन कम कर देते हैं व कुछ उत्पादक उत्पादन बन्द भी कर देते हैं। अत: मजदूरों की छंटनी की जाने लगती है व बेरोजगारी बढ़ती है। इससे मजदूरों को हानि होती है, इनमें असन्तोष फैलता है, हड़तालें व तालाबन्दी की स्थिति उत्पन्न हो जाती है।

5. मुद्रा अवस्फीति में ऋण प्राप्तकर्त्ता वर्ग को हानि व ऋण दाता वर्ग को लाभ होता है। ऋणी वर्ग को हानि का कारण यह है कि उन्हें पूर्व निर्धारित दरों से ब्याज देना पड़ता है व साथ ही जब वे अपना ऋण लेते हैं तो उन्हें अधिक क्रय शक्ति का भुगतान करना पड़ता है जबकि ऋण लेते समय उन्होंने कम क्रय शक्ति प्राप्त की थी।

ऋणदाता वर्ग को लाभ का कारण यह है कि उन्हें पूर्व निर्धारित दरों पर ब्याज मिलता है। साथ ही ऋणों की माँग अधिक होने से ब्याज की दरें भी बढ़ जाती है। जब उन्हें ऋण वापस लौटाया जाता है तो उन्हें अब मूलधन की उसी राशि में अधिक क्रय शक्ति प्राप्त होती है। अत: मुद्रा अवस्फीति काल में ऋणी वर्ग को हानि व ऋणदाता वर्ग को लाभ होता है।

मुद्रा अवस्फीति के अन्य प्रभाव
(Other Effects of Deflation)

विभिन्न वर्गों पर पड़ने वाले प्रभावों के अतिरिक्त मुद्रा अवस्फीति के अन्य प्रभाव निम्न प्रकार है:

1. मुद्रा स्फीति के परिणामस्वरूप कर भार में वृद्धि हो जाती है। यद्यपि करदाताओं द्वारा चुकाई गई राशि कम हो जाती है, किन्तु उस राशि के रूप में वे अधिक क्रय शक्ति का भुगतान करते हैं क्योंकि मुद्रा का मूल्य इस अवधि में बढ़ जाता है।

2. मुद्रा का मूल्य बढ़ जाने के फलस्वरूप सरकार पर सार्वजनिक ऋणों के भार में वृद्धि हो जाती है। बजट सम्बन्धी घाटे को पूरा करने के लिए सरकार को अधिक ऋण लेने पड़ते हैं। पहले लिए ऋणों के भुगतान में अधिक क्रय शक्ति का भुगतान करना पड़ता है।

3. मुद्रा अवस्फीति के कारण कीमते कम होने से निर्यातों में वृद्धि होती है। अन्य देशों से आयातित वस्तुयें महंगी होने के कारण आयात हतोत्साहित होते है। निर्यातों में वृद्धि व आयातों में कमी के कारण व्यापार व भुगतान शेष अनुकूल हो जाता है। देश की मुद्रा का विदेशी मुद्राओं की तुलना में मूल्य बढ़ जाता है।

4. मुद्रा अवस्फीति काल में बैंकिंग व्यवस्था पर बुरा प्रभाव पड़ता है। इस काल में मन्दी के कारण व्यापार पर बुरा प्रभाव पड़ता है। अतः इस अवधि में बैंकों से ऋण भी कम लिए जाते हैं।

5. कीमतों के कम होने के कारण मुद्रा अवस्फीति काल में उत्पादकों को हानि होती है। हानि सहकार वे अधिक समय तक उत्पादन का कार्य जारी नहीं रख सकते। अतः वे उत्पादन कम कर देते हैं। कुछ उत्पादन इकाइयाँ उत्पादन बन्द कर देती है। मजदूरों की छटनी कर दी जाती है। अतः देश में रोजगार कम हो जाता है। देश में बेरोजगारी फैलने लगती है।

6. मुद्रा अवस्फीति काल में मजदूरों की छटनी के कारण उनमें असन्तोष फैलता है। हड़तालें व तालाबन्दी होने लगती हैं। देश में बेरोजगारी के परिणामस्वरूप सामान्य जनता भी दुखी रहती है व उनका नैतिक पतन होता है। आर्थिक, सामाजिक व राजनैतिक जीवन अस्त व्यस्त हो जाता है। इस काल में देश के आर्थिक विकास में बाधायें उत्पन्न हो जाती है।

उपरोक्त वर्णन से स्पष्ट है कि मुद्रा अवस्फीति काल में देश की अर्थव्यवस्था पर बुरे प्रभाव पड़ते हैं।

मुद्रा अवस्फीति को रोकने के उपाय

(Measures to Check Deflation)

मुद्रा स्फीति देश की अर्थव्यवस्था को अस्त व्यस्त कर देती है। इसका देश की अर्थव्यवस्था व समाज के विभिन्न वर्गों पर बुरा प्रभाव पड़ता है। अतः इसे तुरन्त रोकना आवश्यक हो जाता है। मुद्रा अवस्फीति को रोकने के लिए निम्न उपाय किये जा सकते हैं:

1. मौद्रिक उपाय

(Monetary Measures)

मुद्रा अवस्फीति को रोकने के लिए निम्न मौद्रिक उपाय किये जा सकते हैं :

1. मुद्रा अवस्फीति को रोकने हेतु अधिक कारगर उपाय मुद्रा का अधिक निर्गमन किया जाना है। देश में उत्पादन की तुलना में मुद्रा की मात्रा कम होने से मुद्रा अवस्फीति उत्पन्न होती है। अतः मुद्रा अवस्फीति को रोकने के लिए मुद्रा की मात्रा में वृद्धि करनी चाहिए। इसके लिए केन्द्रीय बैंक को मुद्रा की अधिक मात्रा निर्गमित करनी चाहिए।

2. साख मुद्रा का विस्तार का अधिक से अधिक विस्तार किया जाना चाहिए। साख मुद्रा का विस्तार करके भी मुद्रा की मात्रा बढ़ाई जा सकती है व मुद्रा अवस्फीति को रोका जा सकता है। इसके लिए केन्द्रीय बैंक को बैंक दर घटानी चाहिए। इसी प्रकार खुले बाजार में प्रतिभूतियाँ खरीदकर, मार्जिन कम करके, नकद कोषों की मात्रा कम करके व उपभोक्ता साख में वृद्धि करके केन्द्रीय बैंक साख में वृद्धि कर सकता है।

2. राजकोषीय उपाय

(Fiscal Measures)

मुद्रा अवस्फीति को रोकने के लिए सरकार निम्न राजकोषीय उपाय कर सकती है:

1. यथासम्भव करों में कमी की जानी चाहिए। मुद्रा अवस्फीति को रोकने के लिए सरकार को करों में कमी करनी चाहिए। इसके लिए करों की संख्या व दरों में कमी की जानी चाहिए। इससे उत्पादकों का लाभ बढ़ेगा व वे उत्पादन बन्द नहीं करेंगे वरन् उसे बढ़ायेंगे। परिणामस्वरूप रोजगार में वृद्धि होगी। रोजगार में वृद्धि से जनता के हाथ में क्रय शक्ति बढ़ेगी व वस्तुओं व सेवाओं की माँग में भी वृद्धि होगी। इसमें कीमतों में होने वाली गिरावट रूक जायेगी।

2. ऋणों का भुगतान किया जाना मुद्रा अवस्फीति का एक महत्वपूर्ण उपाय है। मुद्रा अवस्फीति को रोकने के लिए सरकार को ऋणों का भुगतान कर देना चाहिए। इससे बाजार में मुद्रा की मात्रा में वृद्धि होगी व कीमतों में कमी रूक जायेगी।

3. सार्वजनिक व्यय में वृद्धि किया जाना मुद्रा अवस्फीति रोधक का महत्वपूर्ण उपाय है। जनता के हाथ में अधिक क्रय शक्ति प्रदान करने के लिए सरकार को सार्वजनिक व्यय में वृद्धि करनी चाहिए। इससे रोजगार भी बढ़ेगा व जनता की क्रय शक्ति भी बढ़ेगी। सरकार कल्याणकारी योजनाएँ हाथ में लेकर सार्वजनिक व्यय में वृद्धि कर सकती है।

4. समाज के विभिन्न वर्गो को प्रदत्त आर्थिक सहायता में वृद्धि कि ज़ानी चाहिए। मुद्रा अवस्फीति काल में उत्पादकों को हानि होने से उत्पादन कार्य हतोत्साहित होता है। इसे प्रोत्साहित करने के लिए सरकार को आर्थिक सहायता करनी चाहिए जिससे वे उत्पादन कार्य बन्द न करें। उद्योगों को यह सहायता ऋण, अनुदान, करों में कमी आदि के रूप में दी जा सकती हैं।

3. अन्य उपाय
(Other Measures)

उपरोक्त उपायों के अतिरिक्त मुद्रा अवस्फीति रोकने के लिए निम्न और भी उपाय किये जा सकते हैं :

1. जहां तक सम्भव हो सके निर्यातों को प्रौत्साहन व आयातों में कमी की जानी चाहिए। मुद्रा अवस्फीति में मुद्रा की मात्रा की तुलना में उत्पादन अधिक होता है। इसे कम करने के लिए निर्यातों को प्रोत्साहन देना चाहिए व आयातों पर नियन्त्रण किया जाना चाहिए। इससे बाजार में उपलब्ध वस्तुओं की मात्रा में कमी होगी।

2. विवेकपूर्ण विधि से अतिरिक्त उत्पादन नष्ट करना चाहिए। बाजार में उत्पादन की मात्रा कम करने के लिए अतिरिक्त उत्पादन को नष्ट भी किया जा सकता है। अतिरिक्त उत्पादन नष्ट करने से बाजार में वस्तुओं की पूर्ति कम होगी व वस्तुओं की कीमतें बढ़ जायेगी। इस उपाय से प्रत्यक्ष रूप में तो उत्पादकों को हानि होती है, किन्तु बाजार में कीमतें बढ़ जाने से उनको लाभ होता है। अमेरिका में मन्दी को रोकने के लिए ही अतिरिक्त उत्पादन को नष्ट कर दिया जाता है। अतिरिक्त उत्पादन को नष्ट न कर सरकार उसे खरीद ले बाद में धीरे धीरे उनकी बिक्री करे तो भी मुद्रा स्फीति में सुधार लाना सम्भव होता है।

मुद्रा स्फीति व मुद्रा अवस्फीति की तुलना
(Comparison of Inflation and Deflation)

मुद्रा स्फीति व मुद्रा अवस्फीति के उपरोक्त वर्णन से स्पष्ट है कि दोनों ही परिस्थितियाँ देश के लिए हानिप्रद होती हैं। दोनों ही वे आर्थिक रोग हैं जो देश की अर्थव्यवस्था को अस्त व्यस्त कर देते हैं। अतः दोनों से ही बचना चाहिए व कीमतों को स्थिर रखना चाहिए। किन्तु व्यवहार में कीमतों का स्थिर रहना सम्भव नहीं होता। मुद्रा स्फीति व मुद्रा अवस्फीति दोनों में से किसी एक की स्थिति देश में सदैव बनी रहती है। मुद्रा स्फीति देश के विकास में सहायक हो सकती है व मुद्रा अवस्फीति आर्थिक विषमता को समाप्त करने में। किन्तु एक सीमा के बाद दोनों ही बुरे होते हैं। अतः यहाँ यह प्रश्न उत्पन्न होता है कि दोनों में से कौन-सी स्थिति अच्छी है।

कीन्स के विचारानुसार, "मुद्रा स्फीति अन्यायपूर्ण है तथा मुद्रा अवस्फीति अव्यवहारिक है। दोनों में सम्भवतः मुद्रा अवस्फीति अधिक खराब है क्योंकि एक निर्धन विश्व में किराये की आमदनी पर निर्भर करने वाले अनुत्पादक व्यक्ति को निराश करने की अपेक्षा बेकारी उकसाना अधिक खराब होता है।"

कीन्स के इन विचारों को कुछ तर्कों के आधार पर सही कहा जा सकता है।

मुद्रा स्फीति अन्यायपूर्ण क्यों?

(Why Inflation is Unjustice)

मुद्रा स्फीति निम्न कारणों से अन्यायपूर्ण कही जा सकती है:

1. मुद्रा प्रसार में वस्तुओं की कीमतें बढ़ जाती है। इसका भार निर्धन वर्ग पर अधिक पड़ता है। उत्पादक व व्यापारी वर्ग, जो पहले से ही सम्पन्न होते हैं, उन्हें इससे लाभ होता है। किन्तु सामान्य उपभोक्ता वर्ग, मजदूर वर्ग आदि को इससे हानि होती है क्योंकि उनकी आय की तुलना में कीमतें अधिक बढ़ती है। इससे धनी और अधिक धनी व निर्धन और निर्धन हो जाते हैं। अतः मुद्रा स्फीति से आर्थिक विषताएँ बढ़ती हैं।

2. मुद्रा प्रसार से देश में कृत्रिम सम्पन्नता आती है। यह सम्पन्नता स्थायी नहीं होती। कीमतें बढ़ते बढ़ते उस सीमा तक आ जाती है जिससे देश की अर्थव्यवस्था अस्त व्यस्त हो जाती है। कीमतों की वृद्धि जब चरम सीमा पर पहुँच जाती है तो सरकार को ऐसे कदम उठाने पड़ते हैं, जिनसे मुद्रा स्फीति रूक सकें। इन कदमों के परिणामस्वरूप देश में अवस्फीति प्रवृत्तियाँ उत्पन्न हो जाती हैं व कीमतों में गिरावट आने लगती हैं। इस प्रकार देश में अधिक स्थिरता नहीं रह पाती। समाज के अलग अलग वर्गों को कभी लाभ होता है तो कभी हानि।

3. मुद्रा प्रसार एक प्रकार के अदृश्य करारोपण है, क्योंकि उपभोक्ताओं को इस काल में वस्तुओं व सेवाओं के लिए अधिक भुगतान करना पड़ता है। मुद्रा के मूल्य में कमी के कारण उपभोक्ता अनेक वस्तुओं व सेवाओं से वंचित भी रह जाते हैं। सरकार उपभोक्ताओं की क्रय शक्ति को अप्रत्यक्ष रूप से छीन लेती है।

4. मुद्रा स्फीति में ऋणदाताओं को हानि उठानी पड़ती है। इसका कारण यह है कि उन्होंनें ऋण के रूप में अधिक क्रय शक्ति दी थी किन्तु जब उन्हें ऋण का पुर्नभुगतान मिल रहा है तो उस राशि की क्रय शक्ति कम होती है। इंगलैण्ड में 1919 में ऋण देने वाले व्यक्ति को 1920 में ऋण वापस मिलने पर 46 प्रतिशत की हानि हुई थी।

5. मुद्रा स्फीति में बचत करने वाले व्यक्तियों को हानि होती है। भविष्य में मुद्रा की क्रय शक्ति कम हो जाने से उनकी संग्रहित क्रय शक्ति में कमी हो जाती है। सरकारी प्रतिभूतियों व निश्चित आय वाले निवेशों में विनियोग करने वाले निवेशकर्त्ताओं को हानि होती है।

6. मुद्रा स्फीति में कीमतें बढ़ जाने से समाज में उपभोक्ताओं को हानि होती है। अत: वहाँ के निवासियों का नैतिक पतन होता है। भ्रष्टाचार, रिश्वतखोरी, कालाबाजारी आदि बुराइयाँ मुद्रा स्फीति काल में आवश्यक रूप से उत्पन्न हो जाती है।

उपरोक्त कारणों से मुद्रा स्फीति को अन्यायपूर्ण कहा जाता है:

मुद्रा अवस्फीति को निम्न कारणें से अनुपयुक्त कहा जा सकता है:

1. मुद्रा अवस्फीति से मजदूरों, वेतनभोगियों व निश्चित आय वाले व्यक्तियों को प्रारम्भ में तो लाभ होता है। क्योंकि इस काल में कीमतें तो कम हो जाती है किन्तु उनकी आय स्थिर रहती है किन्तु अन्ततः इन्हें भी हानि होने लगती है। इसका कारण यह है कि मुद्रा अवस्फीति में उत्पादकों को हानि होती है। अत: वे उत्पादन बन्द कर देते हैं अथवा कम कर देते हैं। अत: देश में बेरोजगारी फैल जाती है। व उन्हें हानि होने लगती है। इसलिए कहा जाता है कि मुद्रा स्फीति में जनता को आधी रोटी मिलती है किन्तु अवस्फीति में आधी रोटी भी छिन जाती है।

2. मुद्रा अवस्फीति में कृषि, उद्योग, व्यापार सभी का पतन होता है। कीमतें कम होने के कारण देश में उत्पादन कम होता है। अत: देश निर्धन हो जाता है।

3. मुद्रा अवस्फीति के सामाजिक व नैतिक परिणाम भी गम्भीर होते हैं। एक बार प्रारम्भ होने पर मुद्रा अवस्फीति के क्रम को रोकना कठिन हो जाता है। यह प्रवृत्ति निरन्तर चलती रहती है। इससे पूरे समाज को ही हानि होती है।

इस प्रकार वास्तविकता यह है कि मुद्रा स्फीति व अवस्फीति दोनों ही हानिकारक है। दोनों के ही देश पर बुरे प्रभाव पड़ते हैं। कीन्स के अनुसार, "यह आवश्यक नहीं कि हम एक बुराई को दूसरी से तोल कर देखें। यह स्वीकार कर लेना आसान है कि दोनों ही ऐसी बुराइयाँ हैं जिनसे दूर रहना चाहिए।

किन्तु फिर भी यदि दोनों में से हमें एक को चुनना हो तो मुद्रा अवस्फीति की तुलना में मुद्रा अवस्फीति कम खराब है। मुद्रा अवस्फीति के परिणाम बहुत भयंकर होने से इसे अधिक खराब कहा जा सकता है। अवस्फीति से देश में उत्पादन कम हो जाता है, बेरोजगारी फैलती है, औद्योगिक अशान्ति उत्पन्न हो जाती है व पूरे समाज का नैतिक पतन होने लगता है। बेरोजगारी फैलने के कारण हाथ की क्रय शक्ति बिल्कुल समाप्त हो जाती है, जबकि मुद्रा अवस्फीति में क्रय शक्ति कम ही होती है। अत: कीन्स का यह कहना सत्य है कि मुद्रा अवस्फीति अधिक खराब है।

मुद्रा प्रत्यवस्फीति अथवा संस्फीति
(Reflation:)

मुद्रा स्फीति से मिलती जुलती एक और दशा होती है जिसे मुद्रा प्रत्यवस्फीति अथवा संस्फीति कहा जाता है। जब मुद्रा अवस्फीति की दशा में सुधार लाने के प्रयत्न किये

जाते हैं तो यह दशा मुद्रा स्फीति से मिलती जुलती है किन्तु फिर भी यह वास्तव में मुद्रा स्फीति से भिन्न होती है।

कोल के अनुसार, "जब मन्दी के दुष्परिणामों को दूर करने के लिए जानबुझकर मुद्रा का विस्तार किया जाये तो इसे मुद्रा प्रत्यवस्फीति कहते हैं।"[5]

जब देश में मुद्रा अवस्फीति के बुरे परिणाम होने लगते हैं तो सरकार इस स्थिति में सुधार लाने के लिए मुद्रा की मात्रा में वृद्धि करती है। इससे कीमतों में भी वृद्धि होने लगती है। इसे ही मुद्रा प्रत्यवस्फीति कहा जाता है। दूसरे शब्दों में मुद्रा अवस्फीति में सुधार के प्रयत्नों से उत्पन्न दशा को मुद्रा प्रत्यवस्फीति कहा जाता है।

मुद्रा स्फीति व मुद्रा प्रत्यवस्फीति में अन्तर
(Difference between Inflation and Reflation)

मुद्रा स्फीति व मुद्रा प्रत्यवस्फीति एक दूसरे से मिलते हैं। दोनों में ही मुद्रा की मात्रा में वृद्धि होती है। दोनों में ही वस्तुओं व सेवाओं की कीमतें बढ़ती हैं किन्तु फिर भी दोनों में अग्रांकित अन्तर है:

1. मुद्रा स्फीति प्राकृतिक भी हो सकती है व ऐच्छिक भी। कभी-कभी प्राकृतिक विपत्तियों से उत्पादन कम होने की दशा उत्पन्न हो जाती है। किन्तु कभी कभी देश में विकास की आवश्यकताओं की पूर्ति के लिए मुद्रा स्फीति उत्पन्न की जाती है। देश में मुद्रा स्फीति एक योजना के अन्तर्गत भी अपनायी जा सकती है। किन्तु मुद्रा प्रत्यवस्फीति सदैव सरकार द्वारा एक निश्चित रूप में अपनायी जाती है क्योंकि यह सरकार द्वारा मुद्रा अवस्फीति की दशा को सुधारने के लिए अपनाई जाती है।

2. मुद्रा स्फीति में वस्तुओं व सेवाओं की कीमतें बहुत तेजी से बढ़ती हैं किन्तु मुद्रा प्रत्यवस्फीति काल में कीमतें बहुत धीरे धीरे बढ़ती हैं।

3. मुद्रा स्फीति व्यापार चक्र के अभिवृद्धि काल में होती है जबकि मुद्रा प्रत्यवस्फीति व्यापार चक्र के उद्धार काल में होती है अर्थात् मुद्रा स्फीति पूर्ण रोजगार के बिन्दु के बाद होती है व मुद्रा प्रत्यवस्फीति पूर्ण रोजगार से पहले।

4. मुद्रा प्रत्यवस्फीति सदैव लाभप्रद होती है, क्योंकि यह मुद्रा अवस्फीति के बुरे परिणामों को रोकती है। किन्तु मुद्रा स्फीति सदैव लाभप्रद नहीं होती। प्रारम्भ में देश के विकास के लिए हल्की सी मुद्रा स्फीति लाभप्रद होती है किन्तु इस पर नियन्त्रण न रहने पर शीध्र की यह देश की अर्थव्यवस्था के लिए हानिकारक बन जाती है।

मुद्रा अपस्फीति
(Disinflation)

मुद्रा अवस्फीति में मिलती जुलती एक दशा मुद्रा अपस्फीति भी है। जिस प्रकार मुद्रा अवस्फीति का सुधार मुद्रा प्रत्यवस्फीति है उसी प्रकार मुद्रा स्फीति का सुधार मुद्रा

---

5 "Reflation may be defined as inflation deliberately under taken to relieve a depression." - *Cole G.D.H.* : What Every body Wants to Know About Money.

अपस्फीति है। जब देश में मुद्रा स्फीति की दशा उत्पन्न हो जाती है तो उसके दुष्परिणामों से बचने के लिए सरकार प्रयत्न करती है। इन प्रयत्नों के परिणामस्वरूप मुद्रा की मात्रा में कमी आती है व कीमतें कम होने लगती हैं। यह स्थिति मुद्रा अपस्फीति कहलाती है। **कॉलबोर्न** के अनुसार, ''कीमतों, आय तथा व्यय में जो भी गिरावट लाभकारी होगी, मुद्रा अपस्फीति होगी''[6]

मुद्रा स्फीति को रोकने के लिए जब मुद्रा की मात्रा बढ़ाई जाती है व कीमतों में वृद्धि होती है तो यह लाभप्रद होती है क्योकि यह मुद्रा स्फीति के बुरे परिणामों को रोकती है। अत: सरकार मुद्रा स्फीति को रोकने के लिए मुद्रा अपस्फीति का सहारा लेती है।

मुद्रा अवस्फीति व मुद्रा अपस्फीति में अन्तर

मुद्रा अवस्फीति में मुद्रा की मात्रा में कमी होती है व कीमतें घटती हैं। मुद्रा अपस्फीति में भीं मुद्रा की मात्रा में कमी होती है व कीमतें घटती है। अत: साधारण रूप से देखने में ये दोनों स्थितियाँ एक सी लगती है। किन्तु वास्तव में इन दोनों में निम्न अन्तर है:

1. मुद्रा अवस्फीति ऐच्छिक भी हो सकती है व प्राकृतिक भी। कभी कभी प्राकृतिक कारणों जैसे उत्पादन बहुत अधिक हो जाता है कीमतें कम हो जाती हैं। मुद्रा अवस्फीति सरकार की एक सुनिश्चित नीति का भी परिणाम हो सकती है। किन्तु मुद्रा अपस्फीति सदैव ऐच्छिक ही होती है। मुद्रा स्फीति के दुष्परिणामों से बचने के लिए सरकार मुद्रा अपस्फीति करती है। अत: मुद्रा अपस्फीति सदैव एच्छिक होती है। यह प्राकृतिक कारणों से उत्पन्न नहीं होती।

2. मुद्रा स्फीति में कीमतें सामान्य कीमत स्तर से नीचे गिर जाती हैं, किन्तु मुद्रा अपस्फीति में कीमतें बढ़े हुए स्तर से सामान्य कीमत स्तर पर लाई जाती है।

3. मुद्रा अवस्फीति में देश में उत्पादन घटने से बेरोजगारी फैलती है। किन्तु मुद्रा अपस्फीति में देश में बेरोजगारी नहीं फैलती। यह केवल असाधारण आर्थिक स्थिति को सन्तुलित करती है। मुद्रा अपस्फीति करते समय सरकार ध्यान रखती है कि देश में बेरोजगारी न फैलने पाये।

4. यदि अर्थव्यवस्था पूर्ण रोजगार के बिन्दु पर है व कीमतें घटती हैं तो यह मुद्रा अपस्फीति कहलाती है। किन्तु पूर्ण रोजगार के बिन्दु से पूर्व ही यदि कीमतें घटती हैं तो यह मुद्रा अवस्फीति कहलाती है।

---

6 "........ a lowering of prices incomes and expenditures, when they would be beneficial, would be disinflation." *Coulborn:* A Discussion of Money, p. 156.

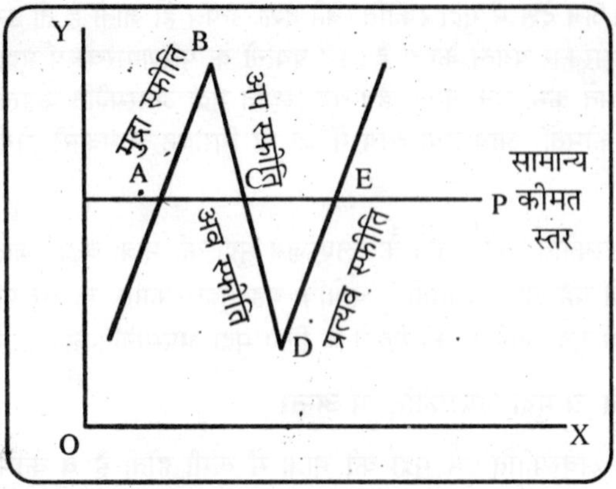

मुद्रा स्फीति , अवस्फीति, प्रत्यवस्फीति को उपरोक्त रेखाचित्र के माध्यम से स्पष्ट किया जा सकता है।

उक्त रेखाचित्र में P सामान्य कीमत स्तर है, बिन्दु A से B तक तथा D से OE तक कीमतें बढ़ रही हैं। किन्तु रेखा AB में कीमतें सामान्य कीमत स्तर से अधिक बढ़ रही है। अतः इसे मुद्रास्फीति कहा जाएगा। किन्तु रेखा DE में कीमतें सामान्य कीमत स्तर की ओर बढ़ रही हैं अतः इसे मुद्रा प्रत्यवस्फीति कहा जायेगा।

इसी प्रकार रेखा BC व CD कीमतों में कमी को दिखाती हैं। किन्तु रेखा BC में बढ़ी हुई कीमतें सामान्य कीमत स्तर की ओर आ रही हैं किन्तु रेखा CD में कीमतें सामान्य कीमत स्तर से भी नीचे गिर रही हैं। अतः रेखा BC मुद्रा अपस्फीति व रेखा CD मुद्रा अवस्फीति को दर्शाती है।

मुद्रा के मूल्य में परिवर्तन
(Changes in the value of Money)

मुद्रा के मूल्य में परिवर्तन के सम्बन्ध में प्रायः तीन शब्दों का प्रयोग किया जाता है। मूल्य ह्रास, मूल्य वृद्धि व अवमूल्यन। इन तीनों शब्दों का अर्थ निम्न प्रकार हैं:

1. मुद्रा का मूल्य ह्रास : मुद्रा की क्रय शक्ति में कमी मुद्रा का मूल्य ह्रास कहा जाता है। जब मुद्रा का आन्तरिक मूल्य गिर जाता है व मुद्रा की इकाई पहले की तुलना में कम वस्तुएँ व सेवाएँ क्रय करने में समर्थ होती है तो इसे मुद्रा का मूल्य ह्रास कहा जाता है। मुद्रा का मूल्य ह्रास मुद्रा स्फीति व मुद्रा प्रत्यवस्फीति में होता है। इन दोनों अवस्थाओं में मुद्रा की मात्रा बढ़ती है व कीमत स्तर बढ़ने लगता है कीमतें बढ़ने से मुद्रा का मूल्य कम हो जाता है।

2. मुद्रा की मूल्य वृद्धि : मुद्रा की मूल्य वृद्धि मुद्रा के मूल्य ह्रास की विपरीत दशा है। जब मुद्रा का आन्तरिक मूल्य बढ़ जाता है तो इसे मुद्रा की मूल्य वृद्धि कहा जाता है। मुद्रा अवस्फीति व मुद्रा अपस्फीति की दशा में मुद्रा की मूल्य वृद्धि होती हैं। इन दोनों दशाओं में

जब मुद्रा की मात्रा में कमी होती है तो वस्तुओं व सेवाओं की कीमतें कम हो जाती है। इससे मुद्रा का मूल्य बढ़ जाता है। इसे मुद्रा को मूल्य वृद्धि कहा जाता है।

3. मुद्रा का अवमूल्यन : मुद्रा के अवमूल्यन का तात्पर्य किसी देश की मुद्रा के बाह्य मूल्य में कमी होता। जब देश की सरकार वहाँ की मुद्रा का मूल्य अन्य देशों की मुद्राओं की तुलना में कम कर देती है तो इसे अवमूल्यन कहा जाता है। अवमूल्यन की दशा में देश की मुद्रा के बदले अन्य विदेशी मुद्राओं की कम इकाइयाँ प्राप्त होती है। किन्तु मुद्रा के अवमूल्यन का मुद्रा के आन्तरिक मूल्य पर कोई भी प्रभाव नहीं पड़ता। मुद्रा का आन्तरिक मूल्य स्थिर रहता है। मुद्रा का अवमूल्यन करने के बाद भी उससे देश में पहले जितनी ही वस्तुएँ व सेवाएँ क्रय की जा सकती हैं। अवमूल्यन का देश के आन्तरिक कीमत स्तर पर कोई भी प्रभाव नहीं पड़ता। उदाहरण के लिए यदि रूपये व डॉलर की विनिमय दर 40 रूपये बराबर एक डॉलर है। अब यदि इसे 50 रूपये बराबर एक डॉलर कर दिया जाय तो इसे रूपये का अवमूल्यन कहा जायगा। क्योंकि डॉलर की तुलना में रूपये का मूल्य कम कर दिया गया है। किन्तु इससे मुद्रा के आन्तरिक मूल्य पर कोई भी प्रभाव नहीं पड़ेगा। भारतीय रूपये का अब तक दो बार अवमूल्यन किया जा चुका है। पौण्ड व डॉलर का भी कई बार अवमूल्यन किया गया था।

मुद्रा के मूल्य ह्रास व अवमूल्यन में अन्तर

मुद्रा के मूल्य ह्रास व मुद्रा के अवमूल्य दोनों में ही मुद्रा के मूल्य में कमी होती है किन्तु वास्तव में दोनों में अन्तर है। मुद्रा के मूल्य ह्रास में मुद्रा के आन्तरिक मूल्य में कमी होती है किन्तु इससे मुद्रा के बाह्य मूल्य में कमी नहीं होती। यह सही है कि मुद्रा के मूल्य में ह्रास के कारण कुछ समय पश्चात् मुद्रा के बाह्य मूल्य में भी कमी हो जाती है। किन्तु मुद्रा के मूल्य में ह्रास का उद्देश्य मुद्रा में बाह्य मूल्य में कमी करना नही होता।

मुद्रा के अवमूल्यन में मुद्रा का मूल्य कम कर दिया जाता है। अन्य देशों की मुद्रा की तुलना में देश की मुद्रा का मूल्य कम करने को मुद्रा का अवमूल्यन कहा जाता है। इसका मुद्रा के आन्तरिक मूल्य पर कोई प्रभाव नहीं पड़ता। हाँ कुछ समय पश्चात् मुद्रा के आन्तरिक मूल्य में भी कमी हो जाती है। जब मुद्रा का अवमूल्यन किया जाता है तो आयात हतोत्साहित होते हैं व निर्यात प्रोत्साहित। इससे देश में वस्तुओं की मात्रा कम हो जाती है। अत: कीमतों में वृद्धि होती है व मुद्रा का मूल्य कम हो जाता है।

इस प्रकार मुद्रा का आन्तरिक व मुद्रा का बाह्य मूल्य मापन से सम्बन्धित है। एक का प्रभाव दूसरे पर अवश्य पड़ता है किन्तु मुद्रा का अवमूल्यन व मुद्रा का मूल्य ह्रास दोनों ही अलग अलग रूप से कार्य करते हैं। मुद्रा का मूल्य ह्रास में मुद्रा का आन्तरिक मूल्य पहले घटता है व बाह्य मूल्य बाद में। इसके विपरीत अवमूल्यन में मुद्रा का बाह्य मूल्य पहले घटता है आन्तरिक मूल्य बाद में।

मुद्रा अवमूल्यन के उद्देश्य

मुद्रा का अवमूल्यन करने के निम्न उद्देश्य होते हैं:

1. देश के प्रतिकुल भुगतान शेष में सुधार करना अवमूल्यन का महत्वपूर्ण उद्देश्य **प्रमुख होता है।** मुद्रा का अवमूल्यन का प्रभाव उद्देश्य व्यापार एवं भुगतान शेष के घाटे को

पूरा करना होता है। जब किसी देश का व्यापार शेष लगातार प्रतिकूल होता है तो अन्त में सरकार को विवश होकर मुद्रा का अवमूल्यन करना पड़ता है। मुद्रा का अवमूल्यन करने से उस देश की वस्तुएँ विदेशी बाजार में सस्ती पड़ती है। अतः निर्यात प्रोत्साहित होते हैं। इसी प्रकार अन्य देशों की वस्तुएँ अपने देश में महंगी पड़ती है, अतः आयात हतोत्साहित होते हैं। निर्यातों को प्रोत्साहित व आयातों के हतोत्साहित होने के कारण व्यापार शेष, व भुगतान शेष की प्रतिकुलता कम हो जाती है अथवा दूर हो जाती है।

2. स्वदेशी मुद्रा का अवमूल्यन देश के उद्योगों को विदेशी प्रतियोगिता से बचाना व संरक्षण प्रदान करने के उद्देश्य से भी किया जाता है। कभी-कभी घरेलू उद्योगों को विदेशी प्रतियोगिता से बचाने व संरक्षण प्रदान करने के लिए भी अवमूल्यन किया जाता है। अवमूल्यन के परिणाम स्वरूप आयातित वस्तुएँ महंगी हो जाती है व आयात हतोत्साहित होते है। आयात के अभाव से घरेलू उद्योगों को संरक्षण मिल जाता है व विदेशी प्रतियोगिता से बच जाते हैं। अतः घरेलू उद्योगों का तेजी से विकास होता है।

3. मुद्रा के अधिमूल्यन की त्रुटि में सुधार करने हेतु भी मुद्रा का अवमूल्यन किया जाता है। जब कभी कोई देश अपनी मुद्रा का अधिमूल्यन कर देता है अर्थात् मुद्रा का मूल्य उचित मूल्य से अधिक कर देता है। किन्तु इसके देश की अर्थव्यवस्था पर बुरे प्रभाव पड़ते हैं। मुद्रा के अधिमूल्यन से आयात बढ़ते है व निर्यात कम होते है। देश का व्यापार शेष प्रतिकूल हो जाता है। इस त्रुटि का सुधार मुद्रा से अवमूल्यन द्वारा किया जा सकता है।

4. अनेक बार विदेशी पूँजीगत माल प्राप्त करने के लिए भी अवमूल्यन का सहारा लिया जाता है। जब किसी देश को अपने विकास के लिए पूँजी अथवा पूँजीगत माल प्राप्त करना हो तो भी वह अवमूल्यन का सहारा लेता है। अवमूल्यन से निर्यात प्रोत्साहित होते हैं। निर्यात बढ़ने से अधिक विदेशी मुद्रा प्राप्त होती है। जिसे आवश्यक वस्तुओं का आयात करने में प्रयोग किया जा सकता है।

इस प्रकार अवमूल्यन उद्देश्यों की पूर्ति करता है किन्तु अवमूल्यन देश की अर्थव्यवस्था की कमजोरी को दर्शाते हैं। यह एक ऐसी दुधारू तलवार के समान है जिसका अनुचित एवं अविवेपूर्ण प्रयोग देश की अर्थव्यवस्था को संकट में भी डाल सकता है।

भारत में मुद्रा स्फीति

(Inflation in India)

द्वितीय महायुद्ध के बाद से ही देश में लगातार मुद्रा स्फीति की दशा रही है। भारत में द्वितीय महायुद्ध के काल में सर्वप्रथम मुद्रा स्फीति ि व कीमतों में बहुत अधिक वृद्धि हुई। युद्ध समाप्ति पर यह आशा बंधी की कीमतों में पुन मी हो जाएगी किन्तु यह सत्य नहीं है। कीमतों में कमी होने के स्थान पर मुद्रा स्फीति लगातार बढ़ती रही व कीमतों में वृद्धि जारी रही। 1947 में देश के विभाजन, 1952 से योजनाकाल प्रारम्भ होने से विकास व्यय में वृद्धि व बाद में चीन व पाकिस्तान के आक्रमणों के कारण सुरक्षा व्यय में वृद्धि के कारण मुद्रा स्फीति का चक्र और अधिक तीव्र हो गया। अभी भी भारत में मुद्रा स्फीति की दशा ही है। अभी भारत में मुद्रा स्फीति की अवस्था द्वितीय अवस्था अर्थात् चलती हुई मुद्रा स्फीति की

अवस्था है। यदि समय पर इस पर नियन्त्रण नहीं किया गया तो इसके गम्भीर परिणाम भी हो सकते है।

भारत के मुद्रा स्फीति को तीन भागों में बाँटा जा सकता है:

1. युद्धकालीन मुद्रा स्फीति : भारत में मुद्रा स्फीति युद्ध के प्रारम्भिक काल में ही प्रारम्भ हो गई थी। किन्तु इस समय कीमतों में बहुत अधिक वृद्धि नहीं हुई थी। किन्तु धीरे धीरे कीमतों में वृद्धि की दर बढ़ने लगी प्रारम्भ में सरकार ने मुद्रा स्फीति की गम्भीरता को स्वीकार नहीं किया किन्तु मौद्रिक अर्थशास्त्रियों द्वारा सरकार का ध्यान आकर्षित किये जाने के उपरान्त सरकार ने मुद्रा स्फीति को स्वीकार किया। युद्ध काल में मुद्रा स्फीति का प्रथम कारण कागजी मुद्रा का तीव्र विस्तार ही था जिससे कीमत स्तर में वृद्धि हुई।

युद्धकालीन मुद्रा स्फीति के कारण

युद्ध कालीन मुद्रा प्रसार के निम्न कारण थे:

1. सुरक्षा व्यय में वृद्धि के कारण मुद्रा स्फीति के आकार में वृद्धि हुई। द्वितीय युद्धकाल में भारत के सुरक्षा व्यय में भारी वृद्धि हुई। इससे मुद्रा स्फीति की दशा उत्पन्न हो गई। क्योंकि इस व्यय को पूरा करने के लिए सरकार को कागजी मुद्रा की अधिक निकासी करनी पड़ी। 1939-49 में भारत का रक्षा व्यय 49.54 करोड़ रू. था जो 1944-45 में बढ़कर 458.32 करोड़ रू. हो गया था।

2. सरकार द्वारा मित्र देशों के लिए माल खरीदना भी मुद्रा स्फीति का प्रमुख कारण सिद्ध हुआ है। युद्ध प्रारम्भ होने के समय भारत सरकार व ब्रिटिश सरकार के मध्य एक समझौता हुआ। इस समझौते के अन्तर्गत भारत सरकार ने ब्रिटेन व अन्य देशों के लिए माल खरीदना स्वीकार किया। इस समझौते के अनुसार प्रत्येक माल की कीमत भारत सरकार को रूपयों में तुरन्त चुकती होती थी किन्तु इसके बदले ब्रिटिश सरकार भारत को स्टलिंग के रूप में भुगतान करेगी। यह भुगतान भारत के खाते में जमा कर दिया जाता था व भारत सरकार इस खाते के अनुसार कागजी मुद्रा का निर्गमन करती थी। इसे पौण्ड पावने कहा जाता है। 1939-40 से 1945-46 तक भारत सरकार के 1740 करोड़ रू. का माल दिया था। अतः इस माल के निर्यात से देश में वस्तुओ की कमी हो गई व पौण्ड पावनों के आधार मुद्रा का निर्गमन करने के कारण मुद्रा की मात्रा भी बढ़ गई। इस दोहरे प्रभाव के कारण कीमतों में तेजी से वृद्धि हुई।

3. साम्राज्य डॉलर कोष द्वारा भी मुद्रा प्रसार की प्रवृत्तियों को बल मिला। युद्धकाल में अमेरिका ने भारत से जो माल खरीदा उसका भुगतान ब्रिटिश सरकार ने उस राशि के बराबर स्टर्लिंग भारत के खाते में जमा कर दिया। इसे साम्राज्य डालर कोष कहा जाता है।

इससे भारत के पौण्ड पावनों में वृद्धि हो गई। पौण्ड पावनों के आधार पर मुद्रा का निर्गमन होने के कारण कागजी मुद्रा की मात्रा में भी तीव्र वृद्धि हुई।

4. कोष विपत्रों के आधार पर मुद्रा का निर्गमन किया जाना भी मुद्रा स्फीती का महत्वपूर्ण कारण सिद्ध हुआ। युद्धकाल में भारत सरकार ने कोष विपत्रों के आधार पर भी कागजी मद्रा का निर्गमन किया इससे मद्रा की मात्रा में बहुत अधिक वृद्धि हुई।

5. मुद्रा की कीमतों में वृद्धि युद्धकाल में मुद्रा की मात्रा में बहुत वृद्धि हुई। किन्तु 1939 में देश में 197 करोड़ रू. की मुद्रा प्रचलन में थी। जो 1944-45 में बढ़कर 1084 करोड़ रू. हो गई। इस अवधि में मुद्रा की मात्रा में वृद्धि के कारण मुद्रा स्फीति की दशा उत्पन्न हो गई।

6. आशानुकूल उत्पादन में वृद्धि न होना भी अनेक बार मुद्रा प्रसार का कारण रहा है। युद्धकाल में मुद्रा की मात्रा में तो अत्यधिक वृद्धि हुई किन्तु देश में उत्पादन में उसी अनुपात में वृद्धि नहीं हुई। उत्पादन प्रणाली में लोच के अभाव के उत्पादन में वृद्धि नहीं हो सकी। अत: कीमत स्तर में तीव्र गति से वृद्धि नहीं हुई।

7. युद्धकाल में भारत द्वारा बड़े पैमाने पर माल भिन्न देशों को निर्यात किया गया। इससे देश में उपलब्ध वस्तुओं की मात्रा में कमी हुई व मुद्रा स्फीति की दशा उत्पन्न हो गई।

8. अनेक बार आयातों में कमी के कारण भी मुद्रा प्रसार प्रोत्साहित हुआ है। युद्धकाल में आयातों में भी कमी हु ई। बर्मा, मलाया, चीन, आदि पर जापान का कच्चा माल होनें के कारण इन देशों से होने वाले आयाता बन्द हो गये। अन्य देशों से होने वाले आयातों में भी कमी हुई। अत: मुद्रा स्फीति की दशा उत्पन्न हो गई।

9. परिवहन पर अत्यधिक भार के कारण भी अनेक बार मुद्रा प्रसार का भय उत्पन्न हो जाता है। युद्धकाल में सैनिक व युद्ध सामग्री ढोने के कारण रेल व सड़क परिवहन पर कार्य भार अधिक बढ़ गया। अत: पेट्रोल की कमी के कारण सड़क परिवहन पर बुरा प्रभाव पड़ा। अत: देश में माल के यातायात में कमी हो गई। इससे देश के अनेक भागों में अभाव की स्थिति उत्पद्ध हो गई व कीमतें बढ़ गई।

10. वस्तु संग्रह तथा चोर बाजार भी मुद्रा प्रसार हेतु प्रमुख उत्तरदायी कारण होते है। इस अवधि में कीमतें बढ़ने के कारण व्यापारियों ने अधिक लाभ कमाने के लिए वस्तुओं का संग्रह कर लिया व उन वस्तुओं को अधिक कीमतों पर चोर बाजारी में विक्रय करने लगे। अत: कीमतों में वृद्धि हुई।

11. सट्टेबाजी में वृद्धि की प्रवृति से भी मुद्रा प्रसार पनपता है। कीमतों में वृद्धि से सट्टेबाजी को भी प्रोत्साहन मिला। आवश्यक वस्तुओं में और वृद्धि हुई।

इस प्रकार कई कारणों के सामूहिक परिणाम स्वरूप युद्धकाल में भारत में मुद्रा स्फीति की दशा उत्पन्न हो गई। इसका देश की अर्थव्यवस्था पर बहुत बुरा प्रभाव पड़ा। देश में आवश्यक वस्तुओं का अभाव हो गया। देश में चोर बाजारी व जमाखोरी पनपी। निश्चित आय वाले वर्ग को हानि हुई किन्तु व्यापारियों व उत्पादकों को बहुत लाभ हुआ। अत: राष्ट्रीय आय का वितरण असमान हो गया इस अवधि में भ्रष्टाचार भी बढ़ा व देश का नैतिक पतन भी हुआ।

किन्तु मुद्रा स्फीति के बुरे प्रभावों के साथ-साथ कुछ अच्छे प्रभाव भी पड़े। मुद्रा स्फीति के कारण रोजगार में वृद्धि हुई। उत्पादन बढ़ने से लाखों बेरोजगार व्यक्तियों को रोजग़ार प्राप्त हुआ।

युद्धकाल में सरकार द्वारा मुद्रा स्फीति को रोकने के लिए निम्न प्रयत्न किये गए:

1. स्वर्ण का विक्रय किया जाना मुद्रा प्रसार के नियन्त्रण हेतु प्रभावी उपाय है। जनता की अतिरिक्त क्रय शक्ति कम करने के लिए सरकार ने सोना बेचना प्रारम्भ किया। युद्धकाल में जनता सरकारी प्रतिभूतियों में विनियोग करने को तैयार नहीं थी किन्तु सोना खरीदने के लिए तैयार थी। अत: सोना बेच कर सरकार ने बाजार में मुद्रा की मात्रा में कमी की।

2. कराधान में वृद्धि द्वारा भी मुद्रा प्रसार पर नियन्त्रण स्थापित किया जा सकता है। युद्धकाल में सरकार ने जनता की अतिरिक्त क्रय शक्ति कम करने के लिए कराधान में वृद्धि की। इसके लिए करों को पुरानी दरों में वृद्धि की गई व नए कर भी लगाये गये। 1940 में आय कर के साथ 35 प्रतिशत अतिरिक्त कर लगाया गया। 1912 में अतिरिक्त लाभ कर की दर 25 प्रतिशत से बढ़ा कर 36.5 प्रतिशत कर दी गई। कई वस्तुओं पर उत्पादन कर लगाया गया व उत्पादन कर की पुरानी दरों में वृद्धि की गई।

3. सार्वजनिक ऋणों में वृद्धि किया जाना भी मुद्रा प्रसार अवरोधक होता है। बाजार में मुद्रा की मात्रा कम करने के लिए सरकार ने सार्वजनिक ऋण अधिक मात्रा में लेना प्रारम्भ किया। इस अवधि में रक्षा बॉण्ड व विजय ऋण जारी किये गए। कोषागार विपत्रों का विक्रय भी बढ़ाया गया। छोटी बचतो को प्रोत्साहन दिया गया। युद्धकाल में भारत सरकार ने 1456 करोड़ रू. के ऋण लिये थे।

4. अनिवार्य बचतें भी मुद्रा प्रसार अवरोधक सिद्ध होती है। मुद्रा स्फीति को रोकने के लिए सरकार ने अनिवार्य बचतों के उपाय का भी सहारा लिया। सरकार ने अनिवार्य बचतों की योजना चालू की। इन बचतों पर 25 प्रतिशत ब्याज दिया जाता था। इन बचतों को युद्ध समाप्ति के एक वर्ष बांद वापस दिये जाने का प्रावधान था। 1943 में व्यापारियों पर भी अनिवार्य बचत योजना लागू की गई। इस योजना के अन्तर्गत व्यापारियों को अतिरिक्त लाभ कर का 20 प्रतिशत भाग अनिवार्य रूप से सरकार के पास जमा कराना होता था। इस प्रकार सरकार ने अतिरिक्त मुद्रा का कुछ भाग चलन से निकाल लिया।

5. सन्तुलित बजट नीति अपनाकर भी मुद्रा प्रसार से राहत प्राप्त कि जा सकती है। युद्धकाल में सरकार ने सन्तुलित बजट नीति अपनायी जिससे और अतिरिक्त मुद्रा का निर्गमन न करना पड़े। इससे मुद्रा स्फीति की तीव्रता कम हुई।

6. कीमत नियन्त्रण व राशनिंग भी मुद्रा प्रसार के नियन्त्रण हेतु प्रभावी होते है। मुद्रा स्फीति के बुरे प्रभावों से जनता को बचाने के लिए सरकार ने कीमत नियन्त्रण व राशनिंग प्रणाली का भी सहारा लिया। दैनिक आवश्यकता की अधिकांश वस्तुओं पर कीमत व वितरण नियन्त्रण लागू किया गया। कुछ आवश्यक वस्तुओं पर राशनिंग भी लागू किया गया।

7. जमाखोरी व मुनाफाखोरी के विरूद्ध अभियान चलाकर भी मुद्रा प्रसार को नियन्त्रण में रखा जा सकता है। मुद्रा स्फीति के दुष्परिणामों से जनता को बचाने के लिए सरकार ने जमाखोरी व मुनाफाखौरी के विरूद्ध अभियान छेड़ा। जमाखोरों व मुनाफाखोरों को दण्ड दिया गया। किन्तु सरकार को इसमें विशेष सफलता नहीं मिली।

8. सट्टेबाजी पर नियन्त्रण द्वारा कीमतों तथा तदनुसार मुद्रा प्रसार पर नियन्त्रण रखा जा सकता है। कीमतों को बढ़ने से रोकने के लिए सरकार ने सट्टे पर नियन्त्रण लगाया। सोने व चांदी में अग्रिम व्यापार पर प्रतिबन्ध लगाया गया।

9. औद्योगिक उत्पादन को प्रोत्साहन दिया जाना मुद्रा प्रसार पर नियन्त्रण का एक प्रभावपूर्ण उपाय है। मुद्रा स्फीति को रोकने के लिए सरकार ने मुद्रा की मात्रा में कमी करने के साथ साथ वस्तुओं की मात्रा बढ़ाने का भी प्रयत्न किया। इसके लिए सरकार ने उद्योग धन्धों को कई प्रकार की सुविधाएँ प्रदान की। नए उद्योगों का प्रारम्भ के कुछ वर्षों के लिए आय कर में छूट दी गई। उद्योगों को नियन्त्रित कीमतों पर कच्चा माल भी दिया गया।

10. अधिक अन्न उपजाओं आन्दोलन को प्रोत्साहित किया जाना चाहिए। कृषि विकास व खाद्यान्नों की समस्या व कमी दूर करने के लिए सरकार ने अधिक अन्न उपजाओं आन्दोलन प्रारम्भ किया। इस आन्दोलन के अन्तर्गत सरकार ने किसानों को अच्छे बीज, खाद आदि कृषि साधनों का वितरण किया। लघु सिंचाई योजनाओं को प्रोत्साहन दिया गया। किसानों को कृषि विकास के लिए आसान शर्तो पर ऋण भी दिये गये।

इस प्रकार सरकार ने युद्ध काल में मुद्रा स्फीति रोकने के लिए अनेक प्रयत्न किये। इन प्रयत्नों में सरकार को सफलता नहीं मिली व मुद्रा स्फीति को रोका न जा सका। हां, यह कहा जा सकता है कि इन प्रयत्नों के परिणाम स्वरूप मुद्रा स्फीति की तीव्रता कम हुई। अन्यथा शायद मुद्रा स्फीति के और भी अधिक बुरे परिणाम होते।

2. युद्धोत्तर काल में मुद्रा स्फीति

युद्ध की समाप्ति पर इस आशा का संचार हुआ कि युद्ध समाप्त होने के कारण मुद्रा स्फीति समाप्त हो जायेगी व वस्तुओं व सेवाओं की कीमतें कम हो जायेगी। किन्तु युद्ध समाप्त होने पर भी इस आशा की पूर्ति न हो सकी व मुद्रा स्फीति और भी बढ़ी व कीमतों में और भी वृद्धि हुई।

युद्धोत्तर काल में मुद्रा स्फीति के कारण

युद्धोत्तर काल में मुद्रा स्फीति के निम्न कारण थे :

1. पौण्ड पावनों में वृद्धि : युद्धोत्तर काल में भी भारत सरकार ने ब्रिटिश सरकार की ओर से विदेशी सेनाओं पर व्यय जारी रखा जिसके भुगतान को ब्रिटिश सरकार ने स्टर्लिंग के रूप में भारत के खाते में जमा करना प्रारम्भ रखा। इससे भारत के पौण्ड पावनों में वृद्धि होती गयी। इन्हीं पौण्ड पावनों के आधार पर भारत में कागजी मुद्रा का निर्गमन होने के कारण कागजी मुद्रा की मात्रा में भी वृद्धि होती रही। यह क्रम जून 1946 तक जारी रहा।

2. घाटे की अर्थ व्यवस्था : युद्धोत्तर काल में सरकार के कई व्यय बढ़ गये। स्वतन्त्रता प्राप्ति के बाद काश्मीर युद्ध, हैदराबाद प्रदेश में कार्यवाही, शरणार्थियों की समस्या आदि कारणों से व्यय बढ़ने के कारण सरकार ने घाटे की अर्थव्यवस्था जारी रखी। इससे मुद्रा स्फीति और भी बढ़ गई।

3. खाद्यान्नों का अभाव : देश के विभाजन के परिणामस्वरूप गेहूँ व चावल उत्पादन करने वाले बहुत से क्षेत्र पाकिस्तान में चले गये। अतः देश में खाद्यान्नों का अभाव हो गया। इसे खाद्यान्नों की कीमतों में वृद्धि हुई जिसका अन्य वस्तुओं की कीमतों पर भी भारी प्रभाव पड़ा व कीमत स्तर ऊँचा हो गया।

4. औद्योगिक उत्पादन में कमी : युद्धोत्तर काल में कच्चे माल की कमी, विदेशी मशीनों की कमी व देश में मशीनों की अनुपलब्धि, मजदूरों द्वारा हड़तालें आदि कारखानों में औद्योगिक उत्पादन में भी कमी हुई। इससे औद्योगिक उत्पादनों की कीमतों में भी वृद्धि हुई।

5. विनियन्त्रण की नीति : युद्धकाल में सरकार ने जो कीमतों व वितरण पर नियन्त्रण लगा रहे थे उन्हें युद्धोत्तर काल में हटा लिया गया। इसमें जमाखोरी व मुनाफाखोरी में वृद्धि हुई। अतः सरकार को विवश होकर कीमतों व वितरण पर पुनः नियन्त्रण लगाना पड़ा किन्तु इस बीच कीमतों में बहुत अधिक वृद्धि हो चुकी थी।

युद्धोत्तर कालीन मुद्रा स्फीति के भी देश की अर्थव्यवस्था पर बुरे प्रभाव पड़े थे। मुद्रा स्फीति से उद्योगपतियों व व्यापारियों को अत्यधिक लाभ हुआ। किन्तु श्रमिकों, वेतन भेगियों व निश्चित आय वाले वर्ग को हानि हुई। गरीब और अधिक गरीब हुए व अमीर और भी अमीर। अतः देश में आय की विषमता में भी वृद्धि हुई।

युद्धोत्तर कालीन मुद्रा स्फीति को रोकने के लिए किये गए सरकारी उपाय

युद्धोत्तर काल में मुद्रा स्फीति के गम्भीर परिणाम हुए। कीमतों में लगातार वृद्धि से जनता में तो असन्तोष फैला ही साथ ही सरकार के लिए मुद्रा स्फीति एक गम्भीर समस्या बन गई। इस परिस्थिति में सुधार लाने के लिए सरकार ने अक्टुबर 1948 में एक मुद्रा स्फीति विरोधी योजना बनाई। इस योजना में मुद्रा की मात्रा में कमी व उत्पादन में वृद्धि के लिए उपाय निर्धारित किये गये। इस योजना के अन्तर्गत सरकार ने मुद्रा स्फीति को रोकने के निम्न उपाय किये:

मुद्रा की मात्रा में कमी करने वाले उपाय

1. करों में वृद्धि : बाजार में मुद्रा की प्रचलित मात्रा में कमी करने के लिए सरकार ने पुराने करों की दरों में वृद्धि की व नए कर भी लगाये।

2. घाटे की अर्थव्यवस्था में कमी : मुद्रा की मात्रा में और अधिक वृद्धि को रोकने के लिए सरकार ने घाटे की अर्थव्यवस्था की नीति त्यागने का प्रयत्न किया। इस नीति को पूर्ण रूप में छोड़ा तो नही जा सका किन्तु घाटे को कम करने में सफलता मिली।

3. सरकारी व्यय में वृद्धि पर रोक : बाजार में मुद्रा की मात्रा में वृद्धि पर रोक लगाने के लिए सरकार ने अपने व्ययों में भी कमी की। इससे बाजार में मुद्रा की मात्रा में वृद्धि रूक गयी।

4. साख में कमी : मुद्रा के साथ साथ सरकार ने साख मुद्रा के विस्तार पर भी रोक लगाई। इसके लिए बैंक दर में वृद्धि की गई बैंक दर 3 प्रतिशत से बढ़ा कर 3.5 प्रतिशत

कर दी गई। बैंकों के लिए यह आवश्यक कर दिया गया कि वे अपनी जमा का 2 प्रतिशत भाग सरकारी प्रतिभूतियों में विनियोग करे। इन प्रयत्नों के परिणाम स्वरूप साख मुद्रा में भी कमी हुई।

उत्पादन में वृद्धि करने वाले उपाय

1. बेकार पड़ी भूमि कर कृषि : जो भूमि पहले बेकार पड़ी थी उसे कृषि के अन्तर्गत लाने के प्रयास किये गये।

2. अधिक अन्न उपजाओं आन्दोलन में तेजी : अधिक अन्न उपजाओं आन्दोलन जो पहले ही चालू था, की गति तीव्र करने का प्रयत्न किया गया जिससे अनाज का उत्पादन बढ़ा।

3. उद्योगों को छूटें : औद्योगिक उत्पादन में वृद्धि करने के लिए उद्योगों की कई प्रकार की छुटें दी गई। नए उद्योगों के प्रारम्भ के तीन वर्षों के लिए आय कर से मुक्त कर दिया गया।

4. आयात में वृद्धि : वस्तुओं का देश में अभाव दूर करने के लिए आवश्यक वस्तुओं के आयात में भी वृद्धि की गई जिससे बाजार में वस्तुओं की पूर्ति बढ़ सके।

5. कीमत नियन्त्रण व राशनिंग का कड़ाई से पालन : युद्धोत्तर काल में पहले कीमत नियन्त्रण व राशनिंग को समाप्त कर दिया गया था किन्तु बाद में पुनः इसे लागू किया गया। इस बार कीमत नियन्त्रण व राशनिंग का कड़ाई से पालन किया गया जिससे जमाखोरी व मुनाफाखेरी न बढ़ सके।

योजना काल में मुद्रा स्फीति

योजना काल में भी मुद्रा स्फीति जारी रही। प्रारम्भिक काल में मुद्रा स्फीति में कमी थी किन्तु यह स्थिति बहुत ही अल्पकाल तक रही। विभिन्न योजनाओं में मुद्रा स्फीति की स्थिति निम्न प्रकार रही।

प्रथम पंचवर्षीय योजना

प्रथम पंचवर्षीय योजना 1 अप्रेल 1951 से प्रारम्भ हुई। इस योजना के प्रारम्भ में मुद्रा स्फीति की गति कुछ कम हुई । मानसुन की अनुकूलता से कृषि का उत्पादन कुछ बढ़ा तथा औद्योगिक उत्पादन में भी वृद्धि हुई। अतः कीमत स्तर योजना पूर्व की अवधि की तुलना में 13 प्रतिशत की कमी हुई। किन्तु जून 1955 के बाद पुनः देश में मुद्रा स्फीति की गति तेज हुई व कीमतें पुन बढ़ने लगी। 1955 में मानसून के अभाव में कृषि उत्पादन में कमी हुई। अतः क़ीमत स्तर में वृद्धि हुई। प्रथम योजना काल में घाटे की अर्थव्यवस्था भी की गई। इस योजना में 290 करोड़ रू. की घाटे की अर्थव्यवस्था का प्रावधान था किन्तु योजना में वास्तविक घाटा 333 करोड़ रू. का हुआ।

द्वितीय पंचवर्षीय योजना

प्रथम पंचवर्षीय योजना काल में प्रारम्भ हुई कीमत वृद्धि द्वितीय योजना काल में भी जारी रही। इस योजना काल में 1200 करोड़ रू. की घाटे की अर्थव्यवस्था का प्रावधान था। किन्तु वास्तव में योजना में 954 करोड़ रू. के बराबर घाटा हुआ। घाटे की अर्थव्यवस्था के कारण कीमतें और भी बढ़ी। इस अवधि में कीमतों में 90 प्रतिशत की वृद्धि हुई।

तृतीय पंचवर्षीय योजना

तृतीय पंचवर्षीय योजना में 550 करोड रू. के घाटे की अर्थव्यवस्था का प्रावधान था। किन्तु वास्तविक घाटा 1133 करोड़ रू. का हुआ। घाटे की अर्थव्यवस्था के अतिरिक्त निजी विनियोग में वृद्धि, उत्पादन में कमी, मुद्रा व साख के विस्तार व चीन से युद्ध के कारण मुद्रा स्फीति में बहुत अधिक वृद्धि हुई। थोक मूल्य सूचकांक जो योजना के प्रारम्भ में 100 था, 1965-66 में 137.5 हो गया। इस प्रकार तृतीय पंचवर्षीय योजना में मुद्रा स्फीति को और भी बढ़ावा मिला। खाद्यान्न कीमतों में तो इस अवधि में 48.4 प्रतिशत की वृद्धि हुई।

तीन वार्षिक योजनायें 1966-69

कुछ असाधारण परिस्थितियों के कारण तृतीय पंचवर्षीय योजना के पश्चात् चतुर्थ योजना के पहले तीन एक वर्षीय योजनाएँ अपनायी गयी। इन तीनों योजनाओं में कुल मिलकार 335 करोड़ रू. की घाटे की वास्तविक राशि 682 करोड़ रू. हो गयी। घाटे की अर्थव्यवस्था के कारण कीमत स्तर में और भी वृद्धि हुई। थोक मूल्यों का सूचकांक 1968-69 में 165.1 हो गया था।

चतुर्थ पंचवर्षीय योजना

चतुर्थ पंचवर्षीय योजना 1 अप्रेल 1969 से प्रारम्भ हुई। इस समय तक देश में कीमत बहुत बढ़ चुकी थी। अतः योजना काल में केवल 850 करोड़ रू. के बराबर घाटे की अर्थव्यवस्था की गई। किन्तु कीमतों में वृद्धि का क्रम जारी रहा। 1970-72 में थोक मूल्यों का सूचकांक 180.6 हो गया। 1977 में मुद्रा स्फीति की दशा बड़ी गम्भीर हो गई। अतः सरकार ने घाटे की अर्थव्यवस्था में कमी की। साख मुद्रा में कमी करने के भी प्रयत्न किये गये। बैंक दर 6 प्रतिशत से बढ़ाकर 7 प्रतिशत कर दी गई। उधार पर ब्याज की न्यूनतम दर 10 प्रतिशत कर दी गई। अनुसूचित बैंकों का रिजर्व बैंक के पास जमा का नगद अनुपात 3 से बढ़ाकर 5 प्रतिशत कर दिया गया। किन्तु फिर भी कीमतों में वृद्धि न रूकने के कारण सरकार ने 11 अगस्त 1977 के स्फीति विरोधी योजना की घोषणा की। इस योजना के अन्तर्गत सरकारी व्यय में कटौती की गई जिससे घाटे की अर्थव्यवस्था को न्यूनतम किया जा सके। सरकार ने योजना व्यय में कटौती करने का निश्चय किया व गैर योजना व्यय में भी भारी कटौती की। कुल मिलाकर केन्द्र व राज्य सरकारों द्वारा व्यय 400 करोड़ रू. की कटौती की जाती थी। सार्वजनिक क्षेत्र के उद्योगों में भी आय बढ़ने व घाटे को कम करने के प्रयत्न किये गये। सार्वजनिक वितरण प्रणाली को भी सुदृढ़ बनाये रखने का प्रयत्न किया गया जिसमें जनता को आवश्यक वस्तुएँ नियन्त्रित मूल्य पर उपलब्ध हो सके। इस योजना काल में थोक मूल्य सूचकांक (आधार वर्ष 1961-62 = 100) बढ कर 284 हो गया जो योजना से पूर्व 165.1 था।

पंचम पंचवर्षीय योजना

चतुर्थ योजना काल में कीमतों में बहुत वृद्धि हुई थी। अत: पंचम योजना में प्रारम्भ से ही मुद्रा स्फीति पर रोक लगाने की ओर ध्यान दिया गया। योजना में 1354 करोड़ रू. के बराबर घाटे की अर्थव्यवस्था का प्रावधान था। इस योजना में चतुर्थ योजना के अन्तिम वर्ष में प्रारम्भ किए गए मुद्रा स्फीति पर रोक लगाने के प्रयत्न जारी रहे। जुलाई 1974 में सरकार ने लाभ व मजदूरी पर नियन्त्रण रखने के लिए दो अध्यादेश जारी किये। अनिवार्य बचत योजना के लिए भी एक अध्यादेश जारी किया गया। इन अध्यादेशों का उद्देश्य बाजार में मुद्रा की प्रभावशील पूर्ति को कम करना था। इसके साथ ही सरकार ने साख मुद्रा पर रोक लगाने के लिए साख नीति भी कठोर कर दी।

सरकार द्वारा किए गए इन सब प्रयत्नों के समुचित परिणाम निकले व कीमत स्तर में गिरावट आने लगी। 26 जून 1975 में आन्तरिक आपात स्थिति की घोषणा की गई। आपात स्थिति की घोषणा के बाद कीमतों में तेजी से कमी हुई। अप्रैल 1974 में देश में मुद्रा स्फीति की दर 30.1 प्रतिशत वार्षिक थी जो अप्रैल 1975 में घटकर 6.5 प्रतिशत रह गयी। जुलाई 1975 में यह दर ऋणात्मक होकर -2.7 प्रतिशत हो गयी थी। इसके परिणामस्वरूप थोक मूल्य सूचकांक (आधार वर्ष 1970-71 = 100) जो 1974-75 में 173.9 था, 1975-76 में गिरकर 162.6 हो गया। आपातकाल की समाप्ती के बाद मूल्यों में पुन: वृद्धि हुई व 1976-77 में थोक मूल्य सूचकांक 182.1 हो गया।

छठी पंचवर्षीय योजना में मुद्रा स्फीति : जनता सरकार ने पंचम पंचवर्षीय योजना के एक वर्ष पूर्व समाप्त कर अनवरत योजना प्रणाली के अन्तर्गत 1978-83 के लिए छठी पंचवर्षीय योजना बनाई है। इस योजना काल में 2225 करोड़ रू. के बराबर घाटे की अर्थव्यवस्था का प्रावधान रखा गया है। किन्तु सरकार के मुद्रा स्फीति व कीमतों में वृद्धि को रोकने के अन्य प्रयत्नों की असफलता के परिणाम स्वरूप वर्ष 1977-78, 1978-79 तथा 1979-80 में कीमतें भारी तेजी से बढ़ी है। अकेले 1979-80 में घाटे की वित्त व्यवस्था के आकार की 2000 करोड़ रूपये से अधिक होने की सम्भावना है। 1979-80 वर्ष के प्रथम चार माहों में कीमतों में 9 प्रतिशत की वृद्धि हुई है। जुलाई माह में प्रकाशित समंकों के अनुसार मुद्रा स्फीति की दर 10 प्रतिशत वार्षिक हो गई।

वर्तमान स्थिति : अगस्त 1993 के पश्चात् कीमतों की स्थिति में गम्भीर मोड़ आया। स्फीति की वार्षिक दर बढ़नी शुरू हो गयी। इसका मुख्य कारण भारी राजकोषीय घाटा था जिसके परिणामस्वरूप जनता के पास मुद्रा का सँभरण बढ़ गया। इसके साथ-साथ प्रशासित कीमतों में वृद्धि के कारण स्फीति की दर बढ़ गयी। द्विअंकीय स्फीति 1994-95 में जारी रही।

तत्पश्चात् स्फीति की स्थिति नियन्त्रण में आ गयी और प्राथमिक खाद्य पदार्थों एवं विनिर्मित वस्तुओं की कीमतों में गिरावट आयी। 1999-2000 के दौरान् स्फीति की औसत वार्षिक वृद्धिदर सबसे कम रही अर्थात 3.3 प्रतिशत (1993-94 = 100) स्फीति 2000-

2001 और 2001-2002 के दो वर्षों के दौरान सुस्त और स्थिर रही किन्तु 2002-03 के दौरान कीमतें बढ़ने लगी और मार्च 2003 के अन्त तक इनमें 6.5 प्रतिशत की वृद्धि हुई।

प्रश्न

1. मुद्रा स्फीति एवं संस्फीति का भेद बतलाइए और मुद्रा स्फीति के आर्थिक परिणाम बताइए।
2. ''मुद्रा प्रसार अन्यायपूर्ण है तथा मुद्रा संकुचन अनुपयुक्त है। दोनों में सम्भवत: मुद्रा संकुचन अधिक बुरा है।'' स्पष्ट कीजिए।
3. भारत में युद्धोत्तरकालीन स्फीति के कारण तथा परिणाम लिखिए। इसके नियन्त्रण के लिए आप क्या सुझाव देंगे?
4. मुद्रा स्फीति क्या है? समाज के विभिन्न वर्गों पर इसके प्रभाव लिखिए।
5. मुद्रा-स्फीति अवांछनीय क्यों मानी जाती हैं? मुद्रा स्फीति को कैसे नियन्त्रित किया जाता है?
6. मुद्रा स्फीति किस प्रकार उत्पन्न होती है? मुद्रा स्फीति को दूर करने के लिए सामान्यत: क्या उपाय अपनाए जाते हैं?
7. मुद्रा प्रसार और मुद्रा संकुचन का अन्तर स्पष्ट कीजिए। उनका देश की आर्थिक प्रगति पर क्या प्रभाव पड़ता है?
8. ''मुद्रा प्रसार और मुद्रा संकुचन किन के लिए अच्छे तथा अन्य के लिए बुरे होते हैं परन्तु इनमें से कोई भी सबके लिए अच्छा नहीं होता।'' विवेचना कीजिए।
9. मुद्रा-स्फीति एक ऐसा अकेला शत्रु हैं जिससे लड़ने के लिए विश्व के अर्थशास्त्रियों और राजनेताओं को एक हो जाना चाहिए।
10. अन्तर स्पष्ट कीजिए: मांग प्रेरित एवं लागत प्रेरित प्रसार।
11. ''मुद्रा प्रसार का आर्थिक विकास से कोई सम्बन्ध नहीं हैं।'' यह कथन कहां तक सत्य है? स्पष्ट कीजिए।

□□□

4

समंक संग्रहण
(Collection of Data)

सांख्यिकीय समक अनुसंधानकर्त्ता स्वयं अथवा प्रगणकों से एकत्रित करवाता है। ये समंक दो प्रकार के हो सकते है।

1. प्राथमिक समंक (Primary data)

2. द्वितीयक समंक (Secondary data)

वे आंकड़े जो कि अनुसंधानकर्त्ता द्वारा पहली बार संकलित किए गए है तथा मौलिक रूप में हैं तो उन्हें प्राथमिक समंक कहा जाता है।

किसी अन्य व्यक्ति या संस्था द्वारा संकलित समंकों का प्रयोग यदि अनुसंधानकर्त्ता अपने उद्धेश्य के लिए करता हैतो ये समंक अनुसंधानकर्त्ता के लिए द्वतीयक (Secondary) समंक होंगे। जनसंख्या के आंकड़े केन्द्र सरकार के लिए प्राथमिक आंकड़े हैं, परन्तु किसी अनुसंधारकर्त्ता के द्वारा उनका प्रयोग द्वितीयक समंक होंगे। अत: एक के जिए वहीं समक प्राथमिक हैं तो दूसरे के हाथ में द्वितीयक बन जाते है।

प्राथमिक तथा द्वितीयक समंकों में अन्तर - दोनों प्रकार के समंकों में निम्नलिखित प्रमुख अन्तर पाये जाते हैं-

1. मौलिक (Original) -प्राथमिक आंकड़े मौलिक होते है जबकि द्वितीयक आंकड़े मौलिक नहीं होते।

2. संकलन (Collection) - प्राथमिक आंकड़े अनुसंधानकर्त्ता स्वयं संकलित करता है अथवा कराता है, जबकि द्वितीयक आंकड़े पहले से ही संकलित होते है।

3. साधनों की आवश्यकता - प्राथमिक आंकड़ों के संकलन में अधिक श्रम, समय तथा धन की आवश्यकता होती है। जबकि द्वितीयक आंकड़े सरलता से उपलब्ध होते है।

4. उद्धेश्य के अनुरूप - प्राथमिक आंकडों का संकलन अनुसंधानकर्त्ता स्वयं करता है। अत: वे उद्धेश्य के अनुरूप ही होते है। द्वितीय आंकड़ों की दशा में देखना होगा कि वे उद्धेश्य के अनुरूप है या नहीं, या संशोधन करना होगा।

5. परिशुद्धता (Accuracy).- प्राथमिक आंकड़े द्वितीय समंकों की तुलना में अधिक शुद्ध होते है।

प्राथमिक समंक संग्रहण विधियाँ
(Methods of Collection of Primary Data)

जब अनुसंधानकर्त्ता अपने अनुसंधान के उद्धेश्य के अनुरूप स्वयं अथवा अपने प्रतिनिधियों द्वारा समंक संकलित करवाता है तो ये समंक प्राथमिक समंक कहलाते है। प्राथमिक समंक संकलन की प्रमुख विधियाँ निम्नलिखित हैं-

1. प्रत्यक्ष व्यक्तिगत अनुसंधान (Direct Personal Investigation)
2. अप्रत्यक्ष मौखिक अनुसंधान (Indirect Oral Investigation)
3. संवाददताओं द्वारा सूचनायें(Information through Correspondents)
4. डाक द्वारा प्रश्नावली भेजना (Mailed Questionnaire)
5. प्रगणकों द्वारा भरी अनुसूची (Schedules filed in by enumerators)

1. प्रत्यक्ष व्यक्तिगत अनुसंधान (Direct Personal Investigation) - इस अनुसंधान के अन्तर्गत अनुसंधानकर्त्ता स्वयं अनुसंधान से सम्बन्धित व्यक्ति अथवा इकाइयों के स्थान पर जाकर उन व्यक्तियों या इकाइयों से आवश्यक सूचना प्राप्त करता है। अगर दिल्ली में आये जम्मु कश्मीर से विस्थापितों के बारें में अध्ययन करना हो तो अनुसंधानकर्त्ता जम्मू कश्मीर से विस्थापितों के दिल्ली में कैम्पों में जाकर उनसे प्रत्यक्ष जानकारी लेगा। ऐसी जांच के लिए अनुसंधानकर्त्ता सूक्ष्म निरीक्षक चतुर मिलनसार व विनम्र होना चाहिए।

उपयुक्तता - यह अनुसंधान निम्नांकित परिस्थितियां में उपयुक्त रहता है-

(a) अधिक परिशुद्धता की आवश्यकता हो।

(b) अनुसंधान क्षेत्र छोटा हो।

(c) गोपनीयता रखनी हो।

(d) गहन जांच करनी हो।

(e) समय की कमी न हो।

(f) अनुसंधान क्षेत्र जटिल हो।

गुण (Merits)

(a) मूल (original) समंकों की प्राप्ति।

(b) उच्चकोटी की परिशुद्धता प्राप्त होती है।

(c) गोपनीयता बनाई रखी जा सकती है।

(d) सही व विश्वसनीय आंकड़े प्राप्त होते है।

(f) व्यक्तिगत सम्पर्क के कारण प्रतिक्रिया उत्साहजनक होती है।

(g) एकरूपता बनी रहती है।

(h) परिस्थिति के अनुरूप प्रश्नों को संशोधित कर उत्तर प्राप्त किए जा सकते है।

दोष (Demerits)

(a) बड़े क्षेत्र के लिए अनुपयुक्त हे।

(b) अधिक धन तथा समय चाहिए।

(c) अन्य विधियों की तुलना में अधिक पक्षपातपूर्ण समंकों की सम्भावना।

(d) अनुसंधानकर्त्ता पूर्ण रूप से प्रशिक्षित हो तथा स्थानीय भाषा, रीति-रिवाज आदि का पूरा ज्ञान हो।

2. अप्रत्यक्ष मौखिक अनुसंधान (Indirect Oral Investigation)- इस विधि में अनुसंधानकर्त्ता सम्बन्धित व्यक्ति से सीधी बात न कर, उनके बारे में जानने वालों से सूचना प्राप्त करता है। विशेषकर जब व्यक्ति अपने बारे में कुछ सूचना नहीं देना चाहते तो उनके नजदीकी व्यक्तियों से प्राप्त करने होती है। किसी कॉलेज के छात्रों के चरित्र के बारे में स्वयं छात्र कुछ नहीं बतायेंगे। अतः प्रधानाचार्य से सूचना लेना, गांव के लागों के शराब पीने की आदत के बारे में ग्राम प्रधान से पूछताछ, चोरी अपहरण डकेती आदि में तीसरे व्यक्ति से पुलिस जांच, साम्प्रदायिक दंगों के बारे में जिलाधीश से सूचना लेना आदि इस जांच के उदाहरण हैं।

उपयुक्तता

(a) जांच का क्षेत्र बहुत बड़ा हो।

(b) जहां प्रत्यक्ष सम्पर्क सम्भव न हो।

(c) जहां प्रत्यक्ष सम्पर्क से सही सूचना मिलने की सम्भावना कम हो।

गुण (Merits)

(a) यह विधि सुविधाजनक है।

(b) कम समय, श्रम तथा धन से जांच सम्भव है।

(c) विशाल क्षेत्र में जांच की जा सकती है।

(b) स्वयं सूचना देते समय व्यक्ति द्वारा पक्षपात की सम्भावना समाप्त हो जाती है।

(e) विभिन्न व्यक्तियों से सूचना प्राप्त कर सही सूचना का अनुमान हो जाता है।

दोष (Demerits)

(a) सूचना अधिक भरोसे वाली नहीं होती ।

(b) गलत व्यक्ति से पूछताछ से गलत निर्णय पर पहुंचा जा सकता है।

(c) सूचनादाता की अनिच्छा शुद्धता को प्रभावित करेगी।

(d) सूचनादाताओं के दृष्टिकोणों से उत्तर प्रभावित रहते है।

3. संवादाताओं द्वारा सूचनायें (Information through Correspondents) – यह विधि मुख्यत: अखबारों, पत्रिकाओं, रेडियां-समाचारों, दूरदर्शन समाचारों के लिए अपनाई जाती है। इसमें स्थानीय प्रतिनिधि या संवाददता नियुक्त किए जाते है। ये लोग अपने नियोक्ता को वांछित सूचना भेजते रहते हैं।

उपयुक्तता (Suitability)

(a) जब अनुसंधान क्षेत्र बहुत बड़ा हो।

(b) सूचना नियमित अन्तर पर चाहिए।

(c) सूचनायें शीघ्र से शीघ्र चाहिए हो।

गुण (Merits)

(a) सूचनायें बड़े विशाल क्षेत्र से प्राप्त की जा सकती है।

(b) नवीनतम सूचनायें शीघ्रता से मिलती रहती है।

(c) नियमित अन्तर पर सूचनायें प्राप्त हो जाती है।

(d) यह एक सस्ती विधि है।

दोष (Demerits)

(a) सूचनायें पूर्णतया परिशुद्ध नहीं होती।

(b) संवाददाताओं के दृष्टिकोणों से सूचनायें प्रभावित रहती है।

(c) सूचनाओं में एकरूपता का अभाव होता है।

(d) छोटे अनुसंधान में उपयुक्त नहीं होती।

4. डाक द्वारा प्रश्नावली भेजना (Malied Questionnaire) – इस विधि में अनुसंधान से सम्बन्धित सूचना प्राप्त करने के लिए प्रश्नों की सूची बना ली जाती है जिसे प्रश्नावली कहते हैं। प्रश्नों के साथ उत्तर देने के लिए स्थान छोड़ा जाता है। प्रश्नों का उतर

लिखने के निर्देश भी दिए रहते है तथा साथ में एक पत्र भी संलग्र रहता है जिससे अनुसंधान का उद्धेश्य बताया जाता है तथा उत्तरों को गोपनीय रखने का आश्वासन दिया जाता है। इसके साथ ही पता लिखा टिकट लगा एक लिफाफा उत्तर वापस भेजने के लिए रखा जाता है। प्रश्नावली, पत्र तथा लिफाफा सूचनादाताओं के पास डाक से भेज दिये जाते है तथा एक निश्चित समय के अन्दर प्रश्नावली के वापसी की प्रार्थना की जाती है।

उपयुक्तता (Suitability)

(a) बहुत बड़ा क्षेत्र हो।

(b) सूचनादाता शिक्षित हों।

(c) अधिक परिशुद्धता आवश्यक हो।

(d) जहां सूचना देने में सूचनादाता को लाभ हो।

गुण (Merits)

(a) सस्ती विधि है।

(b) बहुत बड़े क्षेत्र के लिये उपयोगी विधि है।

(c) समय व श्रम की बचत होती है।

(d) अधिक परिशुद्ध आंकड़े प्राप्त होते है।

(e) जहां सही सुचना देना सूचनादाता का कर्त्तव्य हो, यह विधि ठीक रहती है।

दोष (Demerits)

(a) अशिक्षित व्यक्तियों से सूचना नहीं मिल सकती।

(b) भरी प्रश्नावलियां देर से मिलती हैं।

(c) प्रश्न ठीक से न समझ पाने पर उत्तर सही प्राप्त नहीं होते ।

(d) व्यक्ति जान-बूझकर गलत सूचनायें भी दे सकते है। ऐसी दशा में निष्कर्ष भ्रमात्मक होंगे।

(e) सारी प्रश्नावलीयां वापास नहीं आती।

5. प्रगणकों द्वारा भरी अनुसूचियाँ (Scheduled filled in by enumerators) – इस पद्धति में प्रगणकों की नियुक्ति कर समंक संकलन की उन्हें ट्रेनिंग दी जाती है तथा क्षेत्र की भाषा रीति-रिवाज, खान-पान का ज्ञान भी कराया जाता है। इसके पश्चात् उन्हें प्रश्नों की सूचनी देकर अनुसंधान क्षेत्र में भेजा जाता है। प्रश्नों के उत्तर भरने के निर्देश भी साथ ही दिए रहते है। प्रगणक सम्बन्धित व्यक्तियों से पूछ पूछकर उत्तर लिखते हैं तथा भरी अनुसूचियों को **अनुसंधानकर्त्ता** के पास भेजते रहते हैं। प्रगणक सूचनादाता को अनुसंधान का उद्धेश्य भी **बताता है।** यह पद्धति अनुसंधान में सबसे अधिक प्रयुक्त होती है।

गुण (Merits)

(a) बहुत बड़ें क्षेत्र के लिए उपयुक्त पद्धति है।

(b) अशिक्षित व्यक्तियों से भी सूचना मिल जाती है।

(c) यह एक सस्ती विधि है।

(d) प्रश्नावली वापस न आना, जैसी समस्या नहीं आती।

(e) सूचनायें अधिक सही तथा विश्वनीय होती है।

दोष (Demerits)

(a) प्रगणकों के प्रशिक्षण व वेतन के कारण महंगी पद्धति।

(b) प्रगणकों का पक्षपातपूर्ण दृष्टिकोण गलत निष्कर्ष दे सकता है।

(c) अधिक समय व श्रम की आवश्यकता पड़ती है।

जब अनुसंधानकर्त्ता स्वयं समंकों का संकलन करता है या संकलित करवाता है तो ऐसे समंक उसके लिए प्राथमिक संमक (Primary data) कहलाते है। परन्तु जब एक व्यक्ति अथवा संस्था संकलित समंकों का प्रयोग अन्य व्यक्ति द्वारा किया जाता है तो उस अन्य व्यक्ति के लिए ऐसे समंक द्वितीयक समंक होंगे। जनसंख्या के आंकड़े केन्द्र सरकार के लिए प्राथमिक आंकड़े तथा अन्य प्रयोगकर्त्ताओं के लिए द्वितीयक होंगे।

द्वितीयक समंकों के स्रोत
(Sources of Secondary Data)

द्वितीयक समंकों के स्रोतों को मुख्यतया दो भागों में बांट सकते है-

1. प्रकाशित स्रोत (Published Sources)
2. अप्रकाशित स्रोत (Unpublished Sources)

1. प्रकाशित स्रोत (Published Sources) - प्रकाशित स्रोत के अन्तर्गत राज्य, अनतर्राष्ट्रीय तथा स्थानीय संस्थाओं के द्वारा प्रकाशित आंकड़े आते है। ये इस प्रकार है-

(a) **अन्तर्राष्ट्रीय प्रकाशन** (International Publication) - अन्तर्राष्ट्रीय संस्थाओं के द्वारा प्रकाशित समंक इस श्रेणी में आते है। यथा I.L.O., I.M.F., U.N.O., I.B.R.D., I.F.C. आदि द्वारा नियमित तथा सामयिक प्रकाशित आंकड़े।

(b) **सरकारी प्रकाशन** (Official Publications) - केन्द्र सरकार तथा राज्य सरकारों के विभिन्न विभागों द्वारा नियमित प्रकाशित समंक इसके अन्तर्गत आते हैं, यथा रिजर्व बैंकऑफ इण्डिया बुलैटिन, जनसंख्या समंक, पंचवर्षीय योजना समंक आदि।

(c) **अर्द्ध-सरकारी प्रकाशन** (Semi-official Publications) - इसके अन्तर्गत महानगर निगम, नगर-निगम, टाउन एरिया, पंचायत योजना समंक आदि।

(d) **आयोग व कर्मटियों की रिपोर्ट** (Reports of Commissions and Committees) - सरकार द्वारा नियुक्त आयोग अथवा कमेटियों द्वारा दी गई प्रकाशित रिपोर्ट इस शीर्षक के अन्तर्गत आती हैं, यथा वेतन आयोग की रिपोर्ट भूमि सुधार कमेटी की रिपोर्ट आदि।

(e) **अखबार व जर्नल** (Newspapers and Journals) – आर्थिक, वाणिज्यिक तथा सामाजिक विषयों पर अखबार तथा जर्नलों में नयी से नयी सूचनायें प्रकाशित होती रहती है, यथा इकोनोमिक टाइम्स, कॉमर्स, कैपीटल आदि।

(f) **व्यक्तिगत अनुसंधानकर्त्ताओं के प्रकाशन** – विश्वविद्यालय, शोध संस्थान आदि के सदस्यों द्वारा प्रकाशित समंक।

(g) शोध संस्थाओं के द्वारा प्रकाशित समंक।

(h) वाणिज्यिक तथा वित्तीय संस्थाओं के प्रकाशन।

2. अप्रकाशित स्त्रोत (Unpublished Sources) – यद्यपि बहुत कुछ आंकड़े विभिन्न माध्यमों से प्रकाशित होते रहते है। फिर भी काफी समंक ऐसे है जो प्रकाशित नहीं होते और वे सरकारी या निजी संस्थाओं के अभिलेखों में अथवा शोध संस्थाओं के अध्ययन पत्रों में पाये जाते हैं। इन स्त्रोतों का महत्व भी प्रकाशित स्त्रोत से कम नहीं होता।

खतरे (Dangers) – दूसरे व्यक्ति अथवा संस्था द्वारा एकत्रित आंकड़े बिना छानबीन के प्रयोग करने से गलत निष्कर्षो पर पहुंचा जा सकता हैं क्योंकि आंकड़ें भिन्न उद्धेश्य के लिए संग्रह किए गए थे तथा विभ्रमों का अनुमान लगाने में कठिनाई होती है। प्रो. बाउले के अनुसार, ''द्वितीयक समंकों को उनके अंकित मूल्य (face value) पर स्वीकार नही करना चाँहिए।''

सावधानियाँ (Precautions) – द्वितीयक समंकों का प्रयोग करने में निम्नांकित सावधानियां बरतनीं चाहिए।

1. उद्धेश्य के अनुकूल (Suitable for the Purpose) – द्वितीयक समंक प्रयोग करने से पूर्व यह निश्चित कर लेना चाहिए कि क्या समंक हमारे उद्धेश्य के अनुकूल हैं। उदाहरणार्थ, शहरी लोगों के लिए मूल्य निर्देशांक ग्रामीणों के लिए महंगाई का प्रभाव जाननें में अनुपयुक्त रहेगा।

2. समंकों की पर्याप्तता (Adequacy of data) – उद्धेश्य की अनुकूल्ता की पश्चात् यह देखना होगा कि क्या समंक वर्तमान अनुसंधान के लिए पर्याप्त हैं। अगर हमें उत्तर भारत के ग्रामों में मूल्य निर्देशांकें की आवश्यकता है तो उत्तर प्रदेश के लिए ग्रामीण मूल्य निर्देशांक अपर्याप्त रहेंगे।

3. समंकों की विश्वसनीयता (Reliability of data) – यद्यपित यह मालूम करना कठिन कार्य है कि द्वितीयक समंक विश्वसनीय है या नहीं फिर भी निम्नलिखित बातों को ध्यान में रखकर सहीं निष्कर्ष पर पहुँच सकते है–

(a) **संकलन संस्था** (Collecting Agency) – समंक संकलन करने वाली संस्था की प्रतिष्ठा विषय के परिणामों के प्रति पूर्वाग्रह आदि का अध्ययन करना होगा।

(b) **प्रगणक** – क्या प्रगणक प्रशिक्षित किए गए थें। क्या उन्हें स्थानीय भाषा, रीति रीवाज, खान-पान आदि का ज्ञान था, उनका विषय के बारे में कोई पूर्वाग्रह तो नहीं था।

(c) **निदर्शन पद्धति** - अगर जांच निदर्शन विधि द्वारा थी तो क्या न्यादर्शी का चुनाव सही तथा प्रतिनिधि था।

(d) क्या क्षेत्र कार्य (Field work) की परिशुद्धता पर उपयुक्त नियन्त्रण था।

(e) सम्पादन, वर्गीकरण तथा सारिणियन ठीक प्रकार से किया गया था या नहीं।

(f) पिछली जांच में परिशुद्धता का स्तर (Degree of Accuracy) क्या था? वर्तमान जांच में कितना स्तर रखा गया है।

समंको के प्रमुख लक्षण

समंको के निम्न मुख्य लक्षण कहे जा सकते हैं -

(1) समंक तथ्यों के समूह मात्र होते हैं (They are aggregates of facts)- किसी एक तथ्य से सम्बन्धित कोई 'अकेला अंक' समंक नहीं हो सकता क्योंकि उससे किसी प्रकार का कोई उचित निष्कर्ष नहीं निकाला जा सकता। उदाहरणार्थ 5309 समंक से कोई अभिप्राय नहीं निकलता, परन्तु विभिन्न वर्षो में जनसंख्या सम्बन्धी आँकड़े दिये हुए हों, तो इनकी तुलना करना व निष्कर्ष निकालना कही अधिक सरल होता है। इसलिये यह कहना अनुचित न होगा कि अनेक तथ्यों के समूह को ही समंक कहा जा सकता है।

(2) संख्यात्मक रूप से प्रस्तुत किया जाना (Numerically expressed)- तथ्यों को प्राय: दो रूपों में व्यक्त किया जाता है : संख्यात्मक - जैसे ऊँचाई 5 फीट 6 फीट, 4 फीट इत्यादि अथवा गुणात्मक - जैसे लम्बा आदमी, छोटा व बौना कद, इत्यादि। स्मरण रहे कि समंको की दूसरी विशेषता यह है कि वे सदैव संख्याओं में व्यक्त किये जाते हैं। गुणात्मक वर्णन या अभिव्यक्ति समंको की विशेषताओं की परिधि से बाहर की वस्तु हैं।

(3) अनेक कारणों से प्रभावित होना (Affected by a multiplicity of causes)- समंको को अनेक कारण प्रभावित करते हैं जैसे ब्याज की दर के सांकों पर केन्द्रीय बैंक की नीति, जमाकर्त्ताओं की प्रवृत्ति, विनियोग करने का क्षेत्र तथा पूँजी की सीमान्त कार्यक्षमता इत्यादि का प्रभाव पड़ता है।

(4) समंको का संकलन संगणना या अनुमान रीति द्वारा किया जाता है (Enumerated or estimated)- समंको को संकलन या तो संगणना रीति द्वारा या अनुमान द्वारा किया जाता है। दोनो ही विधियाँ प्राय: स्वीकार की जाती है। संगणना या अनुमान में से किसको चुना जाये, यह अनुसन्धान कार्य के क्षेत्र व उसके उद्धेश्य पर निर्भर करता है। अगर अनुसंधान का क्षेत्र सीमित है तथा शुद्धता की अधिक आवश्यकता है तो संगणना विधि (Enumeration) ही अधिक उपयुक्त होगी। परिस्थिति विपरीत होने पर अनुमान विधि का प्रयोग किया जा सकता है।

(5) यथोचित शुद्धता की मात्रा की उपस्थिति (A reasonable standard of accuracy)- समंको का संग्रहण करते समय शुद्धता को बनाये रखना अत्यन्त आवश्यक है। परन्तु प्रश्न यह उठता है कि शुद्धता का मूल्यांकन कैसे हो? इसके उत्तर में केवल यही कहा

जा सकता है कि शुद्धता एक सापेक्षिक शब्द है, निरपेक्ष नही। शुद्धता का स्तर क्या हो? यह अनुसन्धान की प्रकृति, उद्धेश्य, समय व वित्तीय दशा पर निर्भर करता है।

(6) समंक व्यवस्थित रूप से संकलित किये जाने चाहिये (Collected in a systematic manners)- समंको का संकलन सुव्यस्थित ढंग से किया जाना चाहिये। इसके लिये यह आवश्यक है कि संकलन कार्य करते समय एक योजना बना ली जाये ताकि अनुसन्धान का कार्य क्षेत्र, समय व उद्धेश्य पूर्व निर्धारित हो सके। योजना के अभाव में एकत्रित किये गये समंक, समंक नहीं कहलाते और न ही उनसे तर्क शुद्ध निष्कर्ष निकाले जा सकते हैं।

(7) समंको का संकलन किसी पूर्व निश्चित उद्धेश्य के लिये होना चाहिये (For a pre-determined purpose)- समंको का संग्रह किसी पूर्व निश्चित उद्धेश्य के लिये किया जाना चाहिये। उद्धेश्यविहीन आँकड़े मात्र संख्यायें होती हैं, समंक नही। यदि उद्धेश्य पूर्व निर्धारित नहीं है, तो एकत्र किये गये समंक भ्रमात्मक होंगें और शुद्धता का भी अभाव होगा।

(8) समंक परस्पर तुलना योग्य होने चाहिये (Comparable in relation to each other)- समंको की अन्तिम विशेषता यह है कि वे सदैव एक दूसरे से सम्बन्धित रूप में प्रस्तुत किये जाने चाहियें ताकि उनकी तुलना सम्भव हो सके। दूसरे शब्दों में, समंको में सजातीयता तथा एकरूपता का गुण होना आवश्यक है। यदि विजातीय समंको को लिया जाये तो उनकी तुलना करना या उनके कोई निष्कर्ष निकालना कठिन ही नहीं वरन् असम्भव होता है। उदाहरणार्थ , व्यक्तियों की आयु तथा पेड़ो की ऊँचाई अथवा छात्रों की संख्या तथा सड़कों की लम्बाई, आदि तुलना योग्य तथ्य नहीं है और इसलिये इन्हें समंक नहीं कहा जा सकता। हाँ । छात्रों की आयु तथा भार के अंक समंक माने जायेंगे क्योंकि इनमें सांख्यिकीय 'सह-सम्बन्ध' स्थापित किया जा सकता है। अत: समंक कहलाने के लिये संख्याओं का समय, स्थान या परिस्थिति के आधार पर तुलना योग्य होना जरूरी है।

प्रश्नावली

(Questionnaire)

जब अनुसंधानकर्त्ता वांछित सूचना प्राप्त करने के लिए सम्बन्धित व्यक्ति अथवा संस्थाओं के पास डाक द्वारा प्रश्नों की सूची (list of questions) , जिसमें उत्तर के लिए खाली स्थान भी होता है, भेजता है, तो उस सूची को प्रश्नावली (Questionnaire) कहते है। प्रश्नावली के साथ अनुसंधान के उद्धेश्य की व्याख्या करने वाला व्याख्या पत्र (covering letter) तथा टिकट लगा पता लिखा लिफाफा भी भेजे जाते है। पत्र में उत्तर शीघ्र वापसी की प्रार्थना की जाती है।

जब प्रश्नों की सूची डाक द्वारा न भेजकर प्रगणकों (Enumerators) को देकर भेजा जाता है कि वे व्यक्तियों से पूछताछ कर उत्तर स्वयं लिखे तो ऐसी प्रश्नों की सूची को अनुसूची कहा जाता है।

प्रश्नावली व अनुसूची में अन्तर

	प्रश्नावी	अनुसूची
1. भेजना	डाक द्वारा	प्रगणक लेकर आते है।
2. भरना	स्वयं सूचनादाता भरते है	प्रणक भरते हैं।
3. व्याख्या पत्र	भेजा जाता है।	सम्भावना नहीं, प्रगणक सही अर्थ समझा देते है।

एक अच्छी प्रश्नावली के गुण

डाक द्वारा प्रश्नावली भेजकर समंक संकलन की विधि में समंकों की परिशुद्धता का स्तर बहुत बड़ी सीमा तक प्रश्नों के प्रकार पर निर्भर करता है। प्रश्नावली अगर ठीक प्रकार से बनाई गई हैं तो वांछित समंक व सूचना सरलता से प्राप्त की जा सकती है। एक अच्छी प्रश्नावली में निम्नलिखित गुण होने चाहिए।

1. कम से कम प्रश्न – जहां तक सम्भव हो प्रश्नों की संख्या कम से कम रखनी चाहिए। बहुत अधिक प्रश्नों के उत्तर लिखने के अधिकांश व्यक्ति बचते है।

2. विषय से सम्बन्धित प्रश्न – मुख्य विषय से सम्बन्धित प्रश्न ही होने चाहिए।

3. आसान व छोटे प्रश्न – प्रश्न ऐसे हों कि सूचनादाता आसानी से समझ सकें और सही उत्तर दे सकें।

4. प्रश्नों का क्रम उचित होना चाहिए।

5. गुप्त व व्यक्तिगत प्रश्न न पूछे जाये तो अच्छा रहेगा।

6. प्रश्नावली में माप की इकाई तथा उत्तर भेजने की समय सीमा स्पष्ट रूप से देनी चाहिए।

7. गणना कार्य (calculation) कम से कम होना चाहिए।

8. कुछ प्रश्न ऐसे भी होने चाहिए जो कि अन्य उत्तरों की सत्यता परख सके।

9. जटिल प्रश्नों को टिप्पणी द्वारा अथवा उदाहरण द्वारा समझा देना चाहिए।

10. उचित शब्दों को प्रयुक्त करना चाहिए।

11. प्रश्न अधिकतर सूक्ष्म उत्तर वाले होने चाहिए। वैसे प्रश्न चार प्रकार के हो सकते है–

(a) **सामान्य विकल्प प्रश्न** (Simple Alternative questions) – जहाँ प्रश्नों के दो सम्भावित उत्तर हों अर्थात? हाँ या नहीं या सत्य या असत्य जैंसे –

क्या आप सुबह घूमने जाते हैं? हाँ/ नहीं

(b) **बहुविकल्प प्रश्न** (Multiple choice questions) – जहां प्रश्न के अनेक सम्भावित उत्तर हो, जैसे

आपके कितने भाई हैं? एक भी नहीं/एक/दो/दो से अधिक

(c) **विशिष्ट जानकारी वाले प्रश्न** (Specific Information Questions) - जिसमें उत्तर अलग -अलग स्वयं लिखना होगा। सम्भावित उत्तरों के विकल्प नहीं दिये जाते, जैसे

आपके कितने भाई है? ----------------

(d) **मुक्त प्रश्न** (Open questions) - जहाँ उत्तरदाता अपने विचार प्रकट कर सकता है। यथा- आप धार्मिक धारावाहिकों का दूरदर्शन पर प्रसारण पर अपने विचार लिखियें।

12. प्रश्नावली के साथ टिकट लगा पता लिखा लिफाफा भी संलग्न करना चाहिए।

13. उत्तरदाताओं से उत्तर लिखकर प्रश्नावली समय के अन्दर भेजने की प्रार्थना भी प्रश्नावली के साथ जानी चाहिए।

14. उत्तरों को गोपनीय रखने का आश्वासन भी देना चाहिए ।

प्राथमिक समंकों का सम्पादन
(Editing of Primary Data)

प्राथमिक समंकों के संकलन के बाद उनमें भूल चूक और गलतियों की जांच का कार्य सम्पादन के अन्तर्गत आता है। उचित सम्पादन के अभाव में निर्णय/निष्कर्ष भ्रामक प्राप्त हो सकते हैं। प्रथमिक समंकों के सम्पादन में निम्न बातों को ध्यान में रखना होगा-

1. पूर्णता (Complete Answers) - यह देखना होगा, कि क्या सभी प्रश्नों तथा उप-प्रश्नों के उत्तर प्रश्नावली में दिए गए हैं । पूर्ण उत्तर वाली प्रश्नावली ही हमारी सम्पत्ति है।

2. अपूर्ण उत्तर (Incomplete Answer)—अपूर्ण उत्तर वाली प्रश्नावली को दूबारा सूचनादाता के पास भेजकर पूर्ण करने की प्रार्थना की जा सकती है। महत्वपूर्ण प्रश्न न होने पर उस उत्तर के अलावा अन्य को ध्यान में रखा जा सकता है महत्वपूर्ण प्रश्न के उत्तर के अभाव में समूची प्रश्नावली को छोड़ना पड़ेगा।

3. असंगत उत्तर (Inconsistent Answers) - अगर दो उत्तर एक दूसरे से असंगत हैं तो भी उन्हें छोड़ना पड़ेगा। यथा आपकी उम्र क्या है? उत्तर 22 वर्ष। आपके सबसे बड़े बेटे की उम्र क्या है? उत्तर 12 वर्ष। दोनों में से एक उत्तर गलत है।

4. परिशुद्धता (Accuracy) - आंकड़ों की परिशुद्धता का पता लगाना कठिन कार्य है। गणनीय कार्य की शुद्धता पता की जा सकती है। परन्तु दी गई सूचना की शुद्धता का पता लगाना कठिन होगा।

5. एकरूपता व सजातीयता - सभी प्रश्न एक ही अर्थ समझकर लिखे गए हों अगर आय के बारे में पूछा तो सभी के द्वारा कुल आय दी हो तथा एक ही अवधि (सप्ताह माह, वर्ष) की हो।

प्राथमिक और द्वितीयक समंको में अन्तर

(अ) प्राथमिक समंक - प्राथमिक समंको से अभिप्राय उन समंको से है जिन्हें अनुसन्धानकर्त्ता स्वयं अपने किसी विशिष्ट उद्धेश्य से एकत्र करता है। दूसरे शब्द में, वे समंक, जो किसी सांख्यिकीय अनुसन्धान के लिये, किसी अनुसन्धानकर्त्ता या एजेन्सी द्वारा मौलिक रूप से पहली बार एकत्र किये जाते हैं प्राथमिक समंक कहलाते हैं।

(ब) द्वितीयक समंक - द्वितीयक समंक वे है जो पहले से ही अन्य व्यक्तियों या संस्थाओं द्वारा किसी विशेष उद्धेश्य के लिए एकत्रित किये जा चुके होते है और अनुसन्धानकर्त्ता केवल उनका प्रयोग करता है। अत: ऐसे समंक नये एवं मौलिक नहीं होते।

प्राथमिक और द्वितीयक समंको में अन्तर - उपरोक्त विवरण से स्पष्ट है कि प्राथमिक तथा द्वितीयक समंको में अन्तर केवल अवस्था या सापेक्षता का है, प्रकृति का नहीं। एक ही प्रकार के समंक यदि एक व्यक्ति के लिए प्राथमिक है तो दूसरे के लिए द्वितीयक बन जाते है। सामान्यतया समंक, जिस एजेन्सी द्वारा पहली बार एकत्र किये जाते हैं उसके लिये वे प्राथमिक सामग्री का कार्य करते हैं। किन्तु जब वही समंक किसी अन्य व्यक्ति द्वारा प्रयोग किये जाते हैं तो उसके लिये द्वितीयक सामग्री का रूप ले लेते हैं। उदाहरणार्थ, भारत के आर्थिक सलाहकार द्वारा प्रकाशित मूल्य सम्बन्धी ऑकड़े प्राथमिक है किन्तु वही समंक अन्य लोगों के लिए द्वितीयक है। प्राथमिक तथा द्वितीयक समंको के बीच मुख्य अन्तर इस प्रकार है।

अन्तर का आधार	प्राथमिक समंक	द्वितीयक समंक
मौलिक	प्राथमिक समंक मौलिक होते हैं और वे सांख्यिकीय विधियों के लिए कच्चे माल की भाँति है।	द्वितीयक समंक मौलिक नहीं होते है क्योंकि उन पर सांख्यिकीय यन्त्रों का एकबार प्रयोग हो चुका होता है। इस लिये वे निर्मित माल की भाँति होते हैं।
संकलन	प्राथमिक समंक अनुसन्धानकर्त्ता द्वारा प्राथमिक रीति के अनुसार सम्पूर्ण क्षेत्र या समग्र में से एकत्र किये जाते हैं।	द्वितीयक समंक अन्य व्यक्तियों या संस्थाओं द्वारा पूर्व-संकलित होते हैं।
उद्धेश्य	प्राथमिक समंक अनुसंधान के उद्धेश्य के सर्वथा अनुकूल होते हैं और उनमें अधिक छान बीन या संशोधन करने की आवश्यकता नहीं होती।	द्वितीयक समंकों का प्रयोग करने से पूर्व उनकी शुद्धता की पूरी जाँच पड़ताल, और आवश्यकतानुसार उनमें संशोधन करने पड़ते हैं।

साधनों की आवश्यकता	प्राथमिक समंक के संकलन में अधिक समय, परिश्रम व धन की आवश्यकता होती है क्योंकि योजना को नये सिरे से प्रारम्भ करना होता है।	द्वितीयक समंको को पत्र-पत्रिकाओं, सरकारी व गैर सरकारी प्रकाशनों से सिर्फ उद्धृत कर लिया जाता है। इसलिये उन पर धन, समय व परिश्रम की बहुत कम आवश्यकता होती है।

अच्छी सारणी के आवश्यक गुण– अच्छी सारिणी का निर्माण तब कहा जाता, जबकि निम्न बातों को ध्यान में रखकर बनाई गई हो–

1. शीर्षक – शीर्षक संक्षिप्त, स्पष्ट तथा पूर्ण हो।

2. आकार – सारिणी का आकार उपलब्ध कागज के अनुरूप हो।

3. समंकों की व्यवस्था–समंकों को ठीक प्रकार से पंक्ति व स्तम्भों में व्यवस्थित रूप से क्रमबद्ध किया गया हो।

4. माप की इकाई – माप की ईकाई यथा रूपये, वर्ष, किलाग्राम, मीटर आदि स्पष्ट की जाये।

5. उपसादन – किस सीमा तक किया गया, टिप्पणी दी जाये।

6. विशिष्ट संख्याये – विशिष्ट संख्यायें मोटे शब्दों में दिखायी जायें।

7. तुलनीय सूचना – जिन सूचनाओं के तुलनात्मक अध्ययन की आवशकयता हो, उन्हें पास-पास रखना चाहिए।

8. प्रतिशत अथवा अनुपात – दी गई सूचनाओं में अति महत्वपूर्ण मदों के प्रतिशत अथवा अनुपात देने से सारिणी और भी अधिक उपयोगी हो जाती है। जैसे कम्पनियाँ अपनी वार्षिक रिर्पोटों में कुल लाभ तथा शुद्ध लाभ के विक्रय के साथ प्रतिशत देती है।

9. सरलता – सारिणी की प्रस्तुती इस प्रकार की जानी चाहिए कि आम आदमी भी सरलता से समझ सके।

10. योग – सभी स्तम्भों तथा पंक्तियों के योग दिए जाने चाहिए ताकि कुल योग के द्वारा स्तम्भों तथा पंक्तियों के योगों की शुद्धता का पता चल सके।

11. अधिक सारिणयाँ – यदि सूचना बहुत अधिक हो, तो एक से ज्यादा सारिणीयों में सूचना देने से सरलता बनी रहती है।

12. साफ व सुथरी – सारिणी साफ सूथरी होनी चाहिए।

13. पड़ी रेखा – यदि किसी खाने की सूचना उपलब्ध न हो तो पड़ी रेखा का प्रयोग करना चाहिए।

14. समंकों के स्त्रोत – समंकों के स्त्रोतों का उल्लेख सारिणी के नीचे बायीं ओर किया जाना चाहिए।

15. अन्य सूचना - अन्य कोई सूचना जो प्रयोगकर्त्ता को दी जानी है, सारिणी के नीचे टिप्पणी द्वारा दी जानी चाहिए।

16. अन्य सामान्य नियम, जो उसे क्षेत्र के व्यक्तियों अथवा संस्थाओं द्वारा अपनाए जा रहे हैं, ध्यान में रखने चाहिए।

संकलित आंकड़ों से कुछ भी परिणाम नहीं निकल सकता जब तक कि उन्हें व्यवस्थित रूप से लगाकर प्रस्तुत न किया जाये। अगर एक कक्षा के 100 छात्रों के प्राप्तांक दिए जाये तो उनसे कोई समस्या हल नहीं होती। अगर फेल होने वाले, तृतीय श्रेणी, द्वितीय श्रेणी, प्रथम श्रेणी, विशेष योग्यता वाले छात्रों की संख्या प्रकट की जाये तो कक्षा परिणाम के बारे में सही निर्णय लिया जा सकता है। अत: संकलित आंकड़ों को सामान्य विशेषताओं के अनुसार अलग अलग वर्गो में रखना वर्गीकरण (classification) कहलाता है।

H. Secrist के अनुसार, ''वर्गीकरण उनकी सामान्य विशेषताओं के अनुसार क्रम व समूहों में क्रमबद्ध करने की प्रक्रिया है।''

J.R.Hicks के अनुसार, ''वर्गीकृत एवं क्रमबद्ध आंकड़े स्वयं बोलते हैं, अव्यवस्थित रूप में वे भेड़ के मांस की भांति मृत होते हैं।''

वर्गीकरण के उद्धेश्य (Objects of Classification)

1. संक्षिप्त सूचना - वर्गीकरण विस्तृत सूचना को संक्षिप्त करता है।

2. तुलनात्मकता - वर्गीकरण द्वारा विभिन्न घटनाओं की तुलना की जा सकती है।

3. सरल प्रस्तुती - वर्गीकरण से समंकों को समझने में सरलता आ जाती है।

4. उपयोगी बनाना - अव्यवस्थित समंक व्यर्थ का ढेर मात्र है। वर्गीकृत आंकड़ों का आगे विश्लेषण किया जा सकता है।

5. समानता व विषमता प्रकट करना - वर्गीकरण द्वारा समंकों के अन्तर्गत समानता व विषमता का ज्ञान होता है।

6. सारिणीयन के लिए - बिना आंकड़ों के वर्गीकरण के उन्हें सूची में प्रस्तुत नहीं किया जा सकता। अत: सारिणीयन से पूर्व वर्गीकरण की जरूरत पड़ती है।

वर्गीकरण की प्रमुख रीतियाँ (Methods of Classification)

वर्गीकरण निम्नलिखित आधारों पर हो सकता है-

1. भौगोलिक (Geographical)
2. कालानुसार (Chronological)
3. गुणात्मक (Qualitative)
4. संख्यात्मक (Quantitative)

1. भौगोलिक वर्गीकरण (Geographical Classification) - जब समंकों को स्थान के अनुसार वर्गीकृत किया जाये । यथा राज्य वार गेहूँ की पैदावार, दुनिया के विभिन्न देशों में चीनी का प्रति व्यक्ति उपभोग, दिल्ली राज्य में जिलेवार अपराधों का विवरण आदि। इस सम्बन्ध में निम्नलिखित उदाहरण स्थिति को अधिक स्पष्ट करते हैं ।

चार बड़े देशों की आबादी

देश	वर्ष	आबादी (करोड़)
चीन	1990	116
भारत	1991	84.63
यू.एस.ए.	1990	24.89
यू.एस.एस.आर.	1989	28.67

2. कालानुसार वर्गीकरण (Chronological Classification)- जब वर्गीकरण समय के अनुसार हो। यथा विभिन्न वर्षो में भारत का गेहूँ उत्पादन, विभिन्न वर्षो में यू.एन.ओ. के सदस्य देशों की संख्या, दिल्ली राज्य में 1996 के प्रत्येक माह बसों से आय आदि। इस सम्बन्ध में एक उदाहरण निम्न है—

भारत में जनसंख्या

वर्ष	जनसंख्या (करोड़)
1921	25.13
1931	27.89
1941	31.86
1951	36.10
1961	43.9
1971	54.8
1981	68.5
1991	84.63

3. गुणात्मक वर्गीकरण (Qualitative Classification)- जब वर्गीकरण स्त्री-पूरूष, शिक्षित-अशिक्षित, बेरोजगार-रोजगारयुक्त, बच्चा-जवान-बुजुर्ग, मुस्लिम-सिक्ख-ईसाई जैसे गुणों के आधार पर किया जाये तो गुणात्मक वर्गीकरण कहलाता है।

गुणात्मक वर्गीकरण दो प्रकार का हो सकता है।

(अ) सरल वर्गीकरण – जब एक गुण के अनुसार वर्गीकरण किया जाये, यथा:

चार शहरों में शिक्षा का स्तर

शहर	शिक्षित	अशिक्षित	कुल
क	65,400	17,100	82,500
ख	59,000	16,000	75,000
ग	62,000	6,000	68,000
घ	40,000	22,000	62,000

(ब) बहुगुणी वर्गीकरण – जब समंकों को दो या अधिक गुण (लिंग, शिक्षा, रोजगार) के आधार पर वर्गीकृत किया जाये। जैसे :

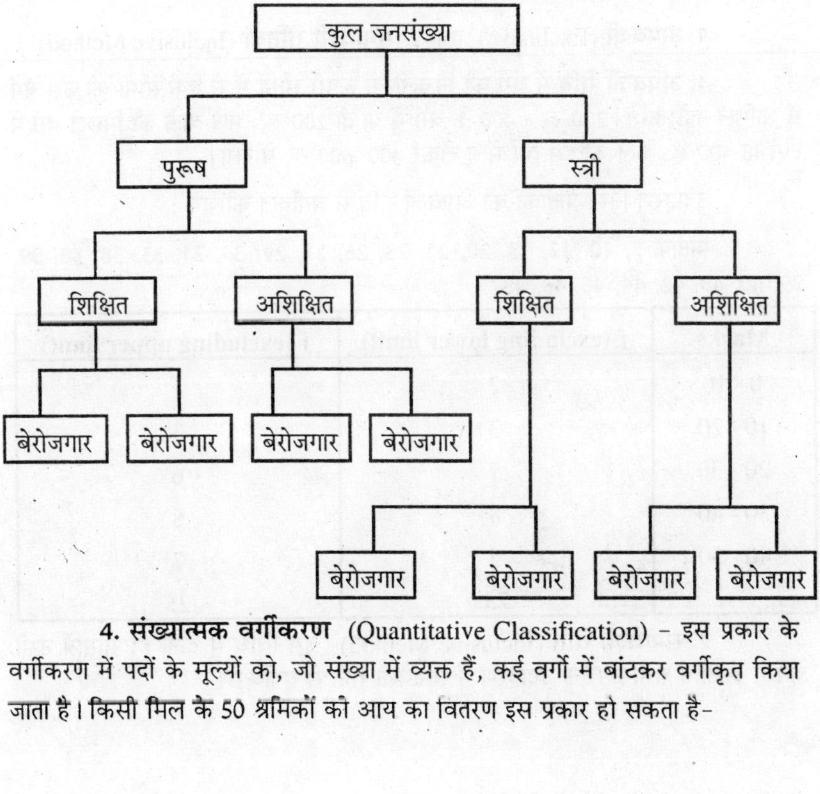

4. संख्यात्मक वर्गीकरण (Quantitative Classification) – इस प्रकार के वर्गीकरण में पदों के मूल्यों को, जो संख्या में व्यक्त हैं, कई वर्गों में बांटकर वर्गीकृत किया जाता है। किसी मिल के 50 श्रमिकों की आय का वितरण इस प्रकार हो सकता है–

आय (रू. में)	श्रमिक संख्या
200 से कम	7
200 से 400	12
400 से 600	17
600 से 800	8
800 से अधिक	6
	50

यह संख्यात्मक वर्गीकरण है 200 से 400, 400 से 600 वर्ग हैं तथा क्रमशः 12 और 17 इन वर्गो की आवृत्ति (Frequency)। 200-400 वर्ग की निचली सीमा (lower limit) 200 तथा ऊपरी सीमा (upper limit) 400 से है। तथा 400-200 = 200 वर्गान्तर (class-interval) कहलाता है। और $\frac{200 + 400}{2} = 300$ वर्ग का मध्यमान (Mid Value) है।

यह वर्गीकरण दो प्रकार का हो सकता है।

1. अपवर्जी (Exclusive) तथा 2. **समावेशी रीतियां** (Inclusive Method)

1. अपवर्जी रीति में वर्ग की निचली या ऊपरी सीमा में से एक सीमा को उस वर्ग में शामिल नहीं करते। 200 रू. -400 के वर्ग में या तो 200 रू. पाने वाले को पिछले वर्ग में लेंगे या 400 रू. वाले को इस वर्ग में न लेकर 400-600 रू. में लेंगे।

उदाहरण निम्न प्रासांकों को अपवर्जी रीति से वर्गीकृत कीजिये :

प्रासांक 7, 10, 17, 18, 20, 21, 23, 26, 27, 29, 30, 31, 33, 38, 38, 39, 39, 40, 40, 42, 44, 45, 46, 48

Marks	*f* (excluding lower limit)	*f* (excluding upper limit)
0 - 10	2	1
10 - 20	3	3
20 - 30	7	6
30 - 40	8	8
40 - 50	5	7
	25	25

2. समावेशी रीति (Inclusive Method)- इस विधि में दोनों ही सीमायें उसी वर्ग में आती हैं यथा उपरोक्त उदाहरण में समावेशी रीति से वर्गीकरण

Marks	f
0 - 9	1
10 - 19	3
20 - 29	6
30 - 39	8
40 - 49	7

उपरोक्त समावेशी श्रेणी को अपवर्जी मे परिवर्तित किया जा सकता है क्योंकि सांख्यिकीय गणना कार्य में यही रीति उचित है। उपरोक्त समावेशी को अपवर्जी में इस प्रकार प्रकट किया जायेगा।

Marks	f
0 - 9.5	1
9.5 - 19.5	3
19.5 - 29.5	6
29.5 - 39.5	8
39.5 - 49.5	7
	25

प्रथम वर्ग की ऊपरी सीमा तथा अगले वर्ग की निचली सीमा का औसत इन सीमाओं के स्थान पर रख दिया है अर्थात् पहले वर्ग की ऊपरी सीमा 9 तथा दूसरे की निचली सीमा 10 के स्थानों पर $\frac{10+9}{2} = 9.5$ रखा गया है।

उपरोक्त श्रेणी (Series) सतत श्रेणी (continuous series कहलाती है। समंक कुल तीन श्रेणियों में रखे जा सकते है।

1. व्यक्तिगत निरीक्षण (individual observation)- जब समंक अलग अलग व्यक्तिगत रूप से दिये जायें, यथा

I. Roll No.	1	2	3	4	5	6	7	8	9	10	11	12
Marks	17	8	3	15	6	9	8	11	4	6	16	5

II. अथवा प्रात्तांक क्रमबद्ध बढ़ते क्रम में या आरोही क्रम में इस प्रकार होंगे।

Marks 3, 4, 5, 6, 6, 8, 8, 9, 11, 15, 16, 17.

III. उतरते क्रम में या अवरोही क्रम में –

Marks 17, 16, 15, 11, 9, 8, 8, 6, 6, 5, 4, 3.

2. खण्डित श्रेणी (Discrete Series)- जब श्रेणी के मूल्यों के बीच अन्तर हो, कि सभी मूल्य बिना उपसादन शामिल न किए जा सके तो खण्डित श्रेणी होती है। यथा

Consumption of Milk per day (litres)	1	2	3	4	5
No. of Families	7	16	27	14	6

उपरोक्त श्रेणी में 2.5 litre, 3.3 litre, 5.1 litre उपभोग करने वालों को उपसादन किए बिना शामिल करना कठिन है।

3. सतत श्रेणी (Continuous Series)- जब श्रेणी के मूल्यों में सततता हो और सभी मूल्य शामिल किए जा सकें-

Consumption of Milk per day (litres)	0-1	1-2	2-3	3-4	4-5
No. of Families	6	20	32	15	8

इस श्रेणी में 2.5, 3.3, 5.1 लिटर को भी शामिल किया जा सकता है।

सतत श्रेणी अपवर्जी (Exclusive) अथवा समावेशी (Inclusive) हो सकती है।

वर्गीकरण एवं सरणीयन में अन्तर

वर्गीकरण एवं सारणीयन में अन्तर निम्न प्रकार है:

क्रम संख्या	वर्गीकरण	सारणीयन
1.	वर्गीकरण में समंकों को विभिन्न आधारों पर वर्गीकृत किया जाता है।	सारणीयन में वर्गीकृत सामग्री को सारणी के रूप में प्रस्तुत किया जाता है।
2.	वर्गीकरण सांख्यिकीय विश्लेषण की एक विधि है।	सारणीयन समंकों के प्रस्तुतीकरण की एक विधि है।
3.	वर्गीकरण में समंकों को वर्गो एवं उपवर्गो में बाँटा जाता है।	सारणीयन में समंकों को शीर्षकों व उपशीर्षकों में प्रस्तुत किया जाता है।
4.	वर्गीकरण में समंको को सजातीयता एवं विजातीयता के आधार पर अलग-अलग वर्गों में वगीकृत किया जाता है।	सारणीयन में वर्गीकृत समंकों को खानों व पंक्तियों में क्रमबद्ध करके प्रस्तुत किया जाता है।
5.	वर्गीकरण के अन्तर्गत मूल समंकों का ही उपयोग होत. है।	सारणीय में मूल समंकों के साथ साथ व्युत्पन्न समंकों का भी उपयोग होता है।

6.	वर्गीकरण एक जटिल प्रक्रिया है।	सारणीयन एक सरल प्रक्रिया है।

सतत् एवं खण्डित श्रेणी में अन्तर

क्रम संख्या	खण्डित या विच्छिन्न श्रेणी	अखंडित या अविच्छिन्न श्रेणी
1.	इसमें पदों के मूल्य और उनकी आवृत्तियाँ होती है।	इसमे वर्ग एवं उनकी आवृत्तियाँ होती है।
2.	इसमें पदों के यथार्थ माप होते है।	इसमें यथार्थ मापों के स्थान पर वर्गान्तर दिये जाते है।
3.	इसमें पदों के मूल्य प्राय: पुर्णाक में होते है।	इसमें पदों के मूल्य पूर्णाक में प्रस्तुत नहीं किये जाते है।
4.	इसमें मूल्य निश्चित अन्तर पर होते है। वे एक-दूसरे से अलग-अलग अर्थात् खण्डित होते है।	इसमें मूल्य एक सतत् या अखण्डित क्रम में प्रस्तुत किये जाते है।
5.	प्राय: ऐसी वस्तुएँ जिनका खण्डन न हो सके जैसे व्यक्ति, पृष्ठ संख्या आदि इस रूप में प्रस्तुत किये जाते है।	प्राय: ऐसी वस्तुएँ जहाँ मूल्य थोड़े थोड़े अन्तर पर बदलकर खण्ड के रूप में हों जैसे प्राप्तांक, वजन, आय इस रूप में प्रस्तुत किए जाते है।

अपवर्जी एवं समावेशी श्रेणी में अन्तर

क्रम संख्या	अपवर्जी श्रेणी	समावेशी श्रेणी
1.	वर्ग की उच्च सीमा उस वर्म में सम्मिलित न होकर अगले वर्ग में शामिल होती है।	वर्ग की दोनों सीमाएँ इसी वर्ग में सम्मिलित होती है।
2.	वर्ग की उच्च सीमा एवं अगले वर्ग की निम्न सीमा समान होती है।	वर्ग की उच्च सीमा एवं अगले वर्ग की निम्न सीमा समान न होकर भिन्न होती है।
3.	प्रत्येक परिस्थिति में इसका प्रयोग उत्तम होता है।	जब पद मूल्य पूर्ण संख्या में हो तभी यह उपयुक्त होती है।
4.	गणना क्रिया के लिए अपवर्जी को समावेशी श्रेणी में बदलने की आवश्यकता नहीं होती है।	गणना क्रिया की सरलता के लिए इस रीति को पहले अपवर्जी में बदल लिया जाता है।

प्रश्न

1. प्राथमिक तथा द्वितीयक समंकों में अन्तर स्पष्ट कीजिए। प्राथमिक समंकों को संकलित करने की विभिन्न रीतियों को स्पष्ट कीजिये और उनके तुलनात्मक गुण-दोष बताइए।
2. सांख्यिकीय सामग्री के संकलन की विभिन्न रीतियों को समझाइये। इनमें से आप किसको ठीक समझते हैं। कारण सहित स्पष्ट कीजिए।
3. सांख्यिकी सामग्री के संकलन में सामान्यत: प्रयुक्त की जाने वाली रीतियों को वर्गीकृत कीजिये और उनके लाभ एवं दोषों का संक्षिप्त वर्णन कीजिए।
4. प्राथमिक समंकों से क्या अभिप्राय है? उनके संकलन की विभिन्न विधियों का संक्षेप में वर्णन कीजिए। क्या सभी परिस्थितियों में कोई एक रीति सर्वोत्तम कही जा सकती है?
5. द्वितीयक समंकों को परिभाषित कीजिए और उनके संग्रहण के विभिन्न स्रोतों का उल्लेख कीजिए।

5

साख सृजन

[Money Saveing]

आधुनिक युग में साख मुद्रा का अत्यधिक महत्व हो गया है। सम्भवतः इसीलिए कुछ आधुनिक अर्थशास्त्री वर्तमान मुद्रा व्यवस्था को साख मुद्रा अर्थव्यवस्था के नाम से सम्बोधित करते है। अन्य कुछ अर्थशास्त्री साख को आधुनिक युग में पूँजी हस्तांतरण का एक साधन कहते है। वाल्टर डब्ल्यू हैनेस का कथन है कि, ''व्यापारिक जगत में साख का उतना ही व्यापक महत्व है जितना जीवन में हवा का।'' स्पष्ट है कि वर्तमान अर्थव्यवस्था केवल मुद्रा अर्थव्यवरथा की परिधि में ही बन्द नहीं है। वरन् साख व्यवस्था का भी आर्थिक क्रियाओं के सम्पादन में महत्वपूर्ण योगदान है।

आधुनिक व्यापारिक बैंकों के अनेक महत्वपूर्ण कार्यो में से एक महत्वपूर्ण कार्य होता है-साख का सृजन करना अथवा साख निर्माण करना। बैंक साख का सृजन किस प्रकार करता है, इसका अध्ययन करने से पूर्व साख का अर्थ भली भाँती समझ लेना अति आवश्यक होता है।

साख का अर्थ (Meaning)

साख शब्द की उत्पत्ति लेटिन के credo शब्द से हुई है credo शब्द का अर्थ है 'I believe' अर्थात में विश्वास करता हुँ। इसीलिये अंग्रेजी के शब्द का सम्बन्ध विश्वास से है। इस प्रकार साधारण बोलचाल में साख शब्द का प्रयोग विश्वास के अर्थ में किया जाता है। उदाहरण के लिये, यदि किसी व्यापारी या व्यक्ति का बाजार में इतना विश्वास किया जाता है कि लोग उससे उधार का लेन-देन करने को तैयार हैं तो यह कहेंगे कि बाजार में उस व्यक्ति की साख बहुत अधिक है। **वास्तव में, आर्थिक दृष्टि से साख का अर्थ किसी वस्तु या**

सेवा के मूल्य का भुगतान भविष्य में करना है। विभिन्न विद्वानों द्वारा साख की परिभाषायें दी गई हैं, उनमें से निम्नलिखित महत्वपूर्ण हैं –

1. **[illegible]फील्ड स्ट्रेटफार्ड** के अनुसार, साख का अभिप्राय केवल विश्वास [illegible]ता है।

2. **प्रो. कोल** (Cole) के अनुसार, साख उस क्रय शक्ति को कहते हैं जो आय के द्वारा प्राप्त नहीं होती बल्कि वैत्तिक संस्थाओं द्वारा उस जमा का जो उनके पास रखी होती है, उपभोग करने के उद्धेश्य से उत्पन्न की जाती है।[1]

3. **प्रो. जीड़** (Gide) के अनुसार, साख एक ऐसा विनिमय कार्य है जो कुछ समय पश्चात् अर्थात् भुगतान कर देने पर पूरा हो जाता है।[2]

4. **प्रो. थॉमस** (Thomas) के विचार से, साख वह विश्वास है जो एक व्यक्ति दूसरे अन्य व्यक्ति में रखकर अपनी कुछ वस्तुयें उस दूसरे व्यक्ति को देता हैं, चाहे ये वस्तुयें मुद्रा, सेवा या साख ही क्यों न हो।[3]

उपर्युक्त परिभाषाओं के आधार पर निष्कर्ष स्वरूप यह कहा जा सकता है कि "साख एक प्रकार का विनिमय कार्य है, जिसमें कोई ऋणदाता किसी ऋणी को वर्तमान समय में कुछ वस्तुएँ अथवा मुद्रा विश्वास पर प्रदान करता है कि कुछ समय बाद वह उसे वापिस कर देगा।

साख के आवश्यक तत्व (Elements)

साख के कतिपय आवश्यक तत्व निम्नलिखित है:

1. **समय,** व्यवहारिक जीवन में हम देखते हैं कि जब कभी साख का कोई सौदा किया जाता है तो उसमें इस बात की व्यवस्था होती है कि धन की अदायगी कुछ समय बाद होगी। दूसरे शब्दों में, भुगतान कुछ समय के लिये स्थगित कर दिया जाता है। यहाँ यह बात आवश्यक है कि भुगतानों को केवल एक निश्चित समय के लिए स्थगित किया जाता है, क्योंकि भुगतान पाने वाले को उतने समय तक प्रतीक्षा करनी पड़ती है और निर्धारित समय से पूर्व वह भुगतान पाने का अधिकारी नहीं होता। इसीलिये साख का पहला आवश्यक तत्व वह समय हे जिसके लिये भुगतान स्थापित किया जाता है।

---

1 "Credit is purchasing power not derived from income, but created by financial institutions either as an offset of idle income held by depositor in amount of purchasing power." —*G.D.H. Cole.*

2 "It (Credit) is an exchange, which is complete, after the expiry of a certain period of time after payment." —*Gide*

3 "The term credit is now applied to that belief in man's probability and solvency which will permit of his being entrusted with something of value belonging to another whether that something consists of money, goods, services even, credit itself, as one man entrusts the use of his good name and reputation." —*S.E. Thomas,*

2. विश्वास, वास्तव में विश्वास ही साख का आधार है। जब तक दोनों पक्षों को एक दूसरे पर विश्वास न हो तब तक साख का प्रश्न ही नहीं उठता। उदाहरण के लिये, जब कोई धन उधार के रूप में प्राप्त किया जाता है या कोई वस्तु या सेवा प्राप्त की जाती है तब उसका भुगतान पाने वाला, भुगतान देने वाले की आर्थिक स्थिति, उसकी ईमानदारी तथा भुगतान करने की उसकी योग्यता पर पूरी तरह विश्वास करता है, अन्यथा साख का प्रश्न ही नहीं उठता।

3. धन का स्थानान्तरण, साख का तीसरा आवश्यक तत्व यह है कि साख के सौदे में एक पक्ष किसी दूसरे पक्ष को कोई वस्तु, सेवा या धन प्रदान करता है और उसके बदले में एक निश्चित समय के बाद भुगतान प्राप्त करना स्वीकार करता है। यदि धन का स्थानान्तरण नहीं हुआ तो साख का प्रश्न ही नहीं उठता। उदाहरण के लिये, एक व्यक्ति किसी दूसरे व्यक्ति से या तो कुछ धन उधार लेता है अथवा कोई माल बेचता है। इस प्रकार धन का हस्तान्तरण होता है। इसी हस्तान्तरण के बदले में दूसरा व्यक्ति एक निश्चित समय के पश्चात भुगतान करने का वायदा करता है, जो एक लिखित प्रतिज्ञा–पत्र के रूप में या मौखिक वायदे के रूप में हो सकता हैं ।

4. क्षमता, किसी भी व्यक्ति में विश्वास उत्पन्न करने के लिये यह अत्यन्त आवश्यक है कि उसमें व्यवसाय को सफल बनाने की पूर्ण क्षमता हो। इस सम्बन्ध में शिक्षा एवं अनुभव क्षमता पर प्रभाव डालते है।

5. पूंजी एवं अन्य सम्पत्ति, बैंक किसी भी व्यक्ति को साख प्रदान करने से पूर्व ऋणी की पूँजी व सम्पत्ति के बारे में जानकारी प्राप्त करता है। ऋणी की पूंजी व सम्पत्ति की अच्छी व्यवस्था होने पर ही वह बैंक से साख प्राप्त कर सकता है।

6. प्रसिद्धि एवं चरित्र, यदि उधार लेने वाला व्यक्ति सद्चरित्र एवं लोक प्रिय व्यक्ति है, उसकी साख भी अधिक होगी, और बैंक से अधिक मात्रा में ऋण प्राप्त कर सकेगा।

7. राशि की मात्रा, राशि की मात्रा पर भी साख निर्भर करती है। यदि बड़ी राशि मांगी गई है, तो उसे प्राप्त करने में अनेक प्रकार की कठिनाइयाँ होगी। इसके विपरीत छोटी मात्रा में माँगी गई राशि सरलता से प्राप्त हो जाती है, क्योंकि उसमें जोखिम कम रहती है इसलिये छोटी राशियाँ सरलता से स्वीकृत हो जाती है।

साख के प्रकार (Types of Credit)

साख अनेक प्रकार की होती है। साख के विभिन्न प्रकारों का संक्षिप्त विवेचन निम्न प्रकार है –

1. स्त्रोत के अनुसार, यह वर्गीकरण ऋणदाताओं के आधार पर किया जाता है। ये तीन प्रकार के होते है:

(अ) व्यक्तिगत साख, यह साख किसी व्यक्ति द्वारा अपने जान पहचान वालों को सामाजिक सहायता के रूप में, ऋण या उधार के रूप में दी जाती है। इन ऋणदाताओं का प्रमुख कार्य ऋण देना नहीं होता, वरन् सहायता करना होता है। इस श्रेणी के अन्तर्गत

समान्यत: फुटकर ऋण देने वालों जैसे सरकार, जमींदार या अन्य वर्ग के लोगों को सम्मिलित किया जाता है।

(ब) व्यावसायिक साख, यह साख व्यावसायियों के द्वारा अपनी सेवाओं या वस्तुओं के रूप में दी जाती है जैसे वकील, डाक्टर, व्यापारी आदि।

(स) संस्थागत साख, संस्थागत साख का आशय वित्तीय संस्थाओं जैसे बैंक व बीमा कम्पनी, प्रमण्डलों, वित्त निगमों आदि द्वारा दी जाने वाली साख से है।

2. उद्धेश्य के अनुसार, साख के उद्धेश्य के अनुसार वर्गीकरण निम्न प्रकार किया जाता है:

(1) उत्पादक साख : ऐसी साख जिसका प्रयोग उत्पादक कार्यो के लिए किया जाता है, उत्पादक साख कहलाती है। उदाहरण के लिए व्यवसाय एवं उद्योग के लिए दिये जाने वाले ऋण आदि। इस साख की राशि को व्यवसाय एवं उद्योग में प्रयुक्त कर उत्पादन तथा लाभार्जन किया जाता है अत: इसे उत्पादक साख कहते है।

(2) अनुत्पादक साख : जब साख का प्रयोग अनुत्पादक कार्यो के लिए किया जाता है जैसे शादी, उत्सव, दैनिक उपयोग की सामग्री क्रय करने आदि में, तो ऐसी साख को अनुत्पादक साख कहते है।

3. कार्य के अनुसार : कार्य के अनुसार साख निम्न पाँच प्रकार की होती है।

(1) औद्योगिक साख : ऐसी साख जिसका प्रयोग औद्योगिक विकास के लिए किया जाता है उसे औद्योगिक साख कहते है।

(2) वाणिज्यिक साख : व्यापार में कार्यो के संचालन के लिए वाणिज्यिक संस्थाओं को प्रदान की जाने वाली साख को वाणिज्यिक साख कहा जाता है।

(3) कृषिगत साख : जब साख का उपयोग कृषि कार्यो के लिए किया जाता है तो इसे कृषि साख कहते है। ऐसी साख प्राय: सहकारी बैंकों तथा कृषि बैंकों द्वारा प्रदान की जाती है।

(4) उपभोक्ता साख : जब साख उपभोक्ता कार्यो जैसे शादी, भोज एवं अन्य सामाजिक उत्सवों के लिए प्रदान की जाती है, तो उसे उपभोक्ता साख कहते है।

(5) निर्यात साख : आयात-निर्यात व्यापार के लिए प्रदान किये जाने वाले ऋणों को निर्यात साख के अन्तर्गत सम्मिलित किया जाता है।

4. प्रतिभूति के अनुसार : प्रतिभूति के अनुसार साख निम्न दो प्रकार की होती है:

(1) सुरक्षित साख : ऐसी साख जिसे प्राप्त करते समय ऋणी साख के पीछे कोई प्रतिभूति छोड़ता है, सुरक्षित साख कहते है।

(2) असुरिक्षित साख : ऐसी साख जिसे प्राप्त करते समय ऋणी साख के पीछे कोई प्रतिभूति नहीं छोड़ता, असुरक्षित साख कहते है।

5. ऋणी के अनुसार : ऋणी के अनुसार साख निम्न दो प्रकार की होती है:

(1) सरकारी ऋण : जब साख सरकार को प्रदान की जाती है तो उसे सरकारी साख कहते है। प्राय: सरकार द्वारा निर्गमित ऋणपत्रों का क्रय इत्यादि द्वारा यह साख सरकार को प्रदान की जाती है।

(2) गैर-सरकारी साख : सरकार के अतिरिक्त अन्य किसी व्यक्ति या संस्था को प्रदान की जाने वाली साख को गैर सरकारी साख कहते है।

6. अवधि के अनुसार : पुन: लौटाये जाने की अवधि के आधार पर वर्गीकृत साख को अवधि साख कहते है। प्राय: साख प्रदान करते समय उसे लौटाने की अवधि का भी निर्धारण कर दिया जाता है। अवधि के अनुसार साख निम्न चार प्रकार की होती है :

(1) माँग साख : ऐसी साख जो अत्यन्त ही अल्प समय के लिए प्रदान की जाती है, माँग साख कहलाती है। सामान्यत: इसकी अवधि एक दो दिन अथवा एक सप्ताह होती है तथा माँग पर देय होती है।

(2) अल्पकालीन साख : अल्पकाल के लिए प्रदान किये जाने वाले ऋणों को अल्पकालीन साख कहते है। इसकी अवधि सामान्यत: 6 माह तक होती है।

(3) मध्यकालीन साख : मध्यकालीन साख की अवधि सामान्यत: 5 वर्ष तक होती है।

(4) दीर्घकालीन साख : यह साख अधिक लम्बी अवधि की होती है, इसकी अवधि 20 वर्ष या इससे भी अधिक हो सकती है।

साख निर्माण की रीतियाँ (Methods)

साख निर्माण करना आधुनिक बैंकों के अनेक महत्वपर्ण कार्यो में से एक है।

सेयर्स के शब्दों में : बैंक केवल द्रव्य जुटाने वाली संस्था ही नहीं है, परन्तु द्रव्य की निर्माता भी है। बैंक की सक्रिय पूँजी का एक बड़ा भाग साख निर्माण के द्वारा ही प्राप्त होता है। एक बैंक निम्नलिखित रीतियों के द्वारा साख का निर्माण करता है-

1. नोट निर्गमन के द्वारा : नोट निर्गमन के द्वारा साख का निर्माण करना साख सृजन की सबसे प्राचीन एवं सरल विधि है। प्राचीन समय में सभी बैंकों के द्वारा नोटों का निर्गमन किया जाता था, लेकिन वर्तमान समय में यह अधिकार केन्द्रीय बैंक को ही प्राप्त है। दूसरे शब्दों में, अब साख निर्माण का कार्य केवल केन्द्रीय बैंक करता है। केन्द्रीय बैंक जितने नोट निर्गमित करता है उन सबके पीछे धातु कोष नहीं रखा जाता। अनुभव अथवा वैधानिक व्यवस्था के आधार पर केन्द्रीय बैंक पत्र-मुद्रा के पीछे कुछ धातु कोष रखता है। इस प्रकार केन्द्रीय बैंक पत्र-मुद्रा निर्गमित करके साख निर्माण करता है।

2. प्रतिभुति, विनिमय विपत्र आदि का क्रय करके : बैंक प्रतिभूतियों, हुण्डियो तथा विनिमय विपत्रों का क्रय करके भी साख सृजन करते है।

ऋण देकर : व्यापारिक बैंक ग्राहकों को ऋण देकर उनके खातें में रूपया जमा करके भी साख का निर्माण करते है। प्रत्येक बैंक में दो प्रकार की जमायें प्राप्त होती हैं -

प्राथमिक निक्षेप : जब कोई व्यक्ति नकद मुद्रा अपने खाते में जमा करवाता है तो इसे प्राथमिक अथवा निष्क्रिय निक्षेप कहते है। वास्तव में, प्राथमिक निक्षेप ही साख निर्माण का प्रमुख आधार होता है।

सक्रिय अथवा व्युत्पन्न निक्षेप : बैंक के पास प्राथमिक जमा के रूप में जो धनराशि प्राप्त होती है उसका कुछ भाग नकद कोष में रखकर शेष धनराशि ऋण के रूप में उधार दे दी जाती है। बैंक द्वारा ॠण नकद न देकर ग्राहक के खाते में जमा कर दिया जाता है तथा खाते में से ग्राहक अपनी आवश्यकतानुसार रूपया निकालता है।

इस प्रकार बैंक द्वारा दिये गये ऋण के बदले बैंक में एक नये जमा खाते की सृष्टि हो जाती है, इसलिये **प्रो. कीन्स** ने कहा है, ऋण जमाओं की सृष्टि करते है और जमायें ऋण की अगर ऋण लेने वाला ऋण की रकम को नगद रूप में ही प्राप्त करना चाहता है तब भी वह उस रकम को किसी अन्य बैंक में जमा कर देता है। परिणामस्वरूप उस बैंक में एक नये जमा खाते की सृष्टि हो जाती है। ऋण देकर साख का निर्माण करना साख सृजन की महत्वपूर्ण विधि है। इंस विधि के द्वारा बैंक के पास जितनी धन राशि नकद जमा के रूप में प्राप्त होती है उससे कई गुणे तक बैंक साख का सृजन कर सकता है।

साख-निर्माण की मान्यतायें

1. व्यक्ति चैक के बदले नकद भुगतान प्राप्त नहीं करते। भुगतानों को केवल ग्राहकों के खातों से धन-राशि हस्तांतरित करके निपटाया जाता है।

2. बैंक अपने पास भुगतान हेतु केन्द्रीय बैंक में निक्षेपों के अनुसार रखी जाने वाली वैधानिक निधि के अतिरिक्त नकद कोष नहीं रखते।

3. समाज में ऋणों की मांग इतनी अधिक है कि बैंक अपनी सम्पूर्ण उधार देने योग्य शक्ति का उपयोग कर सकते हैं तथा बैंक इस सीमा तक उधार दे देते हैं।

उपरोक्त मान्यतायें वास्तविक जीवन में 100 प्रतिशत सत्य नहीं उतरती, क्योंकि (अ) सभी व्यक्ति बैंकों में खाते नहीं खोलते। अत: नकद भुगतान की आवश्यकता पड़ती है, जिसके लिये नकद कोष रखने आवश्यक हो जाते हैं। (ब) बैंक अपनी पूर्णक्षमता के उधार नहीं देते हैं इस प्रकार उधार देने योग्य कुछ शक्ति व्यर्थ हो जाती है। (स) ऋणों की मांग लाभ सम्भावना पर निर्भर होने से इस सीमा तक उधार लेने के लिये लोगों का तैयार होना आवश्यक नहीं है।

यदि चैकों के भुगतान में ली जाने वा में रखी जाने वाली राशि को प्रतिशत के रूप में C मानें तथा बैंक सम्पूर्ण उधार देने योग्य शक्ति से कम उधार दें तथा इस कम भाग को प्रतिशत के रूप में मानें तो नया सूत्र इस प्रकार होगा जो इन मान्यताओं की भी व्यवस्था कर लेगा।

कुल जमा $T.D. = \frac{A}{R + C + U}$ तथा व्यूत्पन जमा $D.D. = \frac{A}{R + C + U} - A$

उदाहरण के लिये, यदि 8000 रूपये की जमा में 10 प्रतिशत केन्द्रीय बैंक में, 10 प्रतिशत नकद कोष में तथा 5 प्रतिशत उधार दान शक्ति का कम उपयोग करते हों तो कुल जमा तथा व्युत्पन्न जमा इस प्रकार होगी :

$$\text{कुल जमा T.D.} = \frac{8000}{\frac{1}{10}+\frac{1}{10}+\frac{1}{20}} \text{ तथा व्युत्पन जमा D.D.} = \frac{8000}{\frac{1}{10}+\frac{1}{10}+\frac{1}{20}} - 8000$$

$$\text{T.D.} = \frac{8000}{\frac{5}{20}} = \frac{8000}{1} X \frac{20}{5} \text{ तथा} \quad \text{D.D.} = \frac{8000}{1} X \frac{20}{5} = 8000$$

$$= 32,000 \qquad\qquad = 32000—8000 = 24,000$$

स्पष्ट है कि इससे साख निर्माण शक्ति कम हो गयी है।

साख निर्माण की तकनीक (Technique of Credit Creation)

जैसा की उपर्युक्त विवेचन में स्पष्ट किया गया है कि नकद जमाओं के कारण ही बैंक ऋण देने में समर्थ हो पाते है तथा दिया हुआ प्रत्येक ऋण साख जमा का रूप धारण कर लेता है। इसे ही साख निर्माण की तकनीक कहते है। इसे हम एक उदाहरण द्वारा भली भाँति स्पष्ट कर सकते है। मान लीजिए कि कोई व्यक्ति बैंकके पास नकद जमा या प्रारम्भिक जमा के रूप में 100 रूपये की धनराशि जमा कराता है। यह भी मान लीजिए कि कानूनी मान्यता अथवा स्वयं के अनुभव के आधार पर कोई बैंक सदैव अपने पास 25 प्रतिशत नकद कोष रखने का निर्णय करता है। बैंक इस मान्यता के आधार पर यह निर्णय लेकर कि जमाकर्त्ता अपनी जमा की गई धनराशि को एक ही बार में नहीं निकालेगा वरन् थोड़ा थोड़ा निकालेगा। इस मान्यता के आधार पर कुछ प्रतिशत नकद कोष रखकर कार्य चलाया जा सकता है। बैंक स्वयं के पास 100 रूपये की जमाराशि में से 25 प्रतिशत अर्थात् 25 रूपये नकद कोष रखकर शेष 75 रूपये किसी को ऋण के रूप में दे देगा। अन्य शब्दों में यह बैंक 75 रूपये की साख निर्माण का कार्य करता है। ऋण देने पर प्रथम बैंक की स्थिति इस प्रकार होगी:

प्रथम बैंक साख सृजन पर

आदेय	रूपये	देनदारी	रूपये
नकद कोष	25	जमा	100
ऋण	75		
	100		100

प्रथम बैंक ऋण आवेदनकर्त्ता को जो राशि स्वीकृत करेगा उसे ऋणी को नकद न देकर उसके खाते में जमा कर देगा अथवा ऋण प्राप्तकर्त्ता उसे किसी अन्य बैंक, द्वितीय बैंक, में प्रथम बैंक से निकाल कर जमा करा देगा या जिसे वह भुगतान करेगा वह किसी अन्य बैंक, द्वितीय बैंक में जमा करा देगा। यहाँ हम यह मानकर चलते है कि इस प्रकार प्रथम बैंक से यह राशि अन्य बैंक (द्वितीय बैंक) को हस्तान्तरित हो जाती है। इस प्रकार द्वितीय बैंक के पास 75 रूपये के प्रारम्भिक निक्षेप आ जावेगे। द्वितीय बैंक प्राथमिक निक्षेपों का 25 प्रतिशत (अर्शात 18.75 रूपये) नकद कोष रखकर शेष धनराशि (75 - 18.75 = 56.25) किसी अन्य पक्षकार को साख के रूप में स्वीकृत कर देगा। इस स्थिति में 56.25 रूपये ही द्वितीय बैंके व्युत्पत्र निक्षेप होगें।

साख सृजन की यह प्रक्रिया यही समाप्त नहीं होती बल्कि आगे भी इसी प्रकार चलती रहती है। अब 56.25 रूपय की धनराशि भी नकद न दी जाकर ग्राहक के खाते में जमा कर दी जायेगी। इस प्रकार बैंक द्वारा उधार देने का क्रम चलता रहेगा और बैंक अपने प्रारम्भिक 100 रूपये की नकद जमा पर 75+56.25+42.19 + 31.65 +23.74 .... आदि की साख का निर्माण कर लेता है। अब यह भली भॉति स्पष्ट हो जाता है कि बैंक अपनी क्रियाओं द्वारा 100 रूपय की नकद जमा पर 400 रूपये तक के ऋण दे सकता है। इस प्रकार बैंक के पास साख एवं नकद जमायें मिलाकर 500 रूपये (25 प्रतिशत नकद कोष जो प्रत्येक बैंक अपने पास रखेगा) हो जाते है। इस उदाहरण से यह बात स्पष्ट हो जाती है कि किस प्रकार बैंक अपनी नकद जमा से कई गुना अधिक साख सृजन कर सकते है। अत: कीन्स का यह कथन सही है कि ''ऋण जमा का निर्माण करते है तथा जमायें ऋणों का सृजन करती है।''

उपर्युक्त उदाहरण को निम्न तालिका के रूप में दर्शाने से भी स्पष्ट किया जा सकता है कि किस प्रकार 100 रूपये की प्रारम्भिक जमा से 400 रूपये की जमाओं का सृजन किया जा सकता है तथा बैंक के पास साख एवं जमायें मिलकर 500 रूपये हो जाते है।

साख सृजन की प्रक्रिया

बैंक	प्राथमिक जमा	नकद कोष	व्युत्पन्न निक्षेप अथवा दिया जाने वाला ऋण
प्रथम बैंक	100.00	25.00	75.00
द्वितीय बैंक	75.00	18.75	56.27
तृतीय बैंक	56.25	14.06	42.19
चतुर्थ बैंक	42.19	10.54	31.65
पंचम बैंक	31.65	7.91	23.74
षष्ट्म बैंक	23.74	5.93	17.81
अन्य बैंक	....	....	....
अन्तिम बैंक	00.00	00.00	00.00
कुल बैंकों का योग	400.00	100.00	400.00

उपर्युक्त सारणी से स्पष्ट है कि 100 रूपये की प्राथमिक जमा से 400 रूपये तक की जमाओं का बैंकों द्वारा साख सृजन किया जा सकता है।

क्या बैंक वास्तव में साख-सृजन करते है?

बैंकों द्वारा साख सृजन के सम्बन्ध में अर्थशास्त्री एक मत नहीं है। कुछ अर्थशास्त्री **हार्टले बिदर्स, सेलिगमैन** तथा **कीन्स** इत्यादि इस बात के समर्थक है कि बैंक साख सृजन करती है। इसके विपरीत **डा. वाल्टर लीफ** तथा **एडविन कैनन** आदि इसे स्वीकार नहीं करते। इन अर्थशास्त्रियों का विचार है कि बैंक साख का निर्माण नहीं करते। इन अर्थशास्त्रियों का विचार है कि बैंक साख का निर्माण नहीं करते वरन् साख निर्माण जमाकर्त्ताओं की ही

महत्वपूर्ण भूमिका होती है। यदि जमाकर्त्ता अपनी राशि बैंक के पास जमा न छोड़कर स्वयं उपभोग कर ले, तथा ऋणी भी ऋण की नकद मांग करे तो साख सृजन क्यों कर सम्भव होगा। **प्रो. केनन** के शब्दों में , ''बैंकिंग साख का निर्माण बैंकों द्वारा नहीं वरन् उन ग्राहकों के द्वारा होता है जो उसके लिए आवेदन देते है तथा उन जमानतो द्वारा होता है जो ग्राहक लाते हैं ....।'' ''प्रत्येक व्यावहारिक बैंकर जानता है कि वह, साख, मुद्रा या अन्य किसी का सृजनकर्त्ता नहीं है वरन् ऐसा व्यक्ति है जो उन लोगों से, जिनके पास साधन है, से उन व्यक्तियों को जो उनका प्रयोग कर सकते हैं, ऋण दिलाने को सुविधाजनक बनाता है।''

वर्तमान में सभी इस बात को स्वीकार करते है कि बैंक साख का सृजन करते है। ऐसी स्थिति में केनन के उपर्युक्त वर्णित विचार निश्चित रूप से भ्रामक है। साख का सृजन का व्यापार एवं वाणिज्य में अत्यन्त ही महत्व है और इसे स्वीकार न करना उपर्युक्त प्रतीत नहीं होता। हाँ साख सृजन में ग्राहकों की सहयोगी भूमिका अवश्य महत्वपूर्ण है।

साख निर्माण की मान्यतायें

साख निर्माण की निम्नलिखित मान्यताएँ है:

1. व्यक्ति चैक के बदले नकद भुगतान प्राप्त नहीं करते। भुगतानों को केवल ग्राहकों के खातों से धन-राशि हस्तांतरित करके निपटाया जाता है।

2. बैंक अपने पास भुगतान हेतु केन्द्रीय बैंक में निक्षेपों के अनुसार रखी जाने वाली वैधानिक निधि के अतिरिक्त नकद कोष नहीं रखते।

3. समाज में ऋणों की मांग इतनी अधिक है कि बैंक अपने सम्पूर्ण उधार देने योग्य शक्ति का उपयोग कर सकते है तथा बैंक इस सीमा तक उधार दे देते है।

उपरोक्त मान्यतायें जीवन में शत प्रतिशत सत्य नहीं उतरती, क्योंकि [अ] सभी व्यक्ति बैंकों में खाते नही खोलते।अत: नकद भुगतान की आवश्यकता पड़ती है, जिसके लिये नकद कोष रखने आवश्यक हो जाते है। [ब] बैंक अपनी पूर्ण क्षमता के उधार नहीं देते हैं इस प्रकार उधार देने योग्य कुछ शक्ति व्यर्थ हो जाती है। [स] ऋणों की मांग लाभ सम्भावना पर निर्भर होने से इस सीमा तक उधार लेने के लिये लोगों का तैयार होना आवश्यक नहीं है।

बैंक के साख निर्माण की सीमायें

यद्यपि प्रत्येक बैंक में साख का सृजन करने की शक्ति या क्षमता होती है लेकिन यह असीमित नहीं होती, अर्थात् बैंक के साख निर्माण कार्य की कुछ सीमायें होती है, जो निम्नलिखित हैं -

1. बैंक द्वारा नगद रखा जाने वाला कोष : प्रत्येक बैंक को अपनी जमाओं के भुगतान के लिये कुछ अंश में नगदी कोष रखना पड़ता है तथा इस नगदी कोष की मात्रा से बैंक की साख निर्माण को शक्ति भी सीमित हो जाती है। यदि कोष अधिक रखना पड़ा तो साख सृजन की गति मन्द हो जाती है और यदि कोष की मात्रा कम रखनी पड़ी तो साख की गति और बढ़ायी जा सकती है।

2. केन्द्रीय बैंक के पास जमा बैंकों का कोष : देश के प्रत्येक बैंक की अपनी याचित एवं काल जमाओं का कुछ भाग केन्द्रीय बैंक के नगदी कोष के लिये रखना पड़ता है, जो जमाओं की वृद्धि तथा कमी के साथ साथ अधिक या कम होता है। अतः इस वैधानिक नगदी कोष से भी बैंक की साख निर्माण शक्ति सीमित है। यदि अपेक्षाकृत कम प्रतिशत भाग केन्द्रीय बैंक के पास रखा गया तो बैंक अधिक मात्रा में साख का निर्माण कर सकते है और यदि केन्द्रीय बैंक के पास अपेक्षाकृत अधिक प्रतिशत दर से कोष रखा गया तो बैंकों की साख निर्माण करने की शक्ति कम हो जाती है।

3. केन्द्रीय बैंक के साख नियन्त्रण के साधन : केन्द्रीय बैंक के साख नियन्त्रण के साधनों द्वारा भी बैंकों की साख निर्माण की शक्ति सीमित रहती है, क्योंकि केन्द्रीय बैंक अपनी विभिन्न क्रियाओं द्वारा देश में साख का प्रसार एवं संकुचन करता रहता है।

4. धातु कोष :: नोट निर्गमन द्वारा साख का जो सृजन किया जाता है, वह नोटों के आधार पर, रखे हुए धातु कोष द्वारा सीमित रहता है । यदि धातु कोष अधिक हुआ तो पत्र-मुद्रा की मात्रा बढ़ायी जा सकती है और यदि धातु कोष कम हो गया तो पत्र-मुद्रा कम करनी पड़ती है।

5. ऋण याचकों की साख : अधिकतर ऋण विशेषतः प्रतिभुतियों की जमानत पर दिये जाते है, अतः प्रतिभूतियों किस प्रकार की है, इससे भी बैंक की साख निर्माण शक्ति सीमित रहती है।

6. जमा कराने वालों की इच्छा : लीफ के अनुसार, बैंक की यह शक्ति जमा कराने वालों की इच्छा पर निर्भर होती है। क्योंकि यदि जमा कराने वाले जमा करना बंद कर दें तो बैंक साख का निर्माण कर ही नहीं सकते।

7. देश की आर्थिक एवं राजनैतिक स्थिति : यदि देश में राजनैतिक शांति है और देश में उद्योग धन्धे उन्नत दशा में है तो बैंक अधिक मात्रा में साख का सृजन कर सकते है और अगर सामान्य व्यवसाय में मन्दी का वातावरण रहा तथा राजनैतिक हल-चल बनी रही तो बैंक अपनी राशि को ऋण के रूप में नहीं देना चाहेंगे और उनकी साख सृजन करने की शक्ति अपेक्षाकृत कम रहेगी, अतः देश की सामान्य आर्थिक एवं राजनैतिक परिस्थितियों भी साख सृजन करने की सीमा निर्धारित करती है।

8. देश में नकद मुद्रा की मात्रा : यदि देश में अधिक मुद्रा चलन में होगी तो बैंकों के निक्षेपों में वृद्धि होगी तथा बैंक की साख निर्माण करने की शक्ति में वृद्धि होगी इसके विपरीत, यदि चलन में मुद्रा की मात्रा कम होगी तो बैंकों को कम निक्षेप प्राप्त होगें तथा उनकी साख निर्माण करने की क्षमता भी कम होगी।

9. जनता में नकद मुद्रा का उपयोग : यदि जनता नकद मुद्रा का अधिक उपयोग करती है तो इससे बैंक की साख निर्माण करने की शक्ति कम होगी, इसके विपरीत यदि जनता नकद के स्थान पर चैक्र आदि का उपयोग अधिक करती है तो इससे बैंक की साख निर्माण करने की शक्ति अधिक होगी ।

10. केन्द्रीय बैंक की नीति : केन्द्रीय बैंक निधि अनुपात, बैंक दर तथा खुले बाजार की क्रियाओं द्वारा बैंकों की साख निर्माण शक्ति को प्रभावित करता रहता है। प्रत्येक व्यापारिक बैंक को अपने निक्षेपों का कुछ प्रतिशत विधानानुसार केन्द्रीय बैंक के पास रखना पड़ता है। इस प्रतिशत को बढ़ाने पर बैंकों की साख निर्माण में कमी होती है तथा इस प्रतिशत को घटाने पर साख निर्माण क्षमता में वृद्धि होती है। बैंक दर में वृद्धि करने तथा खुले बाजार की क्रियाओं के अन्तर्गत प्रतिभूतियों का विक्रय करने से साख निर्माण शक्ति कम हो जाती है इसके विपरीत, बैंक दर मे कमी करने एवं खुले बाजार की क्रियाओं के अन्तर्गत प्रतिभूतियों का क्रय करने से साख निर्माण करने की शक्ति में वृद्धि हो जाती है।

11. बैंकिग सुविधायें : यदि देश में बैंकिग सुविधायें अधिक विकसित है तो बैंकों द्वारा साख निर्माण बड़े पैमाने पर होगा, क्योंकि लोग बैंको से नियमित रूप से धन जमा करने तथा उधार लेने के अभ्यस्त होंगे।

12. सट्टे की क्रियायें : यदि अर्थव्यवस्था में सट्टे की क्रियायें अधिक होती हैं तथा उन पर किसी प्रकार का कोई नियन्त्रण नहीं होता तो बैंको से उधार की माँग बढ़ जाती है तथा अधिक मात्रा में साख का सृजन होता है, सट्टे के अभाव में साख सृजन करने की शक्ति अपेक्षाकृत कम होती है।

13. जमानत का स्वाभाव : बैंक केवल अच्छी प्रतिभूतियों पर ऋण देते है। यदि देश में अच्छी प्रतिभूतियों का चलन है, तो बैंक अधिक साख का सृजन कर सकेंगे।

प्रश्न

1. ''बैंक केवल मुद्रा के व्यापारी ही नहीं, वे एक महत्वपूर्ण अर्थ में मुद्रा के उत्पादक भी है।'' इस कथन की आलोचनात्मक व्याख्या कीजिए।
   "The banks are not merely traders of money but also in an important sense manufacturers of money." Critically explain this statement.
2. ''जमा ऋणों का सृजन होता है। और ऋण जमा का सृजन करते है।'' व्याख्या कीजिए।

   "Loans are the children of deposits and deposits are the children of loans." Discuss this statement.
3. साख शब्द का अर्थ बताइये। तथा बैंकों द्वारा साख सृजन को समझाइये।

   Explain meaning of word credit. Discuss how bank create credit.

□□□

6

अदृश्य बेरोजगारी और पूँजी निर्माण

[Disguised Unemployment and Capital Formation]

प्रच्छन्न अथवा अदृश्य बेरोजगारी आंशिक बेरोजगारी की वह अवस्था है जिसमें रोजगार में संलग्न श्रम शक्ति का उत्पादन में योगदान शून्य या लगभग शून्य के बराबर होता है। श्रीमती जॉन रौबिन्सन ने अदृश्य बेरोजगारी के सम्बन्ध में यह विचार व्यक्त किया था कि "यह बेरोजगारी की वह स्थिति है जिसके अधीन श्रमिक अपने अस्तित्व के लिये अपनी योग्यता की अपेक्षा कम आय वाले व्यवसायों में धकेल दिये जाते हैं।" बहुत से अर्थशास्त्रियों जैसे प्रो. नर्क्स, जेम्स गस. ड्यमू केन बेरी, बुकानन तथा एलिस का मत है कि अदृश्य बेरोजगारी को पूँजी निर्माण के साधन के रूप में उपयोग सम्भव है। अदृश्य बेकारी अत्यन्त उग्र रहती है, क्योंकि भूमि पर आबादी के दबाव तथा संयुक्त कुटुम्ब प्रणाली के कारण बहुत से श्रमिक एक ही खेत पर काम करते हैं, जो ऊपर से देखने पर तो कार्यरत रहते हैं किन्तु वस्तुत: वे बेकार रहते हैं– वे अदृशरूप में बेकार रहते हैं क्योंकि उनके द्वारा सम्पूर्ण उत्पादन में कोई वृद्धि नहीं की जाती हैं। दूसरी जगह कार्य न मिलने के कारण वे कृषि में लगे रहते हैं। किन्तु वस्तुत: वे कुछ उत्पादन नहीं करते बल्कि वे अनुत्पादक होते हैं। इसका अर्थ यह है कि कृषरत श्रमिकों में से कुछ को दूसरे व्यवसाय में लगा दिया जाये तो कृषि का उत्पादन उतना ही हो सकता है जितना कि पहले होता था। सम्पूर्ण उत्पादन कृषिरत श्रमिकों के हटने से कम नहीं हो सकता वरन् बढ़ भी सकता है। अत: इससे स्पष्ट है कि वे बेकार ही कृषि में लगे रहते हैं— अन्य कोई कार्य न पाने के कारण। अतएव वे वस्तुत: अदृश्य रूप में बेकार रहते हैं। अत: अदृश्य बेरोजगारी से अभिप्राय किसी विशेष आर्थिक क्रिया में एक विशेष उत्पादन के लिये आवश्यकता से अधिक मात्रा में श्रमिकों के लगे होने से है।" नर्क्स ने इस स्थिति को अदृश्य बेरोजगारी या अतिरिक्त श्रमशक्ति का नाम दिया है। नर्क्स के शब्दों में, "इन देशों में

बड़े पैमाने पर अदृश्य बेरोजगारी फैली हुई है। क्योंकि कृषि तकनीकी में परिवर्तन किए बिना कृषि पर निर्भर जनसंख्या के एक बड़े भाग को कृषि से हटाया जा सकता है पर उत्पादन में कोई कमी नहीं आएगी, कम श्रम शक्ति के प्रयोग से पहले जितना उत्पादन किया जा सकता है।''

नर्क्स का कथन है कि 'धनीभूत श्रम' ही पूँजी होती है। अत: अदृश्य बेरोजगारी में निहित श्रम के अपव्यय का पूँजी निर्माण में उपयोग किया जा सकता है। अत: यह उचित ही है कि अदृश्य बेरोजगार श्रमिकों को कृषि से हटाकर सिंचाई, सड़के, रेलें, मकान आदि विशेषत: सामाजिक सेवाओं के निर्माण में लगाए जायें। नर्क्स के शब्दों में अतिरिक्त श्रमिकों को भूमि से हटाया जाना सम्भव है ऐसे लोग जिस भी वस्तु का निर्माण करेंगे उससे वास्तविक राष्ट्रीय आय में वृद्धि होगी किन्तु पूँजी के बिना वे क्या उत्पादन करेंगे? सम्भवत: बहुत कम। अत: उन्हें वास्तविक पूँजी के उत्पादन में ही क्यों न लगाया जाय।?''

चूँकि कृषि में श्रम का सीमान्त उत्पादन शून्य रहता है, इसलिए अदृश्य बेरोजगार व्यक्तियों को कृषि से हटा देने पर कुल उत्पादन में कोई कमी न होगी, दूसरी ओर चूंकि कल्पना यह है कि पूँजी वस्तुओं के क्षेत्र में श्रम की सीमान्त उत्पादिता सकारात्मक होती है, इसलिए अदृश्य बेरोजगार श्रमिकों को उक्त क्षेत्र (पूँजी वस्तुओं के क्षेत्र) के श्रमिकों के साथ काम में लगा देने से पूँजी वस्तु के उत्पादन में वृद्धि हो जायगी। परिणामत: कृषि क्षेत्र के अल्प रोजगार में निहित बचत सम्भावना वास्तविक बचत बनकर प्रकट होगी।

प्रो. ए. के. सेन उपर्युक्त व्याख्या के पक्ष में नहीं हैं। उनके अनुसार श्रम की उत्पादकता शून्य होने पर श्रम को काम पर लगाया ही नहीं जायेगा। उनके अनुसार, ''यह सच नहीं है कि उत्पादन प्रक्रिया में अत्यधिक श्रम खर्च हो रहा है बल्कि इसे बहुत ज्यादा मजदूरों द्वारा खर्च किया जा रहा है। इस दृष्टि से प्रति व्यक्ति कार्यकारी घण्टों (समय) के कम होने की स्थिति को अदृश्य बेरोजगारी की स्थिति कहा जायेगा।''

उदाहरण – माना, एक परिवार के पाँच सदस्य प्रति व्यक्ति छ: घण्टे के हिसाब से एक फार्म पर 30 घण्टे काम करते हैं। तकनीक व उत्पादन प्रक्रिया के यथास्थिर रहने पर यदि उनमें से एक मजदूर कृषि को छोड़कर किसी अन्य क्षेत्र में स्थानान्तरित हो जाये और शेष चार मजदूर अधिक समय तक (यानि 7.30 घण्टे) काम करके फार्म के कुल उत्पादन को उसी स्तर पर बनाये रख सकते हैं। इस स्थिति में एक मजदूर अदृश्य बेरोजगार माना जायेगा। अत: अदृश्य बेरोजगारी का सम्बन्ध श्रमिक की व्यक्तिगत सीमान्त उत्पादकता से न होकर प्रति श्रमिक प्रतिदिन काम के घण्टों से होता है।

चित्र द्वारा स्पष्टीकरण – सेन की इस व्याख्या को चित्र द्वारा भी स्पष्ट किया जा सकता है– प्रस्तुत चित्र में Y कुल प्रदा वक्र है जो E बिन्दु पर उस समय, क्षैतिज हो जाता है जब श्रम की OL मात्रा का प्रयोग किया जाता है। दूसरे शब्दों में, OL श्रम घण्टों पर श्रम की सीमान्त उत्पादकता शून्य है। कृषि कार्य में संलग्न श्रमिकों की संख्या OP_2 है और इस स्थिति में प्रत्येक श्रमिक सामान्य कार्यकारी घण्टे स्पज्या (Tan) a घण्टे काम करता है जबकि

प्रति श्रमिक सामान्य कार्यकारी घण्टे स्पज्या (Tan) b के बराबर है। यह कार्य सामान्य घण्टे कार्य करते हुए OP_1 श्रमिकों द्वारा पूरा किया जा सकता है। इस दृष्टि से P_1P_2 जनसंख्या अतिरिक्त है अर्थात् अदृश्य रूप से बेरोजगार है। इस प्रकार L बिन्दु पर श्रम की सीमान्त उत्पादकता शून्य है।

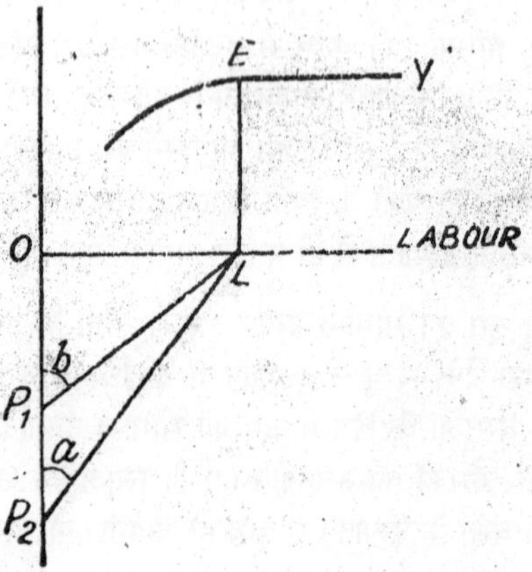

चित्र

उपर्युक्त परिभाषाओं के आधार पर अदृश्य बरोजगारी की कुछ प्रमुख विशेषतायें अग्रलिखित हैं–

(1) अदृश्य बेरोजगारी का सम्बन्ध अपना निजी काम करने वाले लोगों से होता है, न कि मजदूरी पर काम करने वाले लोगों से।

(2) अल्पविकसित देशों में बेरोजगारी दीर्घकालीन जनाधिक्य का परिणाम होती है।

(3) यह चक्रीय न होकर स्थायी होती है।

(4) यह माँग की कमी के कारण नहीं बल्कि 'पूरक साधनों की कमी' के कारण होती है। दूसरे शब्दों में, यह श्रम की पूर्ति और रोजगार के अवसरों में असन्तुलन का परिणाम होती है।

अतः अर्द्धविकसित देशों में अदृश्य बेरोजगारी विशुद्ध रूप से उपस्थित है। कुरिहारा के शब्दों में, "अदृश्य बेरोजगारी, औद्योगीकरण पर भार नही होकर एक प्रकार से वरदान स्वरूप सिद्ध होगी।" अतिरिक्त श्रम का पूँजीगत योजनाओं में उपयोग करने से दो महत्त्वपूर्ण समस्यायें हमारे सामने आती है—

(अ) इन श्रमिकों को उपकरण तथा अन्य औजार पूँजीगत योजनाओं पर कार्य करने के लिए उपलब्ध कराने होंगे।

(ब) जिन श्रमिकों को कृषि पूँजीगत योजनाओं में स्थानान्तरित किया जायगा उनके पालन पोषण का प्रबन्ध कैसे होगा।

अदृश्य बेरोजगारी पूँजी निर्माण का एक स्त्रोत हैं।
(Disguised Unemployment is a Source of Capital Formation)

प्रो. नर्क्से के अनुसार, अल्पविकसित देशों में अदृश्य बेरोजगारी अदृश्य बचत शक्म (Disguised Saving Potential) को उत्पन्न कर सकती है। अल्पविकसित देशों में जनाधिक्य एवं संयुक्त परिवार प्रणाली के कारण भूमि पर आवश्यकता से अधिक दबाव होता है। इस अतिरिक्त श्रम शक्ति का कुल उत्पादन में कोई योगदान नहीं होता। यह तो केवल अन्यत्र काम न मिलने के कारण कृषि भूमि में अपना अस्तित्व बनाये रहता है। भारतीय कृषि में कुल श्रम शक्ति का लगभग 2/3 भाग लगा हुआ है जिसमें लगभग 22 प्रतिशत अदृश्य बेरोजगारी की स्थिति है। प्रो. नर्क्से का मत है कि कृषि तकनीक में परिवर्तन किये बिना यदि इस अतिरिक्त जनशक्ति को कृषि क्षेत्र से हटा लिया जाये तो उत्पादन में कोई कमी नहीं आयेगी। इस प्रकार अदृश्य बेरोजगारी के रूप में श्रम का अपव्यय होता है। अत: इसे वास्तविक पूँजी निर्माण के कार्यों में उपयोग किया जाना चाहिये। इसके लिये आवश्यक है कि इस अतिरिक्त श्रम शक्ति को कृषि से हटाकर सिंचाई, सड़कों, रेलों, कुटीर उद्योगों व भवनों के निर्माण में लगा दिया जाये। इसके दो लाभ होंगे -

(1) कृषि पर अनावश्यक भार कम हो जायेगा।

(2) अन्य क्षेत्रों में काम करने के कारण राष्ट्रीय उत्पादन में वृद्धि होगी।

अतिरिक्त श्रम शक्ति को कृषि क्षेत्र से हटाकर अन्य पूँजी विकास योजनाओं में उपयोग करने पर निम्न दो महत्त्वपूर्ण समस्यायें उत्पन्न हो सकती है-

(अ) अतिरिक्त श्रम शक्ति के कारण भरण पोषण की समस्या।

(ब) आवश्यक उपकरणों व औजारों की व्यवस्था की समस्या।

(अ) अतिरिक्त श्रम शक्ति के भरण पोषण की समस्या (The Problem of Rearing up of Excess Labour)- इस सम्बन्ध में प्रथम समस्या भूमि से हटाकर पूँजी निर्माण के काम पर लगाये गये श्रमिकों को भोजन प्रदान करने की है। यद्यपि इसका समाधान एक सीमा तक ऐच्छिक बचतों, प्रदर्शनकारी उपभोग, पर करारोपण व विदेशी पूँजी द्वारा किया जा सकता है तथापि यह 'आत्मवित्तकारी' (Self-financing) होना चाहिये। दूसरे शब्दों में, यह व्यवस्था स्वयं अपने भीतर से वित्त प्रबन्ध करने वाली होनी चाहिये। उनका विचार है कि पूँजीगत परियोजनाओं पर लगाये गये अतिरिक्त (अनुत्पादक) श्रमिकों का भरण पोषण भूमि पर लगे शेष उत्पादक श्रमिकों द्वारा आसानी से किया जा सकता है। अत: इन श्रमिकों को निर्माण कार्यों पर लगाने से पूँजी निर्माण किया जा सकता है।

प्रो नर्क्से के ही शब्दों में, "पूँजी संचय के लिये अदृश्य बेरोजगारी का उपयोग करते समय किन्हीं नये विकल्पों के खोज की आवश्यकता नहीं है बल्कि यह व्यवस्था स्वयं अपने भीतर से ही वित्त का प्रबन्ध कर सकती है। बस आवश्यक इस बात की है कि भूमि पर

लगे उत्पादक श्रमिक अपने आश्रितों (अतिरिक्त श्रमिकों) का, जो अब भूमि को छोड़कर पूँजी परियोजनाओं पर काम करने चले गये हैं, पहले की तरह ही भरण पोषण करते रहें, क्योंकि ये पहले भी उन्हीं पर आश्रित थे वास्तव में इस सबका अभिप्राय पूँजी निर्माण के अर्थ में श्रम का पुनः बँटवारा करना है।" किन्तु पूँजी निर्माण की इस प्रक्रिया की निम्न तीन शर्तें हैं-

(1) कृषि में कार्यशील जनसंख्या का उपभोग स्तर रहना चाहिये।

(2) समाज की उपभोग प्रवृत्ति में परिवर्तन नहीं आना चाहिये।

(3) कृषि में अतिरिक्त श्रम शक्ति को तुरन्त काम पर लगाया जाना चाहिये।

प्रो. ड्यूजन बरी के शब्दों में, "अल्पविकसित देशों में, जहाँ पूँजी निर्माण के लिये आवश्यक घरेलू बचतों का अभाव होता है, कृषि में अदृश्य बेरोजगारी के रूप में लगी हुई अतिरिक्त जनशक्ति को अन्य क्षेत्रों की ओर गतिशील करके पूँजी निर्माण के कार्यों को गति प्रदान की जा सकती है।"

(ब) आवश्यक उपकरणों की व्यवस्था (Problem of Arranging Necessary Implements)- पूँजीगत योजनाओं के लिये आवश्यक उपकरण व औजारों की व्यवस्था के तीन रूप हो सकते हैं-

(1) उत्पादन कार्य में श्रम प्रधान तकनीक का प्रयोग किया जाये।

(2) कृषि में फालतू हुये इन उपकरणों का इन योजनाओं में प्रयोग किया जाये।

(3) विदेशों में पूँजीगत वस्तुओं का आयात कर लिया जाये। यह तकनीक स्थानीय दशाओं के अनुकूल बनायी जानी चाहिये।

पूँजीगत योजनाओं में अतिरिक्त कृषि श्रम का प्रयोग इन दो समस्याओं के संतोषजनक हल होने पर ही सम्भव होगा।

(अ) उपकरणों की उपलब्धि

जहाँ तक अतिरिक्त कृषि श्रम को पूँजीगत योजनाओं में कार्य करने के लिए उपकरणों तथा अन्य सामान उपलब्ध कराने की समस्या है उसका हल अधिक सरल है, परन्तु इस सम्बन्ध में निम्न बातें ध्यान देने योग्य है:

1. श्रम प्रधान विधियों का उपयोग — चूँकि अर्द्धविकसित अर्थव्यवस्थाओं में श्रमिकों की प्रचुरता और पूँजी का अभाव रहता है इसलिए यहाँ पूँजीगत योजनाओं के लिए पूँजी बचाने वाली श्रम प्रधान विधियों का प्रयोग होना चाहिए—जैसे जंगल साफ करने में पेड़ों के गिराने का कार्य श्रमिकों द्वारा होना चाहिए न कि बुलड्रोजरों द्वारा होना चाहिए।

2. साधारण उपकरणों से शुभारम्भ — प्रारम्भिक पूँजीगत योजनाओं का उद्देश्य टोकरों, बेलचों तथा हथोड़े जैसे उपकरणों का उत्पादन होना चाहिए। इसके बाद साधारण उपकरणों की सहायता से छोटी मशीनों आदि का उत्पादन होना चाहिए। इस प्रकार चलते हुए ऐसी अवस्था आ जायेगी जब बड़ी और जटिल मशीनों का उत्पादन सम्भव हो सकेगा।

3. उपकरणों की कृषि से उपलब्धि — सघन जनंख्या वाली अर्थव्यवस्थाओं में खेत छोटे और बिखरे हुए होते हैं इसलिए कृषि उपकरणों का अनावश्यक द्विगुणन और प्रयोग होता है। जब अतिरिक्त श्रमिकों को कृषि से हटा लिया जायगा और खेतों की चकबन्दी कर दी

जायेगी तो सम्भवतः कुछ उपकरण जैसे ठेले, गाड़ियाँ तथा कुछ पशु आदि फालतु हो जायेंगे। अतिरिक्त श्रमिक इन फालतु उपकरणों को पूँजीगत योजनाओं में प्रयोग के लिए ले जा सकते हैं।

इस तरह श्रमिकों की उपकरणों की उपलब्धि की समस्या हल की जा सकती है।

(ब) योजनाओं का वित्त प्रबन्ध

दूसरी समस्या यह है कि जिन श्रमिकों को कृषि से पूँजीगत योजनाओं में स्थानान्तरित किया जायगा तो उनके पालन पोषण का प्रबन्ध कैसे होगा? यदि हम परिस्थिति पर ध्यानपूर्वक दृष्टि डालें तो हम देखेंगे कि इस श्रमिकों को उपजीवित कोष उपलब्ध है। केवल इसें पूँजी निर्माण के लिए प्रस्तुत नहीं किया जा रहा है। ये अतिरिक्त श्रमिक जबतक परिवार में रहते हैं वे भी वस्तुओं का उपभोग करते हैं यद्यपि वे वस्तुतः उत्पादन में कोई योगदान नहीं करते। दूसरे शब्दों में परिवारों के उत्पादक सदस्य अर्थात् वस्तुतः कार्यरत सदस्य जो कुछ उत्पादन करत हैं वह पूर्ण परिवार को प्राप्त होता है और उसका उपभोग परिवार के सभी उत्पादक एवं अनुत्पादक सदस्य करते हैं—चाहे उत्पादन में उनका कोई अंशदान हो या न हो। यदि परिवार यह निर्णय करता कि अनुत्पादक (अतिरिक्त) श्रमिकों को जहाँ भी वे कार्य करेंगे इनके हिस्से का अन्न पहुँचा दिया जायगा। तो जिन श्रमिकों को कृषि से पूँजीगत योजनाओं में स्थानान्तरित किया जायगा उनके पालन पोषण की समस्या दूर हो जायगी। नर्क्स के शब्दों में, "इस प्रकार पूँजी संचय के लिए अदृश्य बेरोजगारी का उपयोग करने के लिए व्यवस्था अपने भीतर से ही वित्त प्रबन्ध कर सकती है। भूमि पर ही काम करने वाले किसानों को पहले की अपेक्षा कम खाने के लिए कहना व्यर्थ है। आवश्यकता इस बात की है कि खेती में शेष रहने वाले उत्पादक किसान अपने पर निर्भर उन लोगों के लिए भोजन की व्यवस्था करते रहें जो कृषि छोड़कर पूँजीगत योजनाओं में कार्य करने लगते हैं। इन सबका अर्थ तो पूँजी निर्माण के अर्थ में श्रम का पुनः बँटवारा ही है।" यही नर्क्स की थीसिस है।

अदृश्य बेरोजगारी को किस प्रकार पूँजी निर्माण के लिए प्रयुक्त किया जा सकता है इसको समझाने के लिए हम एक उदाहरण ले सकते हैं। मान लीजिए कोई कृषि परिवार भूमि के एक टुकड़े पर कार्य कर रहा है और उससे 30 क्विन्टल गेहूँ उत्पन्न होता है परन्तु यदि 5 व्यक्ति की अपेक्षा 3 व्यक्ति ही इस भूमि के टुकड़े को जोतते हैं तो भी 30 क्विन्टल गेहूँ उत्पन्न होता है। इसलिए हम कह सकते हैं कि 2 श्रमिकों की सीमान्त उत्पादकता शून्य है। जब ये 5 व्यक्ति कार्य करते हैं तो 30 क्विन्टल गेहूँ उत्पन्न होगा और पाँचों उपभोग करेंगे। यदि परिवार यह निर्णय कर ले कि इन दो आश्रितों को जहाँ भी कार्य करेंगे इनके हिस्से का अन्न पहुँचा दिया जायेगा तब इन अनुत्पादकों को किसी अन्य कार्य अर्थात् सड़के बनाना, नहरें बनाना, नदियों पर बाँध बनाने, गृह निर्माण आदि में लगाया जा सकता है और पूँजी निर्माण किया जा सकता है। इस प्रकार स्पष्ट है कि अर्द्धविकसित देशों में अदृश्य बेरोजगारी को पूँजी निर्माण में प्रयुक्त करने के लिए यह आवश्यक होता है कि (अ) उपभोग स्तर यदि कम न किया जाय तो कम से कम कुछ समय के लिए स्थिर अवश्य रखा जाय ताकि पूँजी निर्माण के लिए अपेक्षित साधन उपलब्ध हो सके। (ब) लोगों को अपनी चली आ रही जीवन और कार्यपद्धति में परिवर्तन करके अपने समय और शक्ति का विकास कार्यों में उपयोग करने के

लिए तैयार रहना चाहिए। प्रो. रॉबर्टसन ने इस विचार को बड़े सुन्दर ढंग से इस प्रकार कहा है, "आर्थिक विकास के लिए आवश्यक त्याग का अभिप्राय केवल उपभोग के प्रति उदासीन हो जाना नहीं है, अपितु इससे पहले अपनी चली आ रही जीवन और कार्य पद्धति में परिवर्तन के लिए तत्पर होना भी है।

रिसाव

कृषि क्षेत्र से अतिरिक्त श्रम शक्ति का अन्य क्षेत्रों में स्थानान्तरण कर देने से श्रम शक्ति के हिस्से में आने वाली अतिरिक्त उपज बच जायेगी। इस अतिरेक को पूँजी निर्माण के लिये जुटाया जाना चाहिये। खाद्य के रूप में उपलब्ध इस अतिरेक को जुटाने में अनेक कठिनाइयाँ उत्पन्न हो सकती है जिन्हें रिसाव कहते हैं। ये रिसाव निम्न रूपों में हो सकते हैं –

(1) कार्यरत श्रमिकों की आय में वृद्धि हो जाने पर उनके द्वारा किया जाने वाला उपभोग भी बढ़ जाये।

(2) कृषि क्षेत्र में पूँजीगत परियोजनाओं के स्थान पर, जहाँ अतिरिक्त श्रमशक्ति कार्यरत है, खाद्य सामग्री को लाने ले जाने का काम करने वाले श्रमिकों द्वारा किया जाने वाला उपभोग एवं परिवहन व्यय।

(3) पूँजी निर्माण कार्यों में लगी हुई अतिरिक्त श्रम शक्ति द्वारा अतिरिक्त मात्रा में उपभोग।

जब अतिरिक्त श्रम को पूँजीगत योजनाओं में स्थानान्तरित कर दिया जायेगा तो खाद्यान्न का वह मान बचा रहेगा जो अतिरिक्त श्रमिकों को मिल रहा थ। अतिरिक्त श्रम के प्रयोग द्वारा पूँजी निर्माण योजना इस अतिरिक्त खाद को जुआ कर ही अपना प्रबन्ध स्वयं कर सकती है। परन्तु यदि यह अतिरिक्त खाद्य पूर्णत: न जुटाई गई तो योजना असफल रहेगी। इस अतिरिक्त खाद्य जुटाने में बहुत सी कठिनाइयाँ सामने आती हैं, जो सम्भावी बचत के रिसाव कहलाते हैं।

1. किसानों द्वारा खाद्य के उपयोग में वृद्धि सम्भावी बचत से पहला रिसाव है। जब अतिरिक्त श्रमिकों को कृषि से हटा दिया जाता है तो कृषि उत्पादन में कोई कमी नहीं आएगी। इस प्रकार प्रत्येक किसान कम श्रम से पहले जितना उत्पादन करेगा और उसकी आय बढ़ जायगी जिसके फलस्वरूप अधिक उपभोग की ओर प्रवृत्त होगा।

2. पूँजीगत योजनाओं में लगे श्रमिकों के लिए खाद्य को खेतों से पूँजीगत प्रायोजनाओं के स्थान तक ले जाना पड़ेगा अर्थात् कुछ श्रमिक परिवहन में लगाने पड़ेगे। इन श्रमिकों द्वारा उपभोग (अर्थात् परिवहन की लागत) गुप्त सम्भावी बचत से दूसरा रिसाव है।

3. यद्यपि अतिरिक्त श्रमिकों का कृषि उत्पादन में कोई अंशदान नहीं होता लेकिन वे ऐसा नहीं समझते। इसलिए अतिरिक्त श्रमिक पूँजीगत योजनाओं की ओर तथी आकर्षित होंगे जब उन्हें अधिक मजदूरी दी जाय। इस प्रकार अतिरिक्त श्रमिकों की आय में वृद्धि हो जाती है। इसके साथ ही साथ वे पूँजीगत योजनाओं में पहले से अधिक परिश्रम करते हैं। इन दो कारणों से उनके द्वारा उपभोग किए जाने वाले खाद्यान्नों में वृद्धि की सत्भावना है। पूँजीगत योजनाओं में लगे श्रमिकों द्वारा खाद्य का अतिरिक्त उपभोग सम्भावी बचत से तीसरा रीसाव है।

रिसाव का अबरोधन

अब हम उन तरीकों का अध्ययन करेंगे जिनसे किसानों को खाद्य के उपभोग में वृद्धि करने से रोका जा सकता है।

(1) किसानों को मजबूर किया जा सकता है कि वे खाद्य अतिरेक को निश्चित मूल्य पर राज्य के बेच दे। उदाहरण के लिए यदि कोई कृषि परिवार 100 क्विन्टल अन्न पेदा करता है और कृषि परिवार के पूर्वत स्तर पर 60 क्विन्टल अन्न की आवश्यकता है तो कृषि परिवार के लिए यह अनिवार्य कर दिया जाय कि अतिरिक्त 40 क्विन्टल अन्न राज्य सरकार को निश्चित मूल्य पर दे दिया जाय। साम्यवादी देशों में इस पद्धति को अपनाया था। प्रजातन्त्रों में इस प्रकार के अनिवार्य उपायों का प्रयोग कठिन है।

(2) खाद्यान्न मूल्य में ऐसा परिवर्तन किया जा सकता है कि किसान अपने आप इनकी अधिक मात्रा बेचने के लिए प्रेरित हो।

सैद्धांतिक दृष्टि से यह सुझाव ठीक है परन्तु व्यवहार में यह विधि अनिश्चित ही सिद्ध होता है क्योंकि यह बताना कठिन है कि खाद्यान्न की कीमत में किसी विशेष परिवर्तन का क्या परिणाम होगा।

(3) तीसरा तरीका यह है कि 'कृषि कर' खाद्यान्न के रूप में प्राप्त किए जाय। यद्यपि यह तरीका निश्चित तथा विश्वासनीय है लेकिन इनमें अनेक प्रशासनीय कठिनाइयाँ सामने आती है।

(4) एक अन्य तरीका यह है कि लगान बढ़ाए जाँय और भू-स्वामियों से लगान द्वारा अतिरिक्त खाद्यान्न इकट्ठा किया जाय। परन्तु इस तरीकों से किसानों में रोष उत्पन्न होने की सम्भावना है।

वाह्य राशि अर्थात् पूरक बचत

हमने ऊपर देखा कि सम्भावी बचत (खाद्य अतिरेक) से रिसाव को रोकने के प्रत्येक तरीके में कुछ न कुछ कठिनाई अवश्य है और चाहे जो भी तरीका अपनाया जाय कुछ न कुछ रिसाव अवश्य होगा। इस कमी की पूर्ति वाह्य राशि के द्वारा की जा सकती है। वाह्य राशि से आशय उन साधनों से है जो अदृश्य बेरोजगारी में छिपे निर्वाह कोष से बाहर है। अर्थात इसमें व्यक्तियों की बचत और विदेशी सहायता तथा ऋण सम्मिलित हैं। अदृश्य बेरोजगारी किस सीमा तक पूँजी निर्माण के लिए प्रयुक्त की जा सकती है वह वाह्य राशि के स्रोतों तथा मात्रा पर निर्भर है।

देशीय बचत व्यक्तियों और व्यापारियों से प्राप्त हो सकती है। वे अपना व्यय कम करके अधिक बचत कर सकते हैं। परन्तु इस सन्दर्भ में महत्त्वपूर्ण प्रश्न यह है कि वे किन मदों पर अपना व्यय कम करते हैं। यदि वे खाद्यान्न पर कम खर्च करने लगते हैं तो उनके उपभोग से बचा हुआ खाद्यान्न रिसाव से होने वाली कमी को पूरा कर देगा। परन्तु यदि वे अतिरिक्त बचत के लिए विलासिताओं की वस्तुओं और घरेलू नौकरों पर खर्च कम करते हैं तो रिसाव की समस्या का समाधान न होगा।

विदेशियों से प्राप्त सहायता तथा ऋण रिसाव की समस्या का हल करने में तभी सिद्ध होगी जब दो शर्तें पूरी हों—

(1) विदेशों से प्राप्त की गई राशियों को विदेशों से खाद्यान्न खरीदने पर खर्च किया जाना चाहिए।

(2) आयातित खाद्यान्न पूँजीगत योजनाओं में लगे श्रमिकों द्वारा प्रयुक्त होना चाहिए।

यदि विदेशों से प्राप्त धन को मशीनों अथवा ऐसी अन्य मदों पर व्यय किया जायगा तो रिसाव की समस्या बनी रहेगी। इस प्रकार यदि रिसाव की मात्रा निश्चित हो तो, यह वाह्य राशि (पूरक बचत) पर निर्भर करता है कि अदृश्य बैरोजगारी को पूँजी निर्माण के लिए कहाँ तक प्रयुक्त किया जा सकता है। उपरोक्त विवेचन से स्पष्ट हैं—

1. अदृश्य बेरोजगारी को आर्थिक विकास के लिए प्रयुक्त किया जा सकता है।
2. अतिरिक्त श्रमिकों को कृषि से पूँजीगत प्रायोजनाओं की ओर स्थानान्तरित किया जाना चाहिए।
3. उनका निर्वाह उसी खाद्यान्न से हो सकता है जिसका वे पहले से उपभोग कर रहे थे।
4. अतिरिक्त श्रमिकों के स्थानान्तरण तथा खाद्यान्न के परिवहन से रिसाव की समस्या उत्पन्न होती है।
5. यथासम्भव प्रयत्न करके ऐसे रिसाव को घटित होने से रोकना चाहिए।
6. जहाँ तक ये रिसाव अनिवार्य हों इनकी क्षतिपूर्ति देशीय बचत और विदेशी ऋण तथा सहायता द्वारा की जानी चाहिए।

आलोचनायें

नर्क्स द्वारा प्रस्तुत बचत सम्भावता के रूप में अदृश्य बेरोजगारी के सिद्धान्त की कुछ आलोचना हुई है। कुछ प्रमुख आलोचनायें इस प्रकार हैं—

(1) नर्क्स अदृश्य रूप से बरोजगार श्रमिक की प्रकृति और जो श्रमिक पूँजी निर्माण की योजनाओं में लगाये जाने के लिए आवश्यक होते हैं, उनके बीच में अन्तर को समझने में गलती की है। अदृश्यरूप से बेरोजगार श्रमिक अकुशल और अतकनीकी होते हैं जबकि पूँजीगत प्रायोजनाओं के लिये कुशल और प्रतिष्ठित श्रमिकों की आवश्यकता पड़ती है। अतः निरक्षर अज्ञानी तथा अकुशल श्रमिकों को पूँजीगत प्रायोजनाओं के क्षेत्र में स्थानान्तरित करके यह अपेक्षा की जा सकती कि इससे पूँजीगत प्रायोजनाओं के क्षेत्र में महत्त्वपूर्ण योगदान प्राप्त होगा। ऐसे श्रमिकों को केवल श्रम प्रधान प्रायोजनाओं (कारखानों) में प्रयुक्त किया जा सकता है परन्तु ऐसे कारखानों से यह अपेक्षा नही की जा सकती कि वे प्रचुर मात्रा में श्रेष्ठ आधुनिक मशीनों का उत्पादन कर सकेंगे, जिससे तीव्रगति से देश का औद्योगीकरण हो सके। प्रो. कुरिहारा के शब्दों में, ''इन अतिरिक्त श्रमिकों को जो साधारणतः प्रतिक्षित नहीं होते हैं यदि श्रम प्रधान कार्यों जैसे सड़क, नहर, बाँध आदि के निर्माण में भी लगाया जाय तो इससे बहुत कम और वह भी प्राथमिक पूँजी का निर्माण हो सकता है। वस्तुतः तीव्रगति से औद्योगिकरण के लिये यन्त्रों की आवश्यकता पड़ती है और यन्त्र के द्वारा ही बनाये जाते हैं। अदृश्य रूप से बेरोजगार व्यक्ति यंत्र के रूप में प्रयोग नहीं किये जा सकते।

(2) नर्क्स का यह कहना था कि अतिरिक्त श्रमिकों की पूर्ण गतिशीलता के द्वारा बिना उपभोग घटाये निःसन्देह विनियोग (पूँजी निर्माण) में वृद्धि होगी। परन्तु इस गतिशीलता

में कुछ व्यावहारिक कठिनाइयाँ हैं। कारण यह है कि कृषि से सुपरिचित लोग औद्योगिक व्यवसायों को प्रसन्नतापूर्वक नहीं अपनाते, इसलिए पूँजीगत प्रायोजनाओं में काम करने जाने में हिकचते हैं।

किन्तु इस तर्क के विरूद्ध यह कहा जा सकता है कि कुछ समय व्यतीत होने के उपरान्त देहाती श्रमिक अपने को शहरी औद्योगिक केन्द्रों की परिस्थितियों के अनुकूल ढाल लेते हैं।

(3) नर्क्स की थीसिस के यह मान्यता संदेहात्मक है कि अतिरिक्त श्रमिकों को पूँजीगत प्रायोजनाओं में लगाने से उपभोग का स्तर यथास्थिर रहता है। इसका कारण यह है कि (अ) जब अतिरिक्त श्रमिकों को पूँजीगत प्रायोजनाओं की ओर स्थानान्तरित किया जावेगा तो उनकी आय बढ़ जायेगी। फलतः उनकी उपभोग प्रवृत्ति अवश्य बढ़ेगी, तथा (ब) जिन शहरों में ये श्रमिक स्थानान्तरित होते हैं, वहाँ पर सभी प्रकार की आकर्षक वस्तुओं का उचित कीमत पर उपलब्धि उपभोक्ताओं की पसन्द को उद्दीप्त करेगी, जिससे उनकी उपभोग प्रवृत्ति अवश्य बढ़ेगी।

(4) नर्क्स की यह पूर्वधारणा भी व्यावहारिक नहीं है कि अदृश्य रूप से बरोजगार श्रमिकों को पूँजीगत प्रायोजनाओं की ओर स्थानान्तरित करने में यह आवश्यक नहीं है कि मजदूरी की दर में भी वृद्धि हो जायेगी। चाहे अदृश्यरूप से बेरोजगार श्रमिकों को कृषि उत्पादन में कुछ अंशदान न हो, परन्तु वे ऐसा नहीं सोचते। परिवार के प्रत्येक सदस्य का कृषि के कुल उत्पादन में अंश का मूल्यांकन औसत उत्पादन द्वारा किया जाता है न कि सीमान्त उत्पादन द्वारा। अतः अतिरिक्त श्रमिक पूँजीगत प्रायोजनाओं की ओर तभी आकर्षित होंगे जब कि उन्हें दी जाने वाली मजदूरी श्रम के कृषि में औसत उत्पादन से अधिक होगी।

(5) नर्क्स के सिद्धान्त में प्राविधिक तटस्थता की जो 'गर्भित मान्यता' है वह भी अनुचित एवं अव्यावहारिक है। यह आशा की जा सकती है कि जैसे जैसे अर्थव्यवस्था का औद्योगिकरण होता जायेगा वह श्रम बचाने वाली मशीनों का अधिकाधिक प्रयोग करेगी। इस प्रवृत्ति के कारण पूँजीगत प्रायोजनाओं के क्षेत्र में अतिरिक्त श्रमिकों को पूर्ण तथा निरन्तर रूप से ग्रहण करने की क्षमता सीमित हो जायेगी। जर्मनी के श्री एन. कोएस्टनर ने बड़े ही तर्कसंगत से यह सिद्ध करने का सफल प्रयास किया है कि कृषि में किसी प्रकार की भी बेरोजगारी नहीं है। वास्तव में जैसे जैसे श्रम बढ़ता है वैसे वैसे कृषि तकनीक भी श्रम प्रधान होती चली जाती है जिसका अर्थ यह होता है कि बेरोजगारी पनप ही नहीं पाती।

(6) अर्द्धविकसित देशों में तीव्रगति से बढ़ती हुई जनसंख्या भी नर्क्स के सिद्धान्त की क्रियाशीलता में बाधा उपस्थित करती है। यदि जनसंख्या में वृद्धि, पूँजी संचालन की दर से अधिक तेजी से होती हैं तो इसका फल यह होगा कि अदृश्य बेरोजगारी इतनी तेजी से बढ़ेगी कि इसके द्वारा उत्पादित पूँजी का स्टॉक, अदृश्य रूप से बेरोजगार श्रमिकों को उत्पादक रूप में प्रयुक्त करने के लिये कम पड़ जायेगा। ऐसी अवस्था में यह अदृश्य बेरोजगारी पूँजी निर्माण में वृद्धि करने में सहायक सिद्ध नहीं हो सकेगी।

निष्कर्ष — निष्कर्ष के रूप में हम यह कह सकते हैं कि अर्द्धविकसित अर्थव्यवस्था में अतिरिक्त श्रम शक्ति का जहाँ तक पूँजी निर्माण के लिये प्रयुक्त करने का प्रश्न

है यह अत्यन्त ही संदेहात्मक है और उसका व्यावहारिक महत्त्व बहुत ही कम है प्रो. करिहारा का तो यहाँ तक कहना है कि "अदृश्य बेरोजगारी पूँजी संचयन तथा आर्थिक विकास में सहायक होने की अपेक्षा उसमें रूकावट ही उत्पनन करती है। क्योंकि उससे क्षमता को बढ़ाने वाली प्रायोजनाओं के स्थान पर ऐसी सन्देहपूर्ण प्रायोजनाओं को सहायता तथा प्रोत्साहन मिलता है जो रोजगार उत्पन्न करने वाली होती है।" इस सम्बन्ध में भानु प्रकाश सिंह के विचार भी उपयुक्त मालूम पड़ते हैं। उनके शब्दों में, "तनिक गहराई में जाकर यदि गम्भीरता से विचार किया जाए, तो 'अदृश्य बेरोजगारी' का पूँजी निर्माण के लिये अध्ययन कम से कम उन देशों में अप्रांसगिक और व्यर्थ सा लगता है जहाँ बड़े पैमाने पर नगरों में खुली औद्योगिक बेरोजगारी विद्यमान है। प्रच्छन्न (अदृश्य) बेरोजगारी के सिद्धान्त का निष्कर्ष यही है कि हम किसी प्रकार कृषि में लगे अतिरिक्त श्रम का लाभ उठाएँ। निश्चय ही यह पूछा जा सकता है कि हम सर्वप्रथम शहरों में घूमने वाले उन लाखों व्यक्तियों के श्रम का लाभ क्यों नहीं उठाते जो काम करने के इच्छुक होने के साथ साथ ग्रामीण श्रमिकों से अपेक्षाकृत कहीं कुशल और सुशिक्षित हैं। वस्तुत: यही वह शहरी बेकारी है जो आज हमारे देश की आन्तरिक शान्ति और सुरक्षा के लिए खतरा बनी हुई है। अत: बड़े पैमाने पर शहरी वृत्तिहीनता की उपस्थिति में ग्रामीण क्षेत्र से श्रम का स्थानान्तरण आतर्किक होने के अतिरिक्त व्यावहारिक बुद्धिमत्ता के प्रतिकूल भी होगा।

विवेक का यही तकाजा है कि जबतक व्यक्त औद्योगिक बेरोजगारी पूर्ण रूप से समाप्त नहीं हो जाती, कृषि क्षेत्र से किसी प्रकार भी श्रम को स्थानान्तरित न किया जाए। दूरदर्शिता इसी में है कि हम पहले शहरों में फैली व्यापक बेकारी को दूर करें और उसके पश्चात् अदृश बेरोजगारी के बारे में सोचे। यद्यपि हमारी परिभाषा के अनुसार कृषि क्षेत्र एक सीमा तक श्रम को हटाने से उत्पादन में कमी नहीं आएगी, तथापि व्यवहार में ऐसी शंका व्यक्त की जा सकती है। लेकिन इस प्रकार का भय औद्योगिक बेरोजगारी में नहीं है, जहाँ श्रम का विकल्प त्याग या अवसर परिव्यय शून्य है।"

प्रो. ब्रह्मानन्द व प्रो. वकील के सुझाव — प्रो. ब्रह्मानन्द और वकील ने प्रो. नर्क्स के सुझावों के आधार पर एक आधिक आशावादी सुझाव दिया है। इन लोगों का सुझाव उपभोग वस्तु गणक पर आधारित है। इन अर्थशास्त्रियों का यह विश्वास है कि निर्धनता के कुचक्र पर काबू पाने के लिये अर्द्धविकसित देशों के कृषि तथा असंगठित क्षेत्रों में उपलब्ध सम्भावी बचत का बहुत ही प्रभावों उपयोग किया जा सकता है, बशर्ते कि एक बार प्रारम्भ में ऐसे सदस्यों के लिये उपभोग वस्तुओं की व्यवस्था किसी प्रकार की जा सके। यदि ऐसी व्यवस्था सम्भव हो सके तो अर्द्धविकसित देशों में विद्यमान दोषमय कुचक्र को तोड़कर पुण्यमय प्रक्रिया का सूत्रपात किया जा सकता है। इन अर्थशास्त्रियों के अनुसार अर्द्धविकसित देशों के ग्रामीण क्षेत्र में 25 प्रतिशत से 30 प्रतिशत तक अदृश्य बेरोजगारी पाई जाती है। यह अदृश्य बेरोजगारी ही सम्भावी बचत का रूप है।

परन्तु इस सम्भावी बचत को पूँजी निर्माण के लिये प्रयुक्त करने में कुछ मौलिक कठिनाइयाँ हैं। प्रत्येक अदृश्यरूप से बेकार श्रमिक (जिसे पूँजीगत प्रायोजनाओं में उत्पादक कार्य करने के लिये स्थानान्तरित करना है) के लिये उपभोग वस्तुएँ प्रदान करने की आवश्यकता होती है, परन्तु यहाँ इन वस्तुओं का अभाव रहता है। अतएव जब कि कि इस

उपभोग वस्तु के अभाव को दूर नहीं किया जा सकता तबतक अदृश्य बेंकार श्रमिकों को पूँजीगत प्रायोजनाओं की और स्थानानतरित नहीं किया जा सकता है। अत: उपभोग वस्तुओं के उत्पादक के यथास्थिर रहने पर, पूँजीगत प्रायोजनाओं (संगठित क्षेत्र में) अधिक श्रमिकों को नौकरी नहीं दी जा सकती भले ही बहुत से श्रमिक अदृश्यरूप में बेकार क्यों न हों। अत: अर्द्धनियोजित अनुत्पादक श्रमिक को (अर्थात् अदृश्यरूप से बेरोजगार श्रमिकों को) उत्पादक श्रमिक तभी बनाया जा सकता है, जबकि उसके लिये आवश्यक अतिरिक्त उपभोग वस्तुओं की व्यवस्था की जा सके। मानलीजिये कि किसी प्रकार श्रमिक के लिये उपभोग वस्तु की व्यवस्था कर ली गई। अब इसके आधार पर अदृश्य रूप से बेरोजगार श्रमिकों में से किसी एक श्रमिक को रोजगार देना सम्भव हो सकता है। ऐसा होने पर वह उपभोग वस्तु उपलब्ध हो जायेगी जो वह श्रमिक अदृश्यरूप में बेकार रहने पर उपभोग अदृश्यरूप से बेकार श्रमिकों के उपभोग से दुगना है, तो यह सम्भव हो सकेगा कि अदृश्यरूप से बेकार श्रमिक को संगठित खेत्र में स्थानान्तरित किये जाने से जो उपभोग वस्तु उपलब्ध हो सकी है, उसके सहारे से एक अन्य अदृश्य बेकार श्रमिक को संगठित क्षेत्र में उत्पादक कार्य में लगाया जा सकेगा। इस प्रकार यदि एक श्रमिक के लिये उपभोग वस्तु की व्यवस्था की जा सके तो न केवल एक ही श्रमिक को वरन् दो श्रमिकों के लिये संगठित क्षेत्र में रोजगार की व्यवस्था की जा सकती है। यदि अदृश्य बेकार का औसतन उपभोग 1/2 इकाई है और अदृश्य बेकार श्रमिकों के समूहों को यदि हम उपभोग वस्तुएँ प्रदान कर सकें, तो उन्हें न खेतों पर से हटाया जा सकता है, अपितु कुल आय और रोजगार में वृद्धि की जा सकती है। अन्ततः रोजगार में जो वृद्धि होती है, उसे 'उपभोग वस्तु गुणक' के द्वारा वर्णित किया जा सकता है। यहाँ पर 'उपभोग वस्तु गणक' 2 है क्योंकि एक श्रमिक के लिये उपभोग वस्तु की व्यवस्था की जाने पर 2 श्रमिकों के लिये रोजगार की व्यवस्था हो जाती है। अत: उपभोग गुणक कुल रोजगार में वृद्धि और प्रारम्भिक उपभोग वस्तुओं में वृद्धि के अनुपात को दर्शाता है। इस तथ्य को हम संख्यात्मक उदाहरण द्वारा स्पष्ट कर सकते हैं।

मान लीजिये किसी प्रकार से उपभोग वस्तुओं की मात्रा में 100 इकाई वृद्धि होती है। वास्तविक मजदूरी (डब्ल्यू) एक इकाई है और अदृश्य बेकार का औसत उपभोग (डी) 1/2 इकाई है, अर्थात् अदृश्य बेकार श्रमिक का उपभोग संगठित क्षेत्र में उत्पादक श्रमिक का आधा है। 100 उपभोग वस्तुओं की इकाइयों के विनियोग के कारण 100 अदृश्य बेकार श्रमिकों का स्थान परिवर्तन होगा और वे उत्पादक श्रमिक बन जायेंगे। क्योंकि अदृश्य बेकार का औसतन उपभोग 1/2 है, अत: 50 उपभोग इकाइयाँ और प्राप्त होंगी, जिनसे 50 बेकार श्रमिकों को रोजगार मिलेगा। पुन: क्योंकि डी = 1/2 है इसलिए तीसरे दौर में 25 श्रमिकों को रोजगार मिलेगा, और इसी प्रकार से यह क्रम आगे चलता रहेगा। इस प्रकार 100 प्रारम्भिक उपभोग इकाइयों के विनियोग से और 100 श्रमिकों के रोजगार से 100 और श्रमिकों को रोजगार मिला तथा कुल रोजगार बढ़ कर 200 श्रमिक हो गया। अत: उपभोग गुणक 200/100 = 2 है।

स्पष्ट है कि यदि उपयोग वस्तुओं में प्रारम्भिक वृद्धि हो सके तो कुल रोजगार में कई गुना वृद्धि की सम्भावना हो सकती है। परन्तु उपभोग गुणक पर केन्द्रित पुरामय प्रक्रिया अत्यधिक साधारणीकरण से ग्रस्त है। यह कुछ सीमाओं के अन्तर्गत ही कार्यशील होता है जैसे

– (अ) स्थिर कीमत पर, (ब) समान मजदूरी स्तर, (स) बेकार श्रमिक का उपभोग उत्पादक श्रमिक से कम होता है। (द) जनसंख्या के आकार में स्थिरता आदि ये बातें व्यावहारिक जीवन में शायद उपलब्ध होती है।

प्रो. ब्रह्मानन्द व वकील ने पुरामय प्रक्रिया का सूत्रपात करने के लिये न केवल उपभोग गुणक की धारण पर विचार किया, बल्कि विकासीय योजना के सम्बन्ध में भी महत्त्वपूर्ण निष्कर्षों पर पहुँचे हैं, जो इस प्रकार हैं:

(1) विकास की संचयी प्रक्रिया के लिये प्रारम्भिक अवधि में उपभोग वस्तु के रूप में कुछ अनिवार्य बचत की भी आवश्यकता पड़ती है।

(2) विकास की प्रक्रिया को त्वरित करने के लिये उपभोग वस्तु के क्षेत्र में प्रति श्रमिक अतिरेक को अधिकतम किया जाना आवश्यक है।

(3) प्रारम्भिक विनियोग और श्रम को ऐसी पूँजीगत वस्तुओं के उत्पादन में केन्द्रित करना चाहिए जो कि उपभोग वस्तु उद्योग के लिये आवश्यक हो।

(4) अन्य प्रकार की पूँजीगत वस्तुओं के उत्पादन को योजनाकरण की परवर्ती अवस्थाओं के लिये रोक रखा जाना चाहिए।

(5) पुरामय प्रक्रिया का सूत्रपात के लिये (जिसके साथ उपभोग गुणक का घनिष्ट सम्बन्ध है) प्रेरक शक्ति सरकार द्वारा प्रदान की जानी चाहिये, क्योंकि स्वयं चालित अथवा स्वायत्त शक्तियाँ शक्तिहीन सिद्ध हो सकती है।

प्रो. कुरिहारा के शब्दों में, ''इस अदृश्य बेकारी से ग्रसित श्रमिकों को, जो साधारणतया प्रशिक्षित नहीं होते, यदि श्रम प्रधान कार्यों जैसे – बाँध, नहरों व सड़कों आदि के निर्माण में लगा दिया जाये तो इससे अत्यन्त कम और वह भी प्राथमिक प्रकार का पूँजी निर्माण होगा और वह द्रुत आर्थिक विकास के लिये सहायक सिद्ध नहीं होगा। वस्तुतः तीव्र औद्योगीकरण के लिये यन्त्रों की आवश्यकता होती है और यन्त्र 'यन्त्रों के द्वारा ही बनाये जाते हैं। अदृश्य रूप से बेरोजगार श्रमिक को यन्त्र के रूप में प्रयोग नहीं किया जा सकता है।''

(2) रिसाव – सम्भावित बचतें वास्तविक बचतों का रूप तभी लेगी जबकि जीवन निर्वाह कोष में किसी प्रकार का रिसाव न हो किन्तु ऐसा होना सम्भव नहीं है।

(3) श्रम की अगतिशीलता – नर्क्से का सिद्धान्त इस मान्यता पर आधारित है कि श्रम पूर्णतः गतिशील होता है। यह मान्यता दोषपूर्ण है। अल्पविकसित देशों में अशिक्षा, ग्रामीण वातावरण, सामाजिक ढाँचा आदि घटक कृषि श्रमिकों को अगतिशील बनाये रखते हैं।

(4) उपभोग प्रवृत्ति का स्थिर न होना – प्रो. नर्क्से की यह विचारधारा इस दोषपूर्ण मान्यता पर आधारित है कि अल्पविकसित देशों में उपभोग प्रवृत्ति स्थिर होती है। यह सोचना एक भयंकर भूल है कि पूँजीगत परियोजनाओं की ओर स्थानान्तरित श्रम शक्ति के उपभोग में कोई वृद्धि नहीं होगी। शहर के नये वातावरण में प्रदर्शन प्रभाव व वस्तुओं की सरल आपूर्ति के कारण उपभोग स्तर में वृद्धि होना स्वाभाविक है।

(5) मजदूरी वृद्धि की माँग - नर्क्से की यह मान्यता भी दोषपूर्ण है कि कृषि क्षेत्र में पूँजीगत परियोजनाओं की ओर स्थानान्तरित करने से पूँजी निर्माण में वृद्धि होगी, भ्रामक है और विरोधाभास से परिपूर्ण है किसी भी अर्थव्यवस्था में औद्योगिक विकास के साथ पूँजी गहन तकनीक का अधिकाधिक प्रयोग करने के कारण श्रम की अतिरिक्त मात्रा को सौंपने की शक्ति घट जाती है।

(6) स्फीतिक शक्तियों का जन्म - अल्पविकसित देशों में श्रम को अधिक रोजगार मिलने पर उपभोक्ता वस्तुओं की माँग बढ़ेगी और वस्तुओं की पूर्ति में उसी अनुपात में वृद्धि न होने के कारण कीमतें बढ़ने लगेंगी। यदि इसकी पूर्ति विदेशों से आयात करके की जाती है तो भुगतान शेष की समस्या उत्पन्न हो जायेगी।

(7) अन्य आलोचनायें - (अ) शुल्ज के अनुसार कृषि से अतिरिक्त श्रम को स्थानान्तरित करने से कृषि उत्पादन में कमी आ सकती है।

(ब) हर्षमैन के अनुसार यह सिद्धान्त प्रत्यक्ष उत्पादक क्रियाओं पर लागू नहीं होता।

(स) प्रो. लेविस के अनुसार यह सिद्धान्त प्रजातान्त्रिक देशों में लागू नहीं हो सकता।

प्रो. कुरिहारा के शब्दों में, ''इस विचार के समर्थकों द्वारा यह धारणा बना ली गई है कि अदृश्य बेरोजगारी औद्योगीकरण पर भार न होकर वरदान सिद्ध होगी, जो कि सर्वथा गलत है। वास्तविकता तो यह है कि अदृश्य बेरोजगारी पूँजी संचय तथा आर्थिक विकास में सहायक होने की बजाय उसमें अवरोध उत्पन्न करेगी।''

भारत में इस सिद्धान्त की व्यवहार्यता पर खुसरों ने टिप्पणी करते हुये लिखा है कि ''भारत में इस सिद्धान्त की व्यवहार्यता सन्देहजनक है और एक या दो दशकों तक अल्प रोजगार में लगे कृषि श्रमिकों को गैर कृषि क्षेत्र में रोजगार प्रदान कराना सम्भव नहीं है।''

प्रश्न

1. 'अदृश्य बेरोजगारी को हटाकर पूँजी निर्माण के द्वारा ही शीघ्र विकास किया जा सकता हैं।' आप इसे किस प्रकार समझायेंगे?

   'Capital formation by removing disguised unemployment can bring about quick development.' How do you explain.

2. नर्क्से के इस सिद्धान्त की कि अदृश्य बेकारी अल्पविकसित देशों में पूँजी निर्माण का एक सम्भाव्य स्रोत हैं, व्याख्या कीजिये।

Write a critical note on Nurkse's Thesis that disguised unemployment is a potential source of capital formation in under-developmed countries.

3. अल्पविकसित देशों में पूँजी निर्माण के साधन के रूप में अर्द्ध प्रयुक्त जन शक्ति के उपयोग पर नर्क्से के विचारों की व्याख्या कीजिये।

Discuss Prof. Nurkse's views on utilising uner-developed man-power as a source of capital formation in under-developed countries.

4. 'अदृश्य बेरोजगारी' पर संक्षिप्त टिप्पणी लिखिये।

Write a short note on 'disguised unemployment.

7

महात्मा गाँधी के आर्थिक विचार

[Economic Ideas of Mahatma Gandhi]

जीवन परिचय

मोहनदास करमचन्द गाँधी एक राजनैतिक नेता ही नहीं थे वरन् वे एक महान समाज–सुधारक, देश भक्त, धर्मप्रवर्त्तक, पवित्रात्मा तथा सुयोग्य लेखक भी थे। इनका जन्म 2 अक्टूबर, 1869 को पोरबन्दर नामक स्थान पर हुआ था। सन् 1887 में वे कानून की शिक्षा प्राप्त करने के लिये इंग्लैण्ड गये। सन् 1891 में उन्होने वकालत आरम्भ की। सन् 1893 से 1914 तक गाँधी जी दक्षिणी अफ्रीका में जातीय भेदभाव समाप्त करने के लिये कार्य करते रहे। सन् 1915 मे वे भारत वापिस आये। सन् 1920 में उन्होने असहयोग आन्दोलन प्रारम्भ किया। सन् 1930 में उन्होंने नमक सत्याग्रह और दाण्डी मार्च का नेतृत्व किया। 1931 में उन्होंने गाँधी इरविन समझौते और गोलमेज सम्मेलन में भाग लिया। सन् 1942 में गाँधी जी ने भारत छोड़ो आन्दोलन आरम्भ किया जिसके फलस्वरूप 1947 में भारत स्वतन्त्र हुआ। 30 जनवुरी 1948 को नाथुराम गोडसे ने उनकी गोली मारकर हत्या कर दी।

गाँधीजी के विचारों पर प्रभाव — महात्मा गाँधी के विचारों को विदेशी शासन ने सर्वाधिक प्रभावित किया। उसके साथ–साथ टालस्टाय, थोरे रस्किन, प्रिन्स क्रोपोटकिन और गोपाल कृष्ण गोखले का महात्मा गाँधी पर विशेष प्रभाव पड़ा। टायस्टाय से उन्होने सादगी, समानता और त्याग के विचार ग्रहण किये। रस्किन की पुस्तक के अध्ययन से उनके विचारों में जागृति उत्पन्न हुई। प्रिंस क्रोपोटकिन के विचारों से उसके मन में केन्द्रीयकरण के विरुद्ध घृणा उत्पन्न हुई। कबीर और नानक के विचारों तथा गीता व उपनिषदों के अध्ययन ने उनके मन में धार्मिक प्रवृत्ति को जन्म दिया। इन सबके अतिरिक्त महात्मा गाँधी भारत की तत्कालीन

समस्याओं, जैसे आर्थिक शक्ति का केन्द्रीयकरण, निर्धनता, बेरोजगारी तथा निम्न जीवन स्तर आदि से भी बहुत प्रभावित हुए।

गाँधीजी के आर्थिक विचार — महात्मा गौधी के आर्थिक विचार उनके द्वारा लिखित अनेक पुस्तकों जैसे शत-प्रतिशत स्वदेशी आदि, लेखों, भाषण संग्रहों तथा सम्पादित पत्रिकाओं में यत्रतत्र बिखरे हुए मिलते हैं। गौधी जी के विचारो का स्पष्ट विवरण डा. कुमारप्पा की पुस्तकों से प्राप्त होता है। इनमें से मुख्य है। गौधी जी अर्थशास्त्र को जीवन का एक अंग मानते थे। अतः उनके आर्थिक विचार उनके सामान्य जीवन दर्शन का ही एक भाग है। गौधी के आर्थिक विचार चार मूल सिद्धान्तों पर आधारित थे अर्थात् सत्य, अहिंसा, सरलता और श्रम की महानता। महात्मा गाँधी के आर्थिक विचारों का निम्न शीर्षको के अन्तर्गत अध्ययन किया जा सकता है।

(1) अर्थशास्त्र सम्बन्धी विचार — महात्मा गाँधी देश-प्रेम, विश्व बन्धुत्व तथा मानव कल्याण की भावना से ओत प्रोत थे। अतः उन्होने अपने अर्थशास्त्र में धन के स्थान पर मानव कल्याण पर अधिक बल दिया। गाँधीजी के शब्दों में, समस्त धन का अन्तिम लक्ष्य यथासम्भव अधिक से अधिक सुपोषित, प्रसन्नचित, चमकीली आँखों वाले मानव को उत्पन्न करना है।'' वे अर्थशास्त्र और नीतिशास्त्र में कोई भेद नहीं करते थे। उनके अनुसार, आर्थिक क्रियायें एवं आर्थिक उद्देश्य नैतिक मूल्यों पर आधारित होने चाहिये। उनका यह मत था कि अर्थशास्त्र एक व्यावहारिक विज्ञान है जो मानव कल्याण को अधिकतम करने के व्यावहारिक उपाय सुझाता है। उन्होने मानव जीवन को पूर्णता से देखा और इसी कारण उन्होने मानव जीवन को आर्थिक, नैतिक, धार्मिक तथा सामाजिक आदि विभिन्न अंगों में विभाजित करके अध्ययन नहीं किया। गाँधी जी के शब्दों में, ''मनुष्य के कार्यों की परिधि अविभाज्य रही है। और उसे राजनैतिक, सामाजिक एवं धार्मिक आदि विभिन्न वर्गों में विभाजित नहीं किया जा सकता।'' यद्यपि पीगू का सामाजिक दृष्टिकोण महात्मा गाँधी के दृष्टिकोण से मेल खाता है, फिर भी महात्मा गाँधी के अर्थशास्त्र का क्षेत्र पीगू के अर्थशास्त्र के क्षेत्र से विस्तृत है। पीगू अर्थशास्त्र के विषय क्षेत्र को सामाजिक कल्याण के उस भाग तक सीमित कर देता है, जिसे प्रत्यक्ष या परोक्ष रूप से मुद्रा रूपी मापदण्ड से मापा जा सकता है। गाँधी जी के अनुसार, ''अर्थशास्त्र मनुष्य की सुरक्षा और उसकी सभ्यता है। इस प्रकार गाँधी जी का अर्थशास्त्र व्यक्तिवाद, समाजवाद तथा नैतिक शास्त्र का एक सुन्दर समन्वय है।

(2) अध्ययन प्रणाली — महात्मा गाँधी ने अर्थशास्त्र के अध्ययन के लिये ने तो आगमन प्रणाली को अपनाया और न ही निगमन प्रणाली को। इन्होने अपनी प्रणाली में नैतिक नियमों एवं आत्मिक शक्ति पर विशेष महत्त्व दिया है। इनका विश्वास था कि मनुष्य की अन्तरात्मा की आवाज एवं क्रियात्मक विज्ञान ही मानव कल्याण में विशेष रूप से सहायक हो सकता है। इस प्रकार गौधी जी ने पाश्चात्य अर्थशास्त्रियों की भाँति भौतिक प्रवृत्तियों को स्थान

नही दिया। उनकी अध्ययन प्रणाली के इस नये रूप को देखकर कुछ विद्वानों ने उसे अवैज्ञानिक तथा विचारहीन बताया। कुछ भी हो, परन्तु यह निश्चित है कि बुद्धि पक्ष की अपेक्षा भावना पक्ष पर बल देने वाला महात्मा गांधी का इस क्षेत्र में एक नया प्रयोग ही है। उन्होने तथ्यों की सच्चाई की माप भौतिक उत्पादनों के आधार पर न करके हृदय की आवाज और मानव कल्याण की कसौटी के आधार पर की है।

(3) आर्थिक आत्मनिर्भरता — महात्मा गाँधी कहा करते थे कि भारत ग्रामों में बसता है। भारत का आर्थिक मोक्ष कुटियों में ही निहित है। वे भारत की निर्धनता को दूर करने के लिये ग्रामों को आत्मनिर्भर बनाना चाहते थे। वे चाहते थे कि प्रत्येक नागरिक को भोजन और वस्त्र अपने देश से ही प्राप्त होने चाहियें। उन्होने भौतिक साधनों की अपेक्षा आध्यात्मिक उन्नति पर अधिक ध्यान दिया। उन्होंने धन की अपेक्षा नैतिक मूल्यों को विशेष महत्त्व दिया। महात्मा गौधी के शब्दों में, ''मानवीय मस्तिष्क एक व्याकुल पक्षी के समान है, जितना अधिक उसे मिलता है, उतनी ही अधिक उसकी व्याकुलता बढ़ती जाती है और अन्ततः असन्तुष्ट रहता है।''

(4) श्रम की महानता — महात्मा गाँधी कर्म में विश्वास करते थे। वे कार्य को ही ईश्वर की सच्ची पूरा मानते थे। वे सभी प्रकार के श्रम को श्रद्धा से देखते थे। उन्होंने [illegible]डारेफ द्वारा प्रतिपादित तथा रस्किन व टालस्टाय द्वारा अनुमोदित रोटी का श्रम सिद्धान्त को स्वीकार किया। परन्तु गाँधी जी ने रोटी के रम सिद्धान्त को केवल कृषि से ही सम्बन्धित किया। गाँधी जी कहते थे कि प्रत्येक व्यक्ति को अपनी जीविका अपने श्रम द्वारा ही प्राप्त करनी चाहिए। उनके अनुसार यह नियम कृषि पर ही अधिक लागू होता है। किन्तु प्रत्येक व्यक्ति कृषक नहीं बन सकता। अतः गैर कृषकों को अपनी जीविका प्राप्त करने के लिये कोई दूसरा कार्य करना होगा। यदि सभी व्यक्ति काम करें और जीविका उपार्जन करें तो न कपड़े की कमी होगी और न भोजन की वरन् व्यक्ति अधिक धनवान और सुखी होंगे। इस नियम का पालन करने से मानवीय आवश्यकताओं में कमी होगी। यदि मानसिक श्रम से हमारी आत्मा सन्तुष्ट होती है तो शारीरिक श्रम पेट को सन्तुष्ट करता है। अतः गाँधी जी ने धनी व्यक्तियों को शारीरिक श्रम करने की सलाह दी थी।

(5) अहिंसक अर्थव्यवस्था — गाँधी जी अहिंसा के पुजारी थे। अतः उनके आर्थिक विचारों को अहिंसा का अर्थशास्त्र कहा जाता है। गाँधी जी ने स्पष्ट किया कोई उद्योग या मानवीय क्रिया ऐसी नहीं है जिसमें हिंसा का अंश न हो। गाँधी जी ने बताया कि, ''अहिंसक व्यवसाय वह है जो मौलिक रूप से हिंसा से मुक्त हो और जिसमें दूसरों का शोषण अथवा ईर्ष्या सम्मिलित न हो।'' उनका विश्वास था कि हिंसा चाहे किसी भी रूप में हो शान्ति स्थापित नहीं कर सकती, क्योंकि वह अपने से बड़ी हिंसा को जन्म देती है। भारतीय समस्याओं का समाधान इसी में है कि मौलिक समस्याओं की ओर अहिंसात्मक दृष्टि से देखा जाये।

(6) विकेन्द्रीकरण — गाँधी जी को विशेषाधिकार से और एकाधिकार से घृणा थी क्योंकि विशिष्ट क्षेत्रों में उत्पादन का केन्द्रीकरण होने से वितरण सम्बन्धी कठिनाइयाँ उत्पन्न होती है। गाँधी जी विकेन्द्रित अर्थव्यवस्था के पक्ष में थे। उन्होने बताया कि उत्पादन को अनेक स्थानों पर छोटे पैमाने पर चलाया जाये अर्थात घरो में छोटी छोटी इकाइयाँ स्थापित की जायें। गाँधी जी के शब्दों में, "यदि आप व्यक्तिगत उत्पादन को लाखों गुना बढ़ा दे तो क्या यह एक बड़े पैमाने का उत्पादन नहीं कहलायेगा? किन्तु में समझता हूँ कि आपके बड़े पैमाने का अर्थ एक तकनीकी शब्द है जिसका अर्थ थोड़े से थोडे व्यक्तियों से अत्यधिक जटिल मशीनों द्वारा उत्पादन प्राप्त करना है। मैने इसलिये कहा है कि यह गलत है। मेरी मशीन बहुत ही सीधी सादी होनी चाहिये, जिसको में लाखें व्यक्तियों के घरों में रख सकता हूँ।" इस प्रकार गाँधी जी कुटीर तथा ग्रामीण उद्योगों को पुन: स्थापित करना चाहते थे ताकि लाखों लोगों को रोजगार मिल सके। उनका सुझाव था कि उद्योगों का विकेन्द्रीकरण किया जाये। गाँधी जी विकेन्द्रित अर्थव्यवस्था को प्रजातन्त्र का जीवन रक्त समझते थे। उनके अनुसार इस प्रकार की अर्थव्यवस्था अहिंसात्मक राज्य की स्थापना के लिये आवश्यक थी जो कारखाने वाली सभ्यता में सम्भव नहीं थी।

(7) मशीनों का प्रयोग — गांधीजी का विचार था कि मशीनें समाज में शोषण और बेरोजगारी को जन्म देती हैं। मशीन के उपयोग से मनुष्य आलसी हो जाता है और उसे अपने परिश्रम में कोई रूचि नहीं रहती। इनका विचार था कि भारत जैसे अधिक जनसंख्या वाले तथा गरीब देश के लिये मशीनों का उपयोग लाभप्रद नहीं होगा। यन्त्रीकरण उसी दशा में अच्छा होता है जबकि काम करने वालों की संख्या काम चाहने वालों की अपेक्षा कम हो। मशीनों के दोषों को व्यक्त करते हुए उन्होंने कहा था कि "मैं मशीनों के सम्बन्ध में एक भी अच्छी बात का स्मरण नहीं कर सकता। इसकी बुराइयाँ बताने में पुस्तके लिखी जा सकती हैं।" महात्मा गाँधी देश में बढ़ते हुए यन्त्रीकरण के विरूद्ध थे क्योंकि इससे बेरोजगारी बढ़ती जा रही थी। वे मशीनों के विरूद्ध नहीं थे। एक बार उन्होंने कहा था कि, "मनुष्य का शरीर और चरखा भी मशीन है और इस दृष्टि से दॉतों को कुरेदने की तीली भी एक मशीन है।" गाँधी जी केवल उसी मशीन के विरूद्ध थे जिसके उपयोग से परिश्रम को बचाने की चेष्टा की जाती है। उन्हीं के शब्दों में, "मेरा ध्येय समस्त मशीनों का उन्मूलन करना नहीं वरन् परिसीमन करना है।" गांधी जी के अनुसार, "हमारी समस्या श्रमिकों तथा किसानों को अवकाश दिलाने की नहीं है, अपितु समस्य यह है कि एक वर्ष के छ: महीनों के कार्य दिवसों के बराबर उनके निष्क्रिय घण्टों का कैसे सदुपयोग किया जाये।"

(8) ग्रामों का पुनर्जन्म — गाँधी जी का विचार था कि भारत शहरों में न होकर ग्रामों में बसता है परन्तु भारतीय ग्राम 'गोबर के ढेर पर बने हुये अस्वच्छ मकानों के समूह' के समान है। प्राचीन ग्राम व्यवस्था की चर्चा करते हुये महात्मा गांधी ने कहा था, "उपभोग तथा वितरण के साथ ही उत्पादन किया जाता था और उस व्यवस्था में मौद्रिक अर्थव्यवस्था

का कुचक्र भी नहीं था। वस्तुओं का उत्पादन सुदूर बाजारों के लिये न होकर तुरन्त उपभोग के लिये किया जाता था। समाज का सम्पूर्ण ढाँचा अहिंसा पर आधारित था।'' अत: गाँधी जी चाहते थे कि प्राचीन ग्रामीण समुदायों की फिर से स्थापना की जाये और उनमें समृद्धिशाली कृषि, विकेन्द्रित उद्योग और छोटे पैमाने के सहकारी संगठन स्थापित किये जायें। उनका विचार था कि इस प्रकार की व्यवस्था में सभी स्तर के व्यक्तियों को भाग लेना चाहिये। गाँधी ने एक आदर्श गाँव के लिये निम्नलिखित शर्तें आवश्यक बताई—

(1) ग्राम का ढाँचा व्यवस्थित (व्यवहारकुशल) होना चाहिये।

(2) इसमें फलदार वृक्ष होने चाहिए।

(3) एक धर्मशाला तथा एक छोटा अस्पताल होना चाहिये।

(4) भोजन तथा वस्त्रों में आत्म निर्भर होना चाहिये।

(5) गाँव की गलियाँ व सड़के स्वच्छ रखनी चाहिये।

(6) गाँव में पुजाघरों (मन्दिर, मस्जिद) को स्वच्छ रखा जाना चाहिये।

(7) पानी की निकासी के लिये ग्रामों की गलियों में नाली की व्यवस्था होनी चाहिये।

(8) डाकुओं तथा जंगली पशुओं से सुरक्षा की पूर्ण व्यवस्था होनी चाहिये।

(9) गाँव में स्कूल, सार्वजनिक भवन तथा थियेटर के लिये एक बड़ा कमरा होना चाहिये।

(10) जल आपूर्ति की उचित व्यवस्था होनी चाहिये।

(11) तम्बाकू तथा अफीम जैसी व्यापारिक फसलें बोई जानी चाहिये।

(12) पशुघरों तथा खेल के मैदानों की व्यवस्था होनी चाहिये।

(13) बेसिक स्तर पर अनिवार्य शिक्षा की व्यवस्था होनी चाहिये।

(14) गाँव के कार्य कलापों में सहकारिता को अपनाया जाना चाहिये।

(15) ग्रामीण प्रशासन एवं व्यवस्था पंचायतों द्वारा की जाये।

(16) ग्राम पंचायतों को न्यायिक, विधायी तथा कार्यपालिका सम्बन्धि अधिकार मिलने चाहिये।

(17) जाति प्रथा का अन्त होना चाहिये।

(18) प्रत्येक गाँव में एक रक्षक दल होना चाहिये। गाँधी जी का विश्वास था कि यदि सभी ग्रामों की व्यवस्था इस प्रकार की जायेगी तो भारत के लिये कोई चिन्ता नहीं रहेगी।

(9) खादी उद्योग — खादी योजनां ही उनका धर्म था। गाँधी जी के मतानुसार खादी भारत की आर्थिक स्वतन्त्रता, समानता तथा मानवीय एकता की प्रतीक थी। महात्मा गाँधी ने यह नारा दिया 'कताई द्वारा स्वराज्य'। गांधीजी के शब्दों में, "मेरा विश्वास है कि हाथ से कताई और हाथ से बुनाई का पुररूद्धार भारत के आर्थिक एवं नैतिक पुनर्जन्म में सर्वाधिक योगदान करेगा।" उनकी धारणा थी कि खादी उद्योग के फलीभूत होने से देश आर्थिक दृष्टि से आत्मनिर्भर बनेगा और स्वतन्त्रता की ओर अग्रसर होगा। गांधी जी की खादी योजना में निम्नलिखित कार्यक्रम सम्मिलित थे—

(1) सभी प्राइमरी और सैकेण्डरी स्कूलों में अनिवार्य रूप से कताई की शिक्षा दी जाये।

(2) गैर कपास उत्पादन क्षेत्रों में कपास की खेती को प्रोत्साहन दिया जाये।

(3) कपड़े की बुनाई बहुउद्देशीय सहकारी समितियों के आधार पर की जाये।

(4) कुछ विभागों में सभी कर्मचारियों के लिये सूत कताई की परीक्षा में उत्तीर्ण होना अनिवार्य कर दिया जाये।

(5) मिल द्वारा बनाये गये सूत से हाथ करघे पर बने हुये कपड़ो के मूल्य को नियन्त्रित किया जाये।

(6) हस्त करघे से बुने हुये कपड़े के बाहुल्य वाले क्षेत्रों में मिल के कपड़े के उपयोग पर रोक लगाई जाये।

(7) सभी सरकारी विभागों में हाथ करघे पर बुने हुये कपड़े का उपयोग किया जाये।

(8) कपड़ा मिलों के विस्तार तथा नई कपड़ा मिलों की स्थापना पर रोक लगा दी जाये।

(9) विदेश सूत तथा कपड़े के आयात पर रोक लगा दी जाये।

(10) न्यासधारिता का सिद्धान्त — आर्थिक विषमता को दूर करने तथा वर्ग संघर्ष को समाप्त करने के लिये गाँधी जी ने न्यासधारिता के सिद्धान्त का प्रतिपादन किया। उन्होंने पूँजीपति की तुलना एक चोर से की है। वे बलपूर्वक धनी व्यक्तियों से सम्पत्ति लेने के पक्ष में नहीं थे क्योंकि समाज में धनी व्यक्तियों के महत्त्व को समझते थे। गाँधी जी ने सुझाव दिया कि समाज की समस्त सम्पत्ति न्याय अथवा थातेदारी के रूप में होनी चाहिये जिसके थातेदार अथवा न्यासी पूँजीपति हो। न्यासियों को केवल अपनी देखभाल ही नहीं करनी

चाहिये वरन् उन्हें दूसरों की भी देखभाल करनी चाहिये। इस व्यवस्था के अन्तर्गत पूँजीपति अपनी निजी आवश्यकताओं की पूर्ति हेतु आवश्यक धन के अतिरिक्त शेघ धन का प्रयोग समाज कल्याण के लिये करेंगे। श्रमिक पूँजीपतियों को अपना हितैषी समझेंगे और उन पर विश्वास करेंगे। गाँधी जी का विश्वास था कि ऐसी व्यवस्था स्थापित होने से पूँजीपतियों एवं श्रमिकों में कोई संघर्ष नहीं रहेगा। उनको न्यासधारिता सिद्धान्त में इतना विश्वास था कि वे समझते थे कि इसकी सहायता से भूमि पर समानता की स्थिति स्थापित हो जायेगी। इस प्रकार गाँधी जी न्यासधारिता को अपरिग्रह स्वार्थ एवं असमानताओं को समाप्त करने का एक अमोघ अस्त्र मानते थे।

(11) सादगी — महात्मा गाँधी "सादा जीवन उच्च विचार" के सिद्धान्त में विश्वास रखते थे। वे आवश्यकताओं को कम से कम करने के पक्ष में थे। उन्होंने बताया कि मानव जीवन का वास्तविक सुख आवश्यकताओं को बढ़ाने में नही वरन् उन्हें कम से कम करने में है। गाँधीजी के शब्दों में, "जितना कम तुम्हारे पास है, उतनी ही हम तुम्हारी आवश्यकता होनी चाहिये और उतनी ही अच्छी अवस्था में तुम होगे। उत्तम इस जीवन के आनन्द का उपभोग करने के लिये नहीं; वरन् अपने साथियों की सेवा का आनन्द उठाने के लिये वह सेवा जिसके लिये तुम अपने स्वयं के शरीर, आत्मा तथा मस्तिष्क को समर्पित करते हों।"

(12) खाद्य समस्या — सन् 1943-44 बंगाल में भयंकर अकाल पड़ा। गाँधी जी प्रारम्भ में यह समझते रहे कि अनाज की कमी कृत्रिम थी परन्तु जब उन्होंने बंगाल, आसाम तथा मद्रास (तमिलनाडु) का दौरा किया तो उन्हें ज्ञात हुआ कि अनाज की कमी वास्तविक थी। उन्होनें खाद्य समस्या को सुलझाने के लिये निम्नलिखित सुझाव दिये।

(अ) प्रत्येक व्यक्ति को अनाज व दालों का उपयोग कम करना चाहिये तथा फल, सब्जियों एवं दूध का उपयोग बढ़ना चाहिये।

(ब) प्रत्येक बाग में खेती की जानी चाहिये।

(स) सेना द्वारा अनाज व दालों का उपयोग कम करना चाहिये।

(द) अनाज की चोरबाजारी पर रोक लगाई जाये।

(य) सिंचाई के लिये सरकार द्वारा गहरे कुयें खुदवायें जायें।

(र) खल व तिलहन का निर्यात बन्द कर दिया जाये।

गाँधीजी खाद्यान्नों पर नियन्त्रण लगाने के पक्ष में नहीं थे क्योंकि खाद्य नियन्त्रण से कृत्रिम अभाव, चोरबाजारी, सट्टेबाजी आदि को प्रोत्साहन मिलता है।

(13) जनसंख्या — जनसंख्या सम्बन्धी समस्या के विषय में गाँधी जी उन लोगों से सहमत नहीं थे जो जनसंख्या वृद्धि की निरोधक उपायों द्वारा रोकना चाहते थे। उनका विचार था कि भारत में इनके उपयोग से एक ओर तो मध्य वर्ग के पुरूष दुर्बल हो जायेंगे तथा दूसरी और प्रजनन शक्ति का दुरूपयोग होगा। गाँधी जी ब्रह्मचर्य एवं संयम द्वारा सन्तति विरोध के पक्ष में थे। अतः उन्होंने सेक्स सम्बन्धी शिक्षा के प्रसार का सुझाव दिया ताकि लोग कामवासना पर विजय प्राप्त करने में समर्थ हो सकें। गाँधी जी के अनुसार, खाद्य समस्या को सुलझाने के लिये सन्तति निरोध आवश्यक नहीं था। गाँधी जी के शब्दों में, ''मेरे विचार में उचित भूमि व्यवस्था, उचित कृषि तथा सहायक उद्योगों द्वारा यह देश आज की तुलना में दुगुनी जनसंख्या का पालन पोषण कर सका है।'' गाँधी जी के विचार में सन्तान उत्पत्ति का दायित्व स्त्रियों की अपेक्षा पुरूष पर अधिक होता है। वे पुरुषों के बन्ध्यकरण के विरोधी नहीं थे।

(14) विनिमय अर्थव्यवस्था — गाँधी जी के लिये आध्यात्मिक एवं नैतिक मान्यतायें द्रव्य की अपेक्षा अधिक महत्त्वपूर्ण थी। उनके अनुसार सस्ते बाजार में खरीदार मंहगें बाजार में बेचने का सिद्धान्त अर्थशास्त्र का सबसे अधिक अमानवीय नियम था। उनके अनुसार मनुष्य का जीवन द्रव्य की अपेक्षा अधिक महत्त्वपूर्ण है। वे द्रव्य को केवल विनिमय का संकेत मानते थे। वे ऐसी अर्थव्यवस्था के पक्ष में थे जिसमें वस्तुओं का विनिमय वस्तुओं से हो। इसी कारण वे ग्रामों को आत्म निर्भर बनाना चाहते थे। वे उन्हीं वस्तुओं के आयात करने के पक्ष में थे जो देश के आर्थिक विकास में सहायक हों। शेष वस्तुओं को वे अपने देश में ही उत्पन्न करने के पक्ष में थे। वे उन वस्तुओं के आयात करने के पक्ष में नहीं थे जो स्वदेशी वस्तुओं से प्रतियोगिता करें। इस प्रकार उनके विनिमय सम्बन्धी विचार स्वदेशी भावना से ओत प्रोत थे।

(15) वर्णाश्रम — प्राचीन व्यावसायिक श्रम विभाजन पर आधारित वर्ण व्यवस्था को महात्मा गाँधी ने स्वीकार किया। उनका विश्वास था कि वर्ण व्यवस्था के अन्तर्गत एक उत्तराधिकारी अपने माता पिता के व्यवसाय के रहस्यों और बारिकियों को सरलता से समझ लेता है। गाँधी जी श्रम की गतिशीलता के पक्षधर थे बशर्ते मनुष्य का दृष्टिकोण धनोपार्जन न होकर सेवा भाव हो। गाँधी जी के शब्दो में, ''मैं जन्म पर आधारित कार्य के स्वयं विभाजन के रूप में वर्णाश्रम का आदर करता हूँ। मेरे लिये ऊँच-नीच का कोई प्रश्न नहीं है। यह विशुद्ध रूप से कर्त्तव्य का प्रश्न है।'' गाँधी जी व्यावसायिक स्वतन्त्रता के समर्थक थे और उनका श्रम विभाजन जातीय भेदभाव से पृथक् था।

(16) व्यक्तिवाद — महात्मा गाँधी व्यक्तिवाद पर विश्वास करते थे। सभी के लिये समान अवसर, प्रजातान्त्रिक न्याय और उपयोग के प्रभुत्व के वे पक्षपाती थे। वे विशेषाधिकार के विरोधी थे। गाँधी जी के शब्दों में, ''मनुष्य अपने कार्य का स्वयं बड़ा निर्णायक होता है। राज्य की बढ़ती हुई शक्ति मुझे सर्वाधिक भयभीत करती है क्योंकि, यद्यपि प्रकट रूप से यह समाज में व्याप्त शोषण को कम करके समाज का हित करती है तथापि यह प्रगति के मूल व्यक्तिवाद को नष्ट करके मानव जाति का सबसे अधिक अहित करती है।

यद्यपि गाँधी जी ने व्यक्तिवाद को इतना अधिक महत्त्व दिया है तथापि उस पर कुछ प्रतिबन्ध भी लगाया है। उनके अनुसार, यदि एक व्यक्ति स्वहित की भावना मे एक सीमा से अधिक प्रभावित होकर कार्य करता है जो दूसरों के लिये हानिकारक है तो उस पर अहिंसात्मक ढंग से नियन्त्रण रखना आवश्यक होगा।

(17) कृषि अर्थव्यवस्था — गाँधी जी ने बताया कि भारत ग्रामों का देश है और यहाँ की अधिकांश जनसंख्या का व्यवसाय कृषि है। महात्मा गाँधी ने कृषि के दोषों को समझा और उन्हें दूर करने के सुझाव दिये। उनकी दृष्टि में कृषि का सबसे बड़ा दोष यहाँ की लगान पद्धति थी। अतः उन्होंने मध्यस्थों के उन्मूलन तथा किसान की भूमि स्वत्व प्रदान करने का सुझाव दिया। दूसरे, गांधी जी महाजन को भी कृषकों का शोषक मानते हैं। क्योंकि वे उनका रक्त चुसते हैं। उन्होंने सहकारी व्यवस्था द्वारा किसानों को महाजन के चंगुल से मुक्त करने का सुझाव दिया। गांधी जी ने कृषि की उन्नति के लिए भी अनेक सुझाव दिये।

(18) सर्वोदय — सर्वोदय की प्रेरणा गाँधी जी को रस्किन की नामक पुस्तक से प्राप्त हुई। सर्वोदय का अर्थ सबका उदय, सबका उत्कर्ष, सबका विकास है। अन्य शब्दों में सर्वोदय का अर्थ प्रत्येक प्राणिमात्र की उन्नति करना है। गांधी जी ने तीन सिद्धान्तों को सर्वोदय का आधार बनाया: (अ) व्यक्ति का श्रेय समष्टि के श्रेय में ही निहित है, (ब) प्रत्येक को अपनी जीविका चलाने का समान अधिकार है, (स) किसान, कारीगर तथा मजदूर का जीवन सच्चा तथा सर्वोत्कृष्ट है।

सर्वोदय केवल भौतिक उन्नति से ही सन्तुष्ट नहीं होता वरन् मानव की आध्यात्मिक उन्नति और नैतिक स्तर को ऊँचा उठाना चाहता है। इसकी योजना है, "मेहनत इन्सान की और फल समाज का।" सर्वोदय कहलाता है कि, "तुम दूसरों को जिलाने के लिये जिओ, तुम मुझे जिलाने के लिये जिओ, मैं तुम्हें जिलाने के लिये जिऊ, तभी सबका जीवन सम्पन्न होगा, सबका उदय होगा, सर्वोदय होगा।" सर्वोदय वर्ग भेद व जाति भेद समाप्त करना चाहता है। सर्वोदय का उद्देश्य समाज से वर्ग संघर्ष को मिटाकर सभी प्रकार के शोषण व दासता का अन्त करना है। सर्वोदय आत्म निर्भरता व स्वावलम्बन में विश्वास करता है। बेरोजगारी को दूर करने के लिये सर्वोदय कुटीर व लघु उद्योगों का विकास करना चाहता है। इनसे लोगों के जीवन की आवश्यक वस्तुयें ग्रामों में ही उपलब्ध होंगी, बेरोजगारी दूर होगी और समाज में प्रेम व शान्ति का वातावरण होगा। सर्वोदय का उद्देश्य धन और आय के वितरण में समानता लाना है जिससे न कोई व्यक्ति धनी होगा और न कोई गरीब। सभी की आर्थिक स्थिति समान होगी। समाज में शोषण व संघर्ष समाप्त हो जायेगा और देश सुखी होगा।

राष्ट्रपिता गाँधी ने सर्वोदय के 18 नियम सूत्र रूप में जनता के सामने प्रस्तुत किये थे जिनमें मद्य निषेध भी सम्मिलित है। गाँधी जी ने गौ-रक्षा और पशु वध का निषेध किया, साम्प्रदायिक एकता और आर्थिक समानता लाने पर बल दिया, स्त्री-पुरुषों को समान अधिकार देने का प्रस्ताव रखा तथा एक धर्म निरपेक्ष राज्य की स्थापना का सुझाव दिया।

गाँधी जी के विचारों में व्यावहारिकता — गाँधी जी के विचारों में पर्याप्त व्यावहारिकता पाई जाती है। गाँधी जी भारतवर्ष के कोने कोने में घूमे थे। उन्हें भारतीय दशाओं की पूर्ण जानकारी थी उन्होंने भारत की तत्कालीन परिस्थितियों के सन्दर्भ में अपने विचार व्यक्त किये जो पर्याप्त सीमा तक सही सिद्ध हुए। उनके विचारों का प्रभाव भारत पर ही सीमित नहीं रहा, वरन् संसार के अन्य देशों में ही फैला है। गाँधी जी के विचारों की व्यावहारिकता का अध्ययन हम निम्न शीर्षकों के अन्तर्गत कर सकते है—

(1) संविधान एवं राष्ट्रीय नीतियों पर प्रभाव — भारतीय संविधान के निर्माण में गाँधी जी के विचारों को प्रत्यक्ष अथवा परोक्ष रूप में सम्मिलित किया गया है। जैसे सबको उन्नति का समान अवसर देना, छुआछूत को समाप्त करना, आदि। इसी प्रकार भारत सरकार एवं राजकीय सरकारों की आर्थिक नीतियाँ भी गाँधी जी के सिद्धान्तों से प्रभावित हुई है।

(2) समाजवादी समाज — भारत सरकार द्वारा देश में समाजवाद की स्थापना का उद्देश्य गाँधी जी के विचारों पर ही आधारित है।

(3) पंचशील की नीति — इस नीति को विश्व के अनेक देशों द्वारा स्वीकार किया गया है। यह नीति गाँधी जी के विचारों का ही प्रतिरूप है।

(4) सर्वोदय का विचार — आर्थिक समानता तथा साम्प्रदायिक एकता स्थापित करने का विचार गाँधीजी के सर्वोदय विचार पर आधारित है। भारत जैसे कृषि प्रधान देश के लिये गाँधी जी का सर्वोदय विचार इसकी सभी समस्याओं को हल करने का एक अमोध अस्त्र है। भारत सेवक समाज गाँधीजी के सर्वोदय समाज के उद्देश्यों को पूरा करने का भरसक प्रयत्न कर रहा है।

(5) अहिंसा का विचार — आचार्य विनोबा भावे और लोकनायक जयप्रकाश नारायण ने गाँधी जी के सर्वोदय कार्यक्रम को अपनाया। ये लोग भूदान, सम्पत्ति दान और श्रमदान के द्वारा अहिंसात्मक ढंग से धन के असमान वितरण को दूर करने में संलग्न रहे और इन्होंने गाँधी जी के विचारों का प्रचार किया।

(6) अन्य कार्यक्रम — देश में सहकारी आन्दोलन का विकास, मध्यस्थों का उन्मूलन, कुटीर व लघु उद्योगों का विकास, भारी व मूल उद्योगों का राष्ट्रीयकरण, ग्रामीण साख का विस्तार, भूमि सुधार, प्रौढ़ शिक्षा आदि सभी पर गाँधी जी के विचारों की छाप देखने को मिलती है।

गाँधी जी ने नैतिकता और मानवीय मूल्यों पर आधारित सामाजिक, आर्थिक एवं राजनैतिक व्यवस्था की स्थापना पर बल दिया था। वे व्यावहारिक आदर्शवादी थे। इस कारण उनके विचारों को कार्यान्वित करने में पर्याप्त कठिनाइयों एवं बाधायें है। उनके विचारों को व्यवहार रूप में लाने के लिये विशेष वातावरण तथा मनोदशा का होना आवश्यक है। उनके

नियम शाश्वत हैं। मानव मूल्य तथा आध्यात्मिक विकास की दृष्टि से उनके विचार अत्यधिक महत्त्वपूर्ण हैं। परन्तु पश्चिमी सभ्यता में रंगे होने के कारण उनके विचार अवैज्ञानिक एवं अव्यावहारिक प्रतीत होते हैं।

आज समाज में हिंसा और स्वार्थ की प्रवृत्ति बढ़ती जा रही है, ऊँच नीच का भेद दिखाई देता है, समानता का अभाव है, भ्रष्टाचार चहूँ ओर देखने को मिलता है, मनुष्य धन अर्जित करने के चक्कर में नैतिक तथा अनैतिक सभी कार्य करने को तैयार रहता है। वस्तुओं को भूमिगत करके कृत्रिम अभाव उत्पन्न करना, चोरबाजारी करना, हिंसा करना समाज का मानव धर्म बन गया है। मुद्रा रूपी राक्षस ने मनुष्य की आत्माओं पर अधिकार कर लिया है। ऐसे दूषित वातावरण में अहिंसा, सत्य, समानता और ईमानदारी की बातें करना व्यर्थ प्रतीत होता है। गाँधी जी मद्य निषेध की नीति अपनाकर मानव मूल्यों की रक्षा करना चाहते थे। परन्तु दुर्भाय की बात है कि उन्हीं के देश भारत में नैतिक मूल्यों की अपेक्षा राजस्व प्राप्ति को अधिक महत्त्वपूर्ण माना जाता है। गाँधी जी मशीनरी तथा विशाल स्तरीय उद्योगों के विरुद्ध थे और कुटीर उद्योगों का विकास करके लोगों की गरीबी और बेरोजगारी को मिटाना चाहते थे। परन्तु आज आर्थिक प्रगति की दौड़ में आगे बढ़ने के लिये मशीनरी का प्रयोग दिनोदिन बढ़ता जा रहा है और बेरोजगारी भी निरन्तर बढ़ती जा रही है। गाँधीजी आवश्यकताओं को न्यूनतम करने के पक्ष में थे ताकि समाज को सुख और शान्ति प्राप्त हो। परन्तु आज यह विचार है कि आवश्यकताओं को कम करना देश को पीछे की ओर धकेलना है। न्यासधारिता के सिद्धान्त को अपनाकर महात्मा गांधी व्यक्तिगत सम्पत्ति की बुराइयों को दूर करना चाहते थे परन्तु अहिंसात्मक ढंग से पूँजीपतियों के हृदय को नहीं बदला जा सकता। गांधी जी के विचारों की अव्यावहारिकता के कारण ही अनेक विद्वान उन्हें काल्पनिक समावाजवादी कहते हैं।

पिछड़े हुए देशों के लिये महात्मा गाँधी के आर्थिक विचारों का महत्त्व — भारत जैसे अल्पविकसित देश की सामाजिक, आर्थिक और राजनैतिक उन्नति के लिये गाँधीजी के विचार अत्यधिक महत्त्वपूर्ण हैं। उनके विचारों की उपयोगिता का हम निम्न शीर्षकों के अन्तर्गत अध्ययन कर सकते हैं।

(1) कृषि एवं ग्रामीण उद्योगों के विकास को प्राथमिकता देना — विकासशील देश में जनता का प्रमुख व्यवसाय कृषि होता है। कृषि उपज तकनीकी दृष्टि से पिछड़ी हुई होती हे। सहायक उद्योगों का अभाव होता है। अत: ऐसे देश में कृषि को सर्वोच्च प्राथमिकता देने के विचार आर्थिक विकास की दृष्टि से बहुत महत्त्वपूर्ण है।

(2) आर्थिक शक्ति का विकेन्द्रीकरण — बड़े उद्योगों की स्थापना से आर्थिक शक्ति का केन्द्रीयकरण हो जाता है जिसके आर्थिक, सामाजिक तथा राजनैतिक परिणाम बड़े घातक होते हैं। अत: गाँधी जी ने आर्थिक शक्ति के विकेन्द्रीयकरण पर बल दिया जिसके अन्तर्गत लाखों घरों में उत्पादन किये जाने का सुझाव दिया।

(3) आर्थिक दृष्टि से ग्रामों को आत्म निर्भर बनाना —गाँधी जी ग्राम स्वराज्य की स्थापना करना चाहते थे। इसी दृष्टि से उन्होनें यह सुझाव दिया कि प्रत्येक ग्राम को आर्थिक दृष्टि से आत्म निर्भर बनाया जाये। भोजन और वस्त्र की आवश्यकता प्रत्येक गाँव अपने आप पूरा करे।

(4) मशीनों के प्रयोग को कम करना — अल्पविकसित देशों में एक ओर तो पूँजी का अभाव होता है तथा दूसरी ओर श्रम का बाहुल्य होता है। अत: विशाल श्रम शक्ति का रोजगार देने के लिये यह आवश्यक है कि मशीनों का कम से कम प्रयोग हो तथा श्रम गहन उत्पादन तकनीक को अपनाया जाये।

(5) न्यासधारिता का सिद्धान्त — अल्पविकसित देशों में वर्ग संघर्ष, आर्थिक विषमता तथा शोषण आदि विद्यमान नहीं है। इनको दूर करने के लिये न्यासधारिता का सिद्धान्त अति उत्तम है, क्योंकि इससे निजी सम्पत्ति के सभी दोष दूर हो जाते हैं। परन्तु इस सिद्धान्त को अहिंसात्मक रीति से व्यावहारिक रूप देना कठिन है।

(6) सादगी और सरलता — विकासशील देशों के नागरिकों पर प्रदर्शनकारी प्रभाव बहुत होता है। इसके दो दुष्परिणाम होते है— (अ) पूँजी निर्माण की नीची दर, (ब) व्यापार सन्तुलन का प्रतिकूल होना। यदि सादा जीवन तथा उच्च विचार के सिद्धान्त को अपनाया जाये और साथ में स्वदेशी भावना जागृत की जाये तो देश उपरोक्त दोनों दोषों से बच सकता है।

(7) ऐच्छिक आधार पर परिवार नियोजन — विकासशील देशों में जन्म दर ऊँची होने के कारण जनसंख्या तीव्रगति से बढ़ती जाती है। जनसंख्या सीमित करने के लिये परिवार नियोजन कार्यक्रम अपनाया जाता है। परन्तु कानूनी परिवार नियोजन नीति के परिणाम फलदायक नहीं होते। अत: महात्मा गाँधी का जनसंख्या को सीमित करने के लिये ऐच्छिक आधार पर परिवार नियोजन का सुझाव बहुत उत्तम है।

(8) रोटी का श्रम सिद्धान्त — गाँधीजी ने श्रम की गरिमा को महत्त्व दिया। अल्पविकसित देशों में शिक्षित तथा धनी लोग शारीरिक श्रम को घृणा की दृष्टि से देखते हैं। गाँधी जी ने इस बुराई को दूर करने के लिये रोटी का श्रम सिद्धान्त प्रतिपादित किया। जिसके अनुसार आलसी वर्ग भी श्रम के महत्त्व को समझकर उत्पादन कार्य में अपना सक्रिय योगदान दे सकता है।

(9) सर्वोदय का विचार — महात्मा गाँधी देश में वर्ग रहित तथा शोषण रहित समाज की स्थापना करना चाहते थे। वे इस कार्य को अहिंसात्मक रीति से करने के पक्ष में नहीं थे। अत: उन्होंने सत्य और अहिंसा का मार्ग अपनाकर सहकारिता के माध्यम से इस कार्य को करने का सुझाव दिया।

निष्कर्ष — उपरोक्त विवरण के आधार पर यह कहा जा सकता है कि गाँधी जी के विचारों को अपनाकर पिछड़े देशों का आर्थिक, सामाजिक तथा राजनैतिक विकास किया जा

सकता है। परन्तु भारत का यह दुर्भाग्य है कि वह पश्चिमी सभ्यता के प्रभाव में आकर इन सिद्धान्तों से दूर हट गया है। इसलिये भारत को अनेक समस्याओं, जैसे बेरोजगारी, आर्थिक शक्ति का केन्द्रीयकरण, खाद्य संकट, मुद्रा प्रसार, ऊँचे मूल्य, भ्रष्टाचार, चोरबाजारी का शिकार होना पड़ रहा है। यदि हम इन समस्याओं का निदान चाहते हैं तो हमें महात्मा गाँधी के आदर्शों पर चलना होगा। तभी हम सच्चे सुख और शान्ति का अनुभव कर सकते हैं।

गाँधीवादी प्रणाली नैतिक एवं आध्यात्मिक बातों अर्थात् सत्य, अहिंसा, विचारों की स्वतन्त्रता तथा व्यक्तित्व के विकास पर आधारित है। वे एक ऐसा समाज स्थापित करना चाहते थे जिसमें निर्धन व्यक्तियों को प्राकृतिक उपहारों का न्यायोचित भाग प्राप्त हो और उनको अपने परिश्रम का प्रतिफल प्राप्त करने की स्वतन्त्रता हो। गाँधीजी पूँजी संचय के पक्ष में नहीं थे। अत: यह कहा जाता है कि गाँधीजी हिंसा रहित साम्यवादी थे। गाँधीजी और साम्यवाद दोनों पूँजीवाद के दोषों को दूर करना चाहते थे, गरीबी, दरिद्रता, बेरोजगारी व भुखमरी को मिटाना चाहते थे, आवश्यकतानुसार विवरण पर बल देते थे वर्गहीन तथा शोषणहीन समाज की स्थापना करने के पक्ष में थे। इन समानताओं के आधार पर ही डा. जे. सी. कुमारप्पा तथा पण्डित सुन्दरलाल आदि का कहना है कि "यदि साम्यवाद में से हिंसा को निकाल दिया जाये तो गाँधीवाद रह जायेगा।" डा. जे. सी. कुमारप्पा के शब्दों में, "यद्यपि रूसी 'साम्यवाद' का आदर्श गाँधी जी के सर्वोदय समाज के आदर्श से पूर्ण मेल नहीं खाता, तथापि वर्तमान रूसी सामाजिक व्यवस्था अनेक बातों में गाँधी जी के आदर्शों से मिलती है।" विनोबा भावे के शब्दों में, गाँधी और मार्क्स दोनों ही पिसी हुई जनता के लिये माता-पिता के समान है तथा दोनों ही निर्धन एवं पददलित व्यक्तियों का उद्धार करना चाहते हैं। मार्क्स के समान गांधी जी भी पूँजीवादी युग को समाप्त करके एक ऐसे समाज की स्थापना करना चाहते हैं जहाँ मनुष्य के भीतर लाभ प्राप्ति की भावना न होकर परस्पर सेवा, सहयोग और प्रेम की भावना का साम्राज्य होगा।

परन्तु वास्तविकता यह है कि गांधीजी और मार्क्स के विचारों के महान अन्तर है। गाँधी जी साम्यवाद के विरूद्ध थे, क्योंकि यह मानवजाति की स्वार्थी प्रकृति पर आधारित है। गांधी जी को साम्यवाद से घृणा है क्योंकि साम्यवाद हिंसा पर आधारित है और इसे धर्म और ईश्वर में कोई आस्था नहीं है। अत: श्रीमन्नारायण तथा के. जी. मशरूवाला गाँधीवाद को हिंसा रहित साम्यवाद मानने से इन्कार करते हैं। श्री मन्नारायण के शब्दों में, "इस बात का सुझाव देना, चाहे ऐसा कितनी भी अस्पष्टता के साथ किया जाये, कि सर्वोदय और मार्क्सवाद कुछ बातों में समान है तथा गांधीवाद रूस में प्रचलित है, सर्वोदय और मार्क्सवाद दोनों के साथ अन्याय करना है। यथार्थ में ये दोनों विचारधारायें एक दूसरे के विपरीत हैं और दोनों के बुनियादी सिद्धान्त भी बिल्कुल विपरीत है।" के. जी. मशरूवाला के शब्दों में, "गाँधीवाद और साम्यवाद एक-दूसरे से उतने ही भिन्न है जितने कि हरा और लाल रंग यद्यपि अन्धे मनुष्य को हरा और लाल रंग समान दिखाई दे सकते हैं।"

गाँधीवाद और साम्यवाद के बीच निम्न अन्तर देखने को मिलते हैं—

गाँधीवाद और साम्यवाद में अन्तर

अन्तर का आधार	गाँधीवाद	साम्यवाद
1. उद्देश्य प्राप्ति के साधनों में अन्तर	गाँधीवाद न्याय व समानता पर आधारित शोषणविहीन एवं वर्ग विहीन समाज की स्थापना के लिये सत्य और अहिंसा को महत्त्वपूर्ण अर्थ मानता है। गाँधीवाद ने सर्वोदय समाज की स्थापना के लिए श्रमिक, कृषक, भूस्वामी तथा पूँजीपति के बीच सहकारिता पर बल दिया।	साम्यवाद रक्त क्रान्ति और बल प्रयोग द्वारा नये समाज की स्थापना करना चाहता है। उसका विचार है कि व्यक्तिगत सम्पत्ति की बुराइयों को दूर नहीं किया जा सकता। पूँजीपतियों के हृदय को बदला नही जा सकता।
2. मानवीय मूल्यों के आधार पर अन्तर	गाँधीवादी भौतिक उन्नति की अपेक्षा मानव मूल्यों पर अधिक बल देता है। गाँधी जी के अनुसार अच्छे उद्देश्य की प्राप्ति अच्छे साधनों द्वारा की जानी चाहिये उन्होंने अर्थशास्त्र को नीतिशास्त्र से सम्बन्धित किया।	साम्वाद भैतिक साधनों की उन्नति पर बल देता है तथा मानवीय मूल्यों की और ध्यान नहीं देता।
3. शक्ति के केन्द्रीयकरण के आधार पर अन्तर	गाँधीवाद आर्थिक एवं राजनैतिक शक्ति का विकेन्द्रीकरण चाहता है। अतः गाँधी जी ने कुटीर उद्योगों के विकास तथा ग्रामों में पंचायतों की स्थापना का सुझाव दिया।	साम्यवाद आर्थिक और राजनैतिक शक्ति का केन्द्रीयकरण चाहता है। वह सर्वहारा वर्ग की तानाशाही में विश्वास करता है। इसी कारण उत्पत्ति के साधनों के सरकारी स्वामित्व के पक्ष में है।

4. उद्योग के पैमाने के आधार पर अन्तर	गाँधीवादी कुटीर व लघु उद्योग का समर्थक है तथा मशीनों के प्रयोग को न्यूनतम करना चाहता है। इससे समाज से बेरोजगारी दूर होगी और भारतीय अर्थव्यवस्था आत्म निर्भर हो जायेगी।	साम्यवाद बड़े पैमाने के उत्पादन का पक्षधर है तथा उत्पादन के केन्द्रीयकरण वं मशीन के बढ़ते हुए प्रयोग पर बल देता है, ताकि उत्पादन अधिकतम हो सके।
5. व्यक्तिगत स्वतन्त्रता के आधार पर अन्तर	गांधीवाद व्यक्ति को सर्वोच्च स्थान देता है तथा व्यक्तिगत स्वतन्त्रता का समर्थक है। गाँधीवाद सभी व्यक्तियों के विकास के लिये समान अवसर, जनतन्त्रीय न्याय और उपभोग के प्रभुत्व का पक्षपाती है।	साम्यवाद में व्यक्ति को स्वतन्त्रता नहीं दी जाती वरन् व्यक्तिगत जीवन को राज्य के पूर्ण अधीन कर दिया जाता है। कोई भी व्यक्ति सरकारी नीतियों का विरोध नहीं कर सकता।
6. धर्म के महत्त्व के आधार पर अन्तर	गाँधीवाद धर्म को महत्त्व देता है और ईश्वर में आस्था रखता है। मनुष्य के नैतिक और आध्यात्मिक विकास पर बल देने के पीछे उनका धार्मिक दृष्टिकोण ही था।	साम्यवाद में धर्म को कोई स्थान नहीं। वह ईश्वर में विश्वास नहीं करता। कार्ल मार्क्स ने धर्म को अफीम की संज्ञा दी जिसके खाने से मनुष्य बेहोश हो जाता है।
7. भावना के आधार पर अन्तर	गाँधीवाद त्या और अहिंसा की भावना से प्रेरित है।	साम्यवाद मनुष्य की स्वार्थ-पूर्ण भावना पर आधारित है।
8. अर्थशास्त्रियों के विचारों के प्रभाव के अनुसार अन्तर	गाँधीजी की विचारधारा पूर्णतया भारतीय है। अपने देश की सभ्यता एवं संस्कृति में पनपे आदर्शों पर ही उन्होंने अपने विचार व्यक्त किये हैं।	साम्यवादी विचारधारा विदेशी विचारधारा है। उस पर पाश्चात्य अर्थशास्त्रियों का गहरा प्रभाव पड़ा है।

9. आवश्यकताओं के सम्बन्ध में अन्तर	गाँधी जी भौतिक आवश्यकताओं को कम करके वास्तविक सुख और शान्ति प्राप्त करना चाहते हैं।	साम्यवादी आवश्यकताओं की वृद्धि में विश्वास करते हैं। उनका विश्वास है कि जितना अधिक उपभोग किया जायेगा उतना ही अधिक व्यक्ति सुखी व सम्पन्न होगा।
10. श्रम वर्ग को महत्त्व देने में अन्तर	गाँधीजी मानव समाज के किसी भी पक्ष को अधिक महत्त्व देना पसन्द नहीं करते। वे सभी वर्गों को समान अधिकार देना चाहते हैं। वे सभी के सहयोग से समाज की आर्थिक, सामाजिक, राजनैतिक उन्नति करने के पक्ष में है।	साम्यवादी विचारधारा में श्रमिक वर्ग को शक्तिशाली माना जाता है। वे सर्वहारा वर्ग की तानाशाही अथवा शक्तिहीनों द्वारा शक्तिशालीयों के शोषण का समर्थन करते है।

उपरोक्त विवरण से स्पष्ट है कि गाँधीवाद और साम्यवाद में कुछ समानतायें होते हुए भी उनमें पर्याप्त अन्तर है। अतः गाँधीवाद को हिंसा रहित साम्यवाद नहीं कहा जा सकता।

प्रश्न

1. गाँधीवाद और साम्यवाद में कुछ समानतायें होते हुए भी उनमें पर्याप्त अन्तर है। समझाइये।

□□□

8

आर्थिक नियन्त्रण
[Economic Controls]

नियोजित अर्थ-व्यवस्था में 'आर्थिक नियन्त्रणों' को विशेष महत्व प्राप्त होता है। ऐसी अर्थव्यवस्था में व्यक्तिगत स्वतन्त्रता बहुत कम मात्रा में पायी जाती है। नियोजन एवं भौतिक नियन्त्रण एक दूसरे से इतने निकट सम्बन्धित होते हैं कि उन्हें पृथक करना सर्वथा कठिन होता है। इसीलिए नियोजन को एक नियन्त्रित अर्थव्यवस्था भी कहा जाता है। नियोजित अर्थव्यवस्था कें उद्धेश्यों के आधार पर ही आर्थिक नियन्त्रणों का क्षेत्र एवं पद्धति निर्धारित की जाती है। नियोजन के उद्धेश्य तथा आर्थिक नियन्त्रणों का एक दूसरे से अटूट सम्बन्ध होने के कारण आर्थिक नियन्त्रण हेतु सामान्य नियमों की रचना करना कठिन कार्य है, क्योंकि नियोजन के उद्धेश्य में परिवर्तन के अनुरूप आर्थिक नियन्त्रणो में परिवर्तन होना स्वाभाविक है। युद्ध के समय अपनाये गये आर्थिक नियन्त्रणों का स्वरूप कठोर होगा जबकि विशिष्ठ प्रकार की आर्थिक समस्याओं से निपटने के लिए अपनाये गये आर्थिक नियन्त्रणों का स्वरूप अपेक्षाकृत कम कठोर होगा। जिस नियोजित अर्थव्यवस्था में जितना अधिक आर्थिक नियन्त्रण होगा उसमें उतनी ही अधिक समाजवादी तत्व की उपस्थिति मानी जायगी। इसी कारण जनतन्त्रात्मक अर्थव्यवस्था में अधिक स्वतन्त्रता की उपलब्धि के फलस्वरूप नियन्त्रण कम हो जाते हैं तथा नियोजन को अपनाना भी उतना सरल नहीं होता है। **नियन्त्रण का अर्थ प्राय: व्यक्तिगत स्वतन्त्रता पर प्रतिबन्ध से लगाया जाता है, जिसका सम्बन्ध उपभोग, उत्पादन, विनिमय तथा वितरण आदि से हो सकता है।** इस अध्याय में आर्थिक नियन्त्रणों की विशेषताओं, उनके प्रकारों, उन पर प्रभाव डालने वाले तत्वों आदि का वर्णन किया गया है।

आर्थिक नियन्त्रण की विशेषताएँ

(Characteristics of Economic Controls)

आर्थिक नियन्त्रण के आशय की प्रारम्भिक जानकारी प्राप्त कर लेने के पश्चात् इनकी अग्रांकित प्रमुख विशेषताओं का अध्ययन किया जा सकता है:

(1) पूर्ण एवं आंशिक नियन्त्रण (Fulltime and Partial Control)- ऐसा आर्थिक नियन्त्रण जो उस देश में उत्पादित होने वाली सम्पूर्ण वस्तुओं पर नियन्त्रण रखेगा तो उसे पूर्ण नियन्त्रण कहा जायेगा। इसके विपरीत सीमित वस्तुओं पर लगाया गया नियन्त्रण आंशिक नियन्त्रण कहलायेगा। उदाहरण के लिए, उपभोग, उत्पादन, विनिमय तथा वितरण पर आर्थिक नियन्त्रण का आशय पूर्ण आर्थिक नियन्त्रण से है। इसके विपरीत सभी वस्तुओं के उपभोग पर नियन्त्रण न लगाकर विलासिता की वस्तुओं अथवा अन्य हानिकारक वस्तुओं पर ही आर्थिक नियन्त्रण आंशिक आर्थिक नियन्त्रण कहलायेगा। व्यवहार में पूर्ण नियन्त्रण मात्र एक कल्पना है। समाजवादी अर्थव्यवस्था का दम भरने वाले सोवियत रूप में भी पूर्ण नियन्त्रण के स्थान पर आंशिक नियन्त्रण ही सम्भव हो पाया। कुछ वस्तुओं का उत्पादन एवं उपभोग वहाँ भी स्वतन्त्र है, किन्तु उसकी मात्रा नगण्य है।

(2) परस्पर निर्भर आर्थिक नियन्त्रण (Mutual Depended Economic Control)- आर्थिक नियन्त्रण प्राय: एक दूसरे से सम्बन्धित होते हैं। क्योंकि एक नियन्त्रण का दूसरे पर प्रभाव अवश्य ही पड़ता है। अत: आर्थिक नियन्त्रणों को पृथक रूप से लागू किया जाना कठिन है। उदाहरण के लिए किसी वस्तु के उत्पादन पर आर्थिक नियन्त्रण का लगाना तब ही उपयोगी है जबकि उस वस्तु के उपभोग पर भी नियन्त्रण लगाया जाय। नियोजित अर्थव्यवस्था में आर्थिक नियन्त्रण का उद्देश्य आर्थिक सुविधाओं का बढ़ाना तथा उन्हें उपयोगी बनाना होता है न कि असुविधाजनक तथा अनुपयोगी बनाना। इस प्रकार कोई भी नियन्त्रण दूसरे नियन्त्रण पर प्रभाव डाले बिना नहीं रहता। एक वस्तु पर नियन्त्रण लगाने का प्रभाव दूसरी सम्बद्ध वस्तुओं पर अवश्य ही पड़ेगा, क्योंकि सभी प्रकार के नियन्त्रण एक दूसरे से सम्बन्धित तथा एक दूसरे पर आधारित होते है।

(3) आर्थिक नियन्त्रण में उतार चढ़ाव (Fluctuations in Economic Control)- आर्थिक नियन्त्रणों की मात्रा में किसी राष्ट्र की परिस्थितियों के अनुसार कमी या वृद्धि सम्भव है। अत: किसी राष्ट्र की अर्थव्यवस्था में आर्थिक नियन्त्रणों का सदैव समान रहना आवश्यक नही है। उदाहरण के लिए युद्धकालीन परिस्थितियों से निपटने के लिए साथ ही आर्थिक युद्ध की आवश्यकताओं को पूरा करने के लिए तात्कालिक नियन्त्रण लगाये जाते हैं। इसी प्रकार विकास की प्रारम्भिक अवस्था में आर्थिक नियन्त्रणों की मात्रा कुछ अधिक होती है जिसके अन्तर्गत बचत आदि पर नियन्त्रण लगाया जाता है। इसका उद्देश्य माँग बढ़ जाने के फलस्वरूप मूल्यों में वृद्धि को रोकना होता है। साधारण परिस्थितियों में नियन्त्रण की मात्रा कम होगी। इसके विपरीत असामान्य परिस्थितियों मे इनमें वृद्धि होगी। भारतवर्ष में चीनी एवं पाकिस्तानी आक्रमणों के समय उपभोग तथा वितरण पर कठोर आर्थिक नियन्त्रण लगा दिये गये थे तथा युद्ध समाप्ति के बाद इन्हें समाप्त कर दिया गया।

(4) प्रत्यक्ष एवं अप्रत्यक्ष आर्थिक नियन्त्रण (Direct and Indirect Control)- प्रत्यक्ष आर्थिक नियन्त्रण के अन्तर्गत सरकार किसी वस्तु विशेष के उत्पादन

करने, विनियोग एवं उपभोग करने या न करने के बारे में प्रत्यक्ष आदेश देती है। इस प्रकार प्रत्यक्ष नियन्त्रण माँग या पूर्ति पर लगाया जा सकता है। उदाहरण के लिए, सरकार यह चाहती है कि जनता केवल चावल तथा गेहूँ का ही अधिक प्रयोग न करके अन्य खाद्य पदार्थों जैसे फल, मछली तथा अन्य पदार्थों का भी प्रयोग करे तथा इसके लिए सरकार द्वारा चावल तथा गेहूँ के वितरण पर आर्थिक नियन्त्रण लगाकर उपभोग का नियन्त्रण यदि किया जाता है तो यह प्रत्यक्ष नियन्त्रण कहलायेगा। इसके विपरीत किसी एक वस्तु का मूल्य बढ़ाकर तथा अन्य वस्तुओं के मूल्य घटाकर लागू की गयी आर्थिक नियन्त्रण की व्यवस्था अप्रत्यक्ष आर्थिक नियन्त्रण कहलायेगी। उदाहरणस्वरूप गेहूँ तथा चावल के साथ साथ फल, मछली तथा अन्य खाद्य पदार्थों के उपभोग को प्रोत्साहित करने के लिए गेहूँ तथा चावल के मूल्यों में वृद्धि कर देना।

(5) आर्थिक नियन्त्रणों का क्रियान्वयन (Implementation of Economic Control)- वास्तव में आर्थिक नियन्त्रणों से अर्थव्यवस्था में अच्छे तथा बुरे दोनों परिणाम प्राप्त होना सम्भव है। प्रत्यक्ष आर्थिक नियन्त्रणों का जनता पर बुरा प्रभाव पड़ता है तथा इससे स्वतन्त्रता का हनन होता है। अविकसित राष्ट्रों में उपयुक्त कुशल कर्मचारियों के अभाव में भ्रष्टाचार की भरमार होती है तथा ऐसी स्थिति में आर्थिक नियन्त्रणों का क्रियान्वयन अत्यन्त कठिन होता है। अप्रत्यक्ष आर्थिक नियन्त्रणों को आर्थिक सहायता के रूप में भी लागू किया जा सकता है। क्योंकि इससे उत्पादन एवं निर्यात में वृद्धि होकर उपभोग में कमी सम्भव है। नियोजित अर्थ व्यवस्था में आर्थिक नियन्त्रण यद्यपि महत्वपूर्ण होते हैं लेकिन इससे भी अधिक महत्वपूर्ण इन आर्थिक नियन्त्रणों का क्रियान्वयन होता है। उचित क्रियान्वयन के अभाव में सत्ताधारी सरकार को जन समूह के आक्रोश को सामना करना पड़ सकता है।

आर्थिक नियन्त्रण का क्षेत्र एवं प्रकार
(Scope and Types of Economic Control)

जैसा कि इस अध्याय के प्रारम्भ में स्पष्ट किया गया है आर्थिक नियन्त्रणों से आशय व्यक्तिगत स्वतन्त्रता पर प्रतिबन्ध लगाने से लिया जाता है। इन नियन्त्रणों का सम्बन्ध उत्पादन, उपभोग, वितरण तथा विनियोग आदि से हो सकता है। इन आर्थिक नियन्त्रणों में चयन के प्रश्न का सम्बन्ध उत्पादकों एवं उपभोक्ताओं से होता है जिससे नियन्त्रण उत्पादकों तथा उपभोक्ताओं पर ही रहता है। लेकिन आर्थिक क्रियाओं का एक दूसरे से सम्बन्ध होने के कारण एक क्षेत्र की नियन्त्रण व्यवस्था के लिए उससे सम्बन्धित अन्य क्षेत्रों पर भी नियन्त्रण लगाना आवश्यक होता है। इस उद्देश्य से आर्थिक नियन्त्रण का क्षेत्र अधिक व्यापक हो जाता है। आर्थिक नियन्त्रणों के विभिन्न क्षेत्रों का विवरण इस प्रकार है:

(1) उत्पादन पर नियन्त्रण (Control on Production)- उत्पादन पर नियन्त्रण का आशय उत्पादक द्वारा उत्पादित वस्तुओं, लागत साधनों तथा पद्धति पर नियन्त्रण से है। उत्पादन पर नियन्त्रण के अन्तर्गत सरकार द्वारा विभिन्न सेवाओं के एवं वस्तुओं के उत्पादन में वृद्धि के लिए अनेक प्रकार के प्रत्यक्ष एवं अप्रत्यक्ष नियन्त्रण लगाये जाते हैं । जिन क्षेत्रों में निजी स्वामित्व अकेला उत्पादन कर रहा है वहाँ सार्वजनिक क्षेत्र का प्रवेश तथा कुछ वर्तमान निजी स्वामित्व वाली औद्योगिक इकाइयों को राष्ट्रीयकरण के माध्यम से सार्वजनिक स्वामित्व में ले लेना प्रत्यक्ष आर्थिक नियन्त्रण का एक महत्वपूर्ण अस्त्र है। इसके अतिरिक्त उत्पादन पर

अप्रत्यक्ष आर्थिक आर्थिक नियन्त्रण भी लगाया जाता है जिसके अन्तर्गत लघु एवं कुटीर उद्योगों का विकास करने के लिए आरक्षण की व्यवस्था करना होता है। रोजगार के साधनों के उद्धेश्य से भी श्रम प्रधान एवं पूँजी प्रधान उद्योग के विकास पर नियन्त्रण लगाये जा सकते है। उत्पादन पर आर्थिक नियन्त्रण में सरकार की औद्योगिक एवं प्रशुल्क नीति की भूमिका महत्वपूर्ण होती है। इन नीतियों से ही निजी, सार्वजनिक तथा संयुक्त उपक्रमों का क्षेत्र निर्धारित होता है। इसके अतिरिक्त लाइसेंस व्यवस्था भी उत्पादन पर नियन्त्रण का महत्वपूर्ण उपकरण है जिसके अन्तर्गत उत्पादन को नियन्त्रित किया जा सकता है। उत्पादन शुल्क की मात्रा से उत्पादन की मात्रा को प्रोत्साहित तथा हतोत्साहित किया जा सकता है।

(2) उपभोग पर नियन्त्रण (Control on Consumption)- उपभोग पर नियन्त्रण से आशय उपभोक्तओं के लिए एक ऐसी स्थिति से होता है। जिसमें उन्हें इस बात की स्वतन्त्रता नहीं रहती कि वे यह निर्णय कर सके कि किन वस्तुओं का, किस मात्रा में, किस मुल्य पर तथा किस समय उपभोग किया जाय। उपभोग पर नियन्त्रण का प्रमुख उद्धेश्य किसी वस्तु के उपभोग को प्रोत्साहित अथवा हतोत्साहित करना होता है। प्राय: युद्ध तथा कमी की परिस्थितियों में उपभोग पर नियन्त्रण स्थापित किया जाता है। उपभोग पर नियन्त्रण के लिए पदार्थ नियन्त्रण अधिनियम बनाये जाते है जो सम्बन्धित पदार्थो का नियमन करते है। अत: उपभोग पर नियन्त्रण का प्रमुख उद्धेश्य अभाव की स्थिति से निपटना, न्यायपूर्ण वितरण करना, चोर बाजारी तथा मुनाफाखोरी पर नियन्त्रण करना होता है।

(3) विनियोग नियन्त्रण (Control on Investment)- किसी राष्ट्र के नियोजित आर्थिक विकास के लिए विनियोग पर नियन्त्रण लगाना आवश्यक समझा जाता है। इसके अभाव में तीव्र औद्योगीकरण तथा पूर्ण रोजगार दोनो की प्राप्ति असम्भव है। विनियोग नियन्त्रण की सहायता से देश की आवश्यकताओं के अनुरूप उद्योग का केन्द्रीयकरण या विकेन्द्रीकरण किया जा सकता है। विश्व के अधिकतर राष्ट्रो के समक्ष सीमित साधनो की समस्या है। ऐसी सीमित साधनों वाली अर्थ व्यवस्था में विनियोग नियन्त्रण के माध्यम से ही सीमित साधनों का पूर्ण उपभोग सम्भव है। प्रत्येक राष्ट्र में विभिन्न उपक्रमों में प्रतियोगिता होती है। विनियोग नियन्त्रण के माध्यम से इस प्रतियोगिता को समाप्त अथवा नियन्त्रित किया जाता है। विनियोग नियन्त्रण के अनेक रूप हो सकते हैं। विनियोग नियन्त्रण परिमाणात्मक तथा गुणात्मक हो सकता है। परिमाणात्मक नियन्त्रण में विनियोग की जाने वाली राशि को पहले ही निश्चित कर दिया जाता है। इसके विपरीत गुणात्मक नियन्त्रण में व्यापार एवं उद्योग के मध्य विनियोग का उचित वितरण किया जाता है। विनियोग नियन्त्रण प्रतिबन्धात्मक नियन्त्रण में कुछ उद्योगों में धन के विनियोग को नियन्त्रित कर दिया जाता है। इसके विपरीत विकास के जिन कार्यक्रमों में नियोजन अधिकारी की रूचि होती है उनमें विस्तार करके विनियोग की नीति अपनाकर अधिक से अधिक विनियोग को प्रोत्साहित किया जाता है। विनियोग नियन्त्रण प्रत्यक्ष एवं अप्रत्यक्ष भी हो सकता है। प्रत्यक्ष नियन्त्रण में विनियोग पर प्रतिबन्ध तथा अप्रत्यक्ष नियन्त्रण में उत्पादन, उपभोग एवं वितरण पर नियन्त्रण लगाये जाते है।

(4) विदेशी व्यापार पर नियन्त्रण (Control over Foreign Trade)- प्रत्येक राष्ट्र की अर्थ व्यवस्था में आयात, निर्यात व पुनर्निर्यात का विशेष महत्व होता है। यदि विदेशी व्यापार की गतिविधियों को स्वतन्त्र छोड़ दिया जाय तो भुगतान सन्तुलन, विदेशी व्यापार एवं विदेशी हितों की गम्भीर समस्या उत्पन्न हो सकती है। इसके अतिरिक्त यदि आयात-निर्यात को स्वतन्त्र छोड़ दिया जाय तो उपभोग के नियन्त्रण का ढाँचा बिगड़ने का भी भय है। विदेशी व्यापार को नियन्त्रित किये बिना विदेशी विनिमय नियन्त्रण को भी प्रभावशाली नहीं बनाया जा सकता। देश में विदेशी विनिमय के अभाव को विदेशी व्यापार पर नियन्त्रण लगाकर दूर किया जा सकता है।

(5) विनिमय नियन्त्रण (Exchange Control)- किसी राष्ट्र की अर्थ व्यवस्था में विदेशी विनिमय की स्थिति का बहुत ही महत्वपूर्ण स्थान रहता है, तथा उसमें विनिमय नियन्त्रण की स्थिति को नियन्त्रित रखना बहुत आवश्यक है। सम्भवत: इसी तथ्य से प्रेरित होकर **क्राउथर** ने अपनी पुस्तक में विनिमय नियन्त्रण का महत्व बताते हुए लिखा है कि "सरकार के हस्तक्षेप और आर्थिक नियोजन के वर्तमान युग में विदेशी विनिमय पर किसी प्रकार का नियन्त्रण न लगाना आश्चर्य की बात होगी।" विदेशी विनिमय नियन्त्रण के अन्तर्गत पूँजी के प्रवाह पर नियन्त्रण लगाया जाता है। जिसका मुख्य उद्धेश्य घरेलू पूँजी को विदेशों में जाने से रोकना होता है। विदेशी विनिमय दर में स्वामित्व बनाये रखने के लिए विदेशी प्रतिभूतियों, सिक्कों आदि के आयात-निर्यात पर नियन्त्रण लगाया जाता है। केन्द्रिय बैंक के पास पर्याप्त मात्रा में विदेशी मुद्रा या विदेशी विनिमय का एकत्रित करने के उद्धेश्य से विदेशी सम्पत्ति के धारण पर नियन्त्रण लगाया जा सकता है।

(6) मूल्य नियन्त्रण (Price Control)- नियोजित अर्थव्यवस्था में मूल्य पर नियन्त्रण रखना अति आवश्यक होता है। मूल्यों पर नियन्त्रण के अनेक तरीके हो सकते हैं। उदाहरणस्वरूप उपभोग की समस्या जटिल हो जाने पर सरकार स्वयं मूल्य का निर्धारण कर सकती है या स्वयं वस्तुओं की खरीद एवं बिक्री कर सकती है अथवा पारस्परिक समझौते तथा वार्तालाप द्वारा सरकार स्वयं मूल्यों का निर्धारण कर सकती है। मूल्यों पर नियन्त्रण का प्रमुख उद्धेश्य उपभोक्ता के हितों की रक्षा करना होता है। मूल्यों पर नियन्त्रण किस प्रकार के होंगे, किस हद तक होंगे तथा कितने समय के लिए होंगे आदि निर्णयों का निर्धारण आन्तरिक एवं बाह्य परिस्थितियों, योजना के उद्धेश्यों एवं सरकार के स्वरूप तथा योजना आयोग के विचार आदि पर निर्भर करता है।

(7) बचत पर नियन्त्रण (Control on Savings)- विकासशील अर्थव्यवस्था में बचत का बहुत ही अधिक महत्व है। बचत पर ही विनियोग और भविष्य के विकास की गति निर्भर करती है। अत: बचत को नियन्त्रित करना आवश्यक होता है। इसके लिए अनिवार्य जमा योजना तथा अल्प बचत को प्रभाबपूर्ण विधि से लागू किया जाता है। राष्ट्रीय आय को बढ़ाने के लिए उपभोग को कम करके बचत को प्रोत्साहित किया जाना चाहिए। सार्वजनिक तथा निजी दोनों क्षेत्रों को बचत बढ़ाने का दायित्व सुपुर्द किया जाना चाहिए। बचत प्रोत्साहन में स्फीति उत्पन्न हो तो उस पर नियन्त्रण रखना आवश्यक होता है तथा जनता के विश्वास के आधार पर विनियोग की मात्रा में वृद्धि की जानी चाहिए। इसके लिए सट्टेबाजी को रोककर मुद्रा के मूल्य को अनुकूल बनाया जाना चाहिए।

(8) मजदूरी नियन्त्रण (Wage Control)- मूल्य नियन्त्रण को प्रभावी बनाने के लिए मजदूरी की दरों पर सरकार का नियन्त्रण आवश्यक है क्योंकि मजदूरी का प्रभाव मूल्यों पर बहुत अधिक पड़ता है। समाजवादी अर्थव्यवस्था में समस्त उद्योग-धन्धों पर राज्य का स्वामित्व एवं संचालन होने के कारण मजदूरी नियन्त्रण सरकार द्वारा किया जाता है। ऐसी व्यवस्था में मजदूरी का निर्धारण अधिक आर्थिक समानता, उत्तरदायित्व या जातीय भेद के आधार पर किया जाता है। मजदूरी निर्धारण में श्रमिकों की कार्य प्रेरणा एवं उत्साह का पूरा ध्यान रखा जाता है। वास्तव में नियोजित अर्थव्यवस्था में मजदूरी का निर्धारण करते समय श्रमिकों को अधिक से अधिक सूख-सुविधाएँ प्रदान करने का पूर्ण प्रयास किया जाता है।

आर्थिक नियन्त्रणों को प्रभावित करने वाले घटक
(Factors Affecting Economic Control)

आर्थिक नियन्त्रण को प्रभावित करने वाले घटक अर्थव्यवस्था की प्रकृति के अनुसार बदलते रहते हैं। नियोजित विकास वाली अर्थव्यवस्था के अन्तर्गत नियन्त्रण के घटक अन्य अर्थव्यवस्थाओं के नियन्त्रण से भिन्न होंगे। यदि आर्थिक विकास में नियोजन अपनाना किसी राष्ट्र की दीर्घकालीन एवं मूलभूत नीति हो जाती है तो ऐसी अर्थव्यवस्था में निर्धारित उद्देश्यों को ठीक ढंग से प्राप्त करने के दृष्टिकोण से नियन्त्रणों में वृद्धि की सम्भावना होती है। इसके विपरीत नियोजन को केवल अल्पकाल के लिए ही अपनाये जाने पर नियन्त्रणों की मात्रा अपेक्षाकृत कम रहती है। साधारणत: नियन्त्रण की मात्रा निम्नांकित तत्वों पर निर्भर करती है:

(1) नियोजन के उद्देश्य (Objective Planning)- किसी देश में नियन्त्रण की मात्रा का नियोजन के उद्देश्यों द्वारा निर्धारण होगा। यदि नियोजन को शान्तिकालीन परिस्थितियों में लागू किया जाता है तो नियन्त्रण अधिक कठोर न होकर सरल एवं प्रेरणात्मक होंगे। यदि नियोजन का उद्देश्य युद्ध को सुचारू रूप से संचालित करना है तो नियन्त्रणों का अधिक कठोर और अप्रत्यक्ष होना स्वाभाविक है। ऐसी स्थिति में सरकार द्वारा उपभोग, उत्पादन, विनिमय, वितरण, आयात तथा निर्यात आदि पर अधिकाधिक नियन्त्रण लगाकर युद्ध में विजय प्राप्त करने के प्रयास किये जायेंगे। ऐसी स्थिति में सरकार अधिक से अधिक कार्यो को स्वय द्वारा संचालित करेगी। यदि नियोजन का उद्देश्य पूर्ण रोजगार की प्राप्ति है तो नियन्त्रण प्रेरणात्मक होंगे।

(2) विकास की अवस्था (Stages of Development)- देश में विकास की अवस्था से आर्थिक नियन्त्रणों का गहरा सम्बन्ध होता है। एक अविकसित एवं पिछड़ी हुई अर्थव्यवस्था में नियन्त्रण रूपी उपकरण को सतर्कतापूर्वक प्रयोग करना पड़ता है। ऐसी स्थिति में प्राय: कठोर नियन्त्रण लगाये जाते हैं। बचत, पूँजी निर्माण, विनियोग की निम्न दर तथा अत्यधिक बेरोजगारी, जनाधिक्य आदि समस्याओं से निपटने के लिए अपेक्षाकृत व्यापक एवं कठोर नियन्त्रण लगाये जाते हैं। इसके विपरीत, विकसित राष्ट्रो में सफलता के साथ नियन्त्रण लगाये जा सकते है तथा उनकी प्रकृति अपेक्षाकृत ढीली होती है।

(3) आन्तरिक साधनों की उपलब्धता (Availability of Internal Resources)- योजना की वित्तीय व्यवस्था के लिए आन्तरिक साधनों की उपलब्धि में

आर्थिक नियन्त्रणों की महत्वपूर्ण भूमिका होती है। यदि देश में वित्तीय आन्तरिक साधन सरलता से प्राप्त हो जाते हैं तो आन्तरिक उपभोग तथा निर्यात आदि पर कठोर नियन्त्रण के लगाये जाने की आवश्यकता नहीं है। इसके विपरीत आन्तरिक साधनों के अभाव में सरकार द्वारा साधनों के विदोहन एवं आबंटन पर नियन्त्रण लगाये जाते है। इन नियन्त्रणों का प्रमुख उद्धेश्य सीमित तथा महँगे साधनों के दुरूपयोग को रोकना होता है।

(4) जन सहयोग की मात्रा (Degree of People Co-operation)- जन सहयोग नियोजित आर्थिक विकास का आवश्यक तत्व होता है। किसी राष्ट्र में नियोजन का सफलतापूर्वक निर्माण एवं क्रियान्वयन जन सहयोग तथा सद्भावना पर निर्भर करता है। इस जन सहयोग की मात्रा पर आर्थिक नियन्त्रणों की प्रकृति निर्भर करेगी। यदि जनता का सहयोग अधिक, अपेक्षित तथा स्वेच्छापूर्वक प्राप्त हो जाता है तो नियन्त्रणों की प्रकृति अपेक्षाकृत कम कठोर होगी। किन्तु यदि जनता का पूर्ण सहयोग प्राप्त नहीं होता तो नियन्त्रणों को अधिक कठोरतापूर्वक लागू करने की आवश्यकता पड़ती है। इस प्रकार की समस्या प्राय: अविकसित राष्ट्रों मे नियोजन के लिए आती है जिनका समाधान प्रचार साधनों का अधिक प्रयोग करके किया जाता है।

(5) सामाजिक एवं राजनीतिक स्थिति (Social and Political Condition)- यदि देश में सामाजिक एवं राजनीतिक स्थिरता है तो न्यूनतम नियन्त्रणों की सहायता से योजना को सफलतापूर्वक कार्यान्वित किया जा सकता है। किन्तु यदि राजनीतिक परिस्थितियाँ अस्थिर है, या अधिक उथल पुथल की सम्भावना है, तो स्वाभाविक रूप से आर्थिक नियन्त्रण अधिक लागू करने पड़ेगे, अन्यथा नियोजन को कार्यान्वित करना कठिन होगा। सामाजिक असमानता, पिछड़ेपन और अस्थिरता की दशा में अधिक नियन्त्रणों की आवश्यकता होती है, किन्तु जैसे जैसे परिस्थितियों में सुधार होता जाता है, नियन्त्रण की मात्रा क्रम होती जाती है। अत: यह कहा जा सकता है कि राजनीतिक्र अरिथरता में अधिक नियन्त्रण तथा सामाजिक असमानता होने पर नियन्त्रण की मात्रा में वृद्धि तथा सामाजिक सुधार होने पर नियन्त्रणों की मात्रा में कमी सम्भव है।

(6) अन्तर्राष्ट्रीय स्थिति (International Situation)- अन्तर्राष्ट्रीय स्थिति का भी नियन्त्रण की मात्रा पर बहुत ही अधिक प्रभाव पड़ता है। यदि अन्तर्राष्ट्रीय क्षेत्र में पूर्ण शान्ति तथा अर्थव्यवस्था में स्थिरता है और आर्थिक उतार चढ़ाव न्यूनतम है तो स्वाभाविक हो जाता है कि नियन्त्रण कम रहेगा। इसके विपरीत यदि अन्तर्राष्ट्रीय क्षेत्र में तनाव है, आर्थिक अस्थिरता है तो नियन्त्रण की मात्रा में वृद्धि करना आवश्यक होगा। इस प्रकार की आर्थिक अस्थिरता का प्रभाव प्राय: सभी देशों की आन्तरिक एवं बाह्य स्थिति पर पड़ता है। अत: आर्थिक्र नियन्त्रणों की मात्रा में वृद्धि करनी पड़ती है।

(7) विदेशी विनिमय कोष की मात्रा (Size of Foreign Exchange Reserves)- यदि देश की व्यापारिक स्थिति अच्छी है, निर्यात पर्याप्त मात्रा में हो जाता है, आयात की समस्याओं का समाधान हो जाता है तो उपभोग आदि पर नियन्त्रण कम हो जाते हैं।

इन वर्णित तथ्यों के अभाव में विदेशी विनिमय की समस्या उत्पन्न होने पर विभिन्न प्रकार के नियन्त्रण लगाये जाते है। देश में विदेशी विनिमय कोष की उपलब्धि भी विदेशी व्यापार पर लगाये जाने वाले नियन्त्रणों की मात्रा को निर्धारित करती है। यदि देश में विदेशी विनिमय पर्याप्त मात्रा में उपलब्ध हो तो सरकार विदेशी व्यापार पर केवल सामान्य नियन्त्रण ही लगायेगी। इसके विपरीत, यदि देश में विदेशी विनिमय की कठिनाइयाँ हैं तो विदेशी व्यापार पर कठोर नियन्त्रण होंगे।

आर्थिक नियन्त्रण की विधियाँ
(Methods of Economic Control)

नियोजन सत्ता आर्थिक क्रियाओं पर दो प्रकार से नियन्त्रण लागू कर सकती है जो कि निम्नलिखित है:

1. आर्थिक नियन्त्रण की प्रत्यक्ष विधियाँ
(Direct Methods of Economic Control)

इन नियन्त्रणों का आशय ऐसे नियन्त्रणों से है जिनका प्रभाव अर्थव्यवस्था पर शीघ्र ही पड़ता है तथा जिन्हें नियोजन अधिकारी प्रत्यक्ष रूप से आदेश देकर लागू करता है। ये आदेश दो प्रकार के हो सकते हैं। *प्रथम्* , धनात्मक आदेश जिनके अन्तर्गत नियोजन अधिकारी जनता को यह आदेश देता है कि योजना की सफलता हेतु कुछ विशेष कार्य ही किये जायें जैसे स्वदेशी उत्पादित वस्तुओं का अधिक से अधिक उपभोग करना। *द्वितीय* , ऋणात्मक आदेश के अन्तर्गत नियोजन अधिकारी जन समूह को ऐसे कार्य न करने का आदेश देता है जो योजना को कार्यान्वित करने में रूकावट उत्पन्न करे। जैसे जन समूह के लिए दूध की कमी को पूरा करने के लिए ऐसी मिठाई न बनाने के आदेश दिये जाना जिनको बनाने में दूध का प्रयोग किया जाता हो। यदि सरकार द्वारा धनात्मक तथा ऋणात्मक दोनों ही प्रकार के आदेशों का एक साथ उपयोग किया जाता है तो देश की अर्थव्यवस्था पर नियन्त्रण कठोर तथा व्यापक होगा। इसके विपरीत किसी अकेले नियन्त्रण की सफलता की आशा बहुत ही कम है। इन नियन्त्रणों की प्रकृति कठोर होने के कारण प्रशासन को क्रियान्वयन में सतर्क रहना होता है। प्रत्यक्ष नियन्त्रणों का प्रयोग प्राय: संकटकालीन तथा असामान्य परिस्थितियों में किया जाता है। प्रत्यक्ष नियन्त्रण की प्रमुख विधियाँ निम्नलिखित हैं :

(1) मौद्रिक नीति (Monetary Policy)- मौद्रिक नीति का आशय किसी देश के केन्द्रीय बैंक की मुद्रा व साख नीतियों से सम्बन्धित नीति से है। इस नीति के माध्यम से मुद्रा का नियन्त्रण एवं नियमन किया जाता है। आर्थिक नियन्त्रणों में सहायक के रूप में मौद्रिक नीति के अन्तर्गत उत्पादन, उपभोग, व्यापार एवं मजदूरी पर साख नियोजन, ब्याज दर में परिवर्तन तथा खुले बाजार की क्रियाओं के माध्यम से नियन्त्रण रखने के प्रयास किये जाते है।

(2) राजकोषीय नीति (Fiscal Policy)- इस नीति का आशय सरकार की उस नीति से है जिसके अन्तर्गत सरकार आय व्यय के कार्यक्रमों का निर्धारण करती है तथा साथ ही करारोपण, सार्वजनिक ऋण तथा बजट के स्वरूप का भी निर्धारण करती है। देश में उपलब्ध संसाधनों के आबंटन, पूँजी निर्माण, मुद्रा स्फीति तथा मूल्यों पर नियन्त्रण रखकर देश

में उत्पादन, उपभोग, व्यापार, विनिमय एवं मजदूरी पर नियन्त्रण रखा जाता है। आय कर एवं ऋण नीति पर बजटीय प्रणाली द्वारा नियंत्रण रखा जाता है।

(3) लाइसेंस व्यवस्था (Licensing System)- लाइसेंसिंग व्यवस्था या लाइसेंसिग का आशय ऐसी व्यवस्था से है जिसके अन्तर्गत उन सिद्धान्तों, नीतियों, नियमों, कार्य विधियों तथा प्रणालियों का समावेश होता है जिसके आधार पर किसी औद्योगिक इकाई की स्थापना तथा उनके विस्तार से सम्बन्धित कार्य के लिए आज्ञा (लाइसेंस) प्रदान की जाती है। औद्योगिक उत्पादन पर नियन्त्रण के उद्धेश्य से लाइसेंसिंग व्यवस्था का प्रयोग किया जाता है। इस व्यवस्था के अन्तर्गत उद्योगों की स्थापना के लिए पंजीकरण तथा आयातों के लिए आज्ञा प्रदान किये जाने की व्यवस्था के माध्यम से नियन्त्रण रखा जाता है।

(4) राष्ट्रीयकरण (Nationalisation)- यह एक ऐसा माध्यम है जिसके अन्तर्गत सरकार अब तक निजी उद्यमियों द्वारा संचालित तथा निजी स्वामित्व वाली इकाइयों को अपने स्वामित्व में ले लेती है। जब सरकार को निजी उद्यमियों द्वारा जन कल्याण तथा आर्थिक विकास की क्रियाओं का भली भाँति संचालन न किये जाने का आभास होता है तो उस उद्योग के राष्ट्रीयकरण किये जाने के प्रयास किये जाते हैं। आर्थिक नियन्त्रणों को तत्काल लागू किये जाने का राष्ट्रीयकरण अपेक्षाकृत सरल माध्यम है। वर्तमान वर्षों में इस माध्यम का प्रयोग किया गया है। 1969 में व्यापारिक बैंकों तथा बर्मा शैल इत्यादि तेल कम्पनियों को सरकारी स्वामित्व में ले लिया जाना क्रमशः राष्ट्रीयकरण की प्रक्रिया का ही एक अंग रहा है।

(5) राशिनिंग (Rationing)- इस व्यवस्था के अन्तर्गत उपभोग पर नियंत्रण किया जाता है। युद्धकालिन तथा अति कमी की स्थिति में राशनिंग द्वारा वस्तुओं के उपभोग को कम करने के प्रयास किये जाते हैं। किसी वस्तु के वितरण पर राशनिंग व्यवस्था लागू करके उपभोग नियन्त्रण करना इतना सरल तथा प्रभावशाली नहीं होता जितना कि पूर्ण नियन्त्रण के साथ भ्रष्टाचार तथा दुष्परिणाम की भी भरमार होती है। अतः राशनिंग व्यवस्था का उचित रूप से क्रियान्वगन अति आवश्यक है।

(6) राजकीय व्यापार (State Trading)- वर्तमान वर्षो में आर्थिक क्षेत्र में सरकारी हस्तक्षेप की प्रवृत्ति बढ़ रही है। राजकीय व्यापार भी इस हस्तक्षेप का एक भाग है। राजकीय व्यापार का आशय ऐसे व्यापार से होता है जो सरकार द्वारा स्वयं किसी मन्त्रालय, विभाग या प्रतिष्ठान द्वारा संचालित किया जाता है। निर्यात सम्वर्द्धन, दुर्लभ पदार्थो की नियमित पूर्ति तथा आर्थिक सत्ता के प्रजातन्त्रीकरण के उद्धेश्य से राजकीय व्यापार का संचालन किया जाता है। भारत में राज्य व्यापार निगम तथा भारतीय धातु एवं खनिज व्यापार निगम राजकीय व्यापार के उदाहरण है।

(7) सार्वजनिक क्षेत्र का विस्तार (Expansion of Public Sector)- सरकार द्वारा मौद्रिक तथा राजकोषीय उपायों तथा लाइसेंसिंग प्रणाली के माध्यम से बाजार पर नियन्त्रण स्थापित करने का प्रयास किया जाता है। लेकिन ये माध्यम पर्याप्त सिद्ध नहीं होते। अतः सरकार अधिकांशतः सभी आधारभूत उद्योगो का स्वामित्व अपने हाथ में लेकर अर्थव्यवस्था को इच्छित दिशा में मोड़ने का प्रयास करती है। सरकार इस उद्धेश्य की पूर्ति इस्पात, सीमेण्ट,

बिजली आदि की कीमतों का निर्धारण करके करती है। सार्वजनिक क्षेत्र का विस्तार ही एक ऐसा उपाय है जिसके द्वारा सरकार अर्थव्यवस्था पर प्रभावी नियन्त्रण स्थापित कर सकती है।

(8) आयात-निर्यात नीति (Export-Import Policy)- आयात तथा निर्यात पर निय्न्त्रण विदेशी व्यापार पर नियन्त्रण के प्रभावपूर्ण उपकरण है। प्रति वर्ष सरकार आयात तथा निर्यात से सम्बन्धित नीतियों की घोषणा करती है। इन नीतियों में राष्ट्रीय तथा अन्तर्राष्ट्रीय परिस्थितियों के अनुसार समायोजन किया जाता है। आवश्यक वस्तुओं के आयात तथा महत्वपूर्ण निर्यातों को प्रोत्साहित करने में आयात-निर्यात नीति की महत्वपूर्ण भूमिका होती है। इस प्रकार आयात-निर्यात नीति के माध्यम से विदेशी व्यापार के प्रोत्साहन के साथ साथ उस पर नियन्त्रण भी रहता है।

(9) आयात प्रतिबन्ध (Import Restriction)- आयात प्रतिबन्ध भी आर्थिक नियन्त्रणों का एक माध्यम है। लेकिन इस प्रतिबन्ध का प्रयोग युद्धकालिन तथा संकटकालीन परिस्थितियों मे ही सम्भव होता है। तुलनात्मक लागत विचारधारा के विकास के साथ विश्व के देशों की एक दूसरे पर निर्भरता बढ़ जाने के कारण आयात प्रतिबन्ध सम्भव नहीं है।

(10) विनिमय नियन्त्रण (Exchange Control)- अर्द्ध विकसित तथा विकासशील राष्ट्र प्राय: आर्थिक नियन्त्रणों मे विनिमय नियन्त्रण का भी सहयोग लेते हैं। इस प्रकार के विनिमय नियन्त्रण में इन राष्ट्रो का प्रमुख उद्धेश्य विदेशी विनिमय कोषों पर नियन्त्रण रखना, सट्टे बाजार की प्रवृत्तियों को तथा पूँजी बहिर्गमन को रोकना होता है। इन राष्ट्रो द्वारा विनिमय नियन्त्रण के माध्यम से आवश्यक आयात करने तथा अनावश्यक निर्यात को रोकने में काफी अधिक सफलता प्राप्त की गयी है। कई राष्ट्रो ने विनिमय नियन्त्रण को प्रभावी तरीके से लागू करने के लिए 'विदेशी विनिमय नियन्त्रण अधिनियम' बना रखे हैं। भारत में भी इस प्रकार का अधिनियम है।

2. आर्थिक नियन्त्रण की अप्रत्यक्ष विधियाँ
(Indirect Methods of Economic Control)

अप्रत्यक्ष आर्थिक नियन्त्रणों का आशय सरकार के उदार एवं प्रेरणादायक रवैये से है जिसके अन्तर्गत व्यक्तिगत उत्पादक अथवा उपभोक्ता का निर्णय अप्रत्यक्ष रूप से प्रभावित होता है। आर्थिक नियन्त्रणों में अप्रत्यक्ष आर्थिक नियन्त्रण प्रमुखत: दो प्रकार से लागू किये जा सकते हैं - *प्रथम,* प्रेरणा प्रदान करके, तथा *द्वितीय,* आर्थिक अवरोध करों को लागू करके। प्रेरणाएँ अनुदान, अभिदान, साख, गारण्टी इत्यादि द्वारा प्रदान की जा सकती है। प्रेरणाओं सृजन माँग पक्ष अथवा दोनों पूर्ति पक्ष अथवा पक्षों की तरफ से किया जा सकता है। अप्रत्यक्ष नियन्त्रण प्रमुखत: निम्नलिखित हो सकते है:

(1) अनुदान एवं आर्थिक सहायता (Subsidy and Economic Assistance)- कभी कभी सरकार किसी विशेष प्रकार की वस्तु अथवा सेवा के उपयोग को प्रोत्साहित करना चाहती है। इस उद्धेश्य की पूर्ति के लिए सरकार इन वस्तुओं तथा सेवाओं के उत्पादक प्रतिष्ठानों को अनुदान एवं आर्थिक सहायता प्रदान करती है। भारत में कृषि क्षेत्र में उर्वरकों के प्रयोग को प्रोत्साहित करने हेतु उर्वरक उद्योग को अनुदान एवं सहायता, विदेशी व्यापार, प्रमुखत: निर्यात सहयोगी तथा आयात प्रतिस्थापन के क्षेत्र में अनुदान एवं आर्थिक

सहायता, ग्रामीण क्षेत्रों में विद्युत प्रयोग के प्रोत्साहन हेतु 'ग्रामीण विद्युतीकरण निगम' को आर्थिक सहायता इसी के उदाहरण है।

(2) राजकीय संरक्षण (Government Protection)- ऐसी वस्तुओं पर जिनका उत्पादन सीमित मात्रा में होता है, उचित नियन्त्रण आवश्यक होता है। प्रजातन्त्रात्मक शासन व्यवस्था में तो न्यायपूर्ण वितरण के लिए यह और भी आवश्यक है। सरकार इन वस्तुओं के उत्पादन को राजकीय संरक्षण प्रदान करके माँग के अनुरूप उनकी पूर्ति करने का प्रयास करती है। भारत में चीनी, सीमेंट लोहा-इस्पात उद्योग को इस प्रकार का संरक्षण प्रदान किया गया है।

(3) करों में छुट (Exemption in Taxation)- कुछ ऐसी वस्तुओं के, जिनका महत्व स्वदेशी एवं निर्यात दोनों व्यापारों में हो, उत्पादन को सरकार करों में छुट देकर प्रोत्साहित करती है। पिछड़े क्षेत्रों में औद्योगिक विकास हेतु भी सरकार उत्पादन इकाइयों को प्रारम्भिक कुछ वर्षो में करों से छूट दे सकती है। सरकार कई बार जिन औद्योगिक इकाइयों के उत्पादन को प्रोत्साहन देना चाहती है तो उन वस्तुओं पर कम या बिल्कुल कर नहीं लगाती जिनका ये इकाइयाँ उत्पादन करती हैं तथा प्रतिस्पर्द्धात्मक वस्तुओं पर कुछ अधिक मात्रा में कर लगाकर उत्पादन एवं उपभोग को नियन्त्रित करती है। उदाहरणार्थ, खादी एवं अन्य हथकर्घा कपड़े को कर में छूट तथा अन्य कपड़ों पर अधिक कर। कभी कभी सरकार करों में छूट इसलिए दे देती है जिससे अधिक से अधिक लोग उस वस्तु या सेवा का प्रयोग कर सकें जैसे सिनेमा को मनोरंजन कर से मुक्त कर देना आदि।

(4) अनिवार्य बचत योजना (Compulsory Saving Schemes)- सामान्यत: इस प्रकार के अप्रत्यक्ष नियन्त्रण लगाने में सरकार का एकमात्र उद्धेश्य मुद्रा स्फीति पर नियन्त्रण करना होता है। इससे एक तरफ उपभोग हतोत्साहित होता है तथा दूसरी तरफ नागरिकों के हाथों में कम उपभोग के कारण जो पैसा बचता है वह सरकार को छोटी छोटी बचतों के रूप में प्राप्त हो जाता है जिससे देश में पूँजी निर्माण को बल मिलता है। सरकार द्वारा समय समय पर दिये जाने वाले महँगाई भत्ते का कभी कभी एक भाग अनिवार्य बचत के रूप में जमा कर लेना (जिसे Impounded Dearness Allowance कहते हैं।) तथा अधिक आय वाले व्यक्तियों से प्रतिवर्ष एक निश्चित रकम अनिवार्य जमा योजना में जमा करवाना भी इसी प्रकार के उदाहरण है। सरकार इस प्रकार से प्राप्त अनिवार्य बचत को एक अवधि के बाद नागरिकों को वापस लौटा देती है। इससे मुद्रा स्फीति पर नियन्त्रण तथा पूँजी निर्माण में सहयोग मिलता है।

(5) साख नियोजन (Credit Control)- साख के नियोजन अथवा नियन्त्रण से अभिप्राय यह है कि साख प्रदान करने पर नियन्त्रण रखना जिससे साख का अधिक से अधिक लाभ प्राथमिक क्षेत्रों को प्राप्त हो तथा अन्य क्षेत्रों को प्राप्त होने वाली अनावश्यक साख पर नियन्त्रण स्थापित हो। बैंकिंग तथा वित्तीय संस्थाएँ साख नियोजन में महत्वपूर्ण भूमिका निभाती है। साख नियोजन से एक तरफ जहाँ उत्पादन वृद्धि सम्भव होती है। वहीं दूसरी तरफ आर्थिक सत्ता के संकेन्द्रण तथा एकाधिकारी प्रवृत्ति पर भी अंकुश रहता है।

(6) मूल्य समर्थन क्रियाएँ (Price Supportive Activities)- वास्तव में इस प्रकार के मूल्य समर्थन का उद्धेश्य सरकार द्वारा किसी औद्योगिक एवं व्यापारिक इकाई को अपने उत्पादन का लागत से कम पर विक्रय करने के लिए सहायता देने से है। प्राय: सरकार प्रारम्भिक दिनों में इस प्रकार का समर्थन देती है तथा धीरे धीरे परिस्थिति अनुसार उसे समाप्त करती रहती है। सरकार द्वारा उर्वरक उद्योग को लागत से कम पर उर्वरक विक्रय करने के लिए कहना जिससे किसानों को सस्ते दामों पर उर्वरक उपलब्ध हो सके। इससे किसान जब उर्वरकों का प्रयोग करने के अभ्यस्त हो जाय तब उसको समाप्त कर देना आदि मूल्य समर्थन क्रियाओं के ही उदाहरण है।

आर्थिक नियन्त्रण की सफलता हेतु आवश्यक शर्तें
(Essential Condition for Success of Economic Control)

आर्थिक नियन्त्रण देश की अर्थव्यवस्था को नियन्त्रित करने का एक साधन है साध्य नहीं। अत: आर्थिक नियन्त्रणों की सफलता के लिए कुछ आवश्यक शर्तों का निर्धारण अनिवार्य है। वास्तव में आर्थिक नियन्त्रण मानवीय व्यवहार तथा सरकारी नीतियों के मध्य एक संघर्ष है। सम्भवत: जनता द्वारा उस प्रत्येक सरकारी नीति का विरोध किया जाता है जिनमें नियन्त्रण की बात कही गयी हो। मानवीय मस्तिष्क सन्देहयुक्त होता है। वह प्रत्येक सरकारी नीति पर सन्देह करता है तथा कभी कभी सनक में आकर बिना सोचे समझे विरोध भी प्रारम्भ कर देता है। अत: आर्थिक नियन्त्रणों की सफलता हेतु मानवीय व्यवहारों तथा सरकारी नीतियों में तालमेल बिठाने के लिए कुछ मूल तत्वों या शर्तो का निर्धारण किया जाता है। आर्थिक नियन्त्रणों की सफलता हेतु निम्नलिखित शर्तें आवश्यक हो सकती है:

(1) यथार्थ उद्धेश्य (Realistic Objectives) - बिना यथार्थ उद्धेश्य के आर्थिक नियन्त्रण लागू करना पूर्णत: नादानी तथा जनता में रोषपूर्ण वातावरण करने के तुल्य है। अत: सरकार द्वारा किसी भी आर्थिक नियन्त्रण की क्रियान्विति से.पूर्व जनता के समक्ष उचित उद्धेश्यों का स्पष्टीकरण किया जाना चाहिए। उपभोग पर नियन्त्रण सामान्यतया अधिक खतरनाक होते है तथा यदि सरकार के पास ऐसे नियन्त्रणों के लिए कोई यथार्थ उद्धेश्य नहीं है तो इसके भयंकर परिणाम हो सकते है। इसके अतिरिक्त उपभोग पर नियन्त्रण सामान्यत: तब ही लगाये जाने चाहिए जब इससे किसी महत्वपूर्ण उपलब्धि की आशा हो। सामान्य उपलब्धि के लिए इस प्रकार के नियन्त्रण नहीं लगाये जाने चाहिए।

(2) संगठन का उपयुक्त ढाँचा (Appropriate Organisational Structure) - वर्तमान आर्थिक समस्याओं तथा आर्थिक नियन्त्रणों की संख्या को देखते हुए आर्थिक नियन्त्रणों की क्रियान्विति के लिए संगठन के उपयुक्त स्वरूप की भी परम आवश्यकता है। वास्तव में आर्थिक नियन्त्रणों के क्रियान्वयन तथा इनकी सफलता के मार्ग में उपयुक्त संगठन व्यवस्था की महत्वपूर्ण भूमिका होती है। यदि संगठन आर्थिक नियन्त्रणों के निर्माण एवं कार्यान्वयन में उच्च तथा विशिष्ट व्यक्तियों की सेवाएँ प्राप्त करने, आर्थिक नियन्त्रणों की प्रक्रिया में समन्वय स्थापित करने, आर्थिक नियन्त्रणों के समय-समय पर मूल्यांकन करने हेतु सक्षम नहीं है तो अर्थव्यवस्था का आर्थिक नियन्त्रणों द्वारा सफल संचालन असम्भव होगा।

(3) सुदृढ़ एवं स्थिर सरकार (Strong and Stable Government)- आर्थिक नियन्त्रणों की सफलता के लिए सरकारी आधार सुदृढ़ होना चाहिए। सरकार में इस प्रकार की योग्यता होनी चाहिए कि दृढ़तापूर्वक आर्थिक नियन्त्रणों को लागू कर सके लेकिन इस कठोरता की प्रकृति अत्याचारी नही होनी चाहिए। आर्थिक नियन्त्रणों के नीतियो के परिणाम दीर्घकालीन होते हैं तथा इनका सरकारी नीतियों से गहरा सम्बन्ध होता है। अतः सरकार का स्थिर होना आवश्यक है जिससे नीतियाँ भी स्थिर रह सकें।

(4) कुशल एवं योग्य प्रशासन (Efficient and Able Administration)- सुदृढ़ योग्य एवं ईमानदार प्रशासन आर्थिक नियन्त्रणों की सफलता की सर्वप्रथम आवश्यकता है। बिना कुशल एवं योग्य प्रशासन के आर्थिक नियन्त्रणों का न तो उद्धेश्यपूर्ण निर्माण हो पाता है तो और न ही सफल क्रियान्वयन। यदि प्रशासन कुशल, योग्य एवं ईमानदार नहीं है तो आर्थिक नियन्त्रणों की मात्रा के अनुसार भ्रष्टाचार प्रोत्साहित होगा। आर्थिक नियन्त्रणों के प्रति जनता को विरोधी अथवा सहयोगी बनाने में प्रशासन की ही महत्वपूर्ण भूमिका होती है। कुशल, योग्य एवं ईमानदार प्रशासन के अभाव में अर्थव्यवस्था को नियन्त्रण करने वाला यह सुगम साधन विकराल रूप धारण कर सकता है।

(5) विपक्ष का सहयोग (Co-operation of Opposition)- वास्तव में विपक्ष का सहयोग आर्थिक नियन्त्रणों की रचना एवं क्रियान्वयन दोनों में महत्वपूर्ण है। यदि विपक्ष का बहुमत प्रबल है तो सम्भवतः आर्थिक नियन्त्रणों की रचना में कठिनाई उत्पन्न होगी। इसके अतिरिक्त मानव की सहज प्रवृत्ति होती है कि वह सहयोगी की अपेक्षा विरोधी की बात पर अधिक विश्वास करता है। यदि विरोधी दल इन आर्थिक नियन्त्रणों के विरूद्ध जनमत तैयार करने में सफल हो जायें हो आर्थिक नियन्त्रणों को लागू करना कठिन होगा।

(6) जन सहयोग (People's Cooperation)- वास्तव में जन सहयोग के अभाव में आर्थिक नियन्त्रणों का निर्माण एवं क्रियान्वयन दोनों अपूर्ण हैं। प्रत्येकं आर्थिक नियन्त्रण का प्रत्यक्ष अथवा अप्रत्यक्ष रूप में जनता से सम्बन्ध अवश्य ही होता है। उपभोग पर नियन्त्रण सामान्यतः जनता के लिए कष्टदायक होता है, तथा प्रशासन के लिए उसे लागू करना कठिन होता है। अतः इस प्रकार के नियन्त्रणों को इस प्रकार से लागू किया जाना चाहिए जिससे सरकार को जनता का सहयोग प्राप्त हो जाय। सीमेण्ट, चीनी, केरोसीन, पेट्रोल आदि पर नियन्त्रण में जन सहयोग आवश्यक है।

(7) व्यावहारिक एवं उपयुक्त व्यवस्था (Empharical and Appropriate Arrangements)- आर्थिक नियन्त्रणों की प्रकृति व्यावहारिक होनी चाहिए। उनमें किसी न किसी रूप में निरन्तरता का गुण रहे जिससे जनता सदैव नियन्त्रणों की अभ्यस्त रहे। इसके अतिरिक्त आर्थिक नियन्त्रणों की प्रक्रिया में लोच होनी चाहिए एवं इसकी अवधि लम्बी होनी चाहिए। आर्थिक नियन्त्रणों में इन गुणों की विद्यमानता से ही व्यावहारिकता आयेगी। इसके अतिरिक्त आर्थिक नियन्त्रणों में उपयुक्त समन्वय एवं सन्तुलन का गुण भी विद्यमान होना चाहिए। अर्थव्यवस्था के विभिन्न क्षेत्रों में लागू किये गये आर्थिक नियन्त्रण सन्तुलित एवं समन्वित होने चाहिए अन्यथा आर्थिक नियन्त्रण अप्रभावी तथा असफल रहेंगे।

भारत में आर्थिक नियन्त्रण
(Economic Control in India)

भारत में वर्तमान आर्थिक परिस्थितियों के अनुरूप तथा आर्थिक नियोजन के सफल क्रियान्वयन हेतु आर्थिक नियन्त्रणों से सम्बन्धित किसी उपयुक्त नीति का अपनाया जाना आवश्यक है। वर्तमान आर्थिक परिस्थितियों को देखते हुए विवाद का विषय आर्थिक नियन्त्रणों की प्रकृति तथा मात्रा का है न कि नियन्त्रण लागू किये जाने या न किये जाने का। स्वतन्त्रता प्राप्ति के छ: लगभग पश्चात् भी ज्वलन्त आर्थिक समस्याओं (बेरोजगारी, निम्न जीवन स्तर, गरीबी, भुखमरी, आर्थिक सत्ता का संकेन्द्रण) का निवारण नहीं किया जा सका है। अत: भारत में आर्थिक नियन्त्रण आवश्यक है। आर्थिक प्रशासन आयोग के अध्यक्ष *श्री एल. के. झा.* का सुझाव है कि नियन्त्रणों को उत्तेजकों अथवा प्रेरणादायकों के दृष्टिकोण से नहीं देखा जाना चाहिए। सरकार तथा व्यावसायिक समुदाय को उन उद्धेश्यों की पूर्ति के लिए मिलजूलकर कार्य करना चाहिए जिनके लिए नियन्त्रण लागू किये गये हैं।

भारत में आर्थिक नियन्त्रणों का इतिहास आर्थिक नियोजन से सम्बद्ध है। भारत में आर्थिक नियन्त्रणों का आरम्भ वर्ष 1951 से हुआ। तब से अब तक प्रत्यक्ष एवं अप्रत्यक्ष रूप से आर्थिक नियन्त्रणों को लागू करके उत्पादन, उपभोग, व्यापार (देशी तथा विदेशी), वितरण तथा राजस्व को नियन्त्रित किया गया है। जीवन बीमा, व्यापारिक बैंकों, लोहा एवं इस्पात संयन्त्रों का राष्ट्रीयकरण, राजकीय व्यापार निगम इत्यादि की स्थापना आर्थिक नियन्त्रण इतिहास के ही अध्याय है। भारत में विभिन्न प्रकार के आर्थिक नियन्त्रणों का विवेचन निम्न प्रकार है:

(1) मूल्य नियन्त्रण (Price Control)- सरकार उपभोग की महत्वपूर्ण वस्तुओं का स्वयं मूल्य निर्धारित करती है। इन वस्तुओं में लोहा-इस्पात, चीनी, सीमेंट आदि को सम्मिलित किया जा सकता है। इन वस्तुओं की मूल्य नीति सरकार स्वयं निर्धारित करती है न कि सम्बन्धित उद्योग का प्रशासन। उदाहरण के लिए लोहा तथा इस्पात का उत्पादन सार्वजनिक तथा निजी दोनों क्षेत्रों द्वारा किया जाता है लेकिन मूल्य नीति का निर्धारण संयुक्त समिति द्वारा किया जाता है तथा कोई भी उद्योग (सार्वजनिक अथवा निजी) इस समिति द्वारा निर्धारित मूल्य से अधिक मूल्य प्राप्त नहीं कर सकता। इस पर सरकार आवश्यक नियन्त्रण रखती है।

भारत में मूल्य नियन्त्रण के सम्बन्ध में आर्थिक प्रशासन सुधार आयोग के अध्यक्ष श्री एल. के. झा. का सुझाव है कि भारत में नियन्त्रणों की प्रक्रिया का, विशेषत: मूल्य नियन्त्रणों का पुन: मूल्यांकन किया जाना चाहिए जो दीर्घ अवधि में भी अपने आधारभूत उद्धेश्यों की पूर्ति नहीं कर पाये हैं। इसका अर्थ यह कदापि नहीं है कि मूल्य नियन्त्रण अनावश्यक है वरन् इनका नियन्त्रण इस प्रकार किया जाना चाहिए जिससे उपभोक्ताओं को संरक्षण प्राप्त हो। उनका मत है कि उपभोक्ता के लिए उसके द्वारा चुकाये गये मूल्य की अपेक्षा पूर्ति की पर्याप्तता अधिक महत्वपूर्ण है। वास्तव में भारत में मूल्य नियन्त्रण की कार्य प्रणाली में सुधार की आवश्यकता है। प्रबन्ध में अपर्याप्त अधिकारों का प्रत्यायोजन तथा दोषपूर्ण

कार्मिक नीतियों तथा निम्न वेतनभोगी अकुशल कर्मचारियों के कारण भारत में मूल्य नियन्त्रण सफल नहीं हो सका है।

(2) पूँजी निर्गमन नियन्त्रण (Control on Capital Issue)- भारत में पूँजी के निर्गमन पर नियन्त्रण रखने के उद्धेश्य से सन् 1947 में पूँजी निर्गमन अधिनियम बनाया गया। इस अधिनियम के अन्तर्गत निर्धारित सीमा (जो इस समय पच्चीस लाख रूपये है) से अधिक पूँजी निर्गमन करने पर प्रत्येक कम्पनी को इस अधिनियम के अन्तर्गत पूँजी निर्गमन नियन्त्रक से अनुमति प्राप्त करनी होती है। आर्थिक सत्ता के संकेन्द्रण पर यह नियन्त्रण एक अंकुश है।

(3) औद्योगिक (नियमन व विकास) अधिनियम (Industrial (Regulation and Development) Act.)- औद्योगिक इकाइयों की अवांछित स्थापना एवं विकास पर अंकुश लगाने के दृष्टिकोण से सन् 1951 में औद्योगिक (नियमन एवं विकास) अधिनियम बनाया गया। इस अधिनियम के प्रावधानों के अन्तर्गत अनुसूचित उद्योगों में नयी इकाइयों की स्थापना करने अथवा पूर्व में स्थापित उपक्रमों द्वारा महत्वपूर्ण विस्तार के समय लाइसेंस प्राप्त करना अनिवार्य है। इस अधिनियम के प्रावधानों के अन्तर्गत ही उद्योगों द्वारा उत्पादन में निरन्तर कमी अथवा किस्म में गिरावट अथवा मूल्य वृद्धि के समय सरकार जाँच करवा सकती है तथा अकुशल इकाइयों का प्रबन्ध स्वयं सम्भाल सकती है।

(4) विदेशी विनिमय नियमन अधिनियम (Foreign Exchange Control Act.) - विदेशी विनिमय के कोषों में वृद्धि के उद्धेश्य से सन् 1947 में विदेशी विनिमय नियमन अधिनियम लागू किया गया। इस अधिनियम के प्रावधानों के अन्तर्गत विदेशी व्यक्तियों या कम्पनियों पर भारत में उद्योग स्थापित करने अथवा सम्पत्ति का क्रय करने पर रिजर्व बैंक द्वारा प्रतिबन्ध लगाये जाने की व्यवस्था है। इस अधिनियम में इस प्रकार की व्यवस्था है कि बिना रिजर्व बैंक की अनुमति के कोई भी व्यक्ति अथवा विदेशी कम्पनी भारत में किसी व्यक्ति या कम्पनी के एजेण्ट या तकनीकी सलाहकार के रूप में कार्य नहीं कर सकेंगे।

(5) एकाधिकार व प्रतिबन्धित व्यापार क्रियाओं के अधिनियम (Monopoly & Restrictive Practices Act.)- बड़े औद्योगिक घरानों के हाथों में आर्थिक सत्ता के संकेन्द्रण पर नियन्त्रण के उद्धेश्य से यह अधिनियम 1969 में बनया गया। इस अधिनियम के अन्तर्गत निर्बन्धात्मक व्यापारिक व्यवहारों के विषय में एकाधिकार आयोग को निर्णायक अधिकार प्रदान किये गये हैं जबकि एकाधिकारी व्यवहारों तथा आर्थिक सत्ता के संकेन्द्रण के विषय में आयोग को केवल सलाहकारी अधिकार दिये गये हैं। इस सम्बन्ध में एकाधिकार एवं प्रतिबन्धात्मक व्यापार व्यवहार आयोग के भूतपूर्व अध्यक्ष न्यायाधीश एस. रंगराजन का सुझाव है कि "सार्वजनिक क्षेत्र के उपक्रमों को भी अधिनियम के अधिकार क्षेत्र में लाया जाना चाहिए। जहाँ तक निर्बन्धात्मक अथवा एकाधिकार व्यापारिक व्यवहारों का प्रश्न है, इन उपक्रमों के न तो विस्तार के लिए तथा न ही नवीन इकाइयों की स्थापना करने के लिए इस प्रकार के प्रतिबन्ध है। एकाधिकार एवं प्रतिबन्धात्मक व्यापार व्यवहार आयोग अपने

सुपुर्द कार्य में निरन्तर प्रगति कर रहा है। पिछले वर्षों में कम्पनी व्यवहार विभाग द्वारा इस आयोग को निर्दिष्ट किये गये प्रार्थना पत्रों में वृद्धि हुई है।

(6) लाइसेंस व्यवस्था (Licencing System)- औद्योगिक लाइसेंस प्रणाली सरकार द्वारा औद्योगिक अर्थ व्यवस्था को नियन्त्रित करने का यह एक महत्वपूर्ण उपकरण है। इस उपकरण का प्रयोग सरकार उद्योगों के स्थानीयकरण, विस्तार एवं पूँजी के वांछित दिशाओं में विनियोग आर्थिक सत्ता के संकेन्द्रण को रोकने तथा नये उद्यमियों एवं साहसियों को विभिन्न प्रकार के प्रलाभन- देने में करती है। वास्तव में भारत में यह उपकरण अधिक कारगर सिद्ध नहीं हो पाया है। इस सम्बन्ध में न्यायाधीश एस. रंगराजन द्वारा कटु आलोचना की गयी है। उनका कहना है कि भारत की वर्तमान लाइसेंसिग व्यवस्था कम से कम कुछ क्षेत्रों में क्षमता के पूर्वक्रम के सम्बन्ध में अगुआ रही है।

(7) राशनिंग व्यवस्था (Rationing System)- भारत में महत्वपूर्ण उपभोग की वस्तुओ की राशनिंग व्यवस्था के माध्यम से वितरण व्यवस्था की जा रही है। इसका प्रमुख कारण उत्पादन तथा उपभोग स्तर में अत्यधिक अन्तर का होना है। एक समय सीमेण्ट, चीनी, उर्वरक तथा मिट्टी के तेल आदि का वितरण राशनिंग प्रणाली के द्वारा किया जा रहा था। निः सन्देह भारत में इस व्यवस्था के सहयोग से इन वस्तुओं के मूल्य खुले बाजार में स्थिर रहने में काफी सहायता मिली है लेकिन दूसरी तरफ भ्रष्टाचार तथा कालाबाजारी भी प्रोत्साहित हुई है।

(8) साख नियन्त्रण (Credit Control) - इसे साख निर्माण भी कहा जा सकता है। इसका उद्धेश्य साख व्यवस्था को देश की आर्थिक परिस्थितियों के अनुरूप प्रयोग करना होता है। भारतीय मुद्रा बाजार की क्रियाओं को नियन्त्रित करने हेतु रिजर्व बैंक साख का नियन्त्रण करता है। बैकों के राष्ट्रीयकरण से पहले साख पर अधिक नियन्त्रण रखना सम्भव नहीं था जिससे आर्थिक सत्ता के संकेन्द्रण को अधिक प्रोत्साहन मिला। इसीलिए व्यापारिक बैंकों का राष्ट्रीयकरण किया गया जिससे कि साख पर उचित नियन्त्रण रखा जा सके।

(9) औद्यागिक नीति (Industrial Policy)- अल्पविकसित अर्थव्यवस्था में उपयुक्त हस्तक्षेप सहित औद्योगिक नीति औद्योगिक अर्थव्यवस्था को नियन्त्रित करने हेतु अनिवार्य है। इस नीति के माध्यम से ही सरकार आर्थिक कार्यकलाप के कुछ क्षेत्र स्वयं अपने लिए, कुछ क्षेत्र व्यक्तिगत उद्यमियों तथा कुछ क्षेत्र संयुक्त क्षेत्र के लिए निर्धारित कर सकती है। भारत सरकार द्वारा घोषित 1948, 1956, 1977 तथा 1980 वर्तमान 1991 की औद्योगिक नीतियाँ औद्योगिक अर्थव्यवस्था के नियन्त्रण में बहुत हद तक सफल हो पायी है।

(10) सार्वजनिक वितरण प्रणाली (Public Distribution System) - सार्वजनिक वितरण प्रणाली का आशय अत्यधिक उपभोग की वस्तुओं के वितरण की सरकारी स्तर पर व्यवस्था से हैं। इस वितरण प्रणाली में प्रमुख रूप से नहाने तथा कपड़े धोने के साबुन, माचिस, चाय, काफी तथा अभ्यास पुस्तिकाएँ सम्मिलित की जाती है। भारत में इस प्रणाली का इतिहास लगभग पाँच से अधिक दशक पुराना है जिसमें तीन दशक नियोजित विकास के हैं।

भारत में आवश्यक वस्तुओं के वितरण को नियन्त्रित रखने हेतु सार्वजनिक वितरण प्रणाली अधिक कारगर सिद्ध नहीं हो पायी है। एक प्रभावी सार्वजनिक वितरण प्रणाली हेतु उत्पादन, अधिप्राप्ति, परिवहन, भण्डारण तथा कुछ चयनित वस्तुओं के वितरण के सम्बन्ध में सम्पर्क प्रथम आवश्यकता है।

(11) अन्य नियन्त्रण (Other Control Methods) - उपरोक्त वर्णित आर्थिक नियन्त्रणों के अतिरिक्त कुछ अन्य नियन्त्रण भी अर्थव्यवस्था को नियन्त्रित करने हेतु प्रयोग किये जाते हैं। इनमें से आयात के सम्बन्ध में कोटा प्रणाली द्वारा आयातों पर नियन्त्रण, लघु उद्योगों के लिए कुछ मदो का आरक्षण कर प्रोत्साहन तथा बड़े उद्योगों पर नियन्त्रण, अन्तर्राज्यीय प्रतिबन्ध द्वारा खाद्यान्नों के आवागमन पर नियन्त्रण अनिवार्य जमा योजना द्वारा मुद्रा प्रसार पर नियन्त्रण तथा राजकोषीय नीति के माध्यम से उद्योगों के अनावश्यक विस्तार पर नियन्त्रण प्रमुख है।

प्रश्न

1. आर्थिक नियन्त्रण किसी देश की अर्थ-व्यवस्था के सामान्य संचालन को आमतौर पर अवरूद्ध कर देते हैं? उपयुक्त उदाहरण देकर आलोचनात्मक विवेचन कीजिए।

   Economic controls usually upset the general working of economic in a country. Comment critically giving suitable examples.
2. दर्शाइए कि किस प्रकार आर्थिक नियन्त्रणों द्वारा स्फीति का उपचार किया जा सकता है।

   Show how inflation may be cured through economic control.
3. ''आर्थिक नियोजन की सफलता के लिए आर्थिक नियन्त्रणों का होना आवश्यक है।'' भारत के विशेष सन्दर्भ में उपरोक्त कथन का आलोचनात्मक परीक्षण कीजिए।

   "Economic controls are essential for the success of economic planning." Critically examine the above statement with special reference to India.

9

विनिमय नियन्त्रण
[Exchange Control]

विनिमय नियन्त्रण से आशय

हैबरलर के अनुसार, ''विनिमय नियन्त्रण का अभिप्राय विदेशी विनिमय बाजार में आर्थिक शक्तियों के स्वतंत्र कार्य कलाप को समाप्त करके वहाँ राजकीय नियमन की स्थापना करना है।''

हीलपरइन के अनुसार, ''विदेशी विनिमय का जितना भी लेन देन है वह सार्वजनिक अधिकारों के हाथों में केन्द्रित हो।''

पाल एजिंग के अनुसार, ''विनिमय नियन्त्रण का अभिप्राय मौद्रिक अधिकारी के उन सभी हस्तक्षेपों से होता है जो विनिमय दरों या उनसे सम्बन्धित बाजारों को प्रभावित करने के लिए किए जाते है।''

संक्षेप में विनिमय नियन्त्रण से तात्पर्य है स्वतन्त्र व्यापार पर अंकुश रखना। स्वदेश के हित को ध्यान में रखकर वस्तुओं का क्रय विक्रय करना। सर्वप्रथम विनिमय नियन्त्रण का अविष्कार जर्मनी ने किया था। प्रथम महायुद्ध के पश्चात् जर्मन मार्क की स्थिति शोचनीय हो गई और इसकी विनिमय दर को स्थिर रखने के लिए ही विनिमय नियन्त्रण किया गया। दोनों महायुद्धों के पश्चात् अब यह स्थिति हो गई है कि कोई भी राष्ट्र स्वतन्त्र व्यापार नहीं कर सकता और प्रत्येक राष्ट्र ने प्रत्यक्ष अथवा अप्रत्यक्ष रीति द्वारा विनिमय नियन्त्रण किया है।

अन्तर्राष्ट्रीय मुद्रा कोष की 1964 की रिपोर्ट के अनुसार, ''पिछले कुछ वर्षों में विकसित एवम् विकासशील देशों द्वारा विनिमय नियन्त्रण व्यापक रूप से अपनाया गया। औद्योगिक एवं अधिक आमदनी वाले देश तो कुछ सीमाओं को छोड़कर अपने आर्थिक सम्बन्ध

या लेन देन करने के योग्य हो गए है, किन्तु कम आमदनी वाले एवं विकासशील देश तो अब भी इस तरह के नियन्त्रण लागू रखना चाहते है।"

विनिमय नियंत्रण की विशेषताएँ

विदेशी विनिमय नियंत्रण की विशेषताएँ निम्न प्रकार है:

1. **सरकारी एकाधिकार** – सम्पूर्ण प्रणाली के अन्तर्गत सभी विदेशी विनिमय बाजार पर राजकीय अधिकार होता है।
2. **केन्द्रीय बैंक द्वारा संचालन** – इस प्रणाली के अन्तर्गत सभी विदेशी विनिमय सम्बन्धी व्यवहारों का केन्द्रीयकरण होता है। इन सभी गतिविधियों का संचालन प्रायः देश के केन्द्रीय बैंक द्वारा होता है। भारत में यह कार्य रिजर्व बैंक ऑफ इण्डिया द्वारा किया जाता है।
3. **अधिकृत प्रतिनिधि** – विनिमय नियंत्रण सम्बन्धित असुविधाओं के निवारणार्थ कुछ अधिकृत बैंकों अथवा प्रतिनिधियों की नियुक्ति की जाती है जो विदेशी मुद्रा निश्चित विनिमय दर पर क्रय विक्रय करते रहते है।
4. **पूँजी निर्यात पर प्रतिबन्ध** – इस व्यवस्था के अन्तर्गत स्वर्ण अथवा पूँजी के बहिर्गमन पर प्रतिबन्ध होता है।
5. **निश्चित विनिमय दर** – केन्द्रीय बैंक एक निश्चित विनिमय दर पर मुद्रा बेचती और खरीदती है।
6. **लाइसेन्सिंग प्रणाली** – आयात-निर्यात करने के पूर्व लाइसेन्स प्राप्त करना अनिवार्य है। लाइसेन्स के प्रस्तुतीकरण पर ही अधिकृत बैंकों से विदेशी मुद्रा प्राप्त हो सकेगी।
7. **विदेशी मुद्रा जमा करना** – निर्यात किये गये सामान से प्राप्त अथवा अन्य किसी प्रकार से अर्जित सम्पूर्ण विदेशी आय को सरकार अथवा मुद्रा अधिकारी को सुपुर्द करनी होती है।
8. **विदेशी खातों पर नियन्त्रण** – कठोर विनिमय नियन्त्रण के अन्तर्गत या तो देशवासियों को विदेश में खाते खोलने की अनुमति ही प्रदान नहीं की जाती, अथवा उन पर कड़ी देख-रेख और नियन्त्रण रखा जाता है। प्रायः ऐसे खातों की अधिकतम राशि निर्धारित कर दी जाती है।

विनिमय नियन्त्रण क्यों आवश्यक है या उद्देश्य

1. विदेशी मुद्रा प्राप्त करने के लिए – अपने देश के विदेशी मुद्रा कोष को सुरक्षित रखकर विदेश से ओर अधिक मुद्रा प्राप्त करके, अपनी क्रय शक्ति को बढ़ाने के उद्धेश्य से विनिमय नियन्त्रण किया जाता है।

2. पूँजी के आवागमन पर रोक लगाने के लिए – पूँजी के आवागमन पर यदि कोई प्रतिबन्ध न हो और ब्याज की मात्रा एवं लाभ की मात्रा अधिक हो तो उस में स्वर्ण एवं विदेशी मुद्रा के जाने की प्रवृत्ति हो जाती है। इसी भय के कारण विनिमय नियन्त्रण किया था।

3. विभिन्न करैंसियों से सम्बन्ध रखने के लिए - विभिन्न करैंसियों में स्थायी सम्बन्ध बना रहे इस उद्धेश्य से भी विनिमय नियन्त्रण किया जाता है। सन् 1931 में जब इंग्लैण्ड ने स्वर्णमान का खण्डन कर दिया तब स्टर्लिंग गुट के सदस्य देशों ने पौण्ड स्टर्लिंग में अपनी करैंसियों के मूल्य को स्थायी रखने के लिए ही विनिमय नियन्त्रण किया था।

4. करैंसी का अधिमुल्यन करने के लिए - करैंसी का अधिमूल्य करने पर युद्ध कार्य या नागरिक उपयोग के लिए आवश्यक वस्तुयें विदेशों से सस्ते मूल्य पर आयात की जा सकती है। विदेशी ऋण को अधिक सस्तें ढंग से चुकाने के लिए भी कोई देश अपनी करैंसी का अधिमूल्यन कर देता है।

5. करैंसी का अवमूल्यन करने के लिए - निर्यातों की वृद्धि के लिए एवं आयातों को हतोत्साहित करने के लिए अवमूल्यन आवश्यक हो जाता है और इसका भी विनिमय नियन्त्रण किया जाता है। जैसे सन् 1920 से 1931 के बीच विभिन्न देशों ने इसी उद्धेश्य को रखकर विनिमय नियन्त्रण किया।

6. विनिमय दरों में स्थिरता लाने के लिए - विनिमय दरों में स्थिरता परमावश्यक है। नहीं तो विदेशी व्यापार अनिश्चित हो जाता है और साथ ही सट्टे बाजी को प्रोत्साहन मिलता है। स्वर्णमान के खण्डन के पश्चात अनेक देशों ने इसी लक्ष्य प्राप्ति के लिए विनिमय नियंत्रण किया।

7. भुगतान सन्तुलन पक्ष में करने के लिये - भुगतान असन्तुलन हो जाने पर उसे पक्ष में करने के लिए भी विनिमय किया जाता है।

8. सरकारी आय में वृद्धि के लिए - विनिमय नियंत्रण से देश को लाभ तो होता ही है, साथ ही आयातित वस्तु पर ऊँचे कर लगाकर सरकारी आय में भी वृद्धि हो जाती है।

9. स्वतन्त्र दर में मिली विनिमय दर बनाने के लिए - क्राउथर के अनुसार विनिमय नियंत्रण का महत्वपूर्ण उद्धेश्य यह होता है कि इस प्रकार की विनिमय दर स्थापित की जाय जो माँग और पूर्ति की स्वतन्त्र शक्तियों द्वारा निर्धारित दर से भिन्न हो क्योंकि ''यदि सरकार उस विनिमय दर से सन्तुष्ट है, जो माँग और पूर्तियों को स्वतन्त्र शक्तियों से निश्चित हुई है, तो प्रबन्ध की कोई आवश्यकता नहीं होगी।''

10. शत्रु देश द्वारा क्रयशक्ति के प्रयोग पर रोक लगाने के लिए - शत्रु देश की या उस देश के एजेन्टों की जो कि नियंत्रण लगाने वाले देशों में रहते है क्रयशक्ति के प्रयोग पर रोक लगाने के लिए भी विनिमय नियत्रण किया जाता है।

11. ऋण के भुगतान के लिए -विदेशी ऋण के भुगतान के लिए विदेशी करैंसी की आवश्यकता होती है और यह निर्यात प्रोत्साहन द्वारा ही सम्भव होता है इसलिए भी विनिमय नियन्त्रण लगाया जाता है।

युद्ध कालीन एवं शांतिकालीन दोनों ही अर्थव्यवस्थाओं में उपरोक्त उद्धेश्यों की पूर्ति हेतु विनिमय नियन्त्रण किया जाता है।

विनिमय नियन्त्रण की रीतियाँ

विनिमय नियंत्रण दो रीतियों द्वारा सम्पन्न होता है -

(i) प्रत्यक्ष रीतियाँ, तथा (ii) अप्रत्यक्ष रीतियाँ

1. हस्तक्षेप - हस्तक्षेप की रीति में सरकार वास्तविक विनिमय दर के स्थान पर विनिमय दर को ऊँचा अथवा नीचा टाँक देती है। यदि सरकार विनिमय दर को एक ऊँचे स्तर पर निश्चित कर देती है, तो इसे 'विनिमय दर का ऊँचा टांकना' कहते है। इसके विपरीत जब सरकार विनिमय दर को नीचे स्तर पर स्थिर कर देती है, तो इसे विनिमय दर का नीचे टाँकना कहा जाता है। इस रीति में सरकार अथवा केन्द्रीय बैंक विदेशी विनिमय बाजार में विदेशी मुद्राओं के बदले अपनी मुद्रा खरीदने एवं बेचने लगती है।

''जब सरकार विनिमय दर को ऊँचे (या नीचे) स्तर पर टाँकना चाहती है, जो कि हस्तक्षेप के अभाव में माँग और पूर्ति की शक्तियों के आधार पर सम्भव नहीं है, तो यह आवश्यक है, कि वह अपनी करैंसी के बदले में विदेशी करैंसी (या विदेशी करैंसी के बदले में अपनी करैंसी) अनिश्चित समय तक देते रहने में समर्थ हो। सरकार की यह सामर्थ्य विदेशी करैंसियों के कोष पर निर्भर है।''- ***क्राउथर*-मुद्रा की रूपरेखा**

सन 1932 में इंग्लैण्ड में जो विनिमय स्थायीकरण कोष (Exchange Stabilisation Fund) स्थापित किये गये थे, उनका उद्धेश्य पौण्ड स्टर्लिंग के मूल्य को, स्वदेशी और विदेशी करैंसियों के क्रय विक्रय कार्य कलापों द्वारा, एक स्थिर दर पर टाँकना था।

2. विनिमय प्रतिबन्ध - 'विनिमय प्रतिबन्ध' का अभिप्राय विनिमय बाजार में स्वदेशी करँसी की सप्लाई को अनिवार्य रूप से करना है। जैसे, बहुमुखी विनिमय दरों द्वारा अवरूद्ध खातों द्वारा आदि।

बहुमुखी विनिमय दरों का तात्पर्य है, विभिन्न वस्तुओं के आयातों एवं निर्यातों पर अलग अलग विनिमय दरें तय कर दी जाती है। इस विधि का उद्धेश्य अधिकाधिक स्वदेशी मुद्रा प्राप्त करना होता है।

खातों को अवरूद्ध करने की रीति के अंतर्गत ऋणदाता देशों के ऋणों का भुगतान रोकने के उद्धेश्य को किया जाता है। इसमें सरकार एक प्रकार का नियम बना देती है किसी भी वदेशी मनुष्य को अपनी सम्पत्ति, प्रतिभुतियों तथा उस देश की मुद्रा को देश से बाहर ले जाने की आज्ञा नहीं होती। इसके अतिरिक्त, उसे रोक देते है, और सरकार उस राशि को विदेशी के नाम अवरूद्ध खाते में जमा कर देती है। उसको इसमें से मुद्रा निकालने का अधिकार नहीं होता। विदेशी विवश होकर उस राशि के बदले वस्तुयें स्वीकार करते हैं या इस राशि को कम मूल्य पर बेच देते हैं। इससे देश को लाभ होता है, किन्तु विदेशी ऋणदाताओं को कठिनाई होती है, क्योंकि वे अपनी धनराशि का मनमाने ढंग से उपयोग नहीं कर सकते है। इस रीति का प्रयोग 1930 की महामंदी के समय जर्मनी एवं अन्य ऋणी देशों से किया था।

3. विनिमय निकासी - विनिमय निकासी समझौते की रीति के अनुसार दो देश ऐसी आपसी व्यवस्था करते है कि प्रत्येक देश अपनी निर्यातकर्त्ताओं को अपने ही चलन में उन शोधनों में से भुगतान निश्चित कर लेता है जो देश के आयातकर्त्ताओं से प्राप्त होते है। अतः विदेशी चलनों का उपयोग किये बगैर ही भुगतान हो जाता है। इस रीति में साधारण कार्यवाहन पूर्णतया स्थापित हो जाता है। ऐसे समझौते से विदेशी व्यापार में सन्तुलन स्थापित होता है। अंतर्राष्ट्रीय व्यापार शुद्ध रूप से वस्तु विनिमय का रूप धारण कर लेता है। विनिमय निकासी समझौते की रीति का निर्माण जर्मनी में हुआ। इस रीति का प्रयोग विशेष रूप से 1929 की महामन्दी की समय हुआ था।

4. यथा स्थिर - इस रीति के समझौते पक्ष वाले देशों के बीच पूँजी के हस्तातरण पर रोक लगा दी जाती है, और विदेशी ऋणों का भुगतान एकदम न करके धीरे धीरे किश्तों में किया जाता है। साधारणतः पूँजी के हस्तांतरण पर प्रतिबन्ध लगाकर अल्पकालीन ऋणों को दीर्घकालीन ऋणों में परिवर्तित कर दिया जाता है। इससे ऋणी देश को अपनी आंतरिक अर्थव्यवस्था को सुधारने का अवसर मिलता है। सन? 1930 के अपवाद के तुरन्त बाद जर्मनी ने इस रीति का प्रयोग किया था।

5. विलम्बकाल हस्तांतरण - इस रीति के अंतर्गत विदेशी भुगतानों की समस्या को कुछ समय के लिये टाल दिया जाता है। देश के आयात कर्त्ताओं को अपने ऋणों का भुगतान देशी चलन में किसी अधिकृत बैंक में जमा कराने का आदेश दिया जाता है। इस जमा राशि को सुरक्षित रखा जाता है तथा निश्चित अवधि के पश्चात् इसका भुगतान विदेश को कर दिया जाता है। विलम्बकाल की इस अवधि में देश की सरकार को विदेशी विनिमय सम्बन्धी आवश्यक समायोजन करने का अवसर प्राप्त हो जाता है। देश विशेष के आर्थिक संकट के समय इस रीति का प्रयोग किया जाता है। महामन्दी के समय यूरोप के अनेक देशों ने अपने राष्ट्र के व्यक्तियों को भुगतान भेजने पर विलम्बकाल सम्बन्धी आदेश जारी किये थे।

6. स्वर्ण नीति - स्वर्ण के क्रय और विक्रय के मूल्य का जोड-तोड़ (Manipolate) करके भी विनिमय नियन्त्रण प्रचलित किया जा सकता है। उपाय विनिमय दरों को स्वर्ण बिन्दुओं के माध्यम से प्रभावित करते है। सन् 1936 में ग्रेट ब्रिटेन, फ्रांस और अमेरिका ने स्वर्ण के क्रय विक्रय कीमतों को एक ऐसे स्तर पर, जिसे इन पक्षों ने विनिमय दर का लक्ष्य बनाया था। नियत करके विनिमय देश के नियन्त्रण का प्रयास किया था।

विनिमय नियन्त्रण की अप्रत्यक्ष रीतियाँ

अंतर्राष्ट्रीय व्यापार को नियमित करने के लिये कुछ अप्रत्यक्ष रीतियों का भी प्रयोग किया जाता है। वे निम्न है-

1. ब्याज दरों में परिवर्तन - देश की ब्याज दर के बढ़ने से स्वदेशी विनियोजक पूँजी स्वदेश में ही लगते है। साथ ही विदेशों से भी पूँजी उस देश में आने लगती है, और उस देश की करैंसी की मांग बढ़ जाती है और विनिमय दर कम हो जाती है। 1926 से 1930 के बीच जर्मनी ने विशाल कोष इस तरह से आकर्षित किए थे।

2. आयात कर - संरक्षण कर तथा कोष निर्धारित करके भी विनिमय नियन्त्रण किया जाता है।

3. निर्यात सहायता - आयात कर की तरह निर्यात सहायता भी विनिमय नियन्त्रण का एक प्रत्यक्ष साधन है।

विनिमय नियन्त्रण अंतर्राष्ट्रीयता के स्थान पर राष्ट्रीयता को बढ़ावा देता है। अतः अंतर्राष्ट्रीय व्यापार के अन्तर्गत विनिमय नियन्त्रण नहीं होना चाहिए। इसका व्यापार पर कुप्रभाव पड़ता है, और यह स्वार्थ को जन्म देता है। किसी भी देश को विनिमय नियन्त्रण नहीं अपनाना चाहिए।

विनिमय नियंत्रण के दोष

यद्यपि विनिमय नियंत्रण किसी देश के लिए उपयोगी सिद्ध हुए हैं, किन्तु अन्तर्राष्ट्रीय दृष्टि से इसमें निम्न दोष पाये जाते हैं-

1. अन्तर्राष्ट्रीय व्यापार के प्रसार में यह बाधक सिद्ध हुई है।
2. एक बार नियन्त्रण लागू होने पर छुटकारा पाना मुश्किल है।
3. इससे वस्तुओं और मुद्रा का मुक्त विचरण समाप्त हो जाता है।
4. इससे सामान्य जनता के जीवन स्तर में गिरावट आ जाती है और आन्तरिक व्यापार में कमी हो जाती है।
5. इस पद्धति द्वारा भ्रष्टाचार, लालफीताशाही और पक्षपात को जन्म मिला है।
6. यह व्यवस्था अत्यधिक खर्चीली है क्योंकि इसके संचालन हेतु बड़ी मात्रा में नौकरशाही की आवश्यकता पड़ती है
7. पॉल आइन्जिग के अनुसार इस पद्धति के संरक्षण में मुद्रा स्फीति दीर्घकाल तक चलती रहती है जिसका शिकार सम्पूर्ण देशवासियों को बनना पड़ता है।
8. इसके आधार पर विनिमय दरों की स्थिरता विश्वास खो देती है जिससे काले बाजार का प्रादुर्भाव होता है।

भारत में विनिमय नियंत्रण (Exchange Control in India)

विनिमय नियन्त्रण की नीति भारत में सितम्बर 1939 ई. में द्वितीय महायुद्ध की घोषणा के समय लागू की गई थी। प्रारम्भ में विनिमय नियन्त्रण भारत रक्षा नियमों के अन्तर्गत लागू किया गया था, किन्तु युद्ध की समाप्ति पर विदेशी विनिमय नियन्त्रण अधिनियम, सन् 1947 (Foreign Exchange Regulation Act, 1947) पारित किया गया। इस अधिनियम के अन्तर्गत रिजर्व बैंक तथा भारत सरकार को सम्पूर्ण विदेशी विनिमय के व्यवहारों का नियमन का अधिकार दिया गया है। विदेशी विनिमय नियमन अधिनियम 1973, जो 1 जनवरी, 1974 से लागू हुआ, 1947 के अधिनियम को पुनर्स्थापित किया। भारत में विदेशी विनिमय नियन्त्रण का अधिकार उक्त अधिनियम के अन्तर्गत भारतीय रिजर्व बैंक को हे जबकि विदेशी व्यापार (आयात निर्यात व्यापार) का नियन्त्रण Imports & Exports Control Act, 1947 के अन्तर्गत भारत सरकार के वाणिज्य मंत्रालय (विदेशी व्यापार विकास) द्वारा किया जाता है। इस प्रकार व्यापारिक वस्तुओं के आयात-निर्यात का नियन्त्रण भारत सरकार और इनके भुगतानों का नियन्त्रण भारतीय रिजर्व बैंक के अधीन है।

भारत में विनिमय नियंत्रण की व्यवस्था निम्न प्रकार है:

1. अधिकृत व्यापारी (Authorised Dealers)- रिजर्व बैंक ने भारत में 38 अधिकृत व्यापारियों की नियुक्ति की है, जिनमें से 23 भारतीय अनुसूचित बैंक और शेष विदेशी बैंक हैं। इन व्यापारियों के माध्यम से विदेशी विनिमय की क्रय एवं बिक्री की जा सकती है। एक विदेशी विनिमय व्यापारी संघ (Foreign Exchange Dealers Association) की स्थापना की गई है। जिसे भारतीय रिजर्व बैंक से मान्यता प्राप्त है। विदेशी मुद्राओं का क्रय विक्रय करते समय इससे रिजर्व बैंक परामर्श करता है। अधिकृत व्यापारिक बैंक रिजर्व बैंक द्वारा प्रदत्त अधिकारों के अन्तर्गत विदेशी विनिमय सम्बन्धी माँगों की पूर्ति कर देते हैं। इस प्रकार ये अधिकृत बैंक विदेशी विनिमय के सम्बन्ध में दो भूमिकाएँ निभाते हैं।

(अ) भारतीय रिजर्व बैंक के नीति निर्देशों के अनुसार विदेशी विनिमय नियंत्रणों को निर्देशित सीमा तक क्रियान्वित करना।

(ब) विदेशी विनिमय सम्बन्धी समस्याओं को हल करने के बारे में अपने ग्राहकों को परामर्श देना।

2. विनिमय दरें (Exchange Rates)- विदेशी विनिमय की आधारभूत दरें अन्तर्राष्ट्रीय मुद्रा कोष की मान्यता के अनुसार ही समझी जाती है, किन्तु उनकी बाजार दरें निश्चित सीमाओं (2.25 प्रतिशत कम और 2.25 प्रतिशत अधिक) में कम या अधिक हो सकती है। स्टर्लिंग की विनिमय दर विदेशी विनिमय व्यापारी संघ (Foreign Exchange Dealers Association of India) द्वारा निर्धारित की जाती है जिसके सभी विदेशी विनिमय व्यापारी सदस्य है।

3. यात्रा, प्रशिक्षण आदि - कोई भी व्यक्ति द्वारा विदेशों में भ्रमण, प्रशिक्षण, व्यापार, इलाज तथा धार्मिक यात्रा करने के पूर्व आवश्यक विदेशी विनिमय की आज्ञा रिजर्व बैंक से लेनी पड़ती है। ऑक्सफोर्ड और कैम्ब्रिज विश्वविद्यालयों में प्रशिक्षण प्राप्त करने वाले छात्रों के लिए पॉण्ड 759 प्रति वर्ष और अन्य स्थानों के लिए पॉण्ड 600 से पॉण्ड 700 प्रति वर्ष तक (ट्यूशन शुल्क के अलावा) भेजे जा सकते है।

धार्मिक यात्राओं में हज यात्रा प्रमुख है। हज यात्रा के लिए प्रति पौढ़ रुपये 1670 और प्रति बच्चा रुपये 835 दिया जाता है। हज करने के लिए कोई भी व्यक्ति को दो वर्ष में एक बार जाने की अनुमति दी जा सकती है। इस कार्य के लिए एक हज समिति बनी हुई है जो प्रत्येक आवेदन पत्र पर विचार करने के बाद अनुमति के सम्बन्ध में निर्णय देती है।

भारत में स्थित विदेशी कर्मचारी यदि वे अवकाश पर जा रहेहों तो ऐसी स्थिति में उनका वेतन आदि भी उनके देश में भेजा जा सकता है।

4. यातायात शुल्क - विदेशों से लौटते समय अथवा आयात किये जाने वाले माल का जो किराया विदेशी मुद्रा में चुकाया जाता है उसकी नियमित स्वीकृति रिजर्व बैंक से लेना अनिवार्य है। जहाजों से आने या जाने वाले माल पर भाड़ा यदि विदेशी मुद्रा में चुकाया जाना तो रिजर्व बैंक की अनुमति लेना अनिवार्य है। तटीय परिवहन का भाड़ा केवल रुपयों में ही चुकाया जा सकता है।

5. बीमा शुल्क - भारतवासियों के लिए विदेशी मुद्रा में बीमा पॉलिसी लेने की मनाही है, किन्तु ऐसे विदेशी जो भारत में रह रहे है, ऐसी पॉलिसी ने सकते है।

6. आयातों का भुगतान - यदि आयातकर्त्ता ने आयातों के लिए लाइसेंस प्राप्त कर लिया है तो विदेशों से मँगाई गई वस्तुओं का मूल्य अधिकृत बैंकों के माध्यम से चुकाया जा सकता है।

7. पूँजी का स्थानान्तरण - भारत में जिन विदेशियों ने पूँजी विनियोजित कर रखी है वह रिजर्व बैंक की अनूमति से अपने देश वापिस ले जा सकते हैं। स्टर्लिंग क्षेत्र का निवासी अवकाश प्राप्त करने के बाद यदि डॉलर क्षेत्र में जाना चाहता है तो ऐसी स्थिति में उसे केवल 5,000 पौण्ड तक की सम्पत्ति स्थानान्तरित करने की अनुमति दी जा सकती है। यदि कोई भारतीय दूसरे देशों में जाकर बसना चाहता है तो रिजर्व बैंक की अनुमति लेकर 50,000 रुपये प्रति परिवार तक मूल्य की राशि विदेशों में ले जा सकता है।

8. पारिवारिक निर्वाह - भारत स्थित विदेशी कर्मचारी या व्यवसायी अपने परिवार के भरण पोषण हेतु नियमित रूप से अपने वेतन का 50 प्रतिशत (जिसकी कुल राशि 2360 रु. से अधिक न हो) तक रिजर्व बैंक की बिना अनुमति से भेज सकता है। पाकिस्तान को भेजी जाने वाली राशि के लिए रिजर्व बैंक की अनुमति प्राप्त करना अनिवार्य है।

9. फुटकर भुगतान - उपर्युक्त भुगतानों के अलावा अन्य भुगतान यथा-पत्रिकाओं का चन्दा, क्लबों का शुल्क अथवा शिक्षा आदि का शुल्क सामान्यत: 200 रुपये प्रति वर्ष तक बिना रिजर्व बैंक की अनुमति के विदेशों में भेजा जा सकता है। इससे अधिक राशि भेजने हेतु अनुमति लेना आवश्यक है।

10. विदेशी कोषों के संचालन पर नियंत्रण (Regulation on the Flow of Foreign Funds)- भारत सरकार ने विदेशी चन्दा नियमन अधिनियम (Foreign Contribution Regulation Act, 1973) के द्वारा भारत में किसी व्यक्ति अथवा संस्था को विदेशी एजेन्सियों से चन्दे व अनुदान लेने पर रोक लगा दी है। इस अधिनियम के अनुसार कोई भी चुनाव लड़ने वाला प्रत्याशी, संपादक, मुद्रक, पंजीकृत समाचार पत्रों के प्रकाशक, सरकारी कर्मचारी, लोक निगमों के कर्मचारी, एम.एल.ए., एम.पी. तथा राजनीतिक दलों के पदाधिकारी विदेशी चन्दे स्वीकार नहीं कर सकते। कोई भी व्यक्ति भारत में अथवा कोई भी भातरीय विदेश में रहते हुए विदेशी मुद्रा या चन्दा स्वीकार नहीं कर सकता। विदेशों से प्राप्त छात्रवृत्ति के सम्बन्ध में भी छात्र द्वारा सरकार को निर्धारित अवधि में सुचना देनी होगी।

11. भारत में विदेशी पूँजी - यदि कोई विदेशी कम्पनी भारत में पूँजी विनियोग करने की इच्छुक है तो भारत सरकार के पूँजी निर्गमन नियन्त्रक (Controller of Capital Issue) की आज्ञा लेना अनिवार्य है।

12. स्वर्ण जवाहरात - स्वर्ण, हीरे, जवाहरात आदि बहुमूल्य धातुओं के आयात-निर्यात के लिए भी लाइसेन्स लेना अनिवार्य है। विदेशों में जाने वाले यात्री अपने साथ 15,000 रुपये तक के मूल्यवान जेवर तथा जवाहरात ले जा सकते हैं। विदेशी भारत में आते समय असीमित मात्रा में स्वतन्त्रतापूर्वक विदेशी मुद्रा ला सकते है।

13. भारतीय बैंकों में विदेशों में बसने वाले भारतीयों द्वारा विदेशी मुद्राओं की जमाएँ - भारत सरकार ने सन् 1975-76 सेविदेशों में भारतीयों को भारतीय बैंकों में विदेशी मुद्राओं में अपने खाते खोलने व संचालन करने की सुविधा प्रदान की है। ऐसे खातों में उन्हें यह सुविधा भी दी गई कि वे अपनी जमा को विदेशी मुद्रा में चाहे जब निकाल सकते है। इन जमाओं पर प्राप्त होने वाला ब्याज भी करमुक्त रखा गया। इस सुविधा से देश में विदेशी विनिमय के कोषों में पर्याप्त वृद्धि हुई।

विनिमय नियन्त्रण प्रशासन - विनिमय नियन्त्रण प्रशासन रिजर्व बैंक ऑफ इण्डिया के द्वारा किया जाता है। बम्बई, कलकत्ता, नई दिल्ली, कानपुर और मद्रास में सहायक नियन्त्रकों की निगरानी में विनिमय नियन्त्रण विभाग के उपकार्यालय स्थित हैं, जो विदेशी सौदों के सफल समापन में मदद देते रहते हैं। इस प्रकार विनिमय नियन्त्रण का कार्य रिजर्व बैंक के कुशल नेतृत्व में सफलतापूर्वक संचालित किया जा रहा है।

विनिमय नियंत्रण की लाभ हानि (Merits and Demerits of Exchange Control)

विनिमय नियंत्रणों का मूल उद्देश्य विदेशी मुद्रा की माँग व पूर्ति में सन्तुलन इस प्रकार स्थापित करना है कि वांछित उद्देश्य पूरे हो जायें। इनके निम्नलिखित **मुख्य लाभ** है-

(1) विदेशी विनिमय दरों में होने वाले अवांछित उच्चावचनों को रोका जा सकता है।

(2) देश से पूँजी के बहिर्गमन को रोकना या कम करना तथा आगमन को प्रोत्साहन दिया जाता है।

(3) भुगतान सन्तुलन में उत्पन्न असाम्य को कम किया जाता है।

(4) विदेशी मुद्रा के क्रय विक्रय द्वारा सरकारी आय में कमी अथवा वृद्धि की जा सकती है।

(5) देश की प्रतिष्ठा की रक्षार्थ विदेशों द्वारा की गयी अन्तर्राष्ट्रीय व्यापार सम्बन्धी अवांछित कार्यवाही के बदले में कार्यवाही की जा सकती है। मित्र देशों से व्यापार को अन्य की तुलना में प्रोत्साहन दिया जा सकता है।

(6) देश के औद्योगिक विकास हेतु घरेलू उद्योगों को विदेशी वस्तुओं की प्रतिस्पर्धा से रक्षा की जाती है।

(7) युद्धकाल में शत्रु देश के सहायता प्राप्त होने से रोका जा सकता है, तथा युद्ध की आवश्यकता के लिए विदेशी मुद्रा भण्डारों का निर्माण एवं उपयोग किया जा सकता है।

(8) राष्ट्र के आर्थिक हितों को सर्वोपरि रखते हुए अन्तर्राष्ट्रीय व्यापार किया जा सकता है।

(9) द्विपक्षीय व बहुपक्षीय भुगतान समझौतों द्वारा एक ओर तो राष्ट्रीय आर्थिक व वित्तीय आवश्यकताओं के अनुरूप भुगतान किये जाते हैं, तो साथ ही अन्तर्राष्ट्रीय सहयोग में वृद्धि को प्रोत्साहन मिलता है।

(10) सटोरियों की अवांछित क्रियाओं से वास्तविक व्यापारियों की रक्षा की जा सकती है।

(11) औद्योगिक विकसित देशों की व्यापार विस्तार नीतियों से देश के उद्योग व व्यापार की रक्षा की जा सकती है।

विनिमय नियन्त्रण से हानि - विनिमय नियन्त्रण व्यवस्था में निम्नलिखित मुख्य दोष उत्पन्न हो जाते हैं-

(1) अन्तर्राष्ट्रीय स्तर पर व्यापार में वृद्धि होने में बाधा पहुँचती है।

(2) सरकार को विनिमय नियन्त्रण प्रशासन के लिए बहुत अधिक धन व्यय करना पड़ता है, फिर भी पूर्व नियन्त्रण में सफलता कम होती है, तस्करी होती रहती है,भ्रष्टाचार व लालफीताशाही पनपती है।

(3) व्यापारियों को लाइसेन्स प्राप्त करने, भुगतान करने व भुगतान प्राप्त करने में अनेक असुविधाएँ एवं औपचारिकताओं को पूरा करना पड़ता है, अत: व्यय व समय अधिक लगता है।

(4) व्यापारियों को, विशेषकर निर्यातकों को विदेशी आयातक देशों की सरकारी नीतियों की अनिश्चितता को ध्यान रखना आवश्यक है, अत: वे अग्रिम भुगतान अथवा बैंकों के मार्फत भुगतान के समय प्रपत्र विधि यां साख पत्र के माध्यम से ही माल विक्रय करना चाहते हैं और आयातक माल आसानी से उधार क्रय नहीं कर सकता।

निष्कर्ष

आजकल पत्रमुद्रामान के कारण प्रत्येक देश में अन्तर्राष्ट्रीय भुगतानों के लिए विनिमय नियन्त्रण एवं प्रबन्ध, उससे सम्बन्धित अन्तर्राष्ट्रीय वित्तीय संस्थाएँ और अन्तर्राष्ट्रीय सहयोग अनिवार्य है। पूर्णरूप से स्वतन्त्र व्यापार एवं भुगतान प्रणाली सम्भव नहीं है। परन्तु अन्तर्राष्ट्रीय दृष्टिकोण से विचार करने पर यह स्पष्ट है कि विश्व व्यापार के निर्बाध विस्तार में नियन्त्रण एक बाधा है। एक व्यापारी या देश का यह अधिकार कि वह कम से कम मूल्य पर उत्तम सामान जहाँ खरीदे, सम्भव नहीं हो पाता। इसी प्रकार विक्रय के दृष्टिकोण से जहाँ अच्छा मूल्य मिले, अधिकतम लाभ व न्यूनतम जोखिम हो, माल बेचा जाय सम्भव नहीं होता विनिमय नियन्त्रण बहुमुखी भुगतान प्रणाली, विभिन्न मुद्राओं की स्वतन्त्र परिवर्तनशीलता एवं विभिन्न देशों से व्यापार स्वतन्त्रता को सीमित अथवा समाप्त करते हैं।

प्रश्न

1. विनिमय नियंत्रण से आप क्या समझते हैं? किसी अर्थव्यवस्था में विनिमय नियंत्रण के क्या उद्देश्य हो सकते हैं?

   What do you mean by Exchange Control? What may be the objectives of Exchange Control in an Economy?

2. विनिमय नियंत्रण क्यों आवश्यक हैं? विनिमय नियंत्रण से उत्पन्न कठिनाइयों को स्पष्ट कीजिये।

   Why is Exchange Control Necessary? Explain the difficulties of Exchange Control.

3. विनिमय नियंत्रण की विभिन्न पद्धतियों/विधियों को समझाइये।

   Explain the various methods of Exchange Control.

4. भारत की वर्तमान विनिमय नियंत्रण व्यवस्था पर एक विस्तृत टिप्पणी लिखें।

   Write a detailed note on present Exchange Control System in India.

5. संक्षिप्त टिप्पणी लिखिए

   (अ) भारत में विनिमय नियंत्रण

   (ब) विनिमय नियंत्रण की प्रत्यक्ष विधियाँ

   (स) विनिमय नियंत्रण की अप्रत्यक्ष विधियाँ

   (द) विनिमय नियंत्रण के दोष

   Write Short Notes:

   (a) Exchange Control in India

   (b) Direct Methods of Exchange Control

   (c) Indirect Methods of Exchange Control

   (d) Disadvantages of Exchange Control

□□□

10

बजट नीति एवं बजट निर्माण

[Budgetary Policy and Preperation of Budget]

राजकोषीय नीति में परिवर्तन करने का अभिप्राय यह होता है कि सरकार या तो बजट के सन्तुलन में परिवर्तन करती है या व्यक्तिगत करों की दरों में परिवर्तन करती है या व्यय की मदों में हेर-फेर करती है ताकि जो भी उद्देश्य उसके सम्मुख हों, उनकी पूर्ति हो जाए। कभी कभी सरकार अपनी बजट स्थिति में परिवर्तन इस लिए करती है कि अर्थव्यवस्था में उत्पन्न होने वाली दुषित परिस्थितियाँ सुधर जाएँ। किन्तु ऐसा बहुत ही कम होता है कि बजट नीति में स्वयं ही उत्पन्न होने वाले परिवर्तन अर्थव्यवस्था में स्थायित्व उत्पन्न कर सके और इसीलिए सरकार के लिए कभी-कभी यह आवश्यक हो जाता है कि वह तत्परता से कार्य करें और आर्थिक क्रियाओं को वांछित वास्तविक स्तर पर ला सकें।

सन्तुलित बजट - किसी भी वर्ष में यदि बजट को सन्तुलित रखा जाता है तो उससे कुल व्यय में और इस प्रकार आर्थिक क्रियाओं में नाम मात्र को ही प्रभाव उत्पन्न किया जा सकता है। यदि सरकार अपने बजटों को निरन्तर सन्तुलित रखने की नीति अपनाती है तो उससे देश की सम्पूर्ण आर्थिक स्थिति में बहुत कम परिवर्तन हो सकेंगे, क्योंकि सरकार केवल उतना ही धन खर्च करती है जो कि वह व्यक्तियों से प्राप्त करती है और जिसे व्यक्ति स्वयं ही खर्च करते यदि सरकार उसे न ले लेती। किन्तु जब राजकोषीय नीति का उद्देश्य आर्थिक क्रियाओं को नियन्त्रित करना होता है तो सरकार या तो घाटे के बजट बनाती है या आधिक्य के। घाटे के बजट यह सूचित करते हैं कि समाज का कुल व्यय एक ऊँचे स्तर पर है। सरकारी व्यय तथा कर आय में जो अन्तर होता है, वह कुल व्यय को बढ़ाता है और उसका बहुत अधिक गुणक प्रभाव होता है। इस प्रकार घाटे के बजट राष्ट्रीय आय में वृद्धि करते हैं और कुल माँग में वृद्धि करके देश में आर्थिक क्रियाओं के स्तर को ऊँचा करते हैं,

ठीक इसके विपरीत आधिक्य के बजटों की स्थिति में होता है। जब सरकार की आय उसके व्यय से अधिक होती है तो उसका अभिप्राय यह है कि सरकार समाज द्वारा किए जाने वाले कुल व्यय के एक भाग को अपने पास रख लेती है और इस प्रकार उसके गुणक प्रभाव में राष्ट्रीय आय तथा कुल माँग में कमी हो जाती हैं। स्पष्ट ही है कि देश में आर्थिक क्रियाओं का स्तर भी ऐसी दशा में गिर जाएगा। इसलिए आधिक्य बजट केवल उसी दशा में बनाये जाते हैं जबकि सरकार का उद्देश्य आर्थिक क्रियाओं के स्तर को गिराना होता है, जैसे भीषण मुद्रा-स्फीति की स्थिति में।

घाटे के बजट सरकार या तो अपने व्यय को बढ़ाकर या अपनी कर आय को कम करके या दोनों रीतियों द्वारा बना सकती है। ऊपर से देखने पर सरकार के व्यय में वृद्धि होने और कर आय में कमी होने का एक सा ही प्रभाव होता है अर्थात् दोनों ही रीतियों से समाज के कुल व्यय में वृद्धि होती है और इन दोनों रीतियों में कोई विशेष अन्तर दिखाई नहीं देता। किन्तु ये दोनों उपाय कभी-कभी विभिन्न ढंगों से अपनाये जाते हैं और इनके भिन्न भिन्न प्रभाव होते हैं। राजकीय व्यय की वृद्धि कुल व्यय को अधिक तेजी से प्रभावित करती है, अपेक्षाकृत कर आय की कमी के, क्योंकि राजकीय व्यय द्वारा व्यक्तियों के हाथों में क्रय शक्ति तुरन्त ही पहुँच जाती है जिसको वे अपनी उपभोग सम्बन्धी आवश्यकताओं पर खर्च कर देते हैं। बेकार व्यक्ति काम में लग जाने के कारण, पहले की अपेक्षा अधिक खर्च करने में समर्थ हो जाते हैं। इसी प्रकार जब सरकार निजी व्यवसायियों द्वारा उत्पादित वस्तुओं को खरीद कर अपने व्यय में वृद्धि करती है तो निजी उत्पादकों को अपने उत्पादन में वृद्धि करने के लिए प्रोत्साहन मिलता है, अधिक श्रमिकों को काम मिलता है और वे प्राप्त होने वाली अतिरिक्त क्रय शक्ति को खर्च करने लगते हैं। करों में कमी होने से व्यक्तियों के पास अधिक धन रह जाता है और वे उसकी बचत करने लगते हैं, जिसका अभिप्राय यह हुआ कि वे पहले की अपेक्षा कम खर्च करने के लिए लालायित होंगे। किन्तु कर में कमी होने का एक प्रभाव यह भी हो सकता है कि व्यापारी वर्ग बचे हुए धन को विनियोगों में लगा दें और इस प्रकार देश में कुल विनियोगों की मात्रा में वृद्धि हो जाए। यह ध्यान रहे कि राजकीय व्यय में शीघ्र वृद्धि उसी समय हो सकती है जबकि ऐसे व्यय के लिए परियोजनाएँ पूर्ण रूप से तैयार हों और यह एक नियोजित अर्थव्यवस्था में ही सम्भव हो सकता है। इस प्रकार स्पष्ट है कि सरकार दोनों ही रीतियों को अपना सकती है किन्तु इस विषय में सरकार को बड़ा सोच समझकर काम करने की आवश्यकता होती है।

कभी-कभी सरकार कुल व्यय को इस प्रकार भी प्रभावित कर सकती है कि वह अपने व्यय में जो भी वृद्धि करे उसको अतिरिक्त करारोपण द्वारा पूरा करले। इस रीति से निजी व्यय में कमी किए बिना ही सरकार करारोपण से अतिरिक्त आय प्राप्त कर सकती है। यह सम्भव है कि व्यक्ति अपने नए कर देयों को अपनी बचतों द्वारा पूरा करें या अपनी निष्क्रिय बचतों को सक्रिय बनाये। इस प्रकार सरकार व्यक्तियों से धन राशि के उस भाग को ले लेती हैं जो कि व्यक्ति स्वयं खर्च नहीं करते और व्यक्तियों से प्राप्त किए हुए इस धन को स्वयं खर्च करके समाज के कुल व्यय में वृद्धि कर देती है। इस प्रकार सरकार बजट के आकार में

परिवर्तन किये बिना ही या ऋण प्राप्त किए बिना ही आर्थिक क्रियाओं में परिवर्तन उत्पन्न कर सकती है। किन्तु ऐसी नीति की कुछ अपनी ही सीमाएँ होती है। प्रथम, करारोपण तथा राजकीय व्यय में इस उद्देश्य से किये जाने वाले परिवर्तन से कुल राष्ट्रीय आय में बहुत अधिक परिवर्तन हो जाए यह तनिक असम्भव-सा प्रतीत होता है। इसके अतिरिक्त नये करों को एकत्रित करने तथा लागू करने में अनेक राजनीतिक तथा प्रशासनिक कठिनाइयाँ उत्पन्न हो सकती है और इससे निजी विनियोगों पर बुरा प्रभाव भी पड़ सकता है। अन्त में, यह भी सम्भव हैं कि सभी परियोजनाओं तुरन्त ही व्यय के लिए तैयार न हों। अत: बिना घाटे के राजकीय व्यय को बढ़ाने की नीति व्यावहारिक प्रतीत नहीं होती।

हम पहले ही कह चुके हं कि आधिक्य के बजटों का प्रयोग केवल मुद्रा स्फीति के काल में ही किया जा सकता है। करारोपण में परिवर्तन किये बिना ही राजकीय व्यय में कमी होने से कुल व्यय में प्रत्यख रूप से कमी हो जाती है और यह सरकार बिना किसी कठिनाई से कर सकती है। किन्तु राजकीय व्यय को बढ़ाये बिना ही करारोपण में वृद्धि करने की नीति तनिक कठिन प्रतीत होती है। ऐसी नीति में राजनीतिक बाधाएँ उत्पन्न होती हैं और प्रशासनिक कठिनाइयाँ भी सामने आती हैं जिनको दूर करना सरल नहीं होता। करारोपण की वृद्धि केवल मुद्रा स्फीति काल में ही उपयोग सिद्ध होती है। युद्ध के समय राजकीय व्यय को बढ़ाना ही पड़ता है और नियोजन काल में भी ऐसा ही करना पड़ता है। इन परिस्थितियों में उत्पन्न होने वाली मुद्रा स्फीति को व्यय पर प्रतिबन्ध लगा कर नियन्त्रित नहीं किया जा सकता और अधिक से अधिक यह किया जा सकता है कि सरकार अपने अनावश्यक व्यय को कम कर दें। ऐसी परिस्थितियों में आधिक्य के बजटों की कोई सम्भावना ही नहीं होती है। इसलिए सरकार को अपनी कर आय को बढ़ाकर ही स्थिति की काबू में करना होता है। अन्य परिस्थितियों में जबकि सरकार के लिए अपने व्यय में बहुत अधिक कमी करना सम्भव नहीं होता तो वह कुछ कमी अपने व्यय में कर सकती है और कुछ कर आय में वृद्धि कर सकती है। इस प्रकार स्पष्ट है कि सरकार के लिए राजकोषीय नीति द्वारा आर्थिक क्रियाओं को तीव्र करना अधिक सरल होता है, अपेक्षाकृत आर्थिक क्रियाओं को मन्द करना।

कभी-कभी सरकार व्यक्तिगत करों में हेर-फेर करके आर्थिक क्रियाओं को नियन्त्रित करने का प्रयास कर सकती है। प्रत्येक कर उपभोग तथा विनिमय पर अपना-अपना प्रभाव डालता है और कर विशेष से जो प्राप्तियाँ होती हैं तथा कर ढाँचे की जो रूपरेखा होती हैं उसमें निश्चित उद्देश्यों की पूर्ति के लिए परिवर्तन किए जा सकते हैं। कुछ कर ऐसे होते हैं जिनमें कुल मौद्रिक आय में परिवर्तन होने के साथ-साथ अपने आप परिवर्तन हो जाते हैं और इनके प्रभाव में आर्थिक क्रियाओं में भी परिवर्तन हो जाते हैं। कर प्रणाली की स्वचालकता कुछ परिस्थितियों में बड़ी ही उपयोगी सिद्ध होती है। राष्ट्रीय मौद्रिक आय के कम होने की स्थिति में राजकीय आय में कमी होना स्वाभाविक ही है। और इस प्रकार गिरती हुई आय अपना प्रभाव उत्पन्न नहीं कर पाती। ठीक इसका विपरीत्र उस समय होता है जब कि राष्ट्रीय आय की प्रवृत्ति ऊपर की ओर चढ़ने की होती है। आय कर सब से अधिक स्वचालित स्थायित्व उत्पन्न करने वाला कर होता है। कारपोरेशन कर में स्थायित्व उत्पन्न करने की क्षमता

कम होती है कि वे उससे कम। सामाजिक सुरक्षा सम्बन्धी योगदानों में भी यह क्षमता होती है कि वे स्वचालित स्थायित्व उत्पन्न कर सकें। जहाँ तक अप्रत्यक्ष करों का सम्बन्ध है, उनके प्रभाव अलग अलग होते हैं। अधिक लोचदार माँग वाली वस्तुओं पर लगे हुए कर इस दिशा में काफी प्रभावशील होते हैं, किन्तु इनके प्रभाव काफी धीमें होते हैं क्योंकि वे थोक व्यापारी, फुटकर व्यापारी इत्यादि कई स्त्रोतों से एकत्रित किये जाते हैं। विनियोगों पर लगने वाले करों में स्वचालकता बहुत कम होती है। किन्तु कर प्रणाली के स्वचालित लचीलेपन के लाभ सीमित ही होते हैं। यह आर्थिक क्रियाओं में उत्पन्न होने वाले छोटे छोटे परिवर्तनों को ही दूर कर सकता है, बड़े-बड़े तथा तीव्र और निरन्तर बढ़ने वाली मुद्रा स्फीति तथा मुद्रा संकुचन की स्थिति को नियन्त्रिण करने में सफल नहीं हो सकता। ऐसी स्थिति में सरकार को सोच समझकर ही नीति निर्मित करनी पड़ती है और कर प्रणाली में वांछित उद्देश्यों की प्राप्ति के लिए हेर-फेर करनी पड़ती है। आय कर इस सम्बन्ध में भी बहुत उपयोगी सिद्ध होता है किन्तु तभी जबकि एक बहुत बड़ी संख्या में विभिन्न आय वाले वर्ग कर क्षेत्र के अन्तर्गत हों। विनियोग तथा उपभोग पर व्यय कर, अप्रत्यख कर, पूँजी कर और सामाजिक सुरक्षा सम्बन्धी योगदानों का भी वांछित दिशाओं में प्रभाव उत्पन्न किया जा सकता है।

कभी-कभी सरकार राजकीय व्यय के परिवर्तनों द्वारा भी आर्थिक क्रियाओं के स्तर को प्रभावित कर सकती है, विशेषकर आजकल जबकि राजकीय व्यय का क्षेत्र इतना विस्तृत हो चुका है। करों की भाँति सरकारी व्यय की कुछ मदें ऐसी होती है जो काफी अंश तक स्वचालित होती हैं, उदाहरणार्थ, राजकीय व्यापार संस्थाएँ जो मूल्यों को स्थायी बनाने के सम्बन्ध में निजी संस्थाओं की भाँति ही कार्य कर सकती है अर्थात् मूल्यों के बढ़ने की स्थिति में प्रत्यक्ष रूप से सहायता देकर नीचे मूल्यों पर वस्तुओं को बेच सकती है और मूल्यों के नीचे गिरने की स्थिति में वस्तुओं को खरीदकर मूल्यों को अधिक नीचे गिरने से रोक सकती हैं। इसी प्रकार सामाजिक सुरक्षा सम्बन्धी व्यय भी काफी लचीला होता है। अवसाद काल में बेंकारी भत्ते देकर सरकार समाज की कुल व्यय शक्ति में वृद्धि कर सकती है और समृद्धि काल में ऐसे भत्तों को बन्द करके समाज के व्यय को कम कर सकती है। राजकीय व्यय में स्वयं भी उत्पनन हो जाने वाले परिवर्तनों द्वारा केवल आर्थिक क्रियाओं में उत्पन्न होने वाले छोटे-छोटे परिवर्तनों को ही ठीक किया जा सकता है किन्तु अधिक गम्भीर समस्याओं के लिए और अर्थव्यवस्था में दीर्घकालीन प्रवृत्तियाँ उत्पन्न करने के लिए यह आवश्यक है कि सरकार निश्चित रूप से तथा नियोजित ढंग से कार्य करे और सावधानी से चुने हुए कार्यक्रमों की पूर्ति के लिए राजकीय व्यय में सचेत होकर फेर बदल करे। हम पहले ही कह चुके हैं कि राजकीय व्यय अर्थव्यवस्था में फैलाव तथा विस्तार की प्रवृत्तियाँ उत्पन्न करता है और ये प्रवृत्तियाँ साधारणतया अर्थव्यवस्था के लगभग प्रत्येक क्षेत्र में उत्पन्न हो सकती हैं किन्तु यदि सरकार चाहे तो कुछ चुने हुए क्षेत्रों को भी प्रभावित कर सकती है। इसके अतिरिक्त यह भी ध्यान रहे कि सरकार आर्थिक क्रियाओं का नियन्त्रण अपने व्यय में परिवर्तन करके अधिक अच्छी प्रकार कर सकती है अपेक्षाकृत निजी क्षेत्र प्रभावित करने के। इसलिए यह आवश्यक है कि सरकार अपने व्यय तथा विनियोगों की दिशाओं का निर्धारण खूब सोच समझकर करे।

इस दृष्टि से सरकार सामाजिक कल्याण सम्बन्धी कार्यक्रमों को हाथ में ले सकती है, नये राजकीय उद्यमों को स्थापित कर सकती है। और पुराने उद्यमों का पुनर्संगठन कर सकती हैं। साथ ही नदी घाटी जैसी परियोजनाओं को हाथ में ले सकती है।

राजकोषीय नीति की सीमाएँ - यहाँ पर यह बता देना अनुपयुक्त न होगा कि राजकोषीय नीति की प्रभावोत्पादकता असीमित नहीं है। वास्तव में राजकोषीय नीति उसी समय प्रभावयुक्त सिद्ध हो सकती है जबकि किए गए उपायों का आकार तथा समय उचित हो। हम सभी इस बात से अवगत हैं कि राष्ट्रीय आय सरकारों द्वारा किए गए व्यय तथा आय पर निर्भर करती है। सरकारों के लिए यह पता लगाना कि समय विशेष में उपस्थित परिस्थितियों के अनुसार व्यय तथा विनियोग की राशि क्या हो या कितनी आय प्राप्त की जाए, सरल नहीं होता। सरकारों में इतनी दूरदर्शिता भी नहीं हो सकती कि वे यह पता लगा सकें कि अर्थव्यवस्था में कब अवसाद की स्थिति उत्पन्न होगी और कब समृद्धि की। इसके अतिरिक्त राजनीतिक तथा प्रशासनिक विलम्ब के कारण, हो सकता है कि समय पर सोचे गए उपाय कार्यान्वित नहीं किये जा सकें। यह भी सम्भव है कि कुछ ऐसे उपाय करने का निश्चय किया जाए जिनके प्रभाव उत्पन्न करने में कुछ अधिक समय लग जाए। राजकोषीय उपायों के वास्तविक प्रभाव इस बात पर भी निर्भर होते हैं कि आय का पुनर्वितरण किस प्रकार हुआ है तथा उसके क्या परिणाम हैं। यदि आय की अतिरिक्त वृद्धियाँ केवल उन्हीं वर्गों की आय में हुई हैं जिनमें बचत करने की आदत है तो समाज की कुल मांग में वृद्धि होने की सम्भावना कम ही होगी। इसी प्रकार यदि वृद्धि उन वर्गों की आय में अधिक होती है जो अपनी आय के अधिकांश भाग को खर्च कर देने में विश्वास करते हैं तो राजकोषीय उपायों का प्रभाव अधिक तीव्रता से उत्पन्न होगा।

कभी-कभी सरकार की कर नीति भी सरकार द्वारा समाज के कुल व्यय में वृद्धि करने के लिए किए गए प्रयत्नों में बाधक सिद्ध हो सकती है क्योंकि एक ओर तो सरकार समाज के कुल व्यय को बढ़ाने के लिए अपने व्यय में वृद्धि कर रही होती है। और दूसरी ओर समाज की अतिरिक्त आय के एक भाग को परिवर्तित कर नीति द्वारा वापस ले रही होती है। परिणामतया समाज की कुल आय में वृद्धि होने से कुल व्यय में जो वृद्धि होती, वह नहीं हो पाती। इसके अतिरिक्त व्यापार सन्तुलन में किए जाने वाले परिवर्तनों से भी राजकोषीय नीति के सत्प्रभावों को रोका जा सकता है। यदि सरकारी व्यय में वृद्धि होने के साथ-साथ आयातों में वृद्धि हो जाती है और निर्यातों में कमी तो राजकीय व्यय की वृद्धि से वांछित फल प्राप्त नहीं हो पाएगा, क्योंकि समाज की बढ़ी हुई आय अधिक आयात के कारण विदेशों को चली जाएगी। उसका ठीक विपरीत उस स्थिति में होगा जब कि सरकार समाज के व्यय को कम करने के लिए अपने व्यय में कमी करती है और व्यक्ति देश के निर्यात में वृद्धि करके अधिक आय प्राप्त करने और उसको खर्च करने की चेष्टा करते हैं। राजकोषीय नीति का वांछित प्रभाव इस बात पर भी निर्भर होगा कि व्यक्ति सरकार को किस अंश तक अपना सहयोग देने के लिए तैयार है। अर्थात् यदि आय की वृद्धि के साथ साथ व्यक्तियों में काम करने की इच्छा पूर्ववत् ही रहती है तो राजकोषीय नीति का उद्देश्य प्राप्त हो जाएगा किन्तु यदि

सरकार मुद्रा स्फीति को रोकना चाहती है और व्यक्ति अधिक काम करके ओर अधिक आय प्राप्त करना चाहते हैं या सरकार मुद्रा संकुचन के प्रभावों को रोकना चाहती है और व्यक्ति काम करना नहीं चाहते या अपनी आय को ग्वर्च करना नहीं चाहते तो राजकोषीय नीति सफन नहीं होगी। अन्त में राजकीय व्यय नीति का सम्पूर्ण प्रभाव राष्ट्रीय मौद्रिक आय पर उस समय तक उत्पनन नहीं होगा जब तक कि निजी विनियोग भी सरकार द्वारा प्रदर्शित दिशा में नहीं होते। कहते का अभिप्राय यह है कि यदि सरकार ऋणों द्वारा राजकीय विनियोग के कार्यक्रम को पूरा करती है और नये विनियोगों को उन्हीं उद्योगों में करती है जिन्हें निजी क्षेत्र अपना कार्यक्षेत्र समझता है तो इस प्रतियोगिता से निजी विनियोगों की राशि कम हो जाएगी। यही नहीं वरन् सरकार द्वारा ऋण प्राप्त करने की नीति से सूद की दर बढ़ जाएगी और निजी विनियोग हतोत्साहित होंगे। ठीक ऐसा ही उस समय होता है जबकि सरकार हीनार्थ प्रबन्धन द्वारा अपने विनियोगों को बढ़ाने की चेष्टा करती है और जब व्यक्तियों में यह अफवाह फैल जाती है कि सरकार का दिवाला निकल गया है जिसके परिणामस्वरूप निजी क्षेत्र के व्यवसायी अपने विनियोगों को कम करने लगते हैं।

बजट नीति तथा रोजगार

हम अभी कह चुके हैं कि अर्थव्यवस्था में दीर्घकालीन परिवर्तन उत्पन्न करने के लिए तथा आर्थिक क्रियाओं की गम्भीर समस्याओं को दूर करने के लिए राजकीय व्यय तथा करारोपण सम्बन्धी नीतियों को निर्मित करना होता है ताकि निजी व्यय सम्बन्धी परिवर्तनों के प्रभावों को दूर किया जा सके। व्यापार चक्रीय प्रभावों को रोकने के लिए राजकोषीय नीति के कई रूप हो सकते हैं, जिनमें से सबसे महत्त्वपूर्ण नियोजित सार्वजनिक निर्माण कार्यों की नीति है जिसमें सभी राजकीय संस्थायें एक पूर्व निश्चित योजना के अनुसार कार्य करती हैं। विनियोग की दर आर्थिक क्रियाओं की अवस्था के अनुसार समय-समय पर बदलती रहती है। इसी प्रकार देश की मौद्रिक नीति का इस कार्यक्रम से समन्वय स्थापित किया जाता है और सूद की दरों में इस प्रकार परिवर्तन किए जाते हैं कि निजी विनियोगों में राष्ट्रीय विनियोगों के अनुकूल बदलने की प्रवृत्ति उत्पन्न हो जाती है, किन्तु ऐसे दीर्घकालीन कार्यक्रम की कुछ अपनी ही कठिनाइयाँ होती हैं। प्रथम, सार्वजनिक निर्माण कार्यों की पूर्ति के लिए एक निश्चित अवधि की आवश्यकता होती है जिसको बढ़ाना या कम करना सरल नहीं होता। ऐसे कार्यक्रमों पर विनियोग की जाने वाली राशि में परिवर्तन करने के लिए तकनीकी कठिनाइयाँ भी उत्पनन होती है ओर कुछ परियोजनाएँ तो ऐसी होती है जिन पर कार्य आरम्भ करने के बाद बिना भारी हानि उठाये बीच में नहीं रोका जा सकता। सार्वजनिक निर्माण कार्य, देश की व्यावसायिक क्रियाओं से पूर्णतया स्वतन्त्र होते हैं और उनमें आर्थिक क्रियाओं की अवस्था के अनुसार परिवर्तन करने की नीति देश के हित में नहीं होती। राजकीय विनियोगों का एक विशाल कार्यक्रम निजी विनियोगों को भी हतोत्साहित कर सकता है। यह सम्भव है कि यदि हम बुद्धिमानी से योजना बनायें तो इन कठिनाइयों को दूर किया जा सके, किन्तु अधिक अच्छा यही होगा कि अर्थव्यवस्था में स्फूर्ति उत्पनन करने के लिए व्यापार चक्र निरोधक उपायों के स्थान पर एक दीर्घकालीन योजना निर्मित करें।

व्यापार चक्र निरोधक उपायों में एक उपाय यह भी हो सकता है कि अवसाद काल में सरकार एक बड़ी मात्रा में वस्तुओं को खरीदे और समृद्धि काल में उनको बेचे। किन्तु ऐसी नीति सभी वस्तुओं के सम्बन्ध में लागू नहीं की जा सकती, क्योंकि कुछ वस्तुएँ ऐसी होती हैं जिनकी माँग फैशन तथा रूचि बदलने के साथ साथ कम या अधिक होती जाती है। सरकार इन वस्तुओं के क्रय विक्रय के जोखिम को सहन नहीं कर सकती। इसके अतिरिक्त ऐसी नीति में सरकार को अपनी पूँजी पर सूद भी नहीं मिलेगा। और बहुत समय तक पूँजी भी बन्द पड़ी रहेगी। यही नहीं, यह भी उपयुक्त प्रतीत नहीं होता कि सरकार इस प्रकार की सट्टे की क्रियाओं में भाग ले। अत: स्पष्ट है कि सरकार द्वारा वस्तुओं के खरीदने तथा बेचने की नीति किसी भी दृष्टिकोण से उपयुक्त नहीं है।

उपर्युक्त विवरण से स्पष्ट है कि केवल करों तथा राजकीय व्यय में आवश्यक हेर-फेर करने की नीतियाँ ही अर्थ व्यवस्था में स्थायित्व उत्पनन करने के लिए अधिक व्यावहारिक प्रतीत होती हैं। बुरे समय में करारोपण में कमी और राजकीय व्यय में वृद्धि होनी चाहिए। करों में कमी होने से व्यक्तियों तथा फर्मों की आय में वृद्धि होनी चाहिए। करों में कमी होने से व्यक्तियों तथा फमों की आय में वृद्धि हो जाती है जिसको वे निजी विनियोग में लगा सकते हैं। सरकार श्रमयोजकों तथा श्रमिकों से सामाजिक बीमा के सम्बन्ध में कम योग प्राप्त कर सकती है और प्राप्त होने वाले लाभों को पूर्ववत् ही रख सकती है जिसका परिणाम यह होगा कि श्रमिकों के पास अधिक आय रह जाएगी। सरकार छोटे-छोटे सार्वजनिक निर्माण कार्यों में अधिक विनियोग कर सकती हैं। अन्त में, सरकार मजदूरियों के सम्बन्ध में श्रम योजकों को आर्थिक सहायता भी दे सकती है। समृद्धि काल में करारोपण में वृद्धि और राजकीय व्यय में कमी करके सरकार आर्थिक स्थिति को ठीक कर सकती है।

यह ध्यान रहे कि व्यापार चक्रों के काल में राजकोषीय उपायों की प्रभावोत्पादकता इस बात पर निर्भर होगी कि अवसाद काल में बजट के घाटे और समृद्धि काल में बजट के आधिक्य का उपयोग किस प्रकार किया जाता है। यदि बजट के घाटों की पूर्ति जनता से प्राप्त ऋणों द्वारा की जाती है तो सरकार को आशातीत सफलता प्राप्त नहीं होगी। इसलिए सबसे अधिक उपयुक्त तो यही रहेगा कि सरकार केन्द्रीय बैंक तथा व्यापारिक बैंकों से ऋण प्राप्त करे और समृद्धि काल में बजट के आधिक्यों द्वारा पुराने राजकीय ऋणों का भुगतान करे और शेष राशि केन्द्रीय बैंक में जमा कराये।

दीर्घकाल में राजकोषीय नीति - दीर्घकालीन नीति का उद्देश्य व्यापार-चक्रीय परिवर्तनों को रोकना तथा अर्थव्यवस्था में समवृद्धि की ऊँची दर को बनाये रखना होता है। व्यापार चक्र निरोधक नीति तो सम्पूर्ण नीति का एक आवश्यक अंग हैं। इस नीति के अतिरिक्त ऐसे उपाय करने की आवश्यकता भी होती है जिनसे दीर्घकाल में आर्थिक क्रियाओं का स्तर ऊँचा हो सके। संक्षेप में, उद्देश्य यह होता है कि एक निरन्तर बढ़ते हुए स्तर पर राष्ट्रीय आय को स्थायी रखना है और इस स्तर को भी एक बढ़ती हुई दर से ऊँचा उठाना है। इसका अभिप्राय यह हुआ कि व्यापार चक्र निरोधक नीति के अन्तर्गत अवसाद काल के

परिणामों को रोकने के लिए गम्भीर प्रयत्न करने होंगे और समृद्धि काल में तुलनात्मक रूप से हल्के प्रयत्न करने होंगे। दीर्घकाल में सम्वृद्धि की दर को ऊँचा उठाना इस बात पर निर्भर है कि उपस्थित पूँजी तथा मानव शक्ति के पूर्ण उपयोग की स्थिति में दीर्घकालीन माँग दीर्घकालीन पूर्ति से कम न हो और साधनों के पूर्ण उपयोग की स्थिति में होने वाले उत्पादन में भी वृद्धि होती जाए। जहाँ तक पहली बात का सम्बन्ध है, उसमें कोई विशेष कठिनाई नहीं होती। किन्तु साधनों के पूर्ण उपयोग होने की स्थिति में उत्पादन को बढ़ाने के लिए यह आवश्यक है कि सरकार के कुल व्यय में निरन्तर वृद्धि होती रहे। इसका अभिप्राय यह है कि हीनार्थ प्रबन्धन द्वारा व्यय सरकार की दीर्घकालीन राजकोषीय नीति का मुख्य अंग होना चाहिए। इसके अतिरिक्त यह नीति भी विकसित तथा अर्ध विकसित देशों में अलग-अलग होगी। विकसित देशों में राजकोषीय नीति का उद्देश्य रोजगार के आकार को बढ़ाना होता है और अर्द्धविकसित देशो में पूँजी निर्माण में वृद्धि करना।

दीर्घकालीन विस्तार के लिए घाटे के व्यय का चरित्र अवसाद काल की अपेक्षा भिन्न होता है। ऐसे घाटों की पूर्ति नई साख को उत्पनन करके की जा सकती है। राजकीय व्यय का आकार जब बहुत ही बड़ा हो जाए तो करारोपण का सहारा भी लिया जा सकता है और अतिरिक्त करारोपण एक विकासशील अर्थव्यवस्था में कर दाताओं पर अधिक भार नहीं डालेगा, क्योंकि निर्धन तथा धनी दोनों ही वर्गों की आय में वृद्धि होती है।

बजट शब्द की उत्पत्ति (Derivation of the Word—Budget)

बजट शब्द की उत्पत्ति फ्रेंच भाषा के 'Bougettee' शब्द से हुई है जिसका अर्थ चमड़े का बैग या थैला है, जिसमें वित्तमन्त्री अपने कागजात रखता है। परन्तु आजकल बजट का अर्थ केवल थैले या विवरण से नहीं है वरन् उस थैले में रखी वस्तुओं और विवरण की मुख्य मदों से लगाया जाता है।

बजट का अर्थ तथा परिभाषा (Meaning and Definition of Budget)

बजट सरकारी आय एवं व्यय का एक वार्षिक विवरण पत्र है। बजट पिछले वर्ष एवं चालू वर्ष के वित्तीय लेखों और अगले वर्ष के आय एवं व्यय के अनुमानों का वार्षिक वित्तीय विवरण पत्र होता है। इसकी कुछ परिभाषायें निम्नलिखित हैं—

1. **गैस्टन जेजी** के अनुसार, ''एक आधुनिक राज्य का बजट समस्त लोकप्राप्तियों और व्ययों की एक भविष्यवाणी और एक अनुमान है तथा कुछ व्यय करने और कुछ प्राप्तियाँ एकत्र करने के लिए एक अधिकार है।''

2. **रेने स्टोर्न** के अनसार, ''बजट एक ऐसा प्रपत्र है, जिसमें सार्वजनिक आय और व्यय की स्वीकृत की हुई योजना निहित होती है।''

3. **विलोबी** के अनुसार, ''बजट एक साथ ही एक रिपोर्ट, एक अनुमान और एक प्रस्ताव है। यह ऐसा यन्त्र है जिसकी सहायता से वित्तीय प्रशासन की समस्त प्रक्रियाओं में

सम्बन्ध स्थापित किया जाता है, उनमें तुलका की जाती है और उनको समन्वित किया जाता है।''

4. टेलर के अनुसार, ''बजट सरकार की मास्टर वित्तीय योजना है। यह बजट वर्ष के लिये प्रत्याशित आय के अनुमान और प्रस्तावित व्ययों के अनुमान एक साथ प्रदान करता है।''

5. बियूल्य के अनुसार, ''बजट एक निश्चित अवधि के लिये प्राप्तियों एवं व्ययों के अनुमानों का विवरण है। यह एक तुलनात्मक तालिका है, जिसमें वसूल की जाने वाली प्राप्तियों और किये जाने वाले व्ययों की राशियाँ दिखाई गई होती है। साथ ही, उचित प्राधिकारियों की ओर से व्यय करने और आय एकत्र करने के लिये दिया गया अधिकार और आदेश भी है।''

संक्षेप में, बजट को इस प्रकार से परिभाषित किया जा सकता है, ''बजट एक ऐसा वित्तीय और पारिमाणिक विवरण है जो एक निश्चित समय से पूर्व बनाया जाता है, जिसमें इस समय के अन्तर्गत निश्चित उद्देश्य को प्राप्त करने के लिये अपनाई जाने वाली नीति दी रहती है।''

बजट की विशेषतायें (Characteristics)

उपरोक्त परिभाषाओं के आधार पर बजट की निम्नलिखित विशेषतायें होती हैं—

1. यह एक विवरण होता है।

2. बजट का आधार नकद राशि होती है।

3. इसमें अनुमानित आय तथा व्यय के आँकड़े दिये हुये होते हैं।

4. यह एक निश्चित अवधि (सामान्यत: 1 वर्ष) के लिये बनाया जाता है। सामान्यत: आय व्यय की मदें दो प्रकार की होती है—पूँजीगत मदें व आयगत मदें।

5. यह उन विधियों को निर्धारित करता है जिनके आधार पर आय का संग्रहण तथा व्यय का प्रशासन क्रियान्वित होता है।

6. इसे किसी अधिकारी विशेष से स्वीकृत कराना आवश्यक होता है।

बजट का महत्त्व

बजट किसी देश की आर्थिक स्थिति का दर्पण होता है। बजट को देखकर हम उस देश की सरकार की आर्थिक नीति व प्रगति दोनों का पता एक साथ लगा सकते हैं। बजट केवल आय तथा व्यय सम्बन्धी आँकड़ों का पिटारा ही नहीं है। वरन् राष्ट्रीय उद्देश्यों की पूर्ति एक प्रभावशाली साधन भी है। टेलर (Taylor) के अनुसार, ''बजट सरकार की विशद् वित्तीय योजना है।'' (Master Financial Plan of Government) केवल बजट में ही सरकार की क्रियाओं की एक समग्र झलक दिखाई दे सकती है तथा यह भी देखा जा सकता

है कि सरकार ने क्या वित्तीय नीतियाँ अपनाई हुई हैं। बजट वित्तीय प्रशासन की धूरी है। फिण्डले शिराज के अनुसार--"नि:सन्देह बजट प्रशासन की एक केन्द्रीय धूरी है। सुदृढ़ सिद्धान्तों पर आधारित बजट के बिना देश की वित्तीय व्यवस्था का लड़खड़ा जाना उतना ही स्वाभाविक है जितना कि दिन के बाद रात्रि का आना निश्चित है।" बजट राजकोषीय नीतियों के क्रियान्वयन का एक महत्त्वपूर्ण उपकरण है और सार्वजनिक अर्थव्यवस्था का केन्द्र बिन्दु है। बजट के महत्त्व को हम निम्न शीर्षकों में अध्ययन कर सकते हैं—

1. प्रशासन में कुशलता लाना—बजट प्रशासनिक कुशलता को बढ़ाता है क्योंकि यह सरकार और उसके अधिकारियों के कार्यों का सीमांकन करता है।

2. हिसाबदेयता में सहायक—प्रजातन्त्रीय देशों में सरकार सार्वजनिक कोषों के उपयोग के लिये जनता के प्रति हिसाब देय होती है। बजट सरकार को इस हिसाबदेयता का पालन करने में समर्थ बनाता है क्योंकि सभी विभागों में बजट प्रावधानों के अन्तर्गत काम करना पड़ता है।

3. आर्थिक नियोजन—नियोजित कार्यक्रमों की पूर्ति के लिये बजट यथेष्ठ धन की पूर्ति करता है और साथ ही नियोजकों द्वारा निर्धारित आर्थिक नीतियों के क्रियान्वयन में सहायता देता है।

4. सामाजिक कल्याण का उपकरण—बजट आय के वितरण की विषमता को दूर करके पिछड़े क्षेत्रों का विकास करके, निर्धन वर्ग के कल्याण पर व्यय करके सामाजिक कल्याण के अनेक उद्देश्यों की पूर्ति करता है।

5. आर्थिक प्रगति का मूल्यांकन — बजट देश की अर्थव्यवस्था के विभिन्न पहलुओं के परीक्षण में सहायता करता है तथा देश की आर्थिक प्रगति का विश्लेषण करता है।

6. विधायी नियन्त्रण—बजट एक माध्यम है जिसके द्वारा (केन्द्रीय सरकार की दशा) संसद को और (राज्य सरकारों की दशा में) विधान सभाओं को सार्वजनिक कोषों की प्राप्ति और प्रयोग पर नियन्त्रण करने का अधिकार प्राप्त हो जाता है।

7. राजकोषीय नीतियों का उपकरण—अर्थव्यवस्था में स्थायित्व बनाये रखने के लिए सरकार तेजी काल में बचत का बजट और मन्दी काल में घाटे का बजट बनाती है। दूसरे, बजट नीति के आधार पर सरकार कृषि व उद्योगों को करों में छूट देकर तथा आर्थिक सहायता देकर उत्पादन में वृद्धि करती है। पूर्ण रोजगार की प्राप्ति के लिये सार्वजनिक ऋण लेकर निर्माण कार्य चलाती है। इस प्रकार बजट राजकोषीय नीति का एक महत्त्वपूर्ण उपकरण है।

प्रजातन्त्रीय सरकार का आधार—**हैराल्ड** के अनुसार, "बजट प्रजातन्त्र को लागू करने में सरकार को सहायता देता है। वह लोगों की विभिन्न आवश्यकताओं, आकांक्षाओं, विभिन्न हितों और लक्ष्यों को समन्वित करता है।

बजट बनाने की विधि या बजट-प्रक्रिया
(Budgetary Procedure)

प्रत्येक देश में बजट का निर्माण उस देश के संविधान में दी हुई विधि के अनुसार किया जाता है। भारतीय संविधान के अनुसार भारत में बजट बनाने की विधि को निम्न खण्डों में बाँटा जाता है।

1. बजट की तैयारी।

2. बजट को पेश करना।

3. बजट पर सामान्य बहस।

4. मतदान।

5. विनियोजन विधेयक।

6. बजट का क्रियान्वयन।

1. बजट की तैयारी (Preparation of the Budget)—भारतवर्ष में संघीय शासन व्यवस्था है। अत: यहाँ पर राज्य सरकारें व केन्द्रीय सरकार अपने अपने बजट अलग-अलग तैयार करती है। केन्द्रीय सरकार दो बजट बनाती है—

प्रथम, रेलवे बजट तथा द्वितीय, सामान्य बजट। सामान्य बजट बनाने के लिये वित्त-मन्त्रालय सभी मन्त्रालयों और उनके अधीन विभागाध्यक्षों को अनुमान पत्र भेजता है। विभागाध्यक्ष आय और व्यय के अनुमानों को दो भागों में तैयार करते हैं—

(अ) वर्तमान आय तथा व्यय से सम्बन्धित अनुमान,

(ब) नये कार्यों अथवा योजना से सम्बन्धित आय तथा व्यय के अनुमान। इन अनुमानों में निम्नलिखित सूचनायें भेजनी पड़ती हैं—

1. पिछले वर्ष के वास्तविक आय एवं व्यय के आँकड़े।

2. चालू वर्ष के आय तथा व्यय के स्वीकृत अनुमान।

3. चालू वर्ष के संशोधित आय तथा व्यय के अनुमान।

4. आगामी वर्ष के बजट अनुमान।

5. चालू तथा पिछले वर्ष के वास्तविक आय-व्यय सम्बन्धी अनुमान।

प्रत्येक विभाग से सम्बन्धित स्थानीय अधिकारी इन अनुमानों को तैयार करके उन्हें अपने विभागाध्यक्षों के पास भेज देते हैं। इसके बाद विभागाध्यक्ष सम्पूर्ण विभाग के लिये संयुक्त एवं संशोधित अनुमान की तीन प्रतियाँ तैयार करते हैं। इनमें से एक प्रति प्रशासन विभाग को, एक प्रति वित्त विभाग को भेज दी जाती है। तीसरी प्रति सम्बन्धित विभाग द्वारा अपने रिकार्ड के लिये रख ली जाती है। यह कार्य अक्टूबर माह तक पूरा कर लिया जाता है।

अब बजट की तैयारी का दूसरा चरण आरम्भ होता है। प्रशासकीय मन्त्रालय को अपने अधीन विभागों से जो अनुमान प्राप्त होते हैं उन पर वह विचार करता है और दिसम्बर के अन्त तक उन अनुमानों के आधार पर सामूहिक अनुमान तैयार करके वित्त मन्त्रालय को भेज देता है। वित्त-मन्त्रालय सामूहिक अनुमान प्राप्त होने पर उन पर विचार करता है। वह व्ययों के साथ-साथ आयों का अनुमान लगाता है। यदि व्यय के अनुमानों से आय के अनुमान कम हैं तो वह पुराने करो में वृद्धि करने तथा नये कर लगाने के सम्बन्ध में सुझाव देता है। ऐसे सुझाव देश की आर्थिक स्थिति को ध्यान में रखकर दिये जाते हैं। इसके पश्चात् वित्तमन्त्री अपना बजट भाषण तैयार करता है। वित्तमन्त्री अनुमानित आँकड़े तथा बजट भाषण को प्रधानमन्त्री को दिखाता है।

2. बजट को पेश करना (Presentation of the Budget)—वित्तमन्त्री स्वयं बजट को फरवरी के अन्तिम दिन पहिले लोकसभा में प्रस्तुत करता है। उसी दिन वित्त मन्त्रालय का कोई अन्य मन्त्री बजट को राज्य सभा में भी प्रस्तुत करता है। बजट प्रस्तुत करने के साथ ही वित्तमन्त्री बजट भाषण देता है जिसमें देश एवं विदेशी महत्त्वपूर्ण आर्थिक, राजनीतिक तथा वित्तीय घटनाओं का विवरण रहता है। इसके अतिरिक्त वित्तमन्त्री पिछले वर्ष का लेखा-जोखा, नये वित्तीय प्रस्ताव, पूँजी निर्माण, विकास योजनाओं सम्बन्धी जानकारी सदन के सामने रखता है। वह नये करों व पूँजीगत व्ययों के प्रस्ताव भी रखता है। यदि बजट में घाटा दिखाया गया है तो उसको पूरा करने के उपाय और बजट में आधिक्य होने पर करारोपण सम्बन्धी छूटें बताई जाती हैं। बजट के साथ-साथ वित्त विधेयक भी प्रस्तुत किया जाता है जिसमें कर सम्बन्धी प्रस्ताव होते हैं। बजट की प्रस्तुति के दिन उस पर कोई विचार विमर्श नहीं होता।

3. सामांन्य बहस (General Discussion on the Budget)—वित्त मन्त्री द्वारा लोकसभा में बजट प्रस्तुत करने के बाद उस पर निर्धारित तिथि को विचार-विमर्श आरम्भ होता है, जो दो से चार दिन तक चलता है। विपक्षी दल क्षरा बजट तथा सरकार की आर्थिक नीति की खुलकर आलोचना की जाती है। बहस की समाप्ति पर वित्तमन्त्री द्वारा सभी आलोचनाओं के उत्तर दिये जाते हैं और शंकाओं का समाधान किया जाता है। इस प्रकार सामान्य बहस का चरण पूरा हो जाता है।

4. मतदान (Voting)—सामान्य विचार-विमर्श के बाद बजट पर मतदान होता है। मतदान की दृष्टि से बजट में दो प्रकार की व्यय मदें होती है—

(अ) मतदान अयोग्य मदें,

(ब) मतदान योग्य मदें।

(अ) मतदान अयोग्य मदें अथवा गैर मत योग्य मदें—इन मदों पर व्यय की स्वीकृति के लिये लोकसभा में मतदान की कोई आवश्यकता नहीं होती, क्योंकि ये व्यय भारत की संचित निधि से चुकाये जाते हैं। मतदान अयोग्य मदें अग्र प्रकार है—

1. राष्ट्रपति का वेतन और भत्ता एवं उसका कार्यालय व्यय।

2. संसद के अध्यक्ष एवं उपाध्यक्ष के वेतन और भत्ते।

3. सर्वोच्च न्यायालय के न्यायाधीशों के भत्ते।

4. भारत के नियन्त्रक और महालेखा परीक्षक को वेतन एवं भत्ते।

5. भारत सरकार के ऋण सम्बन्धी भुगतान।

6. किसी न्यायालय के निर्णयानुसार सरकार पर डिग्री सम्बन्धी देनदारियाँ।

7. ऐसा कोई भी अन्य व्यय जिसे संसद ने मतदान के अयोग्य घोषित किया हो।

(ब) मतदान योग्य मदें —इन व्यय की मदों पर स्वीकृति के लिये मतदान की आवश्यकता होती है। माँगों पर मतदान का विषय लोकसभा के अधिकार क्षेत्र में आता है। प्रत्येक मन्त्री अपने विभाग के लिये अनुमान की माँग रखता है और अपनी माँग के सम्बन्ध में तर्क प्रस्तुत करता है। प्रत्येक अनुदान को माँग पर बहस के लिये कुछ समय-निश्चित कर दिया जाता है। यदि निश्चित समय में बहस पूर्ण न हो तो अध्यक्ष बहस को बन्द करने का आदेश देता है। लोक सभा माँगों के लिये अपना मत तीन प्रकार से दे सकती है—

1. माँग को पूर्णतया स्वीकार कर लिया जायें,

2. पूर्णतया अस्वीकार कर दिया जायें,

3. माँग कटौती के साथ स्वीकार की जायें।

लोकसभा माँग में वृद्धि का अधिकार नहीं रखती, परन्तु कटौती कर सकती है। यदि कटौती के प्रस्ताव का उत्तर सरकार सन्तोषजनक ढंग से देती है तो प्रस्ताव वापस ले लिया जाता है। यदि कटौती का प्रस्ताव बहुमत से पारित हो जाये तो सरकार के विरूद्ध अविश्वास का प्रस्ताव पास हो जाता है और मन्त्रीमण्डल को त्याग-पत्र देना पड़ता है।

5. विनियोग विधेयक (Appropriation Bill)— अनुदान माँगों की स्वीकृति के बाद वित्तमन्त्री एक विनियोग विधेयक प्रस्तुत करता है जिसमें मत अयोग्य मदें तथा स्वीकृत मत योग्य मदें सम्मिलित होती हैं। इस विधेयक के पास हो जाने पर सरकार को बजट राशि के व्यय करने का अधिकार प्राप्त हो जाता है। विनियोग विधेयक सरकार को संचित निधि में से धन निकालने का अधिकार देता है परन्तु सरकार को धन संग्रह करने का अधिकार नहीं देता। अतः लोकसभा में वित्त विधेयक पेश किया जाता है। इसके पारित हो जाने पर यह अधिनियम का रूप ले लेता है और सरकार को कराधान द्वारा धन संग्रह करने का अधिकार प्राप्त हो जाता है। वित्तीय विधेयक में चालू वित्तीय वर्ष से सम्बन्धित सभी कर प्रस्ताव तथा चालू करारोपण की योजनायें सम्मिलित होती है। दोनों विधेयकों को लोकसभा में पारित कराने के बाद इन्हें राज्यसभा में विचारार्थ भेजा जाता है। राज्य सभा को इन विधेयकों पर विचार करने के लिए 14 दिन दिये जाते हैं। यदि इस अवधि में राज्यसभा को इन विधेयकों

पर विचार करने के लिये 14 दिन दिये जाते हैं। यदि इस अवधि में राज्यसभा इन बिलों को लोकसभा में वापस न करें तो लोकसभा इन्हें राज्यसभा द्वारा पारित मान लेती है और राष्ट्रपति की स्वीकृति के लिये भेज देती है। राष्ट्रपति की स्वीकृति मिलते ही बजट अन्तिम रूप से स्वीकृत मान लिया जाता है।

पूरक बजट (Supplementary Budget)—कभी-कभी सरकार के कुछ विभागों का स्वीकृत रकम से काम नहीं चलता। इस स्थिति में पूरक बजट प्रस्तुत किया जाता है। अतिरिक्त माँगों की लोकसभा अथवा विधानसभा से स्वीकृति ले ली जाती है। पूरक बजट इस बात का प्रमाण है कि सरकार संसद की अनुमति के बिना कोई रकम व्यय नहीं कर सकती।

लेखा अनुदान—यदि बजट 1 अप्रैल से पूर्व पास नहीं होता तो 1 अप्रैल से लेकर बजट के पास होने की तिथि तक की अवधि में सरकार अपने व्ययों के लिये लेखा अनुदान के आधार पर व्यय की अनुमति प्राप्त कर लेती है।

6. बजट का क्रियान्वयन (Execution of the Budget)—बजट के क्रियान्वयन के अन्तर्गत आय को एकत्रित करना, प्राप्त आय को व्यय करना तथा वित्तीय लेखों का अंकेक्षण करना सम्मिलित होते हैं। वित्त मन्त्रालय के अन्तर्गत दो परिषदें हैं—(अ) केन्द्रीय प्रत्यक्ष कर-परिषद, (ब) केन्द्रीय उत्पादन शुल्क एवं सीमा शुल्क परिषद्। प्रत्येक परिषद् अपने-अपने क्षेत्र में कर निर्धारण और कर-एकीकरण के लिये आवश्यक व्यवस्था करती है। एकत्रित कोषों की अभिरक्षा का कार्य सरकारी खजानों, उप-खजानों के साथ रिजर्व बैंक तथा स्टेट बैंक द्वारा भी किया जाता है।

कोषों का वितरण (Distribution of the Funds)—विनियोग विधेयक पास हो जाने के बाद विभिन्न मन्त्रालयों और विभागों को उनके लिये स्वीकृत राशि सम्बन्धी सूचना भेज दी जाती है। प्रत्येक मन्त्रालय तथा प्रत्येक विभाग स्वीकृत मदों पर स्वीकृत राशि से अधिक राशि व्यय नहीं कर सकता। प्रत्येक विभाग द्वारा व्यय सम्बन्धी लेखे रखे जाते हैं और लेखों के तैयार होने पर महालेखा अंकेक्षक उनकी जाँच करता है और रिपोर्ट देता है, जिसे संसद से प्रस्तुत किया जाता है। रिपोर्ट में आय प्राप्ति, व्यय और ऋण आदि से सम्बन्धित सभी अनियमितताओं की ओर ध्यान आकषित किया जाता है।

निष्पति बजट
(Performance Budgeting)

निष्पति बजट का अर्थ (Meaning of Performance Budgeting)

निष्पति बजट सरकारी बजट तैयार करने की वह विधि है जिसमें बजट में सम्मिलित होने वाली प्रत्येक मद किसी विशेष आर्थिक क्रिया को व्यक्त करती है। अन्य शब्दों में, निष्पति बजट कार्यों, उद्देश्यों और कार्यकलापों के रूप में वर्गीकरण करने की एक प्रणाली है जिसका उद्देश्य बजट में नियोजन, वित्तीय व्यय तथा उसके भौतिक परिणाम की प्राप्ति के बीच समन्वय बनाये रखना है।

परिभाषा (Definition)— अमेरिका के बजट ब्यूरों के अनुसार, ''एक निष्पति (निष्पादन) बजट वह है जो सरकार के उन उद्देश्यों, जिनके लिये कोषों की माँग की जाती है, उन उद्देश्यों को पूरा करने की प्रस्तावित लागत और प्रत्येक परियोजना के अन्तर्गत पूरे किये जाने वाले कार्य का मूल्यांकन करने सम्बन्धी परिमाणात्मक आंकड़ों का विवरण प्रस्तुत करता है।''

निष्पति बजट प्रणाली के अन्तर्गत सम्पूर्ण बजट पहिले सरकारी उद्देश्यों के आधार पर प्रमुख कार्यों, उसके बाद कार्य-कलापों तथा उपक्रियाओं में बाँटा जाता है। प्रत्येक वर्ग तथा उपवर्ग के लिये धन की निश्चित मात्रा का प्रावधान किया ाता है। यह इस बात को भी स्पष्ट करता है कि एक निश्चित समयावधि में निर्धारित व्यय राशि द्वारा प्रस्तावित उपलब्धियाँ कहाँ तक प्राप्त हुई हैं। यह बजट कार्यक्रमों के आकार तथा लागत पर एक साथ विचार करता है। यह कोषों के आबंटन के सम्बन्ध में निर्णय लेने में सहायक होता है क्योंकि इसमें लागत और लाभ साथ-साथ दिखाये जाते हैं।

निष्पति बजट की अवस्थायें (Stages)—निष्पति बजट प्रणाली की तीन अवस्थायें होती हैं—

प्रथम अवस्था में विभिन्न राजकोषीय उपायों एवं नीतियों का निर्माण किया जाता है।

द्वितीय अवस्था में प्रस्तावित कार्यक्रमों का लागत लाभ विश्लेषण किया जाता है। इसमें उद्देश्यों की पूर्ति के वैकल्पिक उपायों पर विचार किया जाता है और सबसे मितव्ययी विकल्प को छाँट लिया जाता है।

तृतीय अवस्था में चालू कार्यक्रमों तथा नीतियों को भावी लाभों से सम्बन्ध किया जाता है। अवधि के समाप्त होने पर चुने हुये कार्यक्रमों की वास्तविक उपलब्धियों का मूल्यांकन कर लिया जाता है।

निष्पति बजट के गुण (Merits)

निष्पति बजट के निम्न गुण पाये जाते हैं—

1. इसके द्वारा सरकारी व्यय पर नियन्त्रण करना सरल हो जाता है, क्योंकि इसके अन्तर्गत एक ओर वित्तीय व्यय तथा दूसरी और उन व्ययों से उत्पन्न भौतिक परिणामों की प्राप्ति के बीच निकट सम्बन्ध स्थापित किया जाता है।

2. इस बजट के द्वारा यह भी पता लगाया जा सकता है कि जिन उद्देश्यों के लिये धन व्यय किया गया है वे कहाँ तक प्राप्त किये जा सके हैं।

3. लागत तथा लाभ साथ-साथ दिखाये जाने के कारण कोषों के वितरण के सम्बन्ध में निर्णय लेने में सहायता मिलती है।

4. यह लेखा परीक्षण के कार्य को अधिक उपयोगी बनाता है।

बजट के आवश्यक तत्व
(Essential Elements of Budget)

बजट में निम्न आवश्यक तत्व होते हैं :

1. बजट एक निश्चित अवधि के लिए बनाया जाता है। यह अवधि कितनी भी हो सकती है। किन्तु साधारणतः यह एक वर्ष होती है। लम्बी अवधि के बजट को छोटी अवधियों में बाँटा जा सकता है।

2. इससे आगे आने वाली अवधि के लिए पूर्वानुमान होते हैं।

3. बजट में लक्ष्यों का निर्धारण किया जाता है।

4. बजट में लक्ष्य आंकड़ो के रूप में रखे जाते हैं।

5. बजट में लक्ष्यों के अतिरिक्त नीतियों का भी उल्लेख होता है।

6. बजट में निर्धारित लक्ष्य एवं नीतियां तथ्यों के आधार पर निर्धारित की जाती है।

7. बजट सामान्य बजट हो सकता है जिसमें सभी लक्ष्य व नीतियां सम्मिलित की जाती है अथवा एक विशिष्ट क्रिया अथवा उद्देश्य के लिए भी बजट बनाया जाता है।

बजट के उपयोग
(Uses of Budget)

बजट के कई उपयोग होते हैं। बजट बनाने में प्रत्येक संस्था का उद्देश्य एक सा नहीं होता। **रोबर्ट एन्थोनी** के अनुसार बजट कही नियन्त्रण की भूमिका निभाने के लिए प्रयोग किया जाता है तो कहीं यह विभिन्न विभागों में समन्वय व संचार का कार्य करता है। बजट के साधारणतः निम्न उपयोग हैं :

1. नियोजन : बजट का सबसे प्रमुख उपयोग नियोजन है। संस्था के उद्देश्यों का निर्धारण व इस उद्देश्यों की पूर्ति हेतु आवश्यक संगठन व्यवस्था करने का कार्य ही नियोजन कहलाता है। नियोजन में भविष्य के लिए योजनाएं बनाई जाती हैं तथा उस योजना में निर्धारित लक्ष्यों की प्राप्ति का प्रयत्न किया है। यदि इसे देश के दृष्टिकोण से लिया जाए तो यह कहा जा सकता है कि देश में उपलब्ध साधनों का देश के विकास के लिए प्रयोग करने की योजनाएं बनाई जाती हैं। बजट योजनाएं बनाने में सहायक होते हैं। निर्धारित लक्ष्यों की प्राप्ति में भी बजट महत्वपूर्ण भुमिका निभाते हैं। बिभिन्न आर्थिक क्रियाओं द्वारा नियोजन को सफल बनाने का प्रयत्न किया जाता है। वास्तविक स्थिति व बजट के लक्ष्यों की तुलना कर असन्तुलन अथवा कमी को भी ज्ञात किया जा सकता है। इस असन्तुलन अथवा कमी को दूर करने के लिए योजना बनाने में भी बजट ही सहायक होते हैं।

कई लोगों का यह विचार है कि योजना का कार्य बिना बजट प्रणाली के भी किया जा सकता है। कई व्यापारी बिना बजट के ही सफलता प्राप्त करते हैं। किन्तु इस सम्बन्ध में यह कहा जा सकता है कि एक छोटे व्यवसाय में एक ही व्यक्ति नियन्त्रण का कार्य करता

है। अतः ऐसी दशा में बिना बजट के ही नियोजन का कार्य कर सकता है किन्तु बड़े व्यवसायों अथवा देश के सन्दर्भ में ऐसा किया जा सकना सम्भव नहीं है। नियोजन के लक्ष्य जब देश के सामने बजट के रूप में लिखित प्रस्तुत किये जाते हैं तो सभी को योजनाएं स्पष्ट हो जाती है व सभी को अपने क्षेत्र की योजनाओं के बारे में अपनी जिम्मेदारी मालूम हो जाती है।

2. समन्वय : समन्वय भी एक ऐसी क्रिया है जिसे बजट द्वारा सरल बनाया जाता है। समन्वय एक ऐसी विधि है जिससे प्रत्येक विभाग अपने हित में कार्य न कर पूरे देश के हित में कार्य करता है जिससे सभी विभागों में आपसी सहयोग व तालमेल बना रहे। बजट बनाने में समन्वय का कार्य स्वतः ही पूरा हो जाता है क्योंकि बजट बनाने की प्रक्रिया में सभी विभागों के अधिकारी सक्रिय रूप से भाग लेते हैं। बजट बनाते समय सभी क्षेत्रों व विभागों की समस्याएं उद्देश्य व सम्भावनाओं को ध्यान में रखा जाता है। अतः बजट से समन्वय कार्य स्वतः ही पूरा हो जाता है।

3. संचार : बजट संचार का भी कार्य करता है। बजट बनाने के बाद सभी विभागों को उसकी एक एक प्रति दे दी जाती है। इससे प्रत्येक विभाग को उसके उद्देश्य, योजनाएं लक्ष्य आदि स्पष्ट हो जाते हैं। प्रत्येक विभाग को यह ज्ञात हो जाता है कि उसके व्यय की सीमा क्या है तथा इस व्यय द्वारा उसे किन लक्ष्यों तक पहुचँना है। अतः बजट सभी सूचनाएं सभी विभागों तक पहुंचा कर संचार का कार्य भी करता है।

4. नियन्त्रण : नियन्त्रण किसी भी अर्थव्यवस्था के लिए एक आवश्यक क्रिया है। केवल नियोजन करने से ही कार्य नहीं चलता वरन् यह भी देखना होता है कि पूर्व निर्धारित योजनाओं के अनुसार कार्य हो रहा है अथवा नहीं। यदि कार्य पूर्व निर्धारित योजनाआओं के अनुसार नहीं हो रहा है तो उन पर नियन्त्रण आवश्यक है जिससे कार्यों को सही दिशा प्रदान की जा सके। बजट द्वारा नियन्त्रण का कार्य बड़े ही वैज्ञानिक ढंग से किया जा सकता है। बजट के साथ नियन्त्रण का कार्य सम्मिलित होता है जिसे बजटरी नियन्त्रण कहा जाता है। बजट नियन्त्रण में वास्तविक परिणामों से लक्ष्यों की तुलना कर यह ज्ञात हो जाता है कि लक्ष्य पूरे हुए हैं अथवा नहीं। यदि लाभ पूरे नहीं हुए हैं तो इसके कारणों को ज्ञात किया जाता है व उन पर नियन्त्रण भी किया जाता है। इस प्रकार बजट नियन्त्रण में यह देखा जाता है कि कहां कार्य ठीक हो रहा है व कहां नहीं व जहां कार्य ठीक नहीं हो रहा हो वहां सुधार के लिए आवश्यक कदम उठाये जाते हैं अथवा नहीं। बजट नियन्त्रण का कार्य करता है।

5. उत्प्रेरणा : बजट विभिन्न विभागों में कार्यस्त व्यक्तियों के लिए उत्प्रेरणा का कार्य भी करता है। जब सभी व्यक्ति यह जानते हैं कि उनकी उपलब्धियों की लक्ष्यों से तुलना की जाएगी व यदि उपलब्धियां लक्ष्यों से कम रही तो उन्हें दोषी माना जाएगा व लक्ष्यों से उपलब्धियां अधिक होने पर उन्हें ही इसका श्रेय दिया जाएगा तो वे अपनी उपलब्धियां अधिक से अधिक करने का प्रयत्न करते हैं। इस प्रकार बजट उत्प्रेरणा का कार्य भी करता है।

इस प्रकार बजट के अनेक प्रयोग हो सकते हैं। इसी कारण देश की अर्थव्यवस्था में ही नहीं वरन् सभी व्यावसायिक संस्थानों में भी बजट का महत्व बढ़ता जा रहा है। किन्तु बजट के कोई स्वचालित प्रक्रिया नहीं है जिससे ये सभी उपयोग स्वत: ही प्राप्त हो जाएं। बजट के सभी उपयोगों का लाभ प्राप्त करने के लिए बजट बनाने व उनका क्रियान्वयन करने में काफी सतर्कता की आवश्यकता पड़ती है।

पूंजी बजट
(Capital Budget)

पूंजी बजट का तात्पर्य पूंजीगत परियोजनाओं के बारे में पूर्वानुमान अथवा नियोजन है। **राबर्ट एन्थोनी** के अनुसार, "पूंजी बजट मूलत: प्रबन्ध द्वारा उचित समझी गई परियोजनाओं के लिए आवश्यक अनुमति लागत की एक सूची होती है।" पूंजी बजट में यह निर्धारित किया जाता है कि बजट अवधि के दौरान कौन-कौन सी पूंजीगत परियोजनाएं पूरी की जाएंगी अर्थात कौन-कौन से पूंजीगत व्यय किये जाएंगे। इससे यह ज्ञात हो सकेगा कि बजट अवधि में पूंजीगत परियोजनाओं पर कितनी पूंजी लगानी पड़ेगी। इस प्रकार पूंजी बजट पूंजीगत व्ययों के पूर्वानुमान प्रस्तुत किये जाते हैं।

पूंजी बजट पूंजीगत व्ययों का पूर्वानुमान होता है। अत: यहां यह भी स्पष्ट किया जाना आवश्यक है कि पूंजीगत व्ययों से क्या अभिप्राय है। पूंजीगत व्ययों में नई सम्पत्तियां क्रय करने व पूर्नस्थापित करने सम्बन्धी व्यय सम्मिलित होते हैं। इसी प्रकार पूंजीगत व्ययों में उन सभी व्ययों को सम्मिलित किया जाता है जो विकास के लिए किये गये हों तथा जिनसे कार्यक्षमता में वृद्धि होती है। इस प्रकार पूंजीगत व्ययों में निम्न व्ययों को सम्मिलित किया जाता है:

1. नई सम्पत्ति क्रय करना,
2. वर्तमान सम्पत्तियों में वृद्धि करना,
3. अप्रचलित या किन्ही सम्पत्तियों का पुर्नस्थापना,
4. शोध व विकास परियोजनाओं पर व्यय,
5. उत्पादन प्रक्रिया में सुधार पर व्यय,
6. कार्यक्षमता बढ़ाने के लिए श्रम कल्याण योजनाओं पर व्यय।

पूंजी बजट की आवश्यकता
(Needs of Capital Budget)

पूंजी बजट नियन्त्रण का एक आवश्यक भाग हैं। वैसे तो सभी प्रकार के व्ययों पर नियन्त्रण लगाया जाना चाहिए। किन्तु पूंजीगत व्ययों का पूर्वानुमान व उन पर नियन्त्रण अन्य व्ययों की तुलना में अधिक आवश्यक है। इसके निम्न कारण है:

1. पूंजीगत व्ययों की आवश्यकता का निश्चय : किसी भी मद पर व्यय करने से पहले यह जान लेना अत्यावश्यक होता है कि उक्त मद पर व्यय करना उचित है अथवा नहीं। पूंजीगत मदों पर व्यय करने से पहले भी यह जानना आवश्यक होता है कि ये व्यय किये जाने चाहिए अथवा नहीं। पूंजीगत व्ययों के बारे में निर्णय लेने से पहले पूंजीगत परियोजना की लागत व उससे होने वाली आय का विश्लेषण कर ही निर्णय लिए जाते हैं।

2. बड़ी राशि : पूंजीगत व्ययों में प्रायः बड़ी राशि के विनियोग होते हैं। थोड़ी राशि बिना सोचे समझे भी व्यय कर दी जाए तो किसी प्रकार का प्रभाव नहीं पड़ता किन्तु बड़ी राशि बिना योजना के अथवा बिना सोचे समझे व्यय करना उचित नहीं होता क्योंकि इससे देश अथवा संस्था की वित्तीय स्थिति पर बहुत अधिक प्रभाव पड़ता है।

3. साधनों की व्यवस्था : पूंजीगत व्यय बड़ी राशि के होते हैं अतः इन व्ययों की राशि के लिए विशेष व्यवस्था करनी होती है। पूंजी बजट में यह पूर्वानुमान भी लगाया जाता है कि पूंजीगत व्ययों के लिए किस-किस समय कितनी-कितनी राशि की आवश्यकता पड़ेगी। इससे आवश्यकता पड़ने पर पर्याप्त राशि की व्यवस्था की जा सकती है।

4. नियमित व्ययों का प्रबन्ध : पूंजीगत व्यय के साथ समय-समय पर नियमित व्यय भी करने होते हैं। पूंजीगत सम्पत्तियों पर बीमा, ब्याज आदि व्यय भी होते हैं। पूंजी बजट से पूंजीगत व्ययों के साथ नियमित व्ययों के लिए भी समय पर व्यवस्था की जा सकती है।

5. व्यवसाय की गतिशीलता : पूंजीगत व्ययों को व्यवसाय की गतिशीलता के अनुसार नियन्त्रण किया जाना आवश्यक है। व्यवसाय चक्रों व सम्पत्तियों के जीवन काल को ध्यान में रखकर पूंजीगत व्ययों को नियन्त्रित किया जा सकता है।

6. नये विनियोग अवसरों की खोज : व्यवसाय का उद्देश्य अधिकतम लाभ कमाना होता है। इसके लिए यह आवश्यक है कि व्यवसाय केवल वर्तमान पैमान पर ही कार्य न करे वरन् नए अवसरों की खोज कर दीर्घकालीन योजनाएं बनाई जाएं। इसके लिए यह आवश्यक है कि पूंजीगत व्यय केवल उन्हीं मदों पर किए जाए जो व्यवसाय के लिए अधिक लाभप्रद हैं। अतः पूंजीगत व्ययों पर नियन्त्रण आवश्यक है और इसके लिए पूंजी बजट बनाना भी आवश्यक है।

पूंजी बजट का महत्व
(Importance of Capital Budget)

पूंजी बजट की आवश्यकता या महत्व निम्न प्रकार है:

1. पूंजीगत व्ययों का अनुमान : पूंजी बजट में पूंजीगत परियोजनाओं पर व्यय का पूर्वानुमान लगाया जाता है। बजट में प्रत्येक परियोजना की लागत का विवरण होता है। इन्हें बजट अवधि में कार्यान्वित किया जाता है। पूंजी बजट में पूंजीगत परियोजनाओं की लागत का जो विवरण दिया जाता है वह भी विस्तृत होता है तथा व्यय की प्रत्येक मद को इसमें सम्मिलित किया जाता है। पूंजी बजट बनाते समय मूल्य में परिवर्तन की भावी

सम्भावानाओं का भी ध्यान रखा जाता है। इससे भविष्य के पूंजीगत व्ययों का अनुमान लग जाता है।

2. पूंजीगत परियोजनाओं की प्राथमिकता ज्ञात करना : बड़े प्रतिष्ठानों में प्रत्येक विभाग अपने-अपने विभाग से सम्बन्धित पूंजीगत व्ययों के प्रस्ताव करते हैं। किन्तु प्रत्येक पूंजीगत परियोजना के प्रस्ताव को स्वीकार करना न तो संगठन के हित में होता है और न हीं संगठन के लिए सभी प्रस्तावों को स्वीकार करना सम्भव ही होता। अत: प्रबन्धक सभी परियोजनाओं की लागत व उनसे सम्भावित लाभों की तुलना कर पूंजीगत परियोजनाओं की प्राथमिकता का निश्चय करते हैं। इसमें यह निश्चय किया जाता है कि किस परियोजना को पहले हाथ में लिया जाए व किसे बाद में तथा किस परियोजना के प्रस्ताव को पूर्णत: छोड़ दिया जाना ही उचित होगा। इस प्रकार पूंजी बजट से पूंजीगत परियोजनाओं की प्राथमिकताएं निर्धारित की जा सकती है व केवल लाभदायक परियोजनाओं को उनके मूल्यांकन व लाभदायकता के आधार पर स्वीकार किया जा सकता है।

3. साधनों की व्यवस्था : पूंजी बजट में न केवल पूंजीगत व्ययों का पूर्वानुमान लगाया जाता है वरन् इस बात का भी अनुमान लगाया जाता है कि इन परियोजनाओं के लिए कितनी राशि की किस समय आवश्यकता पड़ेगी। इससे समय पर इन परियोजनाओं के लिए पर्याप्त राशि की व्यवस्था भी की जा सकती है। परियोजनाओं के लिए कब कितनी राशि की आवश्यकता पड़ेगी यह ज्ञात होने पर उस समय पर पर्याप्त राशि उपलब्ध कराने के लिए बैंक या अन्य वित्तीय संस्था से अनुबन्ध भी किया जा सकता है। इससे आवश्यक रूप से पहले ही राशि नकद रख कर ब्याज की हानि नहीं होती।

4. पूंजीगत व्ययों पर नियन्त्रण : पूंजी बजट से पूंजीगत व्ययों पर नियन्त्रण भी किया जा सकता है। पूंजी बजट बनने के पश्चात् केवल उन्हीं परियोजनाओं पर व्यय किया जा सकता है। जिन्हें बजट में सम्मिलित किया गया है। अन्य परियोजनाओं पर व्यय नहीं किया जा सकता। प्रबन्ध विभिन्न प्रस्तावों में से उनके औचित्य व उपलब्ध रकम को ध्यान में रखते हुए पूंजीगत व्ययों पर नियन्त्रण रख सकते हैं।

5. पूंजीगत व्ययों व आगम व्ययों में समन्वय : पूंजी बजट की सहायता से पूंजीगत व्ययों व आगम व्ययों में समन्वय स्थापित किया जा सकता है। पूंजी बजट आगम बजट के सन्दर्भ में ही तैयार किया जाता है। ऐसा न होने पर संगठन में अनेक विसंगतियां पैदा हो जाती है।

6. कार्यक्षमता में वृद्धि : पूंजीगत व्ययों में वे सभी व्यय सम्मिलित किये जाते हैं जिनसे उत्पादन क्षमता में वृद्धि होती है। इस प्रकार श्रम कल्याण पर व्यय, पुरानी सम्पत्ति के स्थान पर नई सम्पत्ति क्रय करने पर व्यय, पुरानी या कम क्षमता की मशीन के स्थान पर नई व अधिक क्षमता की मशीन पर व्यय आदि पूंजीगत व्यय माने जाते हैं। इस प्रकार पूंजीगत व्ययों से कार्यक्षमता में वृद्धि होती है।

7. अन्य कार्यों के नियोजन के लिए आधार : पूंजी बजट व्यवसाय के अन्य कार्यों के लिए नियोजन का आधार है। पूंजी बजट के आधार पर ही नकदी बजट, बिक्री बजट, क्रय बजट, उत्पादन बजट, लाभ बजट आदि बनाए जा सकते हैं। इस प्रकार व्यवसाय में सभी प्रकार की क्रियाएं पूंजी बजट पर ही निर्भर करती है।

पूंजी बजट निर्माण की प्रक्रिया
(Process of Preperation of Capital Budget)

पूंजी बजट अल्पकालीन अथवा दीर्घकालीन हो सकता है। जब पूंजी बजट की अवधि एक वर्ष होती है तो इसे अल्पकालीन बजट कहा जाता है। दीर्घकालीन पूंजी बजट की अवधि एक वर्ष से अधिक होती है। साधारणतः दीर्घकालीन पूंजी बजट की अवधि 3 से 5 वर्ष तक होती है। दोनों ही प्रकार के पूंजी बजटों की प्रक्रिया निम्न प्रकार होती है:

1. सर्वप्रथम प्रत्येक विभाग या उप विभाग द्वारा पूंजीगत व्ययों के लिए प्रस्ताव प्रस्तुत किए जाते हैं। इन प्रस्तावों में वे यह बताते हैं कि बजट अवधि में वे किन-किन मदों पर कितना-कितना व्यय करना चाहते हैं।

2. पूंजी बजट व अन्य बजट बनाने के लिए संगठन में एक बजट समिति होती है। बजट समिति सभी प्रस्तावों की जांच करती है

3. बजट समिति सभी प्रस्तुत प्रस्तावों में से चुनी हुई परियोजनाओं को प्राथमिकता के क्रम से निर्धारित करती है।

4. बजट समिति द्वारा चुनी हुई पूंजी परियोजनाओं को निदेशक मंडल के सम्मुख प्रस्तुत किया जाता है। निदेशक मण्डल इन परियोजनाओं को अनुमोदित कर देता है।

5. अन्त में निदेशक मण्डल द्वारा अनुमोदित पूंजीगत परियोजनाओं को सर्वोच्च सत्ता तथा अध्यक्ष के सम्मुख प्रस्तुत कर उसकी स्वीकृति ली जाती है।

पूंजी बजट में परियोजना की कुल लागत, उस मद पर अब तक व्यय की गई राशि, बजट अवधि में व्यय का प्रस्ताव आदि सभी बातों का उल्लेख किया जाता है।

आगम बजट का अर्थ
(Meaning of Revenue Budget)

आगम बजट का अर्थ किसी अवधि में आय व व्यय के पूर्वानुमान से है। इन बजट में यह निर्धारित किया जाता है कि बजट अवधि में प्राप्तियों व भुगतान के सम्बन्ध में क्या पूर्वानुमान है। यह बजट किसी भी अवधि के लिए तैयार किया जा सकता है। किन्तु साधारणतः इसकी अवधि एक वर्ष होती है। आगम बजट में यह पूर्वानुमान लगाया जाता है कि इस एक वर्ष की अवधि में कब-कब कितनी-कितनी राशि प्राप्त होगी। किन्तु यहां यह स्पष्ट करना आवश्यक है कि आगम बजट में केवल आगम आय व व्ययों को ही सम्मिलित किया जाता है। पूंजीगत आय व्ययों को नहीं।

आगम बजट की उपयोगिता
(Utility od Revenue Budget)

आगम बजट किसी भी संस्था के बजट अवधि में आय व व्यय के पूर्वानुमानों को प्रस्तुत करता है। यह बताता है कि बजट अवधि में नकदी का प्रवाह किस प्रकार होगा। अत: यह बजट बहुत ही महत्वपूर्ण माना जाता है। आगम बजट की उपयोगिता निम्न प्रकार है:

1. नकदी का नियन्त्रण : आगम बजट की सहायता से व्यवसाय में नकदी का आसानी से नियन्त्रण किया जा सकता है। आगम बजट से यह ज्ञात हो जाता है कि किस-किस तिथि को कितनी कितनी राशि का भुगतान करना है। इस दिन कितनी राशि उपलब्ध है व कितनी राशि का और इन्तजाम किया जा सकता है। इसके लिए बैंक आदि से पहले ही अनुबन्ध किया जा सकता है। समय पर भुगतान के लिए पर्याप्त राशि उपलब्ध होने पर व्यवसाय की साख को कोई खतरा नहीं रहता।

इसी प्रकार आगम बजट से यह भी ज्ञात हो जाता है कि व्यवसाय को कब-कब कितनी-कितनी राशि प्राप्त होगी। यदि व्यवसाय में अतिरिक्त राशि आने की सम्भावना हैं तो पहले ही उस राशि के विनियोग के लिए योजना बनाई जा सकती है। ऐसा होने पर व्यवसाय में अनावश्यक रूप से नकदी बेकार पड़ी नहीं रहेगी वरन् नकदी का लाभपूर्ण उपयोग सम्भव होगा।

2. व्ययों में मितव्ययता : आगम बजट में प्राप्तियों के साथ-साथ प्रत्येक मद पर किये जाने वाले व्यय का पूर्वानुमान होता है। इससे प्रत्येक मद पर किये जा सकने वाले व्यय की सीमा निर्धारित हो जाती है। बजट में व्यय की राशि का निर्धारण होने से व्यय की राशि उस सीमा में ही रखने का प्रयत्न किया जाता है। इससे व्ययों में मितव्ययता होती है तथा अनावश्यक व्यय भी कम होते हैं क्योंकि ऐसी मदों पर व्यय बिना अनुमति नहीं किये जा सकते जिनकी बजट में स्वीकृति प्रदान की गई है।

3. तरल स्थिति का ज्ञान : आगम बजट से बजट अवधि के प्रारम्भ, अन्त अथवा किसी भी समय तरल स्थिति ज्ञात की जा सकती है। तरल स्थिति का ज्ञान होने से व्यवसाय में अनेक निर्णय लेने में आसानी होती है क्योंकि अनेक निर्णय तरल स्थिति पर ही निर्भर करते हैं। व्यवसाय का विस्तार, पूंजी निर्गमन, आदि अनेक निर्णय तरल कोषों की स्थिति को ध्यान में रखकर लिए जाते हैं।

4. साख नीति का निर्धारण : व्यवसाय को समय पर साख संस्थाओं से साख लेने की आवश्यकता पड़ती है। आगम बजट की सहायता से व्यवसाय की साख नीति का भी निर्धारण आसानी से किया जा सकता है। आगम बजट की सहायता से यह ज्ञात हो जाता है कि किस-किस समय पर कितनी-कितनी राशि की आवश्यकता उत्पन्न होगी। इससे समय पर पर्याप्त राशि उपलब्ध कराने के लिए बैंक से अनुबन्ध किया जा सकता है। ऋण को चुकाने हेतु कितनी राशि किस समय उपलब्ध होगी यह भी आगम बजट से ज्ञात हो जाता है। अत:

बैंक से उतना ही अवधि के लिए साख की मांग की जाती है जितनी अवधि के लिए यह आवश्यक है।

5. कार्यशील पूंजी का प्रबन्ध : पूंजी की कमी अथवा अधिकता दोनों ही व्यवसाय के लिए उचित नहीं है। आगम बजट से यह ज्ञात हो जाता है कि व्यवसाय में कितनी कार्यशील पूंजी की आवश्यकता है। यह ज्ञात होने पर नकदी के प्रवाह पर नियन्त्रण कर ऐसी व्यवस्था की जा सकती है कि कार्यशील पूंजी आवश्यकता के अनुरूप ही रहे।

6. अन्य बजटों से समन्वय : आगम बजट पर भी अन्य बजट निर्भर करते है। अतः आगम बजट से अन्य बजटों में समन्वय स्थापित किया जा सकता है। क्रय बजट, विक्रय बजट, उपरिव्यय बजट, पूंजी बजट आदि विभिन्न बजट तब तक तैयार नहीं हो सकते जब तक आगम बजट का भी ध्यान न रखा जाए। अतः आगम बजट बनाने पर अन्य बजटों पर भी नियन्त्रण लग जाता है।

7. लाभदायकता में वृद्धि : आगम बजट से संगठन की लाभदायकता में भी वृद्धि होती है। आगम बजट बनाने से मितव्ययता होती है क्योंकि बजट के अतिरिक्त अन्य मदों पर बिना अनुमति व्यय नहीं किया जा सकता। आगम बजट की सहायता से व्यवसाय में कार्यशील पूंजी भी अधिक नहीं रहती। यदि व्यवसाय में अतिरिक्त कोष है तो उनका पहले ही अनुमान हो जाता है व उन कोषों को लाभदायक विनियोगों में लगाया जा सकता है। आगम बजट से साख कम से कम अवधि के लिए ही ली जाती है। समय पर भुगतानों के लिए राशि उपलब्ध होने पर व्यवसाय की साख बढ़ती है। इन सभी से व्यवसाय की लाभदायकता में वृद्धि होती है।

आगम बजट निर्माण की विधियां

(Process of Preparing Revenue Budget)

आगम बजट बनाने में जो विधियां होती है इन विधियों में बजट निर्माण की प्रक्रिया भी अलग होती हैं। ये विधियां निम्न प्रकार है:

1. प्राप्ति व भुगतान विधि : इस विधि में बजट अवधि में होने वाली प्राप्तियों व भुगतान का पूर्वानुमान लगाया जाता है इससे अमौद्रिक मदों को सम्मिलित नहीं किया जाता। केवल नकद में होने वाले व्यवसायों को ही इसमें सम्मिलित किया जाता है। बजट में प्राप्तियों व भुगतान की अलग-अलग सूचिया बनाई जाती है। प्रत्येक माह की प्राप्तियों में भुगतान का अनुमान लगाकर कोष राशि ज्ञात कर ली जाती है। प्राप्तियों में नकद विक्रय की राशि, देनदारों से प्राप्त राशि का अनुदान उन्हें दिए गए उधार की अवधि से लगाया जाता है। मिलों से प्राप्ति राशि का अनुमान उनकी अवधि से लगाया जाता है। भुगतानों में मजदूरी, कच्चा माल का क्रय, अन्य प्रशासनिक व्यय, ब्याज किराया आदि सम्मिलित होते हैं। इन व्ययों के लिए अलग-अलग बजट भी बनाये जाते हैं व उनको यहां सम्मिलित किया जाता है। पूंजीगत व्ययों का अनुमान पूंजी बजट के आधार पर लगाया जाता है।

2. समायोजित लाभ हानि विधि : इस विधि ये लाभ-हानि खाते के आधार पर आगम बजट तैयार किया जाता है। इस विधि में नकद सौदों के साथ-साथ गैर मौद्रिक लेन-देन का भी ध्यान रखा जाता है। इस विधि की यह मान्यता है कि लाभ के बराबर राशि अन्त में नकद बचनी चाहिए। किन्तु ऐसा वास्तव में नहीं होता। अनेक प्रकार के समायोजनाओं के कारण लाभ-हानि खाते के बराबर राशि नकदी नहीं रहती। अत: यह विधि अधिक उपयुक्त नहीं मानी जाती। यह विधि दीर्घकालीन बजट के निर्माण में काम लाई जाती है।

3. स्थिति विवरण विधि : इस विधि में अवधि के अन्त का अनुमानित स्थिति विवरण बना लिया जाता है। अनुमानित स्थिति विवरण में सम्पत्ति व दायित्वों का विवरण रहता है। दोनों का अन्तर ही नकद शेष अथवा अधिविकर्ष होता है। यदि दायित्व कम और सम्पत्तियां अधिक हैं तो अन्तर अधिविकर्ष होगा व दायित्व अधिक व सम्पत्तियां कम हैं तो अन्तर नकद शेष होगा। यह अपेक्षाकृत अधिक आसान है।

इस प्रकार आगामी बजट के निर्माण की तीन विधियां हैं। इनमें से पहली विधि ही अपेक्षाकृत अधिक अच्छी है।

बजट सन्तुलन
(Balancing Budget)

बजट सन्तुलन अथवा सन्तुलित बजट का अर्थ
(Meaning of Balanced Budget)

बजट सन्तुलन अथवा सन्तुलित बजट का तात्पर्य यह है कि बजट के आय व व्यय बराबर हो अथवा आय की राशि व्यय की राशि से कुछ अधिक हो। **डाल्टन** के अनुसार सन्तुलित बजट वह बजट है जिसमें व्यय आय अधिक नहीं है। प्राय: यह माना जाता है कि बजट सदैव सन्तुलित होने चाहिए। प्रत्येक सरकारी संस्था अथवा अर्द्ध सरकारी संस्था के बजट सन्तुलित रहने चाहिए। अर्थात् या तो उनके आय व व्यय बराबर हो अथवा व्यय की तुलना में आय अधिक हो।

किन्तु जब बजट में आय व व्यय के सन्तुलन का प्रश्न होता है तो यहां यह बात उठती है कि आय व व्यय में कौन-कौन से मद सम्मिलित की जानी चाहिए। आय व व्यय को दो भागों में बांटा जा सकता है। राजस्व आय व व्यय तथा पूंजीगत आय व व्यय। वास्तव में बजट सन्तुलन का तात्पर्य राजस्व आय व व्यय में सन्तुलन स्थापित करने से हैं पूँजीगत आय व व्यय मे सन्तुलन स्थापित करने से नहीं। अत: पूंजीगत आय उदाहरण के लिए मशीन को बेचने से आय अथवा पूंजीगत प्राप्तियां जैसे ऋण आदि मदें बजट में सन्तुलन की दृष्टि से सम्मिलित नहीं की जानी चाहिए। इसी प्रकार पूंजीगत व्यय, ऋण की राशि का भुगतान आदि को भी इस दृष्टि से व्यय में सम्मिलित नहीं किया जाना चाहिए। इसी कारण आजकल राजस्व व पूंजी बजट अलग-अलग बनाये जाते हैं। डाल्टन का कहना है कि राजस्व बजट ही सन्तुलित बजट होना चाहिए।

इस प्रकार यहां यह भी समस्या उत्पन्न होती है कि सन्तुलित बजट में जो आय व व्यय की समानता रखनी होती है वह किस अवधि से सम्बन्धित है। इस प्रश्न का उत्तर निर्धारित करना जरा कठिन है। प्राय: बजट की अवधि एक वर्ष होती है अर्थात् प्रत्येक वर्ष के लिए बजट बनाया जाता है। यह अवधि वित्त वर्ष, कैलेण्डर वर्ष अथवा कोई भी अवधि हो सकती है। किन्तु प्रत्येक वर्ष बजट सन्तुलित करने की दृष्टि से एक वर्ष से अधिक की अवधि भी ली जा सकती है। तीन या पांच वर्ष की अवधि बजट सन्तुलन की दृष्टि से उचित मानी जाती है। यदि योजना की अवधि अथवा सरकार की अवधि में बजट सन्तुलन किया जाय तो अधिक अच्छा माना जाता है। उदाहरण के लिए भारत में पंचवर्षीय योजनाएं बनाई जाती है। इसी प्रकार पांच वर्ष में ही संसद व विधान सभाओं के चुनाव होते है तो यहां बजट सन्तुलन की दृष्टि से 5 वर्ष की अवधि को उचित माना जा सकता है। इस अवधि में किसी वर्ष घाटा हो सकता है तो किसी वर्षं बचत भी हो सकती है। किन्तु कुल अवधि में आय व व्यय बराबर होने पर अथवा व्यय की तुलना में आय अधिक होने पर बजट को सन्तुलित ही माना जाएगा।

जेकब वाइनर के अनुसार जहाँ सरकार अथवा प्रशासन दुर्बल है वहां बजट में सन्तुलन स्थापित करना कठिन तो हैं किन्तु ऐसा करना आवश्यक भी है। अत: वहां और भी कम अवधि में बजट सन्तुलित करने का प्रयत्न करना चाहिए।

कुछ अर्थशास्त्री यह मानते हैं कि बजट में सन्तुलन स्थापित करने की अवधि व्यापार चक्र का काल होना चाहिए। किन्तु इस विचार को अधिक सही नहीं माना जाता क्योंकि वर्तमान समय में व्यापार चक्रों को रोकने व नियन्त्रित करने के अनेक उपाय काम में लिए जाते हैं। अत: इस विचारधारा को स्वीकार न किया जाकर पूर्व वर्णित विचारधारा ही सही मानी जाती है।

बजट सन्तुलित होना चाहिए अथवा नहीं इस सम्बन्ध में अलग अलग विचारधाराएँ हैं। अत: इस सम्बन्ध में निर्णय लेने से पहले दोनों विचारधाराओं के पक्ष में तर्कों का विचार करना आवश्यक है।

बजट सन्तुलन आवश्यक है
(Is Balanced Budget Necessary)

बजट सन्तुलन आवश्यक है इस विचारधारा के पक्ष में निम्न तर्क प्रस्तुत किए जाते हैं:

1. कर नीति का निर्धारण : कर नीति का निर्धारण सरकार की राजस्व नीति का प्रमुख भाग है। कर नीति में सरकार को यह निर्धारित करना होता है कि किन-किन मदों पर कितना कर लगाया जाय ताकि उसे पर्याप्त आय हो सके। पर्याप्त आय से अभिप्राय व्ययों को पूरा कर पाने जितनी आय से है। यदि विरोध होने की आशंका से सरकार नए कर नहीं लगाती तो सरकार को पर्याप्त आय प्राप्त नहीं हो सकेगी व अनेक योजनाएं आय के अभाव में प्रारम्भ नहीं की जा सकेगी अथवा अधूरी रह जाएगी।

2. व्यय का निर्धारण : सरकार करों द्वारा प्राप्त आय को ध्यान में रखकर ही व्यय का निर्धारण करती है। यदि सरकार को यह विश्वास हो कि वह नए कर लगाकर अथवा पुराने करों में वृद्धि कर पर्याप्त आय प्राप्त कर सकती है, तो वह देश के विकास के लिए नई-नई योजनाएं प्रारम्भ कर सकती है। सरकार व्यय की मदें देश के लिए विकास की प्राथमिकताओं के अनुसार निर्धारित करती है।

3. आकस्मिक घाटे का स्पष्टीकरण : यदि बजट सन्तुलन की अवधि लम्बी हो तो यह सम्भव है कि किसी वर्ष बजट में घाटा हो तो सरकार जनता को यह स्पष्ट कर सकती है कि बजट में घाटा आकस्मिक हैं क्योंकि सरकार ने बजट सन्तुलन की नीति अपनाई है। एक वर्ष बजट में घाटा होने का अर्थ देश की अर्थव्यवस्था में गड़बड़ी नहीं कर सकता। बजट सन्तुलन की अवधि में बजट का घाटा समाप्त हो जाएगा व अन्त में बजट सन्तुलित ही होगा।

4. अच्छे वित्तीय प्रशासन का प्रतीक : सन्तुलित बजट सरकार के अच्छे वित्तीय प्रशासन का प्रतीक है। यदि बजट सन्तुलित है तो इसका तात्पर्य यह होगा कि सरकार का वित्तीय प्रशासन अपने दायित्वों के प्रति सजग हैं। प्रत्येक कार्य में निर्णय सोच समझ कर लिया जाता है। अतः सन्तुलित बजट सन्तुलित वित्तीय प्रशासन का प्रतीक माना जाता है।

यदि बजट सन्तुलित नहीं है तो इसका अभिप्राय यह है कि बजट में घाटा अथवा आधिक्य। बजट में घाटा अथवा आधिक्य दोनों ही उचित नहीं माने जाते। इसके निम्न कारण है:

घाटा उचित नहीं
(Deficit is Not Proper)

बजट में घाटे को निम्न प्रकार से उचित नहीं माना जाता:

1. मुद्रा प्रसार का भय : यदि देश में बजट से घाटा रहता है तो आय की कमी को पूरा करने के लिए सरकार को नए नोट छापने पड़ते हैं। नए नोटों के निर्गमन से देश में मुद्रा प्रसार की स्थिति उत्पन्न हो जाती है। मुद्रा प्रसार देश के लिए अनेक दृष्टिकोण से घातक समझा जाता है।

2. शिथिल प्रशासन : घाटे का बजट अपनाने पर प्रशासन शिथिल होने लगता है। पहले ही घाटा होने के कारण किसी को भी इसके लिए उत्तरदायी नहीं ठहराया जा सकता। अतः करों की वसूली की ओर विशेष ध्यान नहीं दिया जाता व आय भी बढ़ने लगते हैं।

3. सरकार के प्रति गलत दृष्टिकोण : बजट में घाटा होने पर सरकार के प्रति गलत दृष्टिकोण विकसित होता है। घाटे का बजट होने पर यह प्रतीत होता है कि सरकार आय प्राप्ति के लिए प्रयत्नशील नहीं है, सरकार को नए कर लगाने एवं पुराने करों में वृद्धि में संकोच हो रहा है तथा सरकार आय के लिए साधन नहीं खोज सकी है। इसी प्रकार कई बार यह भी माना जाता है कि प्रशासन में अपव्यय हो रहा है जिससे बजट में घाटा है।

घाटे का बजट उचित नहीं
(Budge Deficit is not Good)

जिस प्रकार यह माना जाता है कि बजट में घाटा उचित नहीं है उसी प्रकार यह भी माना जाता है कि बजट में बचत भी उचित नहीं है। इसका कारण यह है कि बजट में बचत होने पर यह मत प्रकट किया जाता है कि सरकार ने देश में कर अधिक लगा रखे हैं जबकि उसे इतने कर लगाने की अवश्यकता नहीं है। इसी प्रकार बचत होने पर यह भी माना जाता है कि सरकार की आय तो अधिक है किन्तु प्रशासन इतना सजग नहीं है कि इस आय का प्रयोग कर सके। अत: बचत वाले बजट की दशा में भी प्रशासन को शिथिल माना जाता है।

उपरोक्त दोनों विचारों के आधार पर यह कहा जा सकता है कि बजट में सन्तुलन होना आवश्यक है बजट में न घाटा अच्छा माना जाता है और न ही बचत।

बजट सन्तुलन एक परम्परावादी विचारधारा
(Budget Balancing is an Old Concept)

जहां एक ओर यह माना जाता है बजट में सन्तुलन होना आवश्यक है वहां यह भी माना जाता है कि बजट में सन्तुलन होना आवश्यक नहीं है। इसका कारण यह है कि कई परिस्थितियों में बजट सन्तुलन स्थापित करना सम्भव ही नहीं है। बजट सन्तुलन के विपक्ष में निम्न तर्क दिए जाते हैं:

1. करदान क्षमता कम होना : विकासशील देशों में राष्ट्रीय व प्रति व्यक्ति आय कम होती है। अत: देश में निवासियों की करदान क्षमता कम होती है। आय कम होने के कारण बढ़ती हुई वित्तीय आवश्यकताएं करों की आय से पूरा करना सम्भव नहीं होता और न ही वांछनीय होता है। अत: घाटे का बजट बना कर विकास कार्यों को पूरा किया जाता है।

2. विकास की आवश्यकताएँ : विश्व के कुछ ही राष्ट्रों को छोड़कर अधिकांश अविकसित अथवा अल्पविकसित हैं। इन देशों में सामान्य गरीबी व्याप्त है। गरीबी इन देशों में अल्पविकास का कारण व परिणाम दोनों ही होती है। गरीबी के कुचक्र के कारण देश में पर्याप्त विकास नहीं हो पाता। ऐसी दशा में किसी भी प्रकार देश में आर्थिक विकास को गति प्रदान करने की आवश्यकता होती है। यह आवश्यकता पूरी करने पर बजट में असन्तुलन अर्थात् घाटा माना आवश्यक हो जाता है।

3. पूंजी का अभाव : अल्पविकसित राष्ट्रों में पूंजी का अभाव होता है। आय कम होने से बचत, विनियोग व पूंजी निर्माण की दर कम होती है। आर्थिक विकास को गति प्रदान करने के लिए अधिक पूंजी का विनियोग करना आवश्यक हो जाता है। आय के सामान्य साधनों से पूंजी की आवश्यकता पूरी न होने पर घाटे का बजट बना कर पूंजी का अभाव दूर किया है। घाटे के बजट द्वारा नई मुद्रा का निर्गमन करके पूंजी का अभाव दूर करने से आर्थिक विकास का मार्ग प्रशस्त किया जा सकता है।

4. बेरोजगारी : अल्प विकसित राष्ट्रों में व्यापक पैमाने पर बेरोजगारी व अर्द्ध बेरोजगारी होती है। बेरोजगारी दूर करने के लिए बजट भी एक साधन के रूप में प्रयोग किया जा सकता है। बेरोजगारी को रोजगार प्रदान करने के लिए विनियोग में वृद्धि आवश्यक है। रोजगार प्रदान करने के लिए नई मशीनें, कच्चा माल आदि की आवश्यकता होती है जिससे उत्पादन में नये व्यक्तियों को रोजगार प्रदान किया जा सके। रोजगार में वृद्धि होने पर जनता की क्रय शक्ति में वृद्धि होगी। क्रय शक्ति में वृद्धि होने पर प्रभावपूर्ण मांग में वृद्धि होने से उत्पादन बढ़ेगा। उत्पादन बढ़ने से आय बढ़ेगी। आय बढ़ने से क्रय शक्ति बढ़ेगी व क्रय शक्ति बढ़ने से मांग में वृद्धि होगी। यह क्रम इस प्रकार चलता रहेगा व अन्ततः देश में बरोजगारी दूर हो जाएगी।

उपरोक्त वर्णन के आधार पर यह कहा जा सकता है कि बजट में घाटा कई कारणों से आवश्यक हो जाता है घाटे का बचत देश के विकास में सहायक होता है। सन्तुलन बजट देश के विकास में बाधक होता है। सन्तुलित बजट दीर्घकाल का आदर्श है घाटे का बजट अल्पकाल की एक आवश्यकता है।

बजट में घाटा होने पर ध्यान में रखने योग्य बातें

सन्तुलित बजट के पक्ष व विपक्ष में दिये तर्कों के आधार पर यह तो कहा जा सकता है कि सन्तुलित बजट होना उचित नहीं है। कई परिस्थितियों में तो घाटे का बजट आवश्यक हो जाता है। किन्तु इसके आधार पर यह मान लेना गलत होगा कि घाटे का बजट होना सदैव अच्छा है। घाटे का बजट बनाना आवश्यक होने से पहले सामान्य साधनों से अधिक से अधिक प्राप्त करने का प्रयत्न करना चाहिए। उसके बाद शेष राशि के लिए घाटे का बजट बनाया जा सकता है। बजट में घाटे की राशि बहुत अधिक नहीं होनी चाहिए। हमें सदैव कम से कम घाटा करने का प्रयत्न करना चाहिए।

इस सम्बन्ध में एक और बात ध्यान में रखने की आवश्यकता है। घाटे के बजट को देश के विकास के लिए प्रयोग करने के लिए यह आवश्यक है कि देश की अर्थव्यवस्था में इतनी लोच हो कि जितनी नई पूंजी लगाई जाए यह उत्पादन व रोजगार में वृद्धि करने में सहायक हो। उत्पादन व रोजगार में वृद्धि होने से ही आय में वृद्धि होगी व जनता की करदान क्षमता बढ़ेगी। आय बढ़ने से मांग, उत्पादन व रोजगार बढ़ने से ही देश में आर्थिक विकास होता है।

सरकारी बजटों का स्वरूप
(Forms of Government Budget)

संविधान के अनुसार सरकारी बजट के दो भाग होते हैं:

1. आगम बजट,
2. पूंजीगत बजट

आगम बजट : इस भाग में सरकार के चालू व्यय एवं प्राप्तियां का उल्लेख होता है। यदि व्यय की अपेक्षा आय अधिक है तो आधिक्य बजट, और यदि आय से व्यय अधिक है तो घाटे का बजट कहलाता है। इसमें टैक्स रेवेन्यू और नॉन टैक्स रेवेन्यू दोनों ही बतायी जाती है।

पूँजीगत बजट : पूंजीगत प्राप्तियों में सार्वजनिक ऋण, रिजर्व बैंक से प्राप्त ऋण, विदेशी ऋणों से प्राप्तियां आदि सम्मिलित है। पंचवर्षीय योजना में चल रहे विभिन्न विकास कार्यक्रमों में निर्मित विभिन्न सम्पत्तियां (जैसे बांध, नहर, भवन अंशों व ऋण पत्रों में विनियोग, राज्यों को ऋण आदि) पूंजीगत व्ययों का उल्लेख होता है।

योजना बजट : भारत सरकार अनेक विकास योजनाओं एवं कार्यक्रमों का अलग से एक बजट बनाती है, जिसमें वित्तीय मदों के साथ-साथ अन्य बातों का भी उल्लेख होता है। विभिन्न मन्त्रालयों द्वारा अपने कार्यों के लिए बनाये जाने वाले निष्पादन बजट की जानकारी मिल जाती है।

बजट किस प्रकार सन्तुलित किया जा सकता है?

यदि कुल आय और व्यय बराबर है तो इसे सन्तुलित बजट कहते हैं। यदि आय की तुलना में व्यय अधिक है तो इसे असन्तुलित (घाटे का बजट) बजट कहा जाता है। इसके विपरीत व्यय की तुलना में आय अधिक होने पर भी बजट असन्तुलित हो जाता है तो जिसे आधिक्य का बजट कहा जाता है। अब प्रश्न यह उठाता है कि किस प्रकार बजट सन्तुलन स्थापित किया जा सकता है।

इस सम्बन्ध में कुछ प्रमुख बातें इस प्रकार है:

1. यदि घाटे की स्थिति के कारण बजट असन्तुलन है तो निम्न उपाय किये जा सकते हैं:

(अ) बजट के घाटे की रकम बहुत ज्यादा न रखी जाय।

(ब) मूल्यों में वृद्धि पर यथासम्भव नियन्त्रण रखा जाय।

(स) सार्वजनिक धन का राष्ट्र की प्राथमिकताओं के अनुसार श्रेष्ठतम उपयोग।

(द) अपव्यय व फिजुलखर्ची की रोकथाम।

(य) घाटे की रकम का प्रयोग उत्पादन वृद्धि में ही किया जाय।

(र) सरकार पूंजीगत निर्माण कार्यों के लिए यथासम्भव सार्वजनिक ऋणों का सहारा ले

(ल) साख मुद्रा पर नियन्त्रण रखा जाए।

(व) करों में वृद्धि।

(श) बचतों को प्रोत्साहन एवं अनिवार्य बचतें।

(च) उत्पादन में वृद्धि।

2. यदि बजट आधिक्य की स्थिति के कारण बजट असंन्तुलन है तो इसके निम्न उपाय हो सकते है:

(अ) मुद्रा का अधिक निर्गमन।

(ब) साख मुद्रा का विस्तार।

(स) करों में कमी।

(द) ऋणों का भुगतान।

(य) सार्वजनिक व्यय में वृद्धि।

(श) आर्थिक सहायता।

प्रश्न

1. ''पूँजी बजट तथा संचालन बजट में अन्तर कृत्रिम है।'' इस कथन का विवेचन उदाहरणों की सहायता से कीजिए।

   "The distinction between a capital budget and a revenue budget is artificial." Discuss this statement with the help of examples.

2. बजट का गुणात्मक पहलू क्या होता है? इसका अधिक महत्व कहाँ होता है। व्यय की मद में अथवा आय की मद में? उदाहरण देकर समझाइए।

   What is the qualitative aspect of a budget? Where is it more important-on the expenditure side or on the revenue side? Explain and illustrate.

3. सरकारी बजटों का क्या स्वरूप होता है? इन्हें किस प्रकार सन्तुलित किया जा सकता है? स्पष्ट रूप से समझाइए।

   What is the nature of Government Budgets? How can they be balanced ? Explain clearly.

□□□

11

बेरोजगारी एवं रोजगार सिद्धान्त
[Unemployment and Theory of Employment]

बेरोजगारी
(Unemployment)

किसी राष्ट्र के नागरिको का जीवन स्तर में सुधार उनकी आय में वृद्धि, निर्धनता की समस्या का सम्मानजनक समाधान करने तथा राष्ट्रीय आय में वृद्धि के लिए राष्ट्र में विद्यमान रोजगार के स्तर में वृद्धि करना आर्थिक तथा सामाजिक विकास हेतु अत्यन्त आवश्यक है। वस्तुत: किसी देश में राष्ट्रीय आय का अनुमान उस देश में उपलब्ध रोजगार की कुल संख्या तथा श्रमिकों की औसत उत्पादकता को परस्पर गुणा करके लगाया जा सकता है। गरीबी समाप्त करने तथा आम जनता को सम्मान जनक जीवन स्तर प्रदान करने में रोजगार का महत्वपूर्ण स्थान है। राष्ट्र की सम्पूर्ण श्रम शक्ति का विकास करने तथा सम्पूर्ण समाज में शांन्ति एवं व्यवस्था बनाये रखने की दृष्टि से भी रोजगार का महत्वपूर्ण स्थान है। रोजगार वह क्रिया है जो आय कमाने के उद्देश्य से की जाती है।

बेरोजगारी का अर्थ (Meaning of Un-employment)

सामान्यतया बेरोजगारी का आशय कार्य करने के योग्य एवं कार्य करने के इच्छुक व्यक्तियों के लिए प्रचलित मजदूरी दर पर काम ना मिल पाने से लगाया जाता है। अर्थशास्त्री बेरोजगारी का आशय एक ऐसी अवस्था से लगाते हैं जिसके अन्तर्गत व्यक्ति वर्तमान मजदूरी की दर पर कार्य करने को तैयार है परन्तु उसे कार्य नहीं मिलता। इस दृष्टि से किसी भी व्यक्ति को बेरोजगार केवल उसी अवस्था में कहा जा सकता है जबकि वह काम करने के यौग्य तो है तथा कार्य करना भी चाहता है किन्तु उसे कार्य नहीं मिलता। इसी दृष्टिकोण के अन्तर्गत बच्चों, बीमारों, बुढ़ों, अपाहिजों, पागलों, साधुओं, भिखारियों आदि को रोजगार में संलग्न नहीं माना

जा सकता है। सामाजिक दृष्टि से बेरोजगारी उस अवस्था को कहते हैं। जिसमें देश के बहुमूल्य श्रम संसाधन बेकार पड़े रहते हैं। **प्रो. पीगु** के अनुसार, ''एक व्यक्ति को उस समय ही बेरोजगार कहा जायेगा जब उसके पास कोई रोजगार का साधन नहीं है, परन्तु वह रोजगार प्राप्त करना चाहता है। अत: स्पष्ट है कि बेरोजगारी वह अवस्था है जिसमें देश के अधिकांश व्यक्ति काम करने के योग्य होते हुए तथा वे वर्तमान मजदूरी की दर पर काम करने के इच्छुक होने के बावजूद भी उन्हें अन्य अनेक कारणों से कार्य नहीं मिल रहा है।

बेरोजगारी की प्रकृति (Nature of Un-Employment)

भारत एक विकासशील देश है जिसमें बेरोजगारी की प्रकृति विकसित एवं औद्योगिक देशों में विद्यमान बेरोजगारी की किस्म से अलग है। विकसित अर्थव्यवस्थाओं में सामान्यतया चक्रीय एवं अल्पकालीन बेरोजगारी पाई जाती है। जो कि प्रभावी माँग की कमी के कारण उत्पन्न होती है। इसके विपरीत भारत जैसे विकासशील देश में मुख्य रूप से दीर्घकालीन एवं प्रच्छन्न बेरोजगारी की समस्या पाई जाती है। विकासशील देशों में बेरोजगारी उत्पन्न होने का प्रमुख कारण पूँजी की कमी होना है।

भारत में बेरोजगारी के प्रकार (Types of Un-employment in India)

भारत में बेरोजगारी की समस्या बहुआयामी है। यहाँ बेरोजगारी केवल किसी विशिष्ट क्षेत्र अथवा जनसंख्या के किसी विशिष्ट वर्ग तक ही सीमित नहीं है। इसके विपरीत यह एक ऐसी समस्या है जो कि अर्थव्यवस्था के प्रत्येक क्षेत्र तक विस्तृत है। अत: भारत में बेरोजगारी के अनेक प्रकार अथवा स्तर विद्यमान है। इनमें से कुछ प्रमुख प्रकार अथवा स्तरों का वर्णन निम्न प्रकार प्रस्तुत किया जा सकता है।

1. संरचनात्मक बेरोजगारी (Structural Un-employment) - विकसीत देशो में बेरोजगारी की समस्या उत्पन्न होने का प्रमुख कारण बाजार में वस्तु की माँग का कम हो जाना होता है। जब वस्तु की बाजार में माँग कम होती है तब उद्योग भी अपने उत्पादन को घटा देते है। इस स्थिति में कुछ श्रमिकों की काम से छँटनी कर दी जाती है। यह वह स्थिति होती है जिसमें राष्ट्र के पास पर्याप्त पूँज़ी मशीनें एवं कल कारखाने तथा श्रम शक्ति उपलब्ध होने के बावजूद वे उत्पादन नहीं कर पाते। इसके विपरीत जैसे ही वस्तुओं की माँग बढ़ती है, उत्पादन प्रक्रिया पुन: प्रारम्भ हो जाती है जिसके फलस्वरूप रोजगार भी बढ़ना प्रारम्भ हो जाता है। इस प्रकार की बेरोजगारी को चक्रीय बेरोजगारी कहते हैं। यदि कोई राष्ट्र उत्पादन बढ़ाना चाहता है किन्तु उसके पास मशीने एवं कल क़ारखानों की कमी के कारण ऐसा किया जाना सम्भव नहीं होता तो उसे संरचनात्मक बेरोजगारी कहा जाता है। भारत में अधिकांश बेरोजगारी संरचनात्मक ही है।

2. प्रच्छन्न बेरोजगारी (Disguised Unemployment) -प्रच्छन्न बेरोजगारी सामान्यतया कृषि क्षेत्र में पायी जाती है। प्रच्छन्न बेरोजगारी का अभिप्राय उस स्थिति से है जब कृषि कार्य में आवश्यकता से अधिक लोग कार्य में संलग्न रहते हैं। यह स्थिति भारत में भली भाँती देखने को मिलती है। इस प्रकार की बेरोजगारी को खुले रूप से देखा नहीं जा सकता। सामान्यतया प्रच्छन्न बेरोजगारी की स्थिति भूमि पर जनसंख्या के दबाव के कारण उत्पन्न होती है।

3. मौसमी बेरोजगारी (Seasonal Unemployment) –यदि जनसंख्या को किसी विशेष समय में रोजगार उपलब्ध होता है तथा शेष समय में वह बेरोजगार रहती है तो इसे मौसमी बेरोजगारी कहते है। भारत में अधिकांश जनसंख्या का मुख्य व्यवसाय कृषि है और कृषि प्रकृति से एक मौसमी कार्य है। वर्ष के दौरान शेष बड़े भाग में भारतीय किसान के पास कोई कार्य नहीं रहता है। ग्रामीण क्षेत्रों में किसी वैकल्पिक व्यवसाय के अभाव में कृषक को विशेष मौसम के अतिरिक्त समय में बेरोजगार रहना पड़ता है। इस अवस्था को मौसमी बेरोजगारी कहा जाता है।

4. अल्प बेरोजगारी (Partial Unemployment)–भारत की नवी पंचवर्षीय योजना में अल्प रोजगार को निम्न दो प्रकार से परिभाषित किया गया है :

(अ) अदृश्य अल्प रोजगार – जब कार्य पर लगाए गए समय से पर्याप्त आय प्राप्त न हो, तो उसे अदृश्य अल्प रोजगार कहा जाता है। अत: श्रमिक अपनी आय में कुछ और जोड़ने के लिए अतिरिक्त कार्य या वैंकल्पिक कार्य चाहते है।

(ब) दृश्य अल्प रोजगार – यदि श्रमिक को प्राप्त कार्य के द्वारा उसके श्रम समय का पूर्ण उपयोग नहीं हो पाता, तो उसे दृश्य अल्प रोजगार कहा जाता है। कुछ लोगों को मौसमी कार्य या किसी अन्य कारण से वर्ष भर काम नहीं मिल पाता। यह भारत जैसे देश में कृषि कार्यों और कृषि आधारित उद्योगों में एक सामान्य समस्या है।

5. खुली बेरोजगारी (Open Unemployment) –यदि किसी राष्ट्र के नागरिक लाभप्रद रोजगार के अवसर प्राप्त करने से वंचित रहते हैं तो ऐसी स्थिति को खुली बेरोजगारी कहा जाता है। ऐसी बेरोजगारी किसी अर्थव्यवस्था से शहरी संगठित उद्योगों के क्षेत्र में अधिक पाई जाती है। इसका मुख्य कारण श्रम शक्ति में वृद्धि की तुलना में औद्योगिक विकास की धीमी दर का होना है। इसके अतिरिक्त भूमिहीन कृषि श्रमिकों में भी कुछ मात्रा में खुली बेरोजगारी की मात्रा विद्यमान रहती है। ग्रामीण जनसंख्या के पास कुटीर एवं हस्तशिल्प के पतन के परिणामस्वरूप आजीविका का कोई वैकल्पिक साधन नहीं रह जाने के कारण इस प्रकार की बेरोजगारी अधिक फैलती है।

6. प्रौद्योगिकीय बेरोजगारी (Technological Unemployment) –सामान्यत: प्रौद्योगिकीय बेरोजगारी उस समय फैलती है जब किसी विशिष्ट प्रौद्योगिकी का उत्पादन कर्यों में प्रवेश होने के बावजूद लोग बेरोजगार हो जाते हैं। उत्पादन क्षेत्र में श्रेष्ठ तकनीकों का प्रयोग होने से जब अनेक लोग बेरोजगार हो जाते हैं तो उसे तकनीकी अथवा प्रौद्योगिकी बेरोजगारी कहा जाता है। उदाहरण के लिए यदि जुते बनाने की आधुनिक मशीनों के प्रयोग से हाथों द्वारा जुते बनाने वाले लोगों का बेरोजगार हो जाना, इसी प्रकार कपड़ा बनाने की आधुनिक मशीनों के विस्तृत प्रयोग से जुलाहों या बुनकरों का बेरोजगार हो जाना। यह सभी प्रौद्योगिकीय बेरोजगारी के उदाहरण है।

7. शिक्षित बेरोजगारी (Educated Unemployment) – यद्यपि शिक्षा को ग्रहण रोजगार प्राप्ति की दृष्टि से किया जाता है। किन्तु यदि परिस्थितियाँ इसके विपरीत उत्पन्न हो तो इसे शिक्षित बेरोजगारी कहा जायगा। इस प्रकार की समस्या भारत तथा अन्य विकासशील देशों

में अधिक देखने को मिलती है। इस प्रकार की समस्या सामान्यतः शहरी क्षेत्रों में अधिक पाई जाती है।

8. औद्योगिक बेरोजगारी (Industrial Unemployment) – यदि पूंजी के गहन उपयोग से तकनीकी पर आधारित आधुनिक औद्योगिक विकास की गति बढ़ने से श्रमिकों की कम आवश्यकता रह जाए तो इसे औद्योगिक बेरोजगारी कहते हैं। भारत तथा अन्य विकासशील राष्ट्रों में विगत वर्षों में इस प्रकार की बेरोजगारी की समस्या अत्यन्त जटिल हुई है।

9. शहरी बेरोजगारी (Urban Unemployment) – शहरी क्षेत्रों की जनसंख्या ऊँची जन्म दर तथा ग्रामीण क्षेत्रों से लोगों का स्थानान्तरण के परिणामस्वरूप शहरी क्षेत्रों में उत्पन्न बेरोजगारी की समस्या को शहरी बेरोजगारी कहा जाता है। विगत वर्षों में शहरी क्षेत्रों में जनसंख्या के अधिक दबाव के कारण शहरी बेरोजगारी की समस्या अत्यन्त जटिल हुई है।

10. ग्रामीण बेरोजगारी (Rural Unemployment) – ग्रामीण क्षेत्रों में सामान्यतया प्रच्छन्न बेरोजगारी तथा मौसमी बेरोजगारी पाई जाती है। ग्रामीण क्षेत्रों के सन्दर्भ में इन दोनों प्रकार की बेरोजगारी के सम्मिलित स्वरूप को ग्रामीण बेरोजगारी कहा जाता है। गैर कृषि क्षेत्र में संलग्न अधिकतम ग्रामीण श्रमिक घरेलू उद्योग तथा विभिन्न प्रकार की सेवाओं में सलंग्न हैं।

भारत में बेरोजगारी का अनुमान (Estimates of Un-employment in India

यद्यपि आर्थिक –सामाजिक समस्या के आकार का पूर्ण अनुमान लगा सकना कठिन कार्य होता है। भारत में लगभग 8.2 प्रतिशत श्रम शक्ति बेरोजगार है तथा 21 प्रतिशत अल्परोजगार में संलग्न है। छठी पंचवर्षीय योजनाऐं (1980–85) में यह स्पष्ट-रूप से स्वीकार किया गया था कि "रोजगार के क्षेत्र में भारत की स्थिति अत्यन्त असंतोषजनक है। भारत में बेरोजगारी का निरन्तर बढ़ता हुआ आकार इस बात का स्पष्ट संकेत देता है कि भारत में बेरोजगारी की समस्या पर करारा प्रहार नहीं हुआ है। सातवीं योजना के प्रादुर्भाव पर पाँच वर्ष की आयु के ऊपर के लोगों में अवशिष्ट बेरोजगारों के 92 लाख होने का अनुमान लगाया गया। यह भी व्यक्त किया गया कि इस आयु वर्ग में श्रम शक्ति की कुल वृद्धि 394 लाख होगी। इस प्रकार भारत में बेरोजगारी के बढ़ते हुए आकार को देखते हुए सातवी योजना में 476 लाख अतिरिक्त रोजगार के अवसरों की व्यवस्था करनी होगी। आठवीं योजना में राष्ट्रीय नमूना सर्वेक्षण के आधार पर देश में 1990 के आरम्भ में 160 लाख व्यक्ति खुली बेरोजगारी के रूप में बेरोजगार माने जा सकते है। इन्हें भी बेरोजगार ही माना जा सकता हैं। भारत में योजनाओं की अवधि में बेरोजगारी का अनुमान निम्नलिखित तालिका से लगाया जा सकता है:

भारत में विभिन्न राज्यों की स्थिति बेरोजगारी की दृष्टि से विभिन्न है। मेघालय में सबसे कम अर्थात् केवल 0.41 प्रतिशत श्रम शक्ति बेरोजगार है। इसके विपरीत केरल में सबसे अधिक अर्थात् 5.7 प्रतिशत श्रमशक्ति बेरोजगार है। दक्षिण के चार राज्यों केरल, कर्नाटक, आन्ध्र प्रदेश तथा तमिलनाडू में तथा पूर्व के तीन राज्यों उड़ीसा पश्चिमी बंगाल तथा बिहार में बेरोजगारी सबसे अधिक है। इसके विपरीत मेघालय, नागालैण्ड, हिमाचल, मणीपुर में बेरोजगारी बहुत कम है। उत्तर प्रदेश, मध्य प्रदेश, असम तथा राजस्थान में बेरोजगारी कम है। इसके विपरीत पंजाब, हरियाणा, महाराष्ट्र, जम्मु-कशमीर तथा गुजरात में बेरोजगारी की दर सामान्य है। राज्यों में बेरोजगारी के सम्बन्ध में विभिन्नता पाई जाने के कई कारण है। सामान्यतया जिन राज्यों में निम्नलिखित विशेषताएँ पाई जाती है उनमें बेरोजगारी की दर अधिक होती है:

(1) काश्तकारों की तुलना में कृषि श्रमिकों का अधिक अनुपात

(2) शहरीकरण की अधिक प्रवृत्ति परन्तु उद्योगों का कम विकास

(3) कृषि पर जनसंख्या का अधिक दबाव

(4) शिक्षा का अधिक प्रसार।

बेरोजगारी की समस्या के प्रभाव (Effects of Un-employment Problem)

भारत में बेरोजगारी एक अत्यन्त गम्भीर समस्या है। इसके निम्नलिखित बुरे प्रभाव सम्भावित हैं:

(1) मानवीय साधनों की हानि - बेरोजगारी के फलस्वरूप देश के मानवीय साधनों की हानि होती है देश की श्रम शक्ति का समय रोजगार के अभाव में व्यर्थ चला जाता है। उसका कोई रचनात्मक लाभ उठाया जाना सम्भव नहीं होता है। यदि मानवीय साधनों का उचित उपयोग किया जाएगा तो देश में आर्थिक विकास की दर में वृद्धि हो सकेगी।

(2) निर्धनता में वृद्धि - बेरोजगारी की अवस्था में मनुष्य की आय का कोई साधन नहीं होता। वे निर्धन होते हैं। बेरोजगारी के बढ़ने पर निर्धनता भी बढ़ती है। व्यक्ति कर्जदार हो जाते हैं। उनकी आर्थिक समस्यायें बढ़ती है।

(3) सामाजिक समस्याएँ - बेरोजगारी के फलस्वरूप कई प्रकार की सामाजिक समस्यायें जैसे बेईमानी, अनैतिकता, शराबखोरी, जुएबाजी, चोरी डकैती उत्पन्न होती है। इसके फलस्वरूप सामाजिक सुरक्षा को खतरा पेदा हो जाता है। देश में अव्यवस्था उत्पन्न हो जाती है। सरकार को शान्ति और व्यवस्था कायम रखने पर काफी धन खर्च करना पड़ता है।

(4) राजनीतिक अस्थिरता - बेरोजगारी के फलस्वरूप देश में राजनीतिक, अस्थिरता उत्पनन हो जाती है। बेरोजगार व्यक्ति तोड़फोड़ तथा अन्य आतंकवादी कार्य करने लगते हैं। उनका प्रजातन्त्रात्मक मूल्यों तथा शान्तिपूर्ण उपायों से विश्वास समाप्त हो जाता है। वे उस सरकार को निकम्मी समझने लगते हैं जो उन्हें रोजगार प्रदान न करा सके। वे उसे बदलने का प्रयत्न करने लगते हैं। राजनीतिक अस्थिरता के कारण देश का आर्थिक विकास कठिन हो जाता है।

(5) औद्योगिक संघर्ष - संघर्षात्मक बेरोजगारी तथा इसी प्रकार की अन्य बेरोजगारी के कारण औद्योगिक संघर्ष उत्पन्न होते हैं। इसका श्रमिकों व मालिकों के सम्बन्धों पर बुरा प्रभाव पड़ता है। औद्योगिक झगड़ों के कारण बेरोजगारी कम होने के स्थान पर और बढ़ जाती है। देश में वस्तुओं का उत्पादन कम होता है तथा कीमतों में वृद्धि होती है।

(6) मजदूरों का शोषण : बेरोजगारी के कारण सभी श्रमिकों का शोषण होता है। जिन श्रमिकों को रोजगार मिलता भी है उन्हें भी कम मजदूरी व प्रतिकूल परिस्थितियों में काम करना पड़ता है। इसका श्रमिकों की कार्यकुशलता पर बुरा प्रभाव पड़ता है।

संक्षेप में, बेरोजगारी, आर्थिक शोषण, सामाजिक अव्यवस्था तथा राजनीतिक अस्थिरता का कारण है। प्रत्येक सरकार का यह उत्तरदायित्व हो जाता है कि वह बेरोजगारी को कम करके अधिक से अधिक लोगों को रोजगार उपलब्ध करायें।

भारत में बेरोजगारी की समस्या के कारण

बेरोजगारी एक बहु-आयामी समस्या हैं। किसी एक अथवा विशिष्ट कारणों को बेरोजगारी जैसी आर्थिक-सामाजिक समस्या के निरन्तर भयावह रूप धारण करने के लिए उत्तरदायी नहीं ठहराया जा सकता है। भारत में बढ़ती हुई बेरोजगारी के मुख्य कारण निम्नलिखित हैं :

(1) जनसंख्या में तेजी से वृद्धि : स्वतन्त्रता के बाद से भारत में जनसंख्या के बढ़ने की दर काफी ज्यादा रही है। इस समय देश की जनसंख्या में लगभग 2 प्रतिशत प्रतिवर्ष की दर से वृद्धि हो रही है। जनसंख्या बढ़ने से देश की श्रम शक्ति में वृद्धि होना स्वाभाविक है, रोजगार के अवसर उतनी तेजी से नहीं बढ़ पाते। इस कारण बेरोजगार लोगों की संख्या दिन-प्रतिदिन बढ़ती जा रही है।

(2) विकास की दर धीमी : भारत की विभिन्न योजनाओं में राष्ट्र द्वारा विकास दर के जो लक्ष्य निर्धारित किए थे कुल मिलाकर हम उन लक्ष्यों को प्राप्त नहीं कर सकेहैं। देश की आवश्यकता को देखतें हुए जितनी तेजी से विकास होना चाहिए था, वह नहीं हो पा रहा है। कृषि व उद्योग दोनों ही क्षेत्रों में प्रगति आशाजनक नहीं रही है। विकास की इस धीमी गति के कारण हमारी अर्थव्यवस्था की रोजगार प्रदान करने की क्षमता भी कमजोर हुई है। यही एक प्रमुख उत्तरदायी कारण है कि देश में रोजगार के अवसर पर्याप्त मात्रा में नहीं बढ़ पा रहे हैं।

(3) कृषि पर अधिक निर्भरता - भारत प्रारम्भ से ही कृषि प्रधान देश रहा है और आज भी भारतीय अर्थव्यवस्था कृषि पर ही अधिकांशतः निर्भर करती है। कृषि क्षेत्र में भूमि की मात्रा सीमित होती है। अतः इसमें रोजगार अवसरों का बहुत ज्यादा विस्तान नहीं किया जा सकता। कृषि की प्रकृति मौसमी होने के कारण भी यह क्षेत्र अधिक व्यक्तियों को रोजगार उपलब्ध करवाने में असमर्थ है। मिल पाता।

(4) पूँजी निर्माण का निम्न स्तर- भारत की बेरोजगारी विद्यमानता हेतु उत्तरदायी कारणों में एक मुख्य कारण अपर्याप्त पूँजी है। राष्ट्र की श्रम शक्ति की तुलना में राष्ट्रीय पूँजी साधन अपर्याप्त है। हमारा पूँजी ढाँचा कमजोर है।

(5) दोषपूर्ण शिक्षा प्रणाली - भारत की शिक्षा प्रणली अभी भी उपनिवेशवादी है। भारत में अंग्रेज सरकार की आवश्यकताओं के अनुसार क्लर्क पैदा करने के लिए हुआ। भारत में स्वतन्त्रता प्राप्ति के पश्चात आर्थिक विकास की प्रक्रिया के क्रियान्वयन के पाँच दशक से अधिक का समय व्यतित हो जाने के पश्चात् राष्ट्र की शिक्षा व्यवस्था तथा राष्ट्रीय अर्थव्यवस्था की आवश्यकता के मध्य सामंजस्य स्थापित नहीं हो सका है।

(6) कुटीर और लघु उद्योगों का पतन : अंग्रेजों ने औद्योगिक विकास के सम्बन्ध में जो नीति अपनाई थी उससे लघु व कुटीर उद्योगों में काम करने वाले कारीगरों को बहुत धक्का पहुंचा था। निसन्देह जिन वस्तुओं का उत्पादन राष्ट्रीय अर्थव्यवस्था के गौरवपूर्ण क्षेत्र कुटिर एवं लघु उद्योगों द्वारा उत्पादन किये जाने की विशेषता थी, उनके उत्पादन को बड़े आकार वाले उद्योगों द्वारा उत्पादित किया जाना प्रारम्भ कर दिया गया है। इससे अपनी बारिकीयों के कारण प्रसिद्ध श्रमशक्ति बेरोजगार हो गयी है। स्वतन्त्रता प्राप्ति के पश्चात् भारत सरकार ने इन उद्योगों को उन्नत करने का काफी प्रयास किया है पर फिर भी ग्रामीण क्षेत्रों में इनमें काम करने वाले काफी व्यक्ति अभी भी बेकार बैठे हैं।

(7) अल्प रोजगार के कारण - भारत में अल्परोजगार का मुख्य कारण उत्पादन के साधनों की अपर्याप्त मात्रा में उपलब्धि है। उदाहरण के लिए कृषि में सिंचाई की कमी के कारण भूमि का पूरे वर्ष उपयोग नहीं हो पाता। बिजली, कोयले तथा कच्चे माल की कमी के कारण भी लोगों को पूरे वर्ष रोजगार नहीं उपलब्ध रहता अतएवं साधनो की कमी अल्परोजगार का बहुत बड़ा कारण है।

(8) कम बचत तथा निवेश : हमारे देश में पूंजी निर्माण की दर अत्यन्त ही निम्न है। जो थोड़ी बहुत पूंजी है भी उसका निवेश भी ठीक प्रकार से नहीं किया गया है। निवेश, बचत पर निर्भर करता है। राष्ट्र में बचत की दर भी अत्यन्त निम्न है। इसलिए बचत और निवेश मेंकमी के कारण श्रमिकों के लिए रोजगार के पर्याप्त अवसर पैदा नहीं किये जा सके हैं।

भारत में रोजगारी नीति की प्रमुख विशेषताएँ

बेरोजगारी एक भयंकर आर्थिक-सामाजिक समस्या है। अल्प विकसित राष्ट्रों में यह निरन्तर जटिल रूप धारण कर रही है। तीव्र गति से बढ़ती हुयी जनसंख्या तथा नवीन रोजगार सृजन नीति में विद्यमान कमजोरी बेरोजगारी के प्रमुख कारण है। अतः ऐसी रोजगार नीति की आवश्यकता है जो बेरोजगारी की समस्या का सम्मानजनक निवारण कर सके। भारत में रोजगार नीति की मुख्य विशेषताएँ निम्नलिखित होनी चाहिये।

(1) पूर्ण तथा अधिक उत्पादकता रोजगार : देश की रोजगार नीति का मुख्य उद्देश्य रोजगार के अवसरों को बढ़ाना तथा रोजगार की उत्पादकता में वृद्धि करना होना चाहिए। सरकार को प्रारम्भ से ही ऐसी नीति अपनानी चाहिए जो जनसंख्या के एक बड़े भाग को सम्मानजन रोजगार के अवशर उपलब्ध करवा सके। इसके पश्चात् रोजगार की उत्पादकता को बढ़ाने का प्रयास करना चाहिए।

(2) उत्पादन में वृद्धि : रोजगार बढाने के लिए आवश्यक है कि देश में अधिकांश रोजगार प्रदाण करने वाले क्षेत्रों जैसे कृषि तथा औद्योगिक क्षेत्र के उत्पादन बढाये जाये। लघु तथा कुटीर उद्योगों के विकास को अधिक प्रोत्साहन दिया जाये। विदेशी व्यापार, खनिज तथा बागानों के उत्पादन को बढ़ाया जाये।

(3) योजनाओं में रोजगार के कार्यक्रमों को अधिक महत्व : विभिन्न पंचवर्षीय योजनाएँ तथा रोजगार योजनाओं के अन्तर्गत ऐसे कार्यक्रमों को अधिक महत्व प्रदान किये जाने की नीति को अपनाया जाना आवश्यक है। जिससे रोजगार का स्तर सामान्य रूप से बढता जाये। इसके लिए सिंचाई, सड़के, बाढ़ नियन्त्रण, बिजली, कृषि, वन, ग्रामीण विद्युतीकरण, भूमि संरक्षण, लघु उद्योगों का विकास तथा निर्माण कार्य अधिक उपयोग सिद्ध

हो सकता है। ऐसे प्रोग्रामों पर भी अधिक ध्यान दिया जाना चाहिए जिनसे भविष्य में रोजगार के अधिक अवसर सृजन होंगे। जैसे स्कूल शिक्षा, हस्पताल, आवास, ग्रामीण पेयजल योजनायें आदि। इसके विपरीत रोजगार बढ़ाने वाले आपातकालीन कार्यक्रमों को नहीं अपनाया जाना चाहिए क्योंकि उनके संचालन में अपव्यय अधिक होता है तथा रोजगार में स्थायी रूप से वृद्धि नहीं होती।

(4) पूँजी निर्माण की ऊँची दर – राष्ट्र में पूंजी निर्माण की दर अधिक रखनी चाहिए। पूंजी निर्माण ऐसे कार्यों में अधिक किया जाना चाहिए जिससे देश में रोजगार के अवसर अधिक बढ़ सके। पूँजी उत्पादन अनुपात को कम रखा जाना चाहिए। वर्तमान में पूँजी उत्पादन अनुपात 5 : 1 उपयुक्त माना जाता है। इसका अभिप्राय है कि देश में एक रूपये का उत्पादन करने के लिए पांच रूपये की पूंजी का निवेश किया जायेगा। पूंजी उत्पादन अनुपात अधिक होने से पूंजी निर्माण की दर बढ़ाने का उत्पादन तथा रोजगार पर कोई असर नहीं पड़ेगा। इसलिए पूंजी निर्माण की दर बढ़ाने के साथ साथ पूँजी उत्पाद अनुपात में कमी की जानी चाहिए।

(5) स्वयं रोजगार लोगों को अधिक सहायता : भारत में लगभग 62 प्रतिशत लोग स्वयं रोजगार में लगे हुए हैं। इनमें से अधिकतर लोग कृषि क्षेत्र से हैं। इसके अतिरिक्त व्यापार, कुटीर और लघु उद्योग, भवन निर्माण, जलपानग्रह, यातायात आदि में काफी लोग स्वयं रोजगार वाले हैं। सरकार को लघु तथा सीमान्त किसानों को भूमि, सिचांई, अच्छे बीज, खाद, यन्त्र, साख आदि की सुविधाएं देनी चाहिए। इसके अतिरिक्त शहरी क्षेत्रों में रहने वाले स्वयं रोजगार लोगों को साख, मार्केटिंग, कच्चे माल, टैक्निकल प्रशिक्षण कार्य आदि की सुविधाएँ दी जानी चाहिए।

(6) रोजगार कार्यालयों का विस्तार – देश में रोजगार कार्यालयों की कमी के कारण कई लोगों को रोजगार प्राप्त करने के उचित अवसर नहीं मिल पाते। इसलिए देश में अधिक मात्रा में रोजगार कार्यालयों के अधिकारियों को चाहिए कि बेरोजगार व्यक्तियों के साथ अच्छा व्यवहार करें ओर उनको रोजगार सम्बन्धी सही सूचना देकर राष्ट्र की सेवा में अपना योगदान दें।

(7) शिक्षा प्रणाली में परिवर्तन : देश में शिक्षा प्रणाली को पूर्ण रूप से बदलने की आवश्यकता है। कॉलेजों तथा विश्वविद्यालयों को चाहिए कि वे केवल उन्हीं छात्रों को प्रवेश दें जो वास्तव में कोई भावी लक्ष्य सामने रखकर अपनी शिक्षा को जारी रखना चाहते हैं। शुरू से ही शिक्षा प्रणाली में व्यावसायिक शिक्षा प्रणाली पर बल दिया जाना चाहिए। गांव में शिक्षित व्यक्तियों को अध्यापक, डाक्टर आदि के रूप में काम करने की भावना अपने अन्दर जागृत करनी होगी। इन्जीनियरों के लिए सरकारी सहायता से लघु उद्योग स्थापित करने की व्यवस्था होनी चाहिए। विद्यालय रोजगार सूचना एवम् निर्देशन संस्थाओं को सुदृढ़ करके उन्हें रोजगार एजेन्सियों के सम्बन्ध स्थापित करने चाहिए।

(8) मौसमी बेरोजगारी सम्बन्धी नीति – कृषि क्षेत्र में तथा कृषि पर आधारित गतिविधियों में मौसमी बेरोजगारी काफी सीमा तक पाई जाती है। इसे दूर करने के लिए निम्नलिखित सुझाव दिये जा सकते हैं: (1) कृषि में बहुफसल उगाई को प्रोत्साहित किया जाना चाहिए। (2) कृषि से सम्बन्धित अन्य कार्यों जैसे सूखी खेती, बागान, फल, डेरी, पशुपालन आदि को प्रोत्साहन दिया जाना चाहिए। (3) गांवों में सिचांई, बाढ़ नियन्त्रण,

ग्रामीण सड़क, हस्पतालों का निर्माण, सड़कों पर वृक्ष आदि लगाने के कार्यक्रम प्रारम्भ किये जाने चाहिए तथा (4) अधिक संख्या में कुटीर उद्योगों की स्थापना की जानी चाहिए।

(9) औद्योगिक तकनीक में परिवर्तन - देश के बड़े उद्योगों मे श्रम प्रधान तकनीकों का अधिक प्रयोग किया जाना चाहिए। ऐसे उद्योगों की स्थापना पर बल दिया जाना चाहिए जिनमें उत्पादन तुरन्त आरम्भ हो जाता है। आवश्यक उपभोक्ता पदार्थों कै उद्योगों के विकास पर अधिक महत्व दिया जाना चाहिए।

(10) सहकारिता - बेरोजगार लोगों को संगठित करके सहकारिता के आधार पर नये उद्योग स्थापित किए जाने चाहिए। केरल सरकार ने कोचीन के 600 बेरोजगारों को संगठित करके एक कपड़ा मिल की स्थापना की जिसमें प्रत्येक बेरोजगार ने 500 रूपये लगाए हैं और बाकी धन सरकार ने लगाया है। इसी प्रकार अन्य राज्य सरकारें भी सहत्कारिता का विकास करके बेरोजगारी की समस्या के समाधान में सहायता कर सकती है।

(11) महिलाओं के लिए रोजगार - महिलाओं के लिए रोजगार के विशेष अवसर उपलब्ध कराये जाने चाहिये। महिलाओं को सार्वजनिक तथा निजी संगठित क्षेत्रों में अधिक रोजगार के अवसर उपलब्ध कराये जाने चाहिये। इस क्षेत्र में असंगठित क्षेत्र की तुलना में अधिक सुरक्षा, सुविधायें तथा वेतन प्राप्त होता है। वर्तमान समय में संगठित क्षेत्र द्वारा दिये जाने वाले रोजगार में महिलाओं का भाग बहुत कम अर्थात् केवल 12 प्रतिशत है। संगठित क्षेत्र में महिलाओं के रोजगार अवसरों को बढ़ाने के लिये निम्नलिखित उपाय किये जाने चाहिये :

(अ) संगठित क्षेत्र के सेवा नियोजकों को इस बात के लिए प्रोत्साहित तथा प्रेरित किया जाना चाहिये कि वे महिलाओं को अधिक रोजगार प्रदान करें। उन्हें महिलाओं के विरूद्ध किसी प्रकार का पक्षपात नहीं करना चाहिये।

(ब) महिलाओं को शिक्षा तथा प्रशिक्षण की विशेष सुविधायें प्रदान की जानी चाहिये। उनके प्रशिक्षण का विविधीकरण किया जाना चाहिये।

(स) कामकोजी माताओं के लिए आवास की सुविधाओं में कई गुनी वृद्धि की जानी चाहिये

(द) माताओं को काम करने के समय के दौरान बच्चों की देखभाग के लिए क्रेच अर्थात शिशु देखभाल केन्द्रों की सुविधायें उपलब्ध कराई जानी चाहिये।

(य) महिलाओं की शिक्षा, प्रशिक्षण तथा रोजगार के प्रति समाज में जो पक्षपात है उसे दूर किया जाना चाहिए।

सरकार द्वारा किये गये प्रयत्न (Government's Efforts)

भारत सरकार रोजगार के अवशरों में वृद्धि करने की दिशा में सदैव प्रयत्नशील रही है। सरकार क्षरा आरम्भ से ही रोजगार को बढ़ाने के लिए विशेष रूप से प्रयत्न किये गये है। चतुर्थ पंचवर्षीय योजना से सरकार इस दिशा में विशेष्प रूप से प्रत्यत्नशील रही है। भारत सरकार ने ग्रामीण बेरोजगारी का अध्ययन करने के लिए दॉता वाला समिति की नियुक्ति की थी। इस अध्ययन दल ने अपनी रिपोर्ट 1970 में प्रकाशित की। श्री भगवती की अध्यक्षता में बेरोजगारी का हल ढूढंने के लिए एक नया अध्ययन दल नियुक्त की गई। इस अध्ययन दल ने

1972 में अपनी अन्तिम रिपोर्ट प्रस्तुत की थी। इस रिपोर्ट के अनुसार गांवों में सड़क निर्माण, छोटी सिंचाई, बिजली, इत्यादि की योजनाएं लागू की जानी चाहिए जिनमें दो साल में करीब 40 लाख लोगों को अतिरिक्त रोजगार प्राप्त होना सम्भावित होगा। सरकार ने बेरोजगारी दूर करने के लिए मुख्य कदम उठाए है, वे इस प्रकार है:

(1) समन्वित ग्रामीण विकास कार्यक्रम : भारत सरकार ने सन् 1978 में ग्रामीण क्षेंत्र में पूर्ण रोजगार की व्यवस्था करने के लिए समन्वित ग्रामीण विकास कार्यक्रम आरम्भ किया है। इस कार्यक्रम के अन्तर्गत 5111 ब्लाकों में कृषि, पशुपालन, वन, मछली, लघु तथा कुटीर उद्योग धन्धें, सड़कों नहरों के निर्माण आदि का विकास करके अधिक मात्रा में रोजगार दिलाने की व्यवस्था की गई है। इस प्रोग्राम के द्वारा 1981 से 1998 तक 515 लाख परिवारों को लाभ हुआ। 1997-98 में इस कार्यक्रम से 17 लाख परिवारों को सहायता प्राप्त हुई है।

1 अप्रैल, 1999 के पश्चात् इसके स्थान पर स्वर्णजयंती ग्राम स्वरोजगार योजना (एस.जी.एस.वाई) को प्रारम्भ किया गया है। इस कार्यक्रम के अन्तर्गत अनु. जा., अनु. ज.जाति, महिला तथा विकंलागों को स्वरोजगार प्रारम्भ करने के लिए सहायता प्रदान की जाती है।

(2) अकाले पीड़ित प्रदेशों के लिए कार्यक्रम - यह योजना 1973 में आरम्भ की गई थी। यह योजना 13 राज्यों के 155 ऐसे जिलों में लागू की गई जहां बार बार अकाल पड़ते हैं। प्रत्येक जिले पर 2 करोड़ रूपये खर्च किये जाते हैं यह धन ऐसे कार्यो पर खर्च किया जाता है जिससे एक ओर उत्पादन में वृद्धि हो और दूसरी ओर अधिक लोगों को रोजगार मिल सके। यह योजना विशेष रूप से मौसमी बेरोजगारी को दूर करने में सहायक सिद्ध होती है। सन् 1973 से सातवीं योजना तक इस कार्यक्रम पर 742 करोड़ रू. खर्च किये गये हैं। आठवीं योजना में इस प्रोग्राम पर 1,000 करोड़ रूपये खर्च किये गये हैं।

(3) स्वयं रोजगार के लिए प्रशिक्षण : देश के युवकों में बेरोजगारी कम करने के लिए "ग्रामीण स्वयं रोजगार प्रशिक्षण की राष्ट्रीय योजना" 15 अगस्त 1979 को प्रारम्भ की गई थी। प्रशिक्षण के दौरान युवकों को वित्तीय सहायता दी जाती है। प्रशिक्षण की समाप्ति के पश्चात् उन्हें प्रोजक्ट रिपोर्ट तैयार कराने तथा बैंक से ऋण दिलाने की व्यवस्था की जाती है। प्रत्येक युवक को अपना काम आरम्भ करने के लिए 3,000 रूपये से 5,000 रूपये तक की सहायता भी दी जाती है। सातवीं योजना में इस प्रोग्राम के अन्तर्गत ग्रामीण युवकों को प्रशिक्षण देने के लिए "संयुक्त ग्रामीण प्रशिक्षण तथा तकनीकी केन्द्र" खोले गये हैं। 1997-98 में इस योजना के अन्तर्गत 2.5 लाख ग्रामीण युवकों को प्रशीक्षण दिया गया है। अब इसे स्पर्ण जयंती ग्राम स्वरोजगार योजना का भाग बना दिया गया है।

(4) जवाहर रोजगार योजना - 28 अप्रैल 1989 को जवाहर रोजगार योजना आरम्भ की गई थी। इस योजना का लक्ष्य प्रत्येक निर्धन ग्रामीण परिवार के कम से कम एक सदस्य को उसके घर के नजदीक कार्यस्थल पर प्रतिवर्ष 50 से लेकर 100 दिनों तक रोजगार देना है। इस योजना के फलस्वरूप जितना रोजगार पैदा होगा उसका 30 प्रतिशत महिलाओं के लिए आरक्षित कर दिया जायेगा। इस योजना पर जितना खर्च आयेगा उसका 80 प्रतिशत केन्द्रीय सरकार देगी तथा 20 प्रतिशत राज्य सरकार देगी। इस योजना में 1989 में राष्ट्रीय

ग्रामीण रोजगार योजना तथा ग्रामीण भूमिहीन रोजगार गारन्टी स्कीम को मिला दिया गया है। इन योजनाओं को ग्राम पंचायतें लागू करती है। यह अनुमान लगाया गया है कि पिछले सात वर्षों के दौरान ग्रामीण रोजगार योजना का लक्ष्य प्रत्येक पंचायत तक पहुंचना था। तीन से चार हजार तक की आबादी वाली एक ग्राम पंचायत को जवाहर रोजगार योजना के कार्यान्वयन के लिए प्रतिवर्ष 80 हजार रूपये से लेकर एक लाख रूपये तक प्राप्त होंगे। पंचायतें स्थानीय जरूरतों और साधनों को देख कर खुद ही रोजगार योजनाएं बनाती है। सभी मौजूदा ग्रामीण मजदूरी रोजगार कार्यक्रम जवाहर रोजगार योजना में शामिल कर लिये गये है। यह योजना गरीबी की रेखा से नीचे रहने वाले ग्रामीण भारत के 440 लाख परिवारों तक देश के कोने कोने में पहुँची हुई है। जवाहर रोजगार योजना, गांवों के 22 करोड़ 15 लाख निर्धन लोगों में से केवल 4 करोड़ 40 लाख लोगों को रोजगार दे सकेगी।

(5) लघु तथा कुटीर उद्योग : सरकार ने बेरोजगारी को कम करने के लिए लघु तथा कुटीर उद्योगों के विकास के लिए प्रयत्न किए है। इन उद्योगों के अन्तर्गत 1997-98 में 349 लाख लोगों को रोजगार मिल रहा है।

(6) संगठित क्षेत्र का विकास – सरकार के प्रयत्नों के फलस्वरूप सार्वजनिक तथा निजी संगठित क्षेत्र में अर्थात उद्योग, खनिज, यातायात, निर्माण में भी काफी लोगों को रोजगार मिल रहा है।

(7) रोजगार के दफ्तर : सरकार ने रोजगार की सुविधा को बढ़ाने के लिए लगभग 915 रोजगार के दफ्तर स्थापित किये हैं। यह दफ्तर प्रत्यक्ष रूप से रोजगार नहीं देते हैं परन्तु रोजगार की मांग में सन्तुलन स्थापित कराने में काफी सहायता देते हैं। सरकार रोजगार के रिक्त स्थानों के सम्बन्ध में सूचना देने के लिए रोजगार सूचना पत्रिका प्रकाशित करती है।

(8) रोजगार गारन्टी स्कीम – महाराष्ट्र, पश्चिमी बंगाल, केरल, राजस्थान आदि कई राज्यों में रोजगार गारन्टी स्कीम आरम्भ की गई। इस स्कीम के अन्तर्गत बेरोजगार व्यक्तियों को रोजगार दिलाने में आर्थिक सहायता दी जाती है।

(9) विदेशों में रोजगार स्कीम – सरकार लोगों को विदेश में भी रोजगार दिलाने के प्रयत्न कर रही है। अरब देशों जैसे कुवैत आदि में लोगों को रोजगार दिलाने कि लिए विशेष एजेन्सियां बनाई गई है।

(10) रोजगार बीमा योजना – यह योजना 1994 में आरम्भ की गई है। यह योजना सभी ग्रामीण खण्डों में लागू की जा रही है, जहां संशोधित सार्वजनिक वितरण प्रणाली प्रचलित है। इस योजना का लक्ष्य रोजगार को तलाश करने वाले ग्रामीण निर्धन व्यक्तियों को 100 दिन का अकुशल शारीरिक श्रम कार्य उपलब्ध कराना है। इसका लक्ष्य ग्रामीण इलाकों में गरीब लोगों को विशेष रूप से कृषि सम्बन्धी कार्य के मन्दी वाले मौसम में रोजगार प्रदान करना है।

(11) प्रधानमन्त्री रोजगार योजना – यह योजना शिक्षित बेरोजगार युवाओं को स्वरोजगार देने के लिये बनाई गई है। इस योजना के अन्तर्गत 1998 तक 7.5 लाख बेरोजगार शिक्षित युवकों को स्व-रोजगार दिलाया जा चुका है।

(12) स्वर्ण जयन्ती शहरी रोजगार योजना : इस योजना का आरम्भ 1 दिसम्बर 1997 से हुआ। इस योजना में शहरी बेरोजगारों को रोजगार प्रदान करने से सम्बन्धित योजनाओं

जैसे नेहरू रोजगार योजना तथा प्रधानमन्त्री समन्वित शहरी निर्धनता उन्मूलन प्रोग्राम आदि को मिला दिया गया है।

(13) ग्राम समृद्धि योजना - सन् 1999-2000 के बजट के अनुसार जवाहर रोजगार योजना का संशोधन किया जायेगा। इसका नाम बदल कर 'ग्राम समृद्धि योजना' किया जायेगा। नई स्कीम के अन्तर्गत गांवों में रोजगार के अवसर बढ़ाने के लिए बुनियादी सुविधाओं का विकास करने का अधिकार ग्राम पंचायतों को होगा। इस योजना पर केन्द्रीय तथा राज्य सरकारों द्वारा किया जाने वाला सारा खर्च पंचायतों के माध्यम से ही किया जायेगा। केवल पंचायतों को ही गांवों के लिए वार्षिक योजनाएं बनाने तथा उन्हें लागू करने का अधिकार होगा। वे ग्राम सभा की स्वीकृति से काम शुरू करवा सकेगी। ग्राम पंचायत, ग्राम सभा तथा जनता की जानकारी के लिए एक रोजगार रजिस्टर रख जायेगा।

विश्व के सभी कल्याणकारी राष्ट्र आज पूर्ण रोजगार स्थापित करने के लिए प्रयत्नशील हैं। सभी राष्ट्रों की आर्थिक नीतियों का लक्ष्य पूर्ण रोजगार की स्थापना करना है। इसका कारण यह है कि बेरोजगारी एक ऐसा अभिशाप है जो न केवल बेरोजगार व्यक्ति को प्रभावित करता है वरन् पूरे आर्थिक, सामाजिक व राजनैतिक जीवन पर भी प्रभाव डालता है अत: रोजगार के विभिन्न सिद्धान्तों का प्रतिपादन किया गया। स्मिथ का इनमें सबसे प्राचीन सिद्धान्त रोजगार के प्रतिष्ठित सिद्धान्त है।

प्रतिष्ठित अर्थशास्त्रियों में स्मिथ, रिकार्डों, मिल, जे. बी. से., मार्शल, पीगू आदि मुख्य हैं। प्रतिष्ठित अर्थशास्त्रियों का मानना था कि अर्थव्यवस्था में सदैव पूर्ण रोजगार की स्थिति बनी रहती हैं। श्रम व उत्पादन के साधन सदैव ही पूर्ण रोजगार की स्थिति में होते हैं। अत: इन्होंनें पूर्ण रोजगार को सदैव एक सामान्य स्थिति माना है। अगर कभी असामान्य अवस्थाओं के कारण बेरोजगारी की स्थिति उत्पन्न हो जाती है तो स्वतन्त्र मूल्य प्रणाली के कारण आर्थिक शक्तियां इस प्रकार कार्य करने लगती हैं कि स्वत: ही पूर्ण रोजगार स्थापित हो जाता है। इस प्रकार असामान्य परिस्थिति समाप्त होते ही बेरोजगारी समाप्त हो जाती है व पूर्ण रोजगार स्थापित हो जाता है। जे. बी. से. (J.B.Say) के अनुसार सामान्य प्रति उत्पादन नहीं सम्भव होने के कारण सामान्य बेरोजगारी का प्रश्न ही नहीं उठता। इस प्रकार रोजगार का प्रतिष्ठित से. के नियम पर आधारित है। से के नियम के अनुसार, किसी भी अर्थव्यवस्था में पूर्ण प्रतियोगिता भी सामान्य स्थिति में सामान्य अति उत्पादन व सामान्य बेरोजगारी की स्थिति उत्पन्न नहीं हो सकती है।

जे. बी. से. ने 19वीं शताब्दी में अपनी **पुस्तक ट्रेन्ड एकानोमिक पोलटिक्स** (Trained Economic Politics) में अपने नियम का प्रतिपादन किया था। **से.** के अनुसार, ''पूर्ति अपनी मांग स्वयं उत्पन्न कर देती है।'' यह नियम इस मान्यता पर आधारित है कि वस्तुओं के उत्पन्न करने की प्रक्रिया में वस्तुओं के मूल्य के बराबर आय प्राप्त होती है यदि वह वस्तुओं पर क्रय के लिए खर्च कर दी जाती है। अत: वस्तुओं का उत्पादन अपने क्रय के लिए स्वयं क्रय शक्ति पैदा करता है। मांग का मुख्य क्षेत्र उत्पादन अपने क्रय के लिए स्वयं क्रय शक्ति पैदा का होता है। मांग का मुख्य क्षेत्र उत्पादन के विभिन्न साधनों से प्राप्त होने वाली आय है। कुछ आय उत्पादन प्रक्रिया से प्राप्त होती है। जब कोई नई वस्तु उत्पादन की जाती है

तो नई उत्पादन प्रक्रिया प्रारम्भ होती है। इसके परिणाम स्वरूप बाजार में नई वस्तु आती है। इस वस्तु की मांग अधिक बढ़ती है जो उत्पादन में लगे साधनों को पारिश्रमिक के रूप में आय प्राप्त होती है। इस आय से ही क्रय शक्ति का सृजन होता है। अत: अर्थ व्यवस्था में कभी भी अति उत्पादन की स्थिति आ ही नहीं सकती क्योंकि जितनी वस्तु का उत्पादन किया जाता है। उतनी ही क्रय शक्ति का सृजन हो जाता है। अत: जब अर्थव्यवस्था में सामान्य अति उत्पादन नहीं हो सकता है। सामान्य बेरोजगारी की स्थिति भी सम्भव नहीं है। इस प्रकार प्रतिष्ठित अर्थशास्त्री से के नियम को स्वीकार करते हुए यह भी मानते हैं कि अर्थव्यवस्था में सदैव पूर्ण रोजगार की स्थिति होती है व कभी भी सामान्य बेरोजगारी नहीं हो सकती।

प्रतिष्ठित अर्थशास्त्रियों ने यह भी स्वीकार किया है कि पूर्ण रोजगार युक्त समाज में अल्पकाल में श्रम बाजार की अपूर्णताओं के कारण कभी कभी संघर्षात्मक बेरोजगारी नहीं हो सकती है। इसी प्रकार अल्पकाल में श्रमिकों द्वारा अधिक मजदूरी की मांग करने से मजदूरी में कटौती के अस्वीकार करने पर ऐच्छिक बेरोजगारी हो सकती है। किन्तु ऐच्छिक बेरोजगारी नहीं होती। पूर्ण प्रतियोगिता व स्वतन्त्र अर्थ व्यवस्था के कारण सन्तुलन स्थापित हो जाता है व बेरोजगारी समाप्त हो जाती है। स्वेच्छिक बेरोजगारी का कारण मजदूरी दरों के ढांचे में पर्याप्त लोचता का अभाव या कठोरता है। अत: प्रतिष्ठित अर्थशास्त्री यह मानते हैं कि अल्पकालीन बेरोजगारी अर्थ व्यवस्था अपनाने पर समाप्त हो सकती है। सरकारी तन्त्र या मजदूरी की लोचता का कमाल का स्वतन्त्र अर्थव्यवस्था का प्रभाव बेरोजगारी उपयुक्त करते हैं।

प्रतिष्ठित रोज़गार सिद्धान्त की मुख्य विशेषताएँ निम्न प्रकार है।

1. प्रत्येक अर्थव्यवस्था में पूर्ण रोजगार एवं मात्रा अवश्य होती है।
2. प्रतिष्ठित रोजगार सिद्धान्त का बाजार जे. बी. से. का यह नियम है कि पूर्ति अपनी मांग स्वयं उत्पन्न कर देती है।
3. किसी भी अर्थव्यवस्था मे सामान्य अति उत्पादन सम्भव नहीं है क्योंकि उत्पादन प्रक्रिया में जहां पर अधिक उत्पादन व पूर्ति होती हैं वहां उत्पादन प्रक्रिया में लगे उत्पत्ति के साधनों को पारिश्रमिक के रूप में आय प्राप्त होती है जिससे मांग का निर्माण होता है। क्योंकि वहीं से मांग में नई मांग का निर्माण होता है अत: नई उत्पादित वस्तुएं बिक जाती है। अत: सामान्य अति उत्पादन में मतभेद है।
4. अति उत्पादन सम्भव नहीं होने से सामान्य बेरोजगारी असम्भव है। स्वेच्छिक बेरोजगारी सरकारी हस्तक्षेप व मजदूरी क्षेत्र में लोचता के अभाव में उत्पन्न हो सकती है।
5. प्रतिष्ठित रोजगार सिद्धान्त में स्वचलित व स्वयं समायोजित अर्थ व्यवसाय की कल्पना की गई है जिससे मांग व पूर्ति में स्वत: ही सन्तुलन स्थापित हो जाता है। अर्थ व्यवसाय का सम्पूर्ण उत्पादन, उपयोग, व्यय व पूंजीगत व्यय में उत्पादन मांग के कारण बिक जाता है।
6. अल्पकाल में संघर्षात्मक बेरोजगारी जिसे मजदूरी में बढ़ोतरी की मांग या कटौती के विरोध में ऐच्छिक बेरोजगारी भी हो तो वह आर्थिक शक्तियों से कुछ ही समय में समाप्त हो जाती है।

7. प्रतिष्ठित रोजगार सिद्धान्त एक दीर्घकालीन सिद्धान्त है। यह अल्पकालीन समस्या का विश्लेषण नहीं कर पाता।

8. इस सिद्धान्त के अनुसार बचत व विनियोग में समानता ब्याज दर द्वारा स्थापित होती है।

9. इस सिद्धान्त के अनुसार मजदूरी में कटौती द्वारा बेरोजगारी समाप्त करके पूर्ण रोजगार की स्थापना की जा सकती है क्योंकि मजदूरी की कटौती में लागत कम होगी व वस्तुएँ सस्ती होगी इससे मांग बढ़ने पर उत्पादन को प्रोत्साहन मिलेगा। उत्पादन बढ़ने से अधिक रोजगार मिलेगा।

प्रतिष्ठित सिद्धान्त के दोष

वैसे तो 'से' के नियम' की माल्थस, कार्ल मार्क्स, डॉब्सन, अफ्तालियन, क्लार्क आदि ने कटु आलोचनाएँ की है किन्तु इन आलोचनाओं पर अधिक ध्यान नहीं दिया गया। किन्तु 1530 का विश्व व्यापी मन्दी में भयंकर बेरोजगारी व अति उत्पादन के संकट ने 'से' के नियम को गलत सिद्ध कर दिया। इस समय रोजगार के प्रतिष्ठित सिद्धान्त की बहुत आलोचनाएँ हुई। कीन्स ने प्रतिष्ठित सिद्धान्त की आलोचनाएँ की व अपने सामान्य सिद्धान्त में रोजगार सिद्धान्त का प्रतिपादन किया। रोजगार के प्रतिष्ठित सिद्धान्त की प्रमुख आलोचनाएँ निम्न प्रकार हैं –

1. से का नियम ही दोषपूर्ण है : रोजगार का प्रतिष्ठित सिद्धान्त 'से' के नियम पर आधारित है इस नियम के अनुसार पूर्ति अपनी मांग को उत्पन्न कर लेती है। अर्थात् प्रत्येक उत्पादन के साथ साथ उसे क्रय करने के लिए आवश्यक क्रय शक्ति का सृजन होता रहता है अतः अति उत्पादन सम्भव नहीं है। किन्तु 'से' का यह नियम ही दोषपूर्ण है। इस नियम के अनुसार पूर्ति व माँग में सदैव आयोजन होता है किन्तु आलोचको का कहना है कि वस्तुओं का उत्पादन होने से पूर्ति बढ़ती है व इससे मांग भी पैदा होती है क्योंकि उत्पादन प्रक्रिया में लगाये गए साधन आय प्राप्त कर क्रय शक्ति प्राप्त करते हैं। किन्तु वे साधन अपनी समस्त आय किसी भी हुई अवधि में ही वस्तुओं व सेवाओं के क्रय में खर्च नहीं करते वरन् उसका एक भाग भावी उपयोग के लिए बचा लेते हैं। इस बचत के परिणामस्वरूप वर्तमान में वस्तुओं की मांग कम हो जाती है। वह वर्तमान में बाजार में अति उत्पादन हो सकता है। बचत के कारण मांग प्रवाह में भी बाधा उपस्थित होती है। बचत के परिणामस्वरूप माँग प्रवाह में से कुछ भाग बाहर चला जाता है व कुल मांग में कमी हो जाती है। कुल मांग कम होने से अति उत्पादन व बेरोजगारी उत्पन्न होती है।

2. बचत एवं विनियोग में स्तम्भन ब्याज दर द्वारा नहीं होता : प्रतिष्ठित अर्थशास्त्रियों के अनुसार बचतें शीघ्र विनियोग में बदल जाती है। अतः बचतों का अर्थशास्त्र पर बहुत ही कम प्रभाव पड़ता है, जैसा एक व्यक्ति के अपनी मांग के व्यय करने पर होता है। विनियोग क्रिया की समस्त बचतें पूंजीगत वस्तुओं में व्यय कर दी जाती है। अतः बचत भी व्यय होता है। रोजगार के प्रतिष्ठित सिद्धान्त के अनुसार बचत के सदैव विनियोग के बराबर होने की प्रवृत्ति होती हैं। बचत विनियोग से कम होने पर ब्याज दरें गिरने लगती है। इसमें विनियोग बढ़ता है। इससे बचत घटती है व विनियोग व बचत बराबर हो जाते हैं। इसके

विपरीत विनियोग बचत में अधिक होने पर ब्याज दरें बढ़ती है। जिसमें बचतें बढ़ती है व विनियोग घटता है अत: बचत व विनियोग में सन्तुलन स्थापित हो जाता है। किन्तु प्रतिष्ठित अर्थशास्त्रियों के अनुसार यह तर्क सही नहीं हैं। क्रीन्स के अनुसार ब्याज दर से बचत व विनियोग में साम्य नहीं होता। ब्याज दर न तो बचत को प्रभावित करती है और न ही विनियोग को बहुत अधिक प्रभावित करती है। विनियोग तो पूंजी की सीमान्त कुशलता से व बचत मांग स्तर से प्रभावित होता है।

3. मजदूरी में कटौती बेरोजगारी का हल नहीं : रोजगार के प्रतिष्ठित सिद्धान्त के अनुसार मजदूरी में कटौती करने में बेरोजगारी समाज का पूर्ण रोजगार स्थापित किया जा सकता है। कीन्स के अनुसार यह गलत है। यह विचार एक विशिष्ट उद्योग पर लागू हो सकता है किन्तु यह अर्थ व्यवस्था पर लागू नहीं हो सकता। मजदूरी में कटौती करने से किसी एक उद्योग में लागत कम कर रोजगार बढ़ाया जा सकता है किन्तु पूरी अर्थव्यवस्था में मजदूरी से कटौती करने से रोजगार बढ़ने के स्थान पर कम हो जाएगा। इसका कारण यह है कि मजदूरी में कटौती से श्रमिकों की मात्रा कम हो जाएगी। कुल मांग में कमी होने से रोजगार में कमी होगी दूसरी और वर्तमान श्रम साधनों व सामूहिक सौदेबाजी के युग में मजदूरी में कटौती करना सम्भव भी नहीं हैं।

4. पूर्ण रोजगार एवं सन्तुलित अर्थव्यवस्था के लिए राजनीतिक हस्तक्षेप आवश्यक : कीन्स के अनुसार प्रतिष्ठित सिद्धान्त में यह भी दोष है कि इसमें स्वतन्त्र अर्थव्यवस्था की कल्पना की गई है। प्रतिष्ठित सिद्धान्त यह मानता है कि पूर्ण रोजगार सन्तुलन व स्वचालित व स्वयं समायोजित अर्थव्यवस्था के लिये पूर्ण प्रतियोगिता बाहरी स्वतन्त्र अर्थव्यवस्था से होनी चाहिए। किन्तु कीन्स के अनुसार पूंजीवादी अर्थव्यवस्था के स्वतन्त्र छोड़ने पर कभी भी उत्पादन शक्ति का पूर्ण उपयोग नहीं हो सकता है। अत: राजकीय हस्तक्षेप आवश्यक है। आर्थिक क्रियाओं का स्तर बढ़ाने के लिए सरकार निजी विनियोग को प्रोत्साहित कर सकती है। वह भी विनियोग कर सकती है। कीन्स के अनुसार पूंजीवादी अर्थव्यवस्था किसी भी प्रकार से स्वयं चालित व स्वयं समायोजित अर्थव्यवस्था नहीं होती। इसका कारण यह है कि आय की असमानता मांग व पूर्ति में असन्तुलन, अति उत्पादन व बेरोजगारी को जन्म देती है। अत: मांग व पूर्ति में समायोजन के लिए राजकीय हस्तक्षेप आवश्यक है। यह मौद्रिक व राजकोषीय नीतियों के माध्यम से हो सकता है।

5. पूर्ण प्रतियोगिता एक मिथ्या धारणा है : रोजगार का प्रतिष्ठित सिद्धान्त पूर्ण प्रतियोगिता का धारणा पर आधारित है। किन्तु वास्तविक संसार में पूर्ण प्रतियोगिता कहीं भी नहीं पाई जाती। यह मिथ्या धारणा है, व्यवहार में अपूर्ण प्रतियोगिता व एकाधिकार की स्थिति पाई जाती है। अत: इस मिथ्या धारणा पर आधारित रोजगार सिद्धान्त सही नहीं कहा जा सकता है।

6. पूर्ण रोजगार अर्थव्यवस्था की सामान्य स्थिति नहीं : प्रतिष्ठित अर्थशास्त्रियों ने माना है कि अर्थव्यवस्था में सदैव पूर्ण रोजगार बना रहता है। उन्होंने बेरोजगारी को अल्पकालीन स्थिति माना है। यह भी अर्थव्यवस्था में स्वतन्त्रता एवं स्वयं संचालकता व स्वयं समायोजन के कारण समाप्त हो जाती है। पूर्ण रोजगार की स्थिति आ जाती है। कीन्स ने इसकी आलोचना करते हुए कहा है कि रोजगार का स्पष्ट प्रभाव पूर्ण माँग पर निर्भर करता है।

पूंजीवादी अर्थव्यवस्था में सदैव मंदी व तेजी आती रहती है ऐसी दशा में प्रभावपूर्ण मांग का सदैव पूर्ण रोजगार के स्तर के बराबर होना आवश्यक नहीं है। अतः अर्थव्यवस्था में अपूर्ण रोजगार सन्तुलन की स्थिति सामान्य होती है। कीन्स का यह मानना है कि पूर्ण रोजगार एक आदर्श स्थिति है। जिसे प्राप्त करने का सदैव प्रयास किया गया है। पूर्ण रोजगार एक अपवाद ही है।

7. साधनों का अपव्यय व उचित आवंटन का प्रभाव : प्रतिष्ठित सिद्धान्त साधनों के उचित आवंटन को मानता है किन्तु पूर्ण रोजगार व अति उत्पादन की अनुपस्थिति की गलत धारणाओं में अर्थव्यवस्था के साधनों का न तो उचित वितरण हो पाता है और न पर्याप्त उपभोग ही। कीन्स के अनुसार स्वतन्त्र उद्यम प्रणाली से उत्पादन तथा रोजगार में समय-समय पर उतार चढ़ाव के कारण साधनों का पर्याप्त अपव्यय होता है जो मूर्खतापूर्ण व आत्मघाती है।''

8. मौद्रिक व राजकोषीय नीतियों की महत्वपूर्ण भूमिका की उपेक्षा : प्रतिष्ठित अर्थशास्त्रियों ने राजकीय हस्तक्षेप को अनावश्यक मानकर मौद्रिक व राजकोषीय नीतियों के महत्व की ओर भूमिका की उपेक्षा की है। ये नीतियां अर्थव्यवस्था में विकास, स्थायित्व, नियन्त्रण आदि में महत्वपूर्ण भूमिका निभाती हैं। प्रतिष्ठित अर्थशास्त्रियों ने मुद्रा को भी निष्क्रिय माना है जबकि मुद्रा रोजगार व उत्पादन निर्धारण में महत्वपूर्ण भूमिका निभाती है।

9. दीर्घकालीन, विश्लेषण का व्यावहारिक जीवन में महत्व नहीं : कीन्स ने प्रतिष्ठित सिद्धान्त की इस आधार पर भी आलोचना की है कि यह एक दीर्घकालीन सिद्धान्त है। दीर्घकालीन सिद्धान्त होने के कारण इसका व्यावहारिक महत्व नहीं है। कीन्स के अनुसार दीर्घकाल में तो हम सब मर जाते हैं। कीन्स के अनुसार अल्पकालीन सिद्धान्त आर्थिक समस्याओं का तत्कालीन समाधान प्रस्तुत करते है।

1930 की मन्दी ने यह सिद्ध कर दिया कि रोजगार का प्रतिष्ठित सिद्धान्त सही नहीं है। अतः कीन्स नें जो प्रारम्भ में प्रतिष्ठित सिद्धान्त के समर्थक थे, इसके आलोचक बन गये थे ने एक नया रोजगार सिद्धान्त प्रतिपादित किया। कीन्स ने परिस्थितियों का विश्लेषण कर यह निष्कर्ष निकाला कि अल्पकाल में यदि श्रम पूंजी व प्राकृतिक साधनों की मात्रा, तथ्य तकनिकी को दशाओं में स्थित मान लिय जाय तो उत्पादन व आय में वृद्धि केवल रोजगार में वृद्धि द्वारा ही सम्भव है। विपरीत राष्ट्रीय आय व उत्पादन में वृद्धि स्वतः रोजगार में वृद्धि कर देती है अतः रोजगार का स्तर राष्ट्रीय आय तथा उत्पादन के स्तर पर निर्भर है।

कीन्स के अनुसार किसी देश में एक विशेष समय पर राष्ट्रीय आय उत्पादन तथा रोजगार का स्तर प्रभावपूर्ण मांग पर निर्भर करता है। प्रभावपूर्ण मांग में कमी होने से उत्पादन में कमी होती है। जिससे आय में गिरावट होती है और रोजगार में भी कमी होती है। इसके विपरीत प्रभावपूर्ण मांग में वृद्धि होने से वस्तुओं की सेवाओं की मांग बढ़ती है। इसमें उत्पादन व आय व रोजगार में वृद्धि होती है प्रभावपूर्ण मांग में कमी बेरोजगारी फैलाती है। अतः बेरोजगारी दूर करने के लिए प्रभावपूर्ण मांग में वृद्धि करनी चाहिए। इस प्रकार प्रभावपूर्ण मांग ही कीन्स के रोजगार सिद्धान्त का आधारभूत केन्द्र है।

प्रभावपूर्ण मांग : प्रभावपूर्ण मांग की धारणा को स्पष्ट करते हुए कीन्स ने कहा है कि समस्त मांग फलन के जिस बिन्दु पर समस्त पूर्ति फलन को काटता है उस बिन्दु पर **स्थित**

मूल्य प्रभावपूर्ण मांग कहलाती है। दूसरे शब्दों में प्रभावपूर्ण मांग रोजगार को निर्धारित करती है किन्तु स्वयं समस्त मांग फलन व समस्त पूर्व फलन में निर्धारित होती है।

समस्त मांग फलन : कीन्स के अनुसार समस्त मांग फलन उन विभिन्न मौद्रिक राशियों की अनुसूची है जो उद्यमकर्त्ता रोजगार के विभिन्न स्तरों पर उत्पादित मुद्रा के विक्रय में प्राप्ति की आशा करते हो। दूसरे शब्दों में यह उन प्रत्याशित भावों की सूची है जो उद्यमकर्त्ता को रोजगार के विभिन्न स्तरों पर किये गए उत्पादन के विक्रय में प्राप्त हो सकती है। कीन्स के अनुसार समस्त मांग फलन रोजगार स्तर का वर्तमान फल है क्योंकि रोजगार स्तर बढ़ने से रोजगार के उन विशिष्ट स्तरों पर उत्पादित मुद्रा की कमी से प्रत्याशित आय भी कम होती है। सूत्र के रूप में इसे निम्न प्रकार व्यक्त किया जा सकता है।

$$D = F(N)$$

यहां D = समस्त मांग फलन

N = रोजगार की मात्रा

इसे निम्न तालिका बनाकर और भी स्पष्ट किया जा सकता है।

रोजगार का स्तर (N) *(हजारों में)*	**समस्त मांग फलन** (D) *(लाखें रू. में)*
5	10
10	20
15	30
20	40
25	45
30	60

इस प्रकार की सूची को समस्त मांग कीमत अनुसूची भी कहा जा सकता है।

समस्त पूर्ति फलन : जब व्यवसायी श्रम को प्रतिदिन उत्पादन कार्य के लिए रोजगार पर लगाता है तो उसे श्रम व उत्पादन के अन्य साधनों पर लागत लगानी पड़ती है। अत: उसे कुल उत्पादन के विकास में कम से कम फलन अवश्य प्राप्त होना चाहिए जिससे उसकी लागत की पूर्ति हो जाए। रोजगार के विभिन्न स्तरों पर जो उसे न्यूनतम प्राप्ति होनी चाहिए वही समस्त पूर्ति फलन कहलाता है। रोजगार के विभिन्न स्तरों पर अलग-अलग कुछ पूर्ति फलन या समस्त पूर्ति कीमत अनुसूची कहलाती है। यह रोजगार के विभिन्न स्तारों पर प्राप्त की गई कुल लागत है। ज्यों ज्यों रोजगार का स्तर बढ़ाया जाता है त्यों त्यों उत्पादन लागत करने में समस्त पूर्ति कीमत भी बढ़ती है। इसे निम्न तालिका से स्पष्ट किया जा सकता है।

रोजगार का स्तर (N)	समस्त पूर्ति अनुसूची (Z)
5	15
10	25
15	30
20	35
25	45
25	55

उक्त तालिका से यह ज्ञात होता है कि रोजगार के स्तर के साथ साथ समस्त पूर्ति कीमत बढ़ती है। साहसी रोजगार के किसी भी स्तर को तब स्वीकार क़रता है जब उसे प्रत्याशित न्यूनतम राशि प्राप्त होने की आशा हो। पूर्ण रोजगार के बिन्दु के बाद समस्त पूर्ति कीमत तो बढ़ती है किन्तु रोज़गार में वृद्धि नहीं होती।

रोजगार के सन्तुलन का निर्धारण : समस्त मांग फलन व समस्त पूर्ती फलन के आधार पर रोजगार के सन्तुलन स्तर को निर्धारित किया जा सकता है। समस्त मांग फलन व समस्त पूर्ति फलन की तालिकाओं को देखने से स्पष्ट होता है कि 15 हजार के रोजगार का समस्त मांग फलन व समस्त पूर्ति फलन बराबर है। यहीं प्रभावपूर्ण मांग का बिन्दु कहा जाता है। यदि रोजगार का स्तर इससे कम होता है तो समस्त माँग कीमत समस्त पूर्ण कीमत से अधिक होती है। अत: यह अधिक लोगों के रोजगार देना निर्धारित होता है। अत: रोजगार का स्तर 15 हजार पर निर्धारित किया जाता है। यहां समस्त मांग कीमत व समस्त पूर्ति कीमत बराबर हैं, इससे अधिक लोगों को रोजगार देने पर समस्त पूर्ति मांग कीमत धन व पूर्ति अधिक होती है अत: साहसी के लाभ में कमी होती है। अत: रोजगार 15 हजार पर निश्चित हो जाता है। यही प्रभाव पूर्ण माँग कहलाता है। यही रोजगार का सन्तुलन बिन्दु है।

सन्तुलन में पूर्ण रोजगार आवश्यक नहीं : समस्त मांग और समस्त पूर्ति वक्र के आधार पर जो प्रभावपूर्ण मांग का सन्तुलन बिन्दू है उसे रोजगार बिन्दु भी कहा जाता है। यह निर्धारित होता है किन्तु यह आवश्यक नहीं है कि यह बिन्दु पूर्ण रोजगार का बिन्दु हो, इस बिन्दु पर रोजगार पर लगे हुए व्यक्तियों की संख्या रोजगार चाहने वालों से कम भी हो सकती है। अन्य शब्दों में इस सन्तुलन बिन्दु पर बहुत से व्यक्ति बेरोजगार भी हो सकते हैं।

इस प्रकार यह स्पष्ट होता है कि अर्थव्यवस्था में रोजगार की मात्रा समग्र मांग कीमत और समस्त कीमत वक्र पर निर्भर करती है। अल्पकाल में समस्त पूर्ति कीमत स्थित रहती है इसलिए रोजगार का निर्धारण समस्त मांग कीमत द्वारा होता है। समस्त मांग कीमत दो तत्वों से मिलकर बनती है यह उपयोग की वस्तुओं पर व्यय और विनियोग वस्तुओं पर व्यय के बराबर होते हैं। इसलिए यह कहा जा सकता है कि रोजगार की मात्रा जो प्रभावपूर्ण मांग पर निर्भर करती है वह कुल उपभोग व्यय और कुल विनियोग पर निर्भर करती है। अत: रोजगार में वृद्धि उपयोग अथवा विनियोग अथवा दोनों पर किये जाने वाले व्यय में वृद्धिं के द्वारा की जा सकती है।

उपभोग मात्रा

एक देश में उपभोग की मात्रा समाज के सदस्यों के उपभोग सम्बन्धी निर्णयों पर निर्भर करती है। देश के सभी व्यक्तियों द्वारा व्यय की जाने वाली राशि का कुल योग कुल उपभोग व्यय होता है। उपभोग क्रिया पर अनेक तत्वों का प्रभाव पड़ता है, किन्तु आय के साथ इसका घनिष्ठ सम्बन्ध है, आय बढ़ने के साथ उपभोग प्रवृति बढ़ती है और आय घटने के साथ उपभोग प्रवृत्ति घटती है। इसे निम्न तालिका से स्पष्ट किया जा सकता है।

उपभोग अनुसूची

(करोड़ रू. में)

आय	उपभोग
0	50
100	110
200	200
300	250
400	300
500	300

उपरोक्त तालिका से यह स्पष्ट होता है कि आय और उपभोग में धनात्मक सम्बन्ध है अर्थात आय बढ़ने के साथ साथ उपभोग भी बढ़ता जाता है। जब आय शून्य होती है तब भी कुछ न कुछ उपभोग अवश्य ही होता है, क्योंकि जिन्दा रहने के लिए कुछ न कुछ उपभोग आवश्यक है। तालिका से स्पष्ट है कि जब आय 100 करोड़ होती है तो व्यय 110 करोड़ रूपय होते हैं। यह आय समाज के लिए अपर्याप्त होती है, अत: आय की कमी को पुरानी बचतों का प्रयोग कर पूरा किया जाता है, जब आय 200 करोड़ रू. पर होती है तो आय और उपभोग व्यय दोनों होते हैं, किन्तु इसके बाद आय की तुलना में उपभोग व्यय में कम वृद्धि होती है।

रोजगार की मात्रा बढाने के लिए प्रभावपूर्ण माँग को बढ़ाना आवश्यक है, और प्रभावपूर्ण मांग को बढ़ाने का लिए एक उपाय उपभोग प्रवृत्ति को बढ़ाना है। उपभोग प्रवृति में परिवर्तन तो होते हैं किन्तु असामान्य परिस्थितियों को छोड़कर अल्पकाल में इसमें विशेष परिवर्तन नहीं होते। अत: उपभोग प्रवृत्ति को बढ़ाने के लिए कुछ उपाय काम में लेने पड़ते हैं जो निम्न प्रकार हैं।

उपभोग प्रवृत्ति को बढ़ाने के उपाय

उपभोग प्रवृत्ति को बढ़ाने के निम्न उपाय हैं:

1. आय का पुन: वितरण : धनिकों में उपभोग क्षमता अधिक होती है व निर्धनों में कम। इस अन्तर को समाज में कुल उपभोग को बढ़ाने के लिए उचित कर नीति द्वारा आय का पुन: वितरण कर,. धनिकों की आय में कमी व निर्धनों की आय में वृद्धि की जानी चाहिए।

2. मजदूरी में वृद्धि : मजदूरी बढ़ाकर भी उपभोग में वृद्धि की जा सकती है। किन्तु मजदूरी बढ़ाने में रोजगार पर प्रतिकूल प्रभाव पड़ सकता है क्योंकि अल्पकाल में श्रम की उत्पादकता न बढ़ने से लागत बढ़ जाएगी। परिणामत: साहसी कम श्रमिक नियुक्ति करेंगे व देश में बेरोजगारी फैलेगी। अत: मजदूरी नीति इस प्रकार की होनी चाहिए कि श्रम उत्पादकता के साथ साथ मज़दूरी में वृद्धि हो।

3. लागत सुविधा : उपभोक्ता लागत का पुरस्कार कर भी उपभोग प्रवृत्ति बढ़ाई जा सकती है। उपभोक्ताओं के स्कूटर, कार, टी. वी., फ्रिज आदि टिकाऊ उपभोक्ता वस्तुओं के लिए ऋण देकर उनकि उपयोग प्रवृत्ति बढ़ाई जा सकती है।

4. सामाजिक सुरक्षा : सामाजिक सुरक्षा के उपायों जैसे बेकारी भत्ता, वृद्धावस्था भत्ता, चिकित्सा भत्ता आदि देकर भी उपभोग का स्तर बढ़ाया जा सकता है।

5. अन्य उपाय : उपयोग बढ़ाने के लिए कुछ अन्य उपाय जैसे विज्ञापन एवं प्रचार, परिवहन का विकास आदि भी प्रयोग में लाते जाते हैं।

विनियोग क्रिया (Investment Function)

जैसा कि पहले से ही स्पष्ट किया जा चुका है कि प्रभावपूर्ण मांग में उपभोग प्रवृत्ति के साथ विनियोग व्यय का भी योगदान होता है। अल्पकाल में उपभोग प्रवृत्ति स्थिर रहने के कारण विनियोग प्रवृत्ति का रोजगार निर्धारण में बहुत महत्व होता है।

विनियोग का अर्थ नयी पूँजी लगाना अथवा वर्तमान पूंजी में वृद्धि करना होता है। विनियोग प्रेरणा दो बातों से प्रभावित होती है – 1. पूंजी की सीमांत कुशलता तथा 2. ब्याज की दर। इन दोनों में पूंजी की सीमांत कुशलता का प्रभाव अधिक पड़ता है।

कीन्स के अनुसार, "पूंजी की सीमांत कुशलता बट्टे की वह दर है, जो एक पूंजी सम्पत्ति के कार्यकाल में प्राप्त होने वाली कुल वार्षिक आय की मात्रा के वर्तमान मूल्य को उसकी पूर्ति कीमत के बराबर करती है।" पूंजी की सीमांत कुशलता दो तत्वों से प्रभावित होती है, पूंजी की भावी आय और पूंजी सम्पत्ति की पूर्ति कीमत। पूंजी की सीमान्त कुशलता वास्तव में पूंजी सम्पत्ति की आय तथा पूंजी सम्पत्ति की पूर्ति कीमत इन दोनों के बीच अनुपात होता है। भावी आय का तात्पर्य सम्पत्ति के जीवन काल में प्राप्त होने वाली शुद्ध आय से है, पूंजी सम्पत्ति पूर्ति कीमत से तात्पर्य सम्पत्ति की लागत से है, इसे "प्रतिस्थापन लागत" भी कहा जाता है यह भौतिक साधनों पर निर्भर करती है जो अल्पकाल में प्राय: स्थिर रहती है।

ऐसी परिस्थिति में पूंजी की सीमांत कुशलता भावी आय पर निर्भर करती है। विनियोक्ता इस आय के बारे में अनुमान लगाते है, यदि उन्हें प्रत्याशित आय नहीं मिलती तो वे विनियोग बंद कर देते है। इससे अर्थव्यवस्था पर बुरा प्रभाव पड़ता है।

विनियोग को प्रभावित करने वाला दूसरा तत्व ब्याज दर अधिक महत्वपूर्ण है, क्योंक अल्पकाल में पूंजी सम्पत्ति की लागत स्थिर रहती है। **कीन्स** के अनुसार **"ब्याज तरलता के परित्याग** का पुरस्कार है" ब्याज दर का निर्धारण मुद्रा की मांग और मुद्रा की पूर्ति

से होता है। मुद्रा की पूर्ति का निर्धारण केन्द्रीय बैंक अथवा सरकार के हाथ में होता है। अल्पकाल में मुद्रा की पूर्ति स्थिर रहती है, अतः ब्याज की दर मुख्यतः मुद्रा की मांग पर निर्भर रहती है। मुद्रा की मांग तीन उद्धेश्यों से की जाती है: 1. सौदा उद्देश्य 2. सर्तकता उद्देश्य और 3. सट्टा उद्देश्य, अल्पकाल में प्रथम दो उद्देश्य स्थिर रहते हैं, तथा इनके लिए नकद की मांग आय स्तर के अनुसार निर्धारित होती है। इन उद्देश्यों के लिए मांग ब्याज दर से प्रभावित होती है। ब्याज दर कम होने पर अचानक लाभ कमाने के लिए लोग अधिक मुद्रा अपने पास रखते हैं और ब्याज दर अधिक होने पर कम।

ब्याज दर का निर्धारण मुद्रा की मांग और पूर्ति पर निर्भर करता है, यदि मांग अधिक होती है तो ब्याज दर अधिक व मांग कम होने पर ब्याज दर कम होती है। मांग स्थिर होने पर पूर्ति बढ़ाने से ब्याज दर कम हो जाती है, किन्तु पूर्ति बढ़ने से नकदी की मांग बढ़ जाती है और दोनों के संयुक्त प्रभाव से ब्याज दर का निर्धारण होता है।

ब्याज दर का प्रभाव विनियोग पर भी पड़ता है। ब्याज दर अधिक होने पर विनियोग कम और ब्याज दर कम होने पर विनियोग अधिक हो जाते हैं। विनियोग ब्याज दर की तुलना में पूंजी की सीमांत कुशलता से अधिक प्रभावित होता है। विनियोग को प्रभावित करने के लिए ब्याज दर एवं पूंजी की सीमांत कुशलता में प्रतियोगिता होती है। पूंजी की सीमांत कुशलता ब्याज के प्रभाव को समाप्त करने में सफल हो सकती है। जब पूंजी की सीमांत कुशलता बहुत तेजी से बढ़ रही हो तो ऊँची ब्याज दर होने पर भी विनियोग का विस्तार होता है, इसके विपरीत जब पूंजी की सीमांत कुशलता घट जाती है तो ब्याज दर को स्थिर मानने पर पूंजी की सीमांत कुशलता अधिक होने पर विनियोग भी अधिक होता है और पूंजी की सीमांत कुशलता कम होने पर विनियोग भी कम होता है। यदि पूंजी की सीमांत कुशलता को स्थिर मान लिया जाये तो विनियोग की मात्रा ब्याज दर कम होने पर अधिक, व अधिक होने पर कम होगी।

इस आधार पर कीन्स ने निष्कर्ष निकाला कि अल्पकाल में रोजगार वृद्धि के लिए विनियोग में वृद्धि की जानी चाहिये। विनियोग में वृद्धि के लिए कीन्स ने ब्याज की दरों में कमी करने की सलाह दी। ब्याज की दर कम होने पर विनियोग में वृद्धि होगी, जिससे प्रभावपूर्ण मांग में वृद्धि होगी, प्रभावपूर्ण मांग में वृद्धि होने से रोजगार में भी वृद्धि होगी, क्योंकि आय और रोजगार में वृद्धि से उपयोग व्यय और विनियोग व्यय को बढ़ावा मिलेगा। यह चक्र चलता रहेगा और यह परस्पर निर्भर तत्व एक दूसरे को प्रभावित कर रोजगार और आय में वृद्धि करते रहेंगे।

विनियोग क्रिया में वृद्धि करने के उपाय

विनियोग में वृद्धि करने के निम्न उपाय है:

1. **करों में कमी :** करों में कमी करने से विनियोग का स्तर बढ़ता हैं। यदि निगम करों में कमी कर दी जाए तो निगमों के लाभ बढ़ जाते है व पूंजी की सीमांत कुशलता बढ़ती है। इससे विनियोग बढ़ता है।

2. **ब्याज दरों में कमी :** पूंजी की सीमांत कुशलता निश्चित होने पर कम ब्याज दर पर अधिक विनियोग किया जाता है। अतः ब्याज दरों में कमी करने पर विनियोग बढ़ाया जा सकता है।

3. **मजदूरी में कमी :** मजदूरी में कमी करने से लागत घटती है व लाभ बढ़ता है इससे विनियोग में वृद्धि होती है। किन्तु यह उपाय व्यावहारिक नहीं है।

4. **सार्वजनिक कार्यक्रमों में वृद्धि :** मन्दी में यदि अन्य उपायों में विनियोग नहीं बढ़ता तो सरकार सार्वजनिक कार्यक्रमों में वृद्धि करके विनियोग बढ़ा सकती है।

5. **प्रोत्साहन मूल्यों की नीति :** यदि वस्तुओं का मूल्य कम हो जाये तो विनियोजक, विनियोग नहीं करते। ऐसे समय सरकार प्रोत्साहन मूलक मूल्य नीति अपना कर विनियोग बढ़वा सकती है।

6. **अनुसंधान एवं नव प्रवर्तन :** सरकार द्वारा देश में अनुसंधान व नवप्रवर्तन को बढ़ाना चाहिए। इससे भी निजी विनियोग को प्रोत्साहन मिलता है।

7. **सरकरी अनुदान :** सरकार निजी क्षेत्र को अनुदान देकर भी विनियोग बढ़ाने में सफल हो सकती है।

8. **एकाधिकारी प्रवृत्तियों पर रोक :** छोटी फर्में अधिक विनियोजन के लिए प्रोत्साहित होती हैं। अतः एकाधिकारी प्रवृत्तियों पर रोक लगाकर छोटी-छोटी फर्मों को प्रोत्साहन देना चाहिए।

इस प्रकार कीन्स ने रोजगार में वृद्धि के लिए उपभोग व्यय और विनियोग व्यय दोनों में ही वृद्धि की सलाह दी। उपभोग और विनियोग पर कई मनोवैज्ञानिक और आर्थिक तत्वों का प्रभाव पड़ता हैं, अतः केवल ब्याज की दर में कमी से ही विनियोगों में वृद्धि होना आवश्यक नहीं है। अतः सरकार को यातायात, संचार आदि साधनों में वृद्धि करनी चाहिये, जिससे जनता के हाथ में क्रय शक्ति आयेगी और वस्तुओं और सेवाओं की मांग बढ़ेगी। मांग बढ़ने से उपभोग और पूंजीगत वस्तुओं के उत्पादन को प्रोत्साहन मिलेगा, इससे रोजगार में वृद्धि होगी और बेरोजगारी की समस्या का अन्त होगा।

इस प्रकार कीन्स ने अपने रोजगार सिद्धान्त में रोजगार को प्रभावित करने वाले तत्वों का विश्लेषण कर यह सुझाव दिया हैं कि अर्थव्यवस्था के नियन्त्रण और विस्तार के लिए तथा रोजगार में वृद्धि के लिए सरकार को सक्रिय भूमिका निभानी चाहिये। इस प्रकार कीन्स नियन्त्रित पूंजीवाद के समर्थक थे।

कीन्स के सिद्धान्त का सारांश

कीन्स के उपरोक्त वर्णित सिद्धान्त को संक्षेप में निम्न प्रकार व्यक्त किया जा सकता है:

1. कीन्स के अनुसार रोजगार, आय तथा उत्पादन स्तर पर निर्भर करता है।
2. रोजगार, आय और उत्पादन प्रभावपूर्ण माँग पर निर्भर करते हैं।
3. प्रभावपूर्ण मांग वह बिन्दु है जहां समस्त पूर्तिफलक और समस्त मांग फलन का साम्य होता है।
4. रोजगार के संतुलन स्तर पर समस्त पूर्ति कीमत व समस्त मांग कीमत बराबर होता है। यही साहसी का अधिकतम लाभ होता है।
5. अल्पकाल में समस्त पूर्ति फलन स्थिर होता है, अतः प्रभावपूर्ण मांग पर समस्त मांग फलन का अधिक प्रभाव पड़ता है।
6. समस्त मांग फलन कुल उपयोग व्यय और कुल विनियोग व्यय के योग पर निर्भर करता है।
7. कुल उपयोग व्यय, आय की मात्रा और उपभोग की प्रवृत्ति पर निर्भर करते हैं।
8. अल्पकाल में उपभोग की प्रवृत्ति स्थिर रहती है, अगर उपभोग व्यय पर आय का प्रभाव पड़ता है।
9. आय की मात्रा रोजगार पर निर्भर करती है और रोजगार, विनियोगों पर निर्भर करता है।
10. विनियोग की मात्रा पूंजी की सीमांत कुशलता और ब्याज दर पर निर्भर करती है।
11. अल्पकाल में पूंजी की सीमांत कुशलता में कम परिवर्तन होते है, अतः ब्याज दर ही विनियोग को प्रभावित करती है।
12. ब्याज दर मुद्रा की मात्रा और तरलता पसन्दगी पर निर्भर करती हैं। अल्पकाल में मुद्रा की मात्रा स्थिर रहने के कारण तरलता पसंदगी का ब्याज दर पर प्रभाव पड़ता है।
13. सौदा उद्देश्य, सतर्कता उद्देश्य व सह उद्देश्य के लिए जनता अपने पास नकद राशि रखती है। ब्याज दर का पहले दो उद्देश्यों के लिए नकदी की मांग पर प्रभाव नहीं पड़ता।
14. तरलता पसंदगी पर कोई नियंत्रण नहीं हो सकता है। अतः विनियोगों में वृद्धि के लिए मुद्रा की मात्रा में वृद्धि कर ब्याज दर में कमी लानी चाहिये।
15. ब्याज दर में कमी लाने के लिए विनियोगों में वृद्धि न होने पर सरकार को लोक निर्माण कार्यों पर अधिक व्यय करना चाहिये।

16. निष्कर्ष के रूप में **कीन्स ने रोजगार में वृद्धि करने के** लिए उपभोग व्यय व विनियोग व्यय बढ़ाने का **सुझाव दिया है। इससे** प्रभावपूर्ण माँग में वृद्धि होगी, जो आय और रोजगार **को बढ़ावा** देगी। इससे परस्पर निर्भर तत्वों का ऐसा चक्राकार प्रभाव उत्पन्न होगा, जिससे उपयोग विनियोग व रोजगार सभी में वृद्धि होगी एवं बेरोजगारी दूर हो जायेगी व पूर्ण रोजगार की स्थिति कायम हो जायेगी।

अर्द्ध विकसित व विकासशील देशों में कीन्स के रोजगार सिद्धान्त की प्रयोज्यता।

कीन्स का सिद्धांत विकसित देशों में लोकप्रिय रहा है किन्तु कीन्स का सिद्धान्त सभी स्थानों या सभी परिस्थितियों में अनुकूल नहीं होता। यह सिद्धान्त विकसित देशों में तो व्यावहारिक दृष्टि से महत्वपूर्ण है। किन्तु अर्द्ध विकसित देशों मे यह सिद्धांत लागू नहीं हो पाता। शुम्पीटर ने तो कहा है व्यवहारिक की नियमवाद एक ऐसा पौधा है जिसे विदेशी भूमि पर नहीं लगाया जा सकता, यह वहां सूखता ही नहीं वरन सूखने से पहले ही दिवालिया हो जाता है जबकि इंगलैण्ड की भूमि पर लगाया गया वह पौधा स्वास्थ्य कर होने के साथ साथ छाया एवं फलदायक भी है।

विकसित व द्विशील देशों में कार्य अन्तर होने के कारण यह सिद्धांत विकासशील देशों में लागू नहीं होता इसके निम्न कारण हैं :

1. प्रभाव पूर्ण मांग : कीन्स ने बेरोजगारी के कारण प्रभावपूर्ण मांग में कमी माना है। अतः उन्होनें उपभोग और विनियोग में वृद्धि का सुझाव दिया है जिससे चक्रीय बेरोजगारी समाप्त हो जाए। किन्तु विकासशील देशों में बेरोजगारी दीर्घकालीन व संक्रामक है। अर्द्ध विकसित देशों में बेरोजगारी प्रभावपूर्ण मांग की कमी के कारण नहीं वरन् पूंजीगत साधनों की कमी के कारण होती है। अतः विकासशील देशों में बेरोजगारी प्रभावपूर्ण मांग मे वृद्धि करके नहीं कम पूंजी निर्माण बचत व आर्थिक विकास में ही हो सकती है।

2. गुणक : गुणक सिद्धान्त की मान्यताएँ भी विकासशील देशों में दृष्टिगोचर नहीं होती। विकासशील देशों में वह छिपी हुई बेरोजगारी होती है। अतः चालू मजदूरी पर लोग काम करने को तैयार नहीं होते। अतः गुणक की क्रियाशीलता में बाधा आती है।

3. अतिरिक्त उत्पादन लागत का अभाव : विकासशील देशों में अतिरिक्त उत्पादन लागत का अभाव होता है अतः विनियोग की प्रारम्भिक वृद्धि के कारण मुद्रा प्रसार का जन्म होता है। अतः गुणक प्रभाव समाप्त हो जाता है।

4. उपभोग प्रवृति व बचत प्रवृति : कीन्स ने आय व उपभोग व आय व बचत के बीच जो सम्बन्ध बताया है वह विकसित अर्थव्यवस्था के लिए तो सही है किन्तु विकासशील अर्थव्यवस्था के लिए यह सही नहीं है। अर्द्ध विकसित देशों में गरीबी के कारण सीमांत उपभोग क्षमता बहुत ऊंची होती है। अतः आय वृद्धि की अवस्था में भी बचत की सीमांत

प्रवृति कम होती है। अतः अति अर्द्ध विकसित देशों में रोजगार स्तर में तो वृद्धि नहीं होती वरन् कीमतों में वृद्धि हो जाती है।

5. बचतें व पूंजी निर्माण : कीन्स ने बचत को अवगुण व ब्याज को गुण माना है। किन्तु बचत में विकसित देशों में प्रभावपूर्ण मांग से कमी आती है। जिससे बेरोजगारी फैलती है। किन्तु विकासशील देशों में बिना बचतों के विकास सम्भव नहीं है। अतः बचत इन देशों के लिए वरदान है जिससे पूंजी निर्माण सम्भव है।

6. ब्याज की राशि में पूंजी की सीमान्त उत्पादकता : कीन्स ने मांग में वृद्धि द्वारा रोजगार बढ़ाने के लिए ब्याज दरों में कमी व पूंजी की सीमांत उत्पादकता में वृद्धि का सुझाव दिया है। अल्प विकसित देशों में विनियोग एवं पूंजी की सीमांत उत्पादकता के बीच सीधा सम्बन्ध है। यहां विनियोग का स्तर नीचा व पूंजी की सीमांत उत्पादकता कम होती है। विकसित देशों में जहा सौदा उद्देश्य ब्याज दर को प्रभावित करता है वहां विकासशील देशों के सौदा उद्देश्य सतर्कता उद्देश्य कार्य उत्पादकता है। अतः यहां ब्याज दर मुद्रा की पूर्ति में नहीं वरन् परम्परा व नीति रिवाजों से प्रभावित होती है।

7. घाटे की अर्थव्यवस्था : कीन्स ने सरकार को लोक कल्याण के लिए अधिक उपयुक्त नहीं माना हैं क्योंकि यहां तो मितव्ययिता पर आधारित सुझाव उपयुक्त है। अल्प विकसित देशों में अर्थ बड़े पैमाने पर सहकारी व्यय तो किया जा सकता है किन्तु स्वतंत्र व पूर्व प्रतियोगिता में नहीं वरन् नियन्त्रित अर्थ व्यवसाय के रूप में होता है।

8. लोचता का अभाव : अल्प विकसित देशों में औद्योगिक व्यवस्था में उत्पादन वृद्धि की लोचकता, कार्यशील पूंजी की पूर्ति में लोचता आदि का प्रभाव होता है। अतः कीन्स का सिद्धान्त अल्प विकसित देशों के लिए उपयुक्त नहीं है।

इस प्रकार कीन्स का सिद्धांत विकासशील व अल्प विकरित देशों के लिए उपयुक्त नहीं है। इन देशों में इसका उपयोग सीमित है। **प्रो. वी. के. आर.** की राव के अनुसार कीन्स के मतों का अर्द्ध विकसित देशों में अन्य साधनों का प्रयोग बहुत घातक सिद्ध हुआ है और सीमित कारक बना है। कीन्स के सिद्धांत की मान्यताएं व उपकरण विकासशील देशों में खरे नहीं उतरते। अतः विकासशील देशों में अधिक बचत ही बेरोजगारी मिटाने के उपयुक्त उपाय हैं। इसमें पूंजी निर्माण बढ़ाने व दीर्घकालीन व संक्रामक बेरोजगारी भी मिटाने में सहायता मिलती है। यद्यपि आज कल विकासशील देशों की घाटे की अर्थव्यवस्था द्वारा पूर्ण रोजगार प्राप्ति का लक्ष्य पूरा करने का प्रयत्न किया जा रहा है। किन्तु इसे नियोजित व नियमित ढंगों में लागू कर ही मुद्रा प्रसार से बचा जा सकता है। अतः यह कहा जा सकता है। कि कीन्स के सिद्धांत की विकासशील व अल्प विकसित देशों में उपयोगिता सीमित है।

प्रश्न

1. भारत में बेरोजगारी की वर्तमान स्थिति का वर्णन करो। इस समस्या के समाधान के उचित सुझाव दीजिए।

Discuss the present status of unemployment in India. Give appropriate suggestion to solve the problem.

2. भारत में बेरोजगारी के कारणों का वर्णन करें। इस समस्या के समाधान के लिए सरकार ने कौन–कौन से प्रयत्न किए है।

Discuss briefly causes of unemployment in India. What efforts made by the government to remove this problem.

3. भारत में बेरोजगारी का स्तर कितना है? इस समस्या के समाधान के लिए आप क्या सुझाव देगें?

What is the extent of unemployment in India. Give suggestions to solve this problem.

4. रोजगार सिद्धान्त पर एक आलोचनात्मक टिप्पणी लिखिए।

5. कीन्स के रोजगार सिद्धान्त का वर्णन कीजिए। अल्प विकसित देशों के लिए इस सिद्धान्त की उपयोगिता बताइये।

6. कीन्स के रोजगार सिद्धान्त का संक्षेप में वर्णन कीजिये। क्या यह विकासशील अर्थव्यवस्थाओं में लागू होता है? अपने उत्तर के कारण लिखिये।

7. कीन्स के रोजगार सिद्धान्त पर एक आलोचनात्मक लेख लिखिए।

□□□